RUTH F

*Wok*
'n
*Rou*

W0068522

**a** aufbau

# RUTH FEND

# Wok 'n' Roll

Wie ich
kochen lernen wollte
und China entdeckte

aufbau

Für Ida und Helmut

Mit 38 Fotos aus dem Privatarchiv der Autorin

FSC
www.fsc.org

MIX
Papier aus ver-
antwortungsvollen
Quellen
FSC® C083411

ISBN 978-3-351-03589-1

Aufbau ist eine Marke der Aufbau Verlag GmbH & Co. KG

1. Auflage 2015
© Aufbau Verlag GmbH & Co. KG, Berlin 2015
Umschlaggestaltung hißmann, heilmann, Hamburg
unter Verwendung eines Fotos
von © Kat Kaufmann
gesetzt in der Garamond Premier Pro, der Apex New
und der Thirsty Rough durch Greiner & Reichel, Köln

Druck und Binden CPI – Clausen & Bosse, Leck
Printed in Germany

www.aufbau-verlag.de

# INHALT

# VORWORT

*民以食为天*

Dem Volk ist das Essen der Himmel.

*Altes chinesisches Sprichwort*

Dies ist kein Kochbuch. Ich sage das, weil mir während des Schreibens stets die Frage nach dem Fortschritt »meines Kochbuchs« gestellt wurde. Ja, es geht um Essen. Aber wie könnte das auch anders sein, wenn man über das Leben in China schreiben will? Da kommt man um das Thema Essen gar nicht herum. Es nimmt in der Kultur einen so zentralen Platz ein, dass ein Chinese als Begrüßungsfloskel eher fragt »Hast du schon gegessen?« als »Wie geht's?« Essen ist seine größte Leidenschaft und das unverfänglichste Gesprächsthema. Wo die Deutschen über das Wetter reden, tauschen die Chinesen sich über ihre neuesten kulinarischen Erlebnisse aus, über Restaurants, über Rezepte, über die Spezialitäten ihrer oder anderer Regionen. »Die chinesische« Küche im Singular existiert so wenig wie »die europäische« Küche. Formal gesehen gibt es acht große Küchen, aber im Grunde hat mindestens jede von Chinas 23 Provinzen ihre eigene, dazu kommen Einflüsse ethnischer Minderheiten. Und mehr noch als jeder Europäer glauben die Chinesen daran, dass der Mensch das ist, was er isst. Die Mädchen aus dem chiliversessenen Sichuan etwa gelten als besonders scharf.

Man kann lange spekulieren, woher diese Obsession mit dem Essen kommt. Die Hungersnöte während der Mao-Zeit mögen eine Rolle spielen, aber schon aus den Zeiten früher kaiserlicher Dynastien stammen lange Oden an einzelne Gerichte. Ja, die Liebe zum Essen ist wohl auch derjenige Teil der Kultur, der sich als der widerstandskräftigste gegenüber dem traditionszerstörenden Maoismus und später dem Kapitalismus erwiesen hat. Diese Leidenschaft hält Familien und Gemeinschaften zusammen, über sämtliche politische Systeme hinweg. Umso allergischer reagieren die Chinesen auch auf die nahezu alltäglichen gravierenden Lebensmittelskandale. Diese könnten die kommunistische Partei mehr destabilisieren als so manche Unterdrückung von Meinungsfreiheit – droht hier doch das von Korruption zersetzte System dem Volk seine liebste Beschäftigung zu vergällen.

Als Ausländer in China begegnet einem mit hoher Wahrscheinlichkeit als Erstes die Frage: Wie schmeckt dir das chinesische Essen? Und als zweite: Kannst du scharf essen? Lautet die Antwort auf beides »ja«, erntet man ein breites Grinsen und zwei hochgereckte Daumen, und man hat eigentlich schon gewonnen. Ich schaue in diesem Buch auf China durch das Schlüsselloch der Küchentür. Über meine oft unbeholfenen Versuche, selbst von Chinesen kochen zu lernen, bin ich China und seinen Menschen nähergekommen. Allein das Interesse für ihr Essen, Kochen und Leben hat mir etliche Türen und Herzen geöffnet. Vielleicht auch, weil die Chinesen sich von niemandem in der Welt so recht geliebt fühlen.

Ich hoffe, dass meine persönlichen Begegnungen einen kleinen Ausschnitt der ungeheuer vielseitigen, oft widersprüchlichen chinesischen Gesellschaft widerspiegeln. Ich erhebe dabei nicht den geringsten Anspruch auf Vollständigkeit – weder in der Darstellung der verschiedenen Küchen noch der kulturellen Besonderheiten. Meine Auswahl an Regionen, Küchen und Menschen ist von Zufällen und Gelegenheiten geleitet – und natürlich von meinem Gaumen. Denn in meiner Liebe zum Essen fühle ich mich den Chinesen wohl am nächsten.

Eine Warnung: Es fängt alles ein bisschen eklig an, so wie viele bei China auch erst mal an Hunde im Kochtopf und Schlangen denken. Aber das legt sich. Die chinesische Küche ist voller Köstlichkeiten, auch im ganz Einfachen. Von denen handeln die meisten Kapitel. Also, lassen Sie sich bitte nicht vom ersten abschrecken.

## 1

# Kraft im Topf

Weglaufen
ist die beste Strategie.

Von außen sieht das »Guolizhuang« unauffällig aus. Nichts weist auf seine besondere Speisekarte hin. Der Name des Restaurants bedeutet »Kraft im Topf«, und das kann vieles bedeuten. Lächelnd nimmt uns eine rot und dunkelblau uniformierte Kellnerin in der Lobby in Empfang. »Haben Sie reserviert?«, fragt sie?

»Nein, leider nicht«, antworte ich.

»Dann haben wir nur noch diesen Tisch für sie«, sagt sie entschuldigend und führt uns über rote Teppiche zu einer Tür. Dahinter liegt ein schmuckloses weißes Kämmerchen mit Neonlicht. Ein Separée – auch das noch. Auf Intimität hätte ich gerne verzichtet. Ich bin hier, um Penisse zu essen. Mit einem Mann, den ich kaum kenne.

Als Korrespondentin einer deutschen Zeitung hatte ich schon vor langer Zeit von dem Penis-Restaurant gehört und es erkunden wollen, auch die Redaktion war scharf auf einen saftigen Bericht. China und abartiges Essen, das zieht immer, hieß es aus Deutschland. Als ein paar Wochen später plötzlich die Nachricht eintraf, dass die Zeitung eingestellt würde, dachte ich: Die Penisse müssen noch rein. Jetzt erst recht. Am Ende ließen mich alle Freunde, die zuvor noch enthusiastisch meine kulinarische Grenzerfahrung teilen wollten, im Stich. Nur Rob, ein langhaariger Engländer, den ich nur flüchtig kannte, blieb übrig.

Der beugt sich jetzt mit seiner Hakennase über die Speisekarte. Das Foto von dem imposanten Yakrindpenis für fast 100 Euro gesellt sich zu Bildern mit stolz in die Luft ragenden, kunstvoll geschnitzten Gemüsephalli, deren Formen an die menschliche Version des Organs erinnern. Ich bin nicht prüde, aber der Smalltalk bei der Penisauswahl überfordert mich doch ein wenig. »Wie lange bist du schon in Peking?«, versucht Rob es mit der Standard-floskel. Und dann: »Wie wäre es mit der mittleren gemischten Penisplatte?«

Die gemischte Penisplatte soll es sein. Kurz darauf kommt die Kellnerin mit einem silbernen Tablett zurück. Fein säuberlich angeordnet gruppieren sich auf einem Salatbett die guten Stücke roh um einen steil aufragenden Penis aus einer nicht mehr ganz frisch wirkenden, lebensnah zurechtgeschnitzten Karotte herum.

»Die verwenden sie wahrscheinlich immer wieder«, mutmaßt Rob.

»Hm, ich finde sie trotzdem noch das Appetitlichste auf diesem Teller«, murmel ich.

»Das ist Widder«, schaltet sich die Bedienung ein und zeigt auf gräuliche fingerlange Würstchen. Die sternförmig geschnitzten Kringel stammen vom Stier. Fast wie normales Rauchfleisch sehen braune, hauchdünn geschnitte Hirschpenis-Scheibchen aus. Dann deutet sie auf das schaurig braun-rote Etwas mit einem Knochen in der Mitte: »Hund.« »Wofür soll das gut sein?«, muss ich doch fragen. Die Kellnerin setzt zu einer langen, offensichtlich gut einstudierten Rede an, von der weder Rob noch ich viel verstehen. Was wir aufschnappen: Für Männer sind die Penisse besonders segensreich, bringen aber auch für Frauen allerlei Vorteile wie gute Haut. Bei Jugendlichen unter vierzehn Jahren gefährden sie dagegen den Hormonhaushalt, und von dem Verzehr von Eselshoden sei grundsätzlich abzuraten.

Rob lehnt sich tief atmend zurück. Sind das Schweißperlen auf seiner Stirn? Doch nein, er gibt sich lässig: »Ich hab bisher ja nur einmal Schafhoden gegessen. Danach war ich so horny, dass ich die ganze Nacht nicht schlafen konnte.« Er streicht sich eine Locke hinter das Ohr. Ich weiche seinem Blick aus und betrachte die Widder-Genitalien. Die Bedienung stellt einen Topf mit kochender Brühe zwischen Rob und mich auf eine kleine Elektroplatte. Schildkrötenpanzer und getrocknete Seepferdchen schwimmen schon in der Brühe. Sie zeigt auf die Penisse, dann auf die Brühe. »Guolizhuang! Kraft im Topf!«, sagt die Kellnerin und schließt die Tür hinter sich.

Ich brauche jetzt erst mal Kraft *für* den Topf.

Mein Verhältnis zum chinesischen Essen gleicht ohnehin einer permanenten psychologischen Achterbahnfahrt. Das liegt zum einen an meiner Verfressenheit. In Deutschland neige ich dazu, nicht nur meinen Teller leer zu essen, sondern auch die meiner Tischgenossen. In China, wo in Restaurants notorisch zu viel bestellt wird und alles für alle in der Tischmitte steht, kann ich auch dann schwer aufhören, wenn die Stäbchen der anderen längst ruhen. Der Anblick der Mengen und der exotischen Speisen erregt und verzweifelt mich zugleich. Immer wieder stoße ich auf Gerichte, die ich einfach köstlich finde. Je mehr ich kenne, desto besser schmeckt es mir, selbst einfaches Essen von Straßenständen ist stets ganz frisch. Gleichzeitig plagte mich gerade am Anfang – abgesehen von der Sorge um die Figur – stets eine diffuse Angst vor schauerlichen Körperteilen oder Schummelfleisch wie Ratte oder Iltis, wenn ich – von den Bezeichnungen der Gerichte auf der Speisekarte sprachlich meist überfordert – zum Bestellen auf eines der schönen bunten Bilder tippte. Und selbst wenn ich die Karte lesen kann: Die blumigen Namen vieler Gerichte helfen oft auch nicht weiter. Hinter einer Bezeichnung wie »Ameisen klettern auf Baum« verbirgt sich etwas Harmloses wie Glasnudeln mit scharfer Hackfleischsoße. Aber es könnten eben auch Ameisen sein. Also bestelle ich immer wieder die gleichen Gerichte, die sich schon einmal als lecker erwiesen haben – nur um dann unter dem Gefühl zu leiden, so viel Unbekanntes, womöglich Großartiges zu verpassen.

Inzwischen hängt Rob mit seiner Hakennase über dem Topf und attackiert mit seinen Stäbchen Widderpenisse, als wäre nichts dabei. Ich glaube aber, zumindest doch ein angewidertes Zucken um seine Mundwinkel wahrzunehmen. Ich selbst befinde mich noch immer in der mentalen Vorbereitungsphase. Unzählige plumpe Zoten schwirren mir durch den Kopf, und ich bin sicher, dass es Rob ähnlich geht. Also flüchte ich mich in das gängiste aller Smalltalk-Themen in China: Essen. Um uns von den Topfinhalten abzulenken, schwärme ich Rob von meinen eigentlichen chinesischen Lieblingsgerichten vor. Von *Dim Sum* – mit hauchdünnem Teig umhüllte gedämpfte Köstlichkeiten – oder von den prickelndscharfen Auberginen aus Sichuan. »Am besten finde ich die Yunnan-Küche aus Chinas Südwesten, die in Europa keiner kennt«, schließe ich. Rob pflichtet mir bei, und sehnsuchtsvoll schwärmen wir von würzigen gebratenen Flundern und Hühnchensalaten mit Minzblättern, die es in den einschlägigen Pekinger Yunnan-Restaurants gibt – und die wir jetzt so viel lieber auf dem Teller hätten. »Weißt du, was das Komische ist?«, frage ich Rob. »Als ich mal nach Yunnan gereist bin, habe ich dort keines meiner Lieblingsessen aus Peking wiedergefunden. So wie auch das, was man in deutschen China-Restaurants so serviert bekommt, nichts mit dem Original zu tun hat. Fettige Frühlingsrollen und süß-saure Saucen, das sieht man hier doch praktisch nie! Oder Glückskekse! Hast du jemals einen Glückskeks gesehen?« Rob blickt von der Penisplatte zu mir auf. »Nein. Die sind eine Erfindung amerikanischer China-Restaurants. Aber du kannst ja ein echtes Chinarestaurant in Deutschland aufmachen. Du hast doch jetzt Zeit«, witzelt er. Der Mann könnte auch ein bisschen mitfühlender sein, denke ich mir. Schließlich hatte ich gerade meinen Job verloren. »Dafür müsste ich wohl erstmal chinesisch kochen lernen«, gebe ich missmutig zurück. »Dann mach doch das«, erwidert Rob.

Das ist vielleicht gar nicht mehr so abwegig – zumindest vielleicht ein phantastisches Abenteuer. Nachdenklich rühre ich mit den Stäbchen durch die Penisbrühe und picke endlich auch einen kleinen Stierpimmelkringel heraus. Ich tunke ihn in das Soja-Ingwer-Chili-Sößchen, das sich in einem kleinen Porzellanschüsselchen befindet, und führe ihn dann entschlossen zum Mund. Konsistenz: leicht glitschig, aber fest. Geschmack: durch den Soja-Ingwer-Dip kaum wahrzunehmen. »Ist doch gar nicht so schlimm«, gebe ich mich nun auch stark.

Vor meinem geistigen Auge sehe ich mich mitten ins pralle chinesische Küchenleben geworfen. Frei von Arbeitsverpflichtungen, raus aus der künstlichen Pekinger Expat-Blase. Ich könnte durchs Land reisen, in die Regionen mit dem leckersten Essen – anstatt mir für einen lausigen Artikel in einer bankrotten Zeitung Tierpenisse einzuverleiben. Ich würde mehr Chinesisch sprechen. Und wer weiß, vielleicht wirklich eines Tages ein Restaurant eröffnen.

Ich wende mich dem rötlichen Hundepenis zu, der da herausfordernd vor mir liegt, und denke: Wenn du den runterkriegst, dann machst du das. Die Bedienung steckt ihren Kopf zur Tür rein und sieht zu, wie ich das Würstchen mit den Stäbchen aufnehme und langsam zum Mund führe. Ich spüre einen Würgereflex, noch bevor ich hineinbeiße. Die Bedienung hechtet zur Kommode, holt vorsorglich einen Eimer heraus und schaut mich erwartungsvoll an. Doch da habe ich es schon heruntergeschluckt.

Einige Tage später, als der Hundepenis verdaut und die Reste an Robs Mischling verfüttert sind, mischen sich praktische Fragen in die Euphorie über meine neue Berufung. Welches der unzähligen chinesischen Restaurantkonzepte könnte in Deutschland funktionieren? Soll ich einen Kochkurs belegen? Was, wenn ich mich gar nicht zur Köchin eigne? Vielleicht sollte ich erst mal in ein paar Restaurants reinschnuppern? Nur: Welches würde eine mehr schlecht als recht Chinesisch sprechende, deutsche Praktikantin annehmen, die von der chinesischen Küche keine Ahnung hat?

Aber meine Neugierde und mein Entdeckergeist sind geweckt. In den knapp zwei Jahren, die ich nun in China verbracht habe, sind mir so viele Dinge noch verborgen geblieben. Das Land ist so riesig, die Gesellschaft so vielfältig wie seine Küche, doch was davon in Deutschland ankommt, ist ein einziger langweiliger Soßenmatsch in Süß-sauer. Sollte ich ein Restaurant in Deutschland aufmachen, dann muss es authentisch sein. Und um herausfinden, was authentisch ist, reicht es nicht, in Peking zu sein, denn nicht einmal alles in China ist überhaupt echt chinesisch. Nicht einmal das Penisrestaurant »Kraft im Topf« kommt ursprünglich aus China – sondern wurde erstmals in Chinatown in Atlanta aufgemacht.

Also mache ich mich auf die Suche. Ich will die Gerichte an den Orten probieren und erlernen, aus denen sie stammen. In Restaurants, aber vielleicht auch bei Leuten zuhause. Von chinesischer Hausmannskost habe ich nämlich fast gar keine Ahnung. Und ohnehin verspüre ich wenig Lust, den Januar ohne Job in Peking zu verbringen. Dann dümpeln die Temperaturen tagsüber zwischen minus zehn und null Grad. Die umliegenden Kohlekraftwerke laufen auf Hochtouren und machen die Luft buchstäblich atemberaubend.

So reise ich als Erstes 2000 Kilometer nach Südwesten in das idyllische Städtchen Dali, das ich bereits kenne und dessen abwechslungsreiche Yunnan-Küche ich so liebe.

2.

## Bei Baba Mama

*Hundert Meilen von Zuhause ist der Lebensstil anders.*
*Tausend Meilen von Zuhause sind die Sitten anders.*
*Zehntausend Meilen von Zuhause ist das Essen anders.*

Die Yunnan-Küche wird beeinflusst von Vietnam, Laos und Burma, an die sie grenzt. Die Provinz war mir schon bei einer ersten Reise vorgekommen wie das Tessin von China: Die gleiche perfekte Mischung aus Bergen, Seen und schnuckeligen Altstädten, wie man sie in der italienischen Schweiz findet. Dali liegt in einer Ebene zwischen bewaldeten Bergen und dem langgezogenen Erhai-See. In Peking und den anderen Großstädten hat nach Maos' kulturfeindlichem Kommunismus spätestens der Wirtschaftsboom die meisten alten Stadtteile geschluckt. Dali hat zwar auch eine hässliche Neustadt mit hohen Apartmentblocks. Aber die liegt angenehmerweise eine gute halbe Stunde Autofahrt vom historischen Zentrum entfernt. Das hat sich zum seltenen Eldorado für Backpacker, Rumhänger und Sinnsucher entwickelt.

Die Altstadt wird von einer alten, massiven Stadtmauer eingegrenzt, und in den kopfsteingepflasterten Gassen drängen sich kleine Steinhäuser mit geschwungenen grauen Ziegeldächern. In zahlreichen Cafés und Bars lässt es sich unter immergrünen Bäumen wunderbar entspannen. Das lockt Chinesen und Westler gleichermaßen an, um Qigong, Buddhismus, Kung Fu oder Traditionelle Chinesische Medizin zu studieren, unterstützt durch spottbilliges Essen und Trinken.

Über ein Internetforum finde ich eine private Chinesischlehrerin. Sie ist 32 und heißt Li Qiang, hat kurze Haare und Sommersprossen und spricht von sich als Freelance-Journalistin, Lehrerin, Dolmetscherin und Unternehmerin. »Unternehmerin?«, frage ich verwundert. »Ja, ich verkaufe Hanfprodukte.« Auf die Frage nach ihrem Lieblingsrestaurant empfiehlt mir Li Qiang ohne zu zögern das »Yi Hua Yuan«, angeblich eine lokale Institution. »Wegen der Wohnzimmeratmosphäre wird es aber einfach ›Baba Mama‹ (›Papa und Mama‹) genannt«, fügt sie hinzu. Auf einem Spaziergang durch die Altstadt von Dali mit ihren engen Gässchen und niedrigen grasbewachsenen Ziegeldachhäuschen schließlich finde ich den Ort, wo meine kulinarische Abenteuerreise beginnen soll.

Das »Yi Hua Yuan« ist ein traditionelles Familienrestaurant in einem alten Eckhaus aus Stein. Durch eine gläserne Schiebetür tritt man ein und wähnt sich tatsächlich in einem Wohnzimmer. Es gibt zwei Esszimmer, beide klein. Das größere hat drei Tische und eine Theke mit meterhohen Plastikcontainern voll Flüssigkeiten und rätselhaften Früchten. Davor reiben sich in einem Aquarium silberne karpfenartige Fische eng aneinander. An der rechten Wand steht ein breites Regal mit Gemüse. Über dem Regal türmt sich buntes Kinderspielzeug. Die andere Wand ist tapeziert mit Werbepostern für Dali-Bier. In dem kleineren Nebenraum stehen zwei runde Tische, eine Waschmaschine und ein Kinderfahrrad.

Als ich eintrete, sind schon fast alle Tische belegt. Ein alter, etwas gekrümmt gehender Herr mit hohen Wangenknochen in roter Kordjacke mit Stehkragen kommt lächelnd auf mich zu.

»Wie viele Personen?«, fragt er.

»Nur eine.«

Er führt mich zum letzten freien Tisch direkt vor Aquarium und Theke und drückt mir die Speisekarte in die Hand. Sie besteht nur aus einem doppelseitig bedruckten laminierten Blatt – leider ohne Bilder. Der Alte bleibt mit gezücktem Notizbuch neben mir stehen. Ich bin zu faul, mich an den Schriftzeichen abzuarbeiten – und wieder einmal ängstlich, in welcher Form alles Fleischliche wohl erscheinen mag. »Irgendwas mit Gemüse vielleicht?«, versuche ich es. Der hagere Mann winkt mich zum Gemüseschrank. Wie bei einer deutschen Kuchentheke kann man in vielen einfachen Restaurants die Grundzutaten per Fingerzeig bestellen. Ich zeige auf ein Körbchen mit Pilzen – für die ist die Yunnan-Küche schließlich berühmt. Dann fragt er etwas, das ich nicht verstehe und ich sage einfach: »Dui!« – Genau. Was der Alte schließlich bringt, sind kleine Scheibchen von zartem Schweinefleisch mit Pilzen. Zwar nicht ganz wie erwartet, aber es schmeckt köstlich. Und der gütige alte Mann scheint mir so freundlich und geduldig, dass mir sofort klar ist: Wo, wenn nicht hier, bringt man das nötige Maß an Geduld mit einer quasi analphabetischen Kochanfängerin auf?

Am nächsten Tag nehme ich all meinen Mut zusammen und komme nachmittags mit Chinesischlehrerin Li Qiang wieder. Als wir durch die Schiebetür treten, ist das Restaurant leer, nur ein dickes Mädchen rumort hinter dem Gastraum in der Küche. Li Qiang bittet sie um ein Gespräch mit dem Chef. Eine junge Frau mit geradem Pony und Schürze kommt zum Vorschein und stellt sich als »Yang Xucai« vor. Wie sie wohl auf mein Ansinnen reagiert? »Die lassen dich niemals in ihre Küche, das ist in China ein geheimer Ort«, hatte mich Li Qiang gewarnt.

In China geht mal viel mehr und mal viel weniger als im Westen. Wenn sie keine Lust haben, einem weiterzuhelfen oder Angst, einen Fehler zu machen, sind die Chinesen so stur und regelfixiert, dass es einen in den Wahnsinn treibt. Zum Beispiel hatte ich einmal am Flughafen mein Telefon bei der Sicherheitskontrolle liegengelassen. Obwohl das Gate nur knapp hundert Meter entfernt war und ständig weitere Passagiere zustiegen, weigerten die Stewardessen sich, mich noch einmal hinauszulassen oder jemanden zu schicken. Es halfen weder Flehen noch Fluchen. Aber die Regeln können auch so biegsam sein wie Gummi. So hatte das chinesische Außenministerium mein Journalistenvisum für ein ganzes Jahr verlängert – obwohl man dort längst über das nahende Ende der Zeitung informiert war. »Gibt es denn ein offizielles Dokument, dass auch das Büro in China geschlossen wird?«, fragte mich der Presseverantwortliche. »Nein«, antwortete ich verdattert. Woher sollte es auch kommen? Das China-Büro bestand schließlich aus mir selbst, meiner Wohnung und meinem Lieblingscafé. »Bis das Dokument vorliegt, können wir Sie möglicherweise noch einmal akkreditieren. Wir werden das prüfen«, sagte der Beamte. Pünktlich zum letzten Erscheinungstag meiner Zeitung durfte ich meinen neuen zwölf Monate gültigen Presseausweis abholen.

»Ähäm«, räuspere ich mich. »Also, ich habe gestern Abend hier gegessen, und es war wirklich ganz vorzüglich.« Ein Kompliment am Anfang schadet nie, schon gar nicht in China. Dann verlassen mich auch schon der Mut und das Vokabular. »Ich habe eine Bitte. Meine Freundin hier erklärt alles«, sage ich noch und puffe dann Li Qiang in die Seite.« Die redet wie verabredet wortreich auf Yang Xucai ein. Ich verstehe Brocken wie »interessiert sich fürs Kochen«, »Praktikum«, »gucken« und »ein bisschen mithelfen« und warte gespannt auf die Reaktion.

Yang Xucai verzieht keine Miene. Aber mein Praktikumsgesuch scheint in die Kategorie »flexible Lösungen« zu fallen. Die Chefin sagt nur ganz trocken *keyi*, als wäre es das natürlichste Anliegen überhaupt. *Keyi* ist eines meiner chinesischen Lieblingswörter. Es bedeutet: »Das ist erlaubt« oder »Das ist möglich« oder einfach: »Ja, geht.« Leider hört man ähnlich häufig *bu keyi*, also »geht nicht« oder *Meiyou*, ein Wort, das für alles steht, was eben nicht geht oder was es nicht gibt. Sie wendet noch ein, dass man aber nur Hausmannskost mache, ich überschütte sie mit Dankesbeteuerungen und frage, wann ich kommen dürfe. »Um neun Uhr gehe ich morgen zum Markt«, sagt Yang.

Pünktlich um neun am nächsten Morgen stehe ich wieder im »Baba Mama«. Alles ist ganz still, nur ein Fisch springt hin und wieder im Aquarium vor der Theke in die Luft. Kein Mensch ist zu hören oder zu sehen. Hatte Frau Yang wirklich neun Uhr gesagt? Ist sie einfach schon ohne mich gegangen? Bestimmt. Welcher professionelle Gastronom geht schon erst um neun Uhr auf den Markt? Mein Praktikum fängt ja gut an, denke ich gerade – da kommt auch schon Yang die Treppe des anliegenden schmalen Wohnhauses hinunter. Sie ist geschminkt, ihre schwarzen Zöpfe sind mit einer rosa Schleife am Hinterkopf befestigt. Dazu trägt sie ein schwarzes Tüllröckchen über einer lila Nylonstrumpfhose. An ihrem Rockzipfel hängt ein brüllender Dreijähriger, den schließlich das Küchenmädchen entfernt. »Du kommst jetzt zu Opa, Weiwei«, redet Yang auf den renitenten Balg ein.

In der Morgensonne durchqueren Yang und ich die Altstadt, und ich frage sie nach ihrer Familie aus. Wegen ihres Dialekts verstehe ich allerdings nur wenig. Ich brauche ein Backup. »Ist es in

Ordnung, wenn ich unser Gespräch aufnehme?«, frage ich und zeige auf mein Handy, dessen Aufnahmefunktion mich schon oft gerettet hat. Auch das geht für sie in Ordnung – eine echte *Keyi*-Frau. Der alte, freundliche Mann, bei dem ich gestern bestellt habe, ist ihr Schwiegervater. Mit ihrem Mann Liu und Sohn Wei-wei wohnt sie über dem Restaurant. Ihre Schwiegereltern und die Großmutter ihres Mannes wohnen nur zwei Straßen weiter.

Wenn Chinesen heiraten, zieht die Braut für gewöhnlich ins Elternhaus des Mannes ein und kümmert sich um die Schwieger-eltern statt um die eigenen. Wohnt der Mann weit weg, dann ist ein verheiratetes Mädchen für die Familie gänzlich verloren. Des-halb werden weibliche Babies auch »verschüttete Milch« genannt und wurden seit der Einführung der Ein-Kind-Politik 1980 häufig abgetrieben. »Meine Eltern wohnen auch in Dali, und ich sehe sie regelmäßig«, sagt Yang.

»Und wer kocht bei euch?«

»Mein Mann, seine Mutter und ich. Meine Schwiegermutter hat es meinem Mann beigebracht und er mir.«

Bei den wuseligen, engen Markt-ständen angekommen, erklärt Yang: »Zuerst gehen wir zum Fleisch«, und mir wird schon wieder mul-mig. Bei chinesischen Märkten den-ke ich immer sofort an nackte Zie-genköpfe und glänzende Gehirne und Därme, alles umweht von sur-renden Fliegen. Nach rohem Fleisch riecht es an diesem frischen Morgen zum Glück kaum. Im klaren Son-nenlicht dampft es nur kräftig aus warmen Schweinebäuchen. Di-cke Fleischer mit Fluppe im Mundwinkel hacken unermüdlich auf Knochen und Fleisch herum. Tack, tack, tack, klopft es von allen Seiten. Yang lässt sich Rippen absäbeln und Schwartenstücke ab-schneiden und in Plastiktüten einpacken.

Beim Gemüse ziehen rauchige Schwaden von Gegrilltem durch die Standreihen. Die Verkäufer hocken auf niedrigen Schemeln, nagen an Spießchen und löffeln ihre Frühstückssuppe aus kleinen Schüsseln. Es geht gemächlich zu; kein hitziges Feilschen, kein Tratsch. Viele der Marktfrauen sind zähe, verhutzelte Frauen in bunten Trachten und mit bunten Turbanen und Tüchern auf dem Kopf. Andere schieben sich mit geflochtenen, schwer beladenen Bambuskörben durch die Marktreihen.

»Sind das Bai?«, frage ich Yang und weise auf ein paar alte Marktfrauen in bunt bestickter Tracht, die hinter Wannen mit frischem Tofu sitzen. Keine Provinz in China hat so viele verschiedene ethnische Minderheiten wie das bergige Yunnan. Auch deshalb ist das Essen so vielfältig. In ganz China gibt es offiziell 55 ethnische Minderheiten – tatsächlich noch viel mehr – und mehr als fünfundzwanzig von ihnen leben in der südwestlichen Provinz. Die Ethnie der Bai stellt in Dali die größte Minderheitengruppe dar. Sie bringen angeblich gute Sänger und Tänzer hervor, sprechen eine eigene Sprache ähnlich dem Japanischen und tragen traditionelle weiße Trachten.

»Nein, das sind Yi«, antwortet sie. »Sie kommen aus den umliegenden Bergdörfern zum Markt. Aber ich bin eine Bai.« Sie lächelt, und nun bin ich vollkommen verwirrt. Yang in ihrem Tüllröckchen und den lila Leggins sieht aus wie die typische Han-Chinesin, eine die auch in Peking oder Shanghai auf der Straße herumlaufen könnte. Die Han stellen in China mit über neunzig Prozent Bevölkerungsanteil die überwältigende ethnische Mehrheit, und sie sind die Einzigen, die man im Westen für gewöhnlich überhaupt als »Chinesen« wahrnimmt.

Dabei haben auch kleine Minderheiten wie die acht Millionen Yi einiges zu bieten, wie ich später erfahre: Sie haben nicht nur eine eigene Sprache und Schriftpiktogramme, sondern praktizieren angeblich bis heute Rituale zur Geisteraustreibung, bei denen junge Männer nackt (bis auf ein paar aufgemalte Farbkleckse in Leopardenmuster) durch die Landschaft hüpfen. Und dann gibt es noch das »Brust-Anfassen-Fest«, mit dem wiederum die Frauen Geister austricksen: Vor 1500 Jahren starben viele junge Yi-Männer jungfräulich in Kriegen. Um alle sexuellen Freuden gebracht, kamen ihre Geister nicht zur Ruhe und forderten als Tribut, dass Jungfrauen sie in die Unterwelt begleiteten. Um nicht von den Ahnen verschleppt zu werden, fordern noch heute ledige Yi-Frauen an den Festtagen die Männer zum Brust-Grabschen auf. Stellt sich nur die Frage, wer hier wen austrickst.

Ähnlich verwirrend wie die Minderheiten ist das Gemüse. Auf dem Markt von Dali sehe ich etliche mir völlig unbekannte Sorten: Picklige, hellgrüne Schoten, die entfernt an Paprika erinnern, seltsame zwiebelähnliche Knollen und jede Menge Blättergemüse. Ich zeige fragend auf mehrere salatähnliche Strünke, und Yang nuschelt immer etwas mit »*Qing*«. Beim Nachschlagen im Handy-Wörterbuch stelle ich fest, dass Qingcai (gesprochen: tschingtzai) allgemein für »grüne Gemüse« steht. Oder auch für Senfoder Blätterkohl. Neben »grün« kann *Qing* aber auch »blau«, »schwarz« oder »jung« bedeuten. Brokkoli heißt *Qinghuacai*. Nur *Huacai* dagegen ist Blumenkohl. Drei Stände und gefühlte zweihundert Gemüsesorten später bin ich dem Wahnsinn nahe. Yang offenbar auch. Jedenfalls deponiert sie mich an einem Bohnenstand und schwärmt alleine aus. Der Standbesitzer mit runzligem Gesicht und Militärkäppi neben mir pult unbeeindruckt weiter Bohnen aus der Schale. Immer wieder kommt Yang zurück und stellt weitere Plastiktüten vor meinen Füßen ab. »Wie bekommen wir das jetzt nach Hause?«, frage ich Yang schließlich, aber da winkt sie schon ein dreirädiges Motorradtaxi herbei. Auf der Ladefläche hinten sitzen bereits zwei Chinesen mit ihren Einkäufen. Bei meinem Anblick lachen sie auf wie bei einem guten Witz. Ich darf vorn neben dem Fahrer sitzen, und so brausen wir zurück zum Restaurant.

Das dicke Küchenmädchen nimmt das Gemüse sofort in Empfang, geht im Esszimmer in die Hocke und beginnt, Strünke abzuschneiden und Blätter auszusortieren. Vom Hinterhof humpelt eine sehr alte Frau herein, das muss Weiweis Uroma sein – mindestens. Sie trägt eine Wollmütze auf dem Kopf und eine Plastikwanne in der Hand. Im Vorbeischlurfen nickt sie mir freundlich zu. Sie rupft ein paar trockene Kleidungsstücke aus der Waschmaschine im Esszimmer, nur um sie per Hand auf dem sonnenbeschienenen Bürgersteig vor dem Haus zu waschen. Mit der modernen Technik hat sie es offenbar noch nicht so ganz. Neben ihr fließt murmelnd das Wasser den kleinen Abflusskanal hinunter. Ich versuche ein wenig Konversation und schalte vorsorglich mein Handy auf Aufnahme.

»Seid ihr alle Bai-Leute?«, frage ich laut, in der Annahme, dass sie schwerhörig ist. Das Küchenmädchen kichert hinter mir in sich hinein, sodass seine kleinen Augen fast in den dicken Backen verschwinden, aber die Uroma scheint meine Frage nicht zu verstehen. Verwirrt blickt sie mich an und sagt mit weicher Stimme:

»Dali ist ein guter Ort.«

»Es gibt Berge und es gibt Wasser«, fährt sie fort. Sie zeigt erst hinter sich auf die waldigen Hügel und dann vor sich zum Erhai-See, der sich blassblau in der Ferne abzeichnet. Die Verbindung von *Shan* – Berge und *Shui* – Wasser verkörpert für Chinesen das Ideal von Harmonie und ist das ewige Motiv von Tuschegemälden.

Vielleicht ist es Zeit, in die Küche zu linsen. Yang bindet sich gerade eine grüne Schürze mit Dali-Bier Werbung um. Sie zieht sich weiße Plastikhandschuhe an und legt eine Schweinerippe auf die einzige Schneidefläche in der Küche – eine Baumscheibe, die offensichtlich schon einige Schläge und Schnitte einstecken musste. Yang schlägt gnadenlos mit dem viereckigen Messer darauf ein. Knochen, Knorpel, Fett – alles wird mitgehackt und dann in eine Blechschüssel geworfen. Rhythmisch und laut saust das Hackmesser auf das Holz.

»Darf ich auch mal probieren?«, bitte ich nach einem Weilchen. Yang nickt und drückt mir das Messer in die Hand. »Aber pass auf, es ist sehr scharf.« Ehrfurcht und ein wenig Angst überkommen mich. Eine Initiation. Das Messer liegt kalt und schwer in der Hand, eigentlich ein schönes Gefühl. Zögerlich lasse ich das Hackmesser auf das Fleisch fallen. Es bleibt stecken. Etwas beschämt drehe ich mich zu Yang um, die mit gleichmütiger Miene hinter mir steht und mich beobachtet, und sage entschuldigend: »Die Messer in Deutschland sind anders.« Ich ziehe es heraus und versuche es mit etwas mehr Kraft. Immerhin höre ich nun einen Knochen splittern. Yang nimmt mir das Messer wieder ab, bedeutet mir, ihr zuzuschauen und hackt schwungvoll und rasch weitere Stücke klein. Ich versuche es wieder, und langsam wird das Fleisch kleiner. »So okay?«, frage ich zaghaft. »*Hai xing* – geht schon«, antwortet Yang – gelassen oder resigniert. Mit ein paar letzten strammen Schnitten vom Körper weg sorgt sie selbst für den Feinschliff.

Um elf Uhr schlurft, verschlafen und verstrubbelt, ein Mann um die 40 in Schlabberhose und orangefarbenem T-Shirt in die Küche. Yangs Mann, nehme ich an. Mir fällt auf, dass das Küchenmädchen am Vortag auf meine Frage nach dem Chef Yang geholt hatte. Obwohl sie in die Familie eingeheiratet und ihr Mann ihr das Kochen beigebracht hatte, scheint sie die Hosen anzuhaben. Es überrascht mich nicht wirklich. In Peking erzählte mir einmal ein deutscher Manager, er stelle bei gleicher Qualifikation lieber eine chinesische Frau als einen Mann ein – die Jungen würden als Kinder zu sehr verwöhnt, seien unselbstständiger und träten schon in ihrem ersten Job mit Pascha-Allüren auf.

Der Mann nickt mir wortlos zu, ich stelle mich vor und erfahre, dass er Liu heißt. Ansonsten schenkt er mir keine weitere Beachtung und wirft stattdessen den Wok und eine fauchende Abzugshaube an. Liu wirft Schweinerippen in das heiße Öl und dann in Blitzeseile Gewürze und Pasten, die ich nicht alle einordnen kann. Hinter mir steht ein Eimer mit Wasser. Immer wieder manövriert Liu hektisch um mich herum, um mit der Kelle Wasser daraus zu holen und es in den zischenden Wok spritzen zu lassen. Ich merke, dass ich im Weg bin und versuche, mich in der engen Küche in Luft aufzulösen. Ich presse mich gegen die Kühlschranktür, halte den Atem an und ziehe den Bauch ein. Liu zuckt leicht mit dem Ellbogen, und der gesamte Inhalt fliegt hoch in die Luft. Eine Stichflamme faucht am Wok entlang auf. Alles landet zielgenau wieder im Wok. Wegen des Dampfes und der Enge ist es schwer, ihn ständig im Auge zu behalten. »Was wird das?«, frage ich schließlich und zeige auf den Wok. Ich halte Liu mein Handy unter die Nase, das mir als Aufnahmegerät dient.

»*Chaopaigu!*«, bellt er hinein.

»Was?«

»*Chaopaigu!*« Ich habe keine Ahnung, ob das »Duftende Lotusblüte« oder »Verpiss dich« heißt. Oder einfach »Gebratene Rippchen«.

Gerade will ich fragen, was in dem Stoffsack ist, den er auf die Küchenwaage legt. Da fängt der Sack an zu zappeln. Liu schnappt ihn sich und knallt ihn auf den Boden. Schließlich greift er mit langem Arm hinein, holt einen silbernen, japsenden Fisch hervor und schabt dem Tier mit einer Bürste bei lebendigem Leibe die Schuppen ab. Dann schlitzt er es auf und lässt die tiefroten Eingeweide auf den Küchenboden quellen. Der immer noch zuckende Fisch kommt ins Töpfchen, die Eingeweide bleiben auf dem Küchenboden liegen. Herr Liu steckt sich eine Zigarette an und wendet sich dann wieder dem dampfenden Wok zu. Er wirft ein paar Chili und eine Handvoll Sichuanpfeffer in den zweiten Wok. Die Luft füllt sich mit Rauch, der in meiner Kehle brennt. Ich beginne wie wild zu husten und flüchte aus der Küche, aus dem Haus, hinaus in die frische Luft.

»Du kannst jetzt nach Hause gehen und dich ausruhen«, schlägt Yang kurz darauf vor. Wovon genau, weiß ich nicht. Aber ich fühle mich ohnehin überflüssig, und »sich auszuruhen« ist in China meist kein Angebot, sondern ein Befehl, gegen den es keine Widerrede gibt. So wie es die Chinesen auch völlig aus dem Konzept bringt, wenn man irgendwo wartet und ihrer Aufforderung, sich zu setzen, nicht sofort nachkommt. Also gehorche ich und trolle mich.

Als ich am frühen Abend wiederkomme, sitzt die gebeugte Uroma am Tisch in der Gaststube und schaut aus dem Fenster. In der Küche arbeiten Yang und Liu Seite an Seite. Yang schnippelt und hackt im Affenzahn. Mit der flachen Seite des Beils haut sie auf Ingwer und Knoblauch ein, dass es nur so knallt. Auf dem Kopf trägt sie eine sonderbare Haube. Vielleicht doch ein traditioneller Turban der Bai-Minderheit? Liu fuhrwerkt wieder mit den beiden zischenden Woks herum. Die Lage entspannt sich etwas, als er eine Pause einlegt und Yang von einer grinsenden mittelalten lockigen Frau aus der Küche gelotst wird. Denn jetzt übernimmt Lius Mutter die Woks. Die Gründerin des »Baba Mama« hat ganz kurz geschnittenes Haar und ein ebenso warmes Lächeln wie die Uroma und der Opa. Ihre Bewegungen beim Kochen sind ruhiger als die ihres Sohnes. Sie summt vor sich hin und kommentiert ungefragt, was sie gerade brutzelt.

»Wie bist du darauf gekommen, das Restaurant zu eröffnen?«, traue ich mich deshalb ein wenig zu plaudern.

»Ich habe früher in einer Fabrik gearbeitet, aber dann gab es keine Arbeit mehr für mich«, antwortet sie. »Was sollte ich also anderes tun?« Trotzdem wirkt sie beim Kochen so, als hätte sie das ihr Leben lang gemacht. Die Gastronomie hat noch einen Vorteil für sie: »Wenn mal keine Gäste kommen, können wir immer noch selbst essen«, sagt sie zufrieden lächelnd. Ich biete ihr meine

Hilfe an, aber sie deutet nur zum Küchenmädchen, das wegen des Platzmangels am Waschbecken steht und dort wabbeligen Tofu in der Hand schneidet. »Du kannst sie mal fragen.« Die lehnt so erschrocken wie vehement ab. Wahrscheinlich hat sie Angst um ihren Job.

Weil ich nichts tun kann und in der Küche nur im Weg stehe, spaziere ich die Straße vor dem »Baba Mama« auf und ab und bin froh, dass es hier so viel wärmer ist als in Peking. Der Abend dämmert, überall sitzen die Inhaber der kleinen Geschäfte mit einer Schüssel hinter ihrer Kasse und essen zu Abend. Schräg gegenüber erspähe ich durch das Fenster plötzlich ein vertrautes Gesicht: Yang Xucai, die Chefin, platziert auf einem Frisiersessel. Das also hatte es mit ihrem seltsamen Turban auf sich: Der Laden ist ein Friseur, und sie trug nur eine Lockenhaube.

Als ich zurückkomme, ist das »Baba Mama« rappelvoll. Junge hippe Chinesen mit Rasta und Hippies mit wallenden Röcken drängeln sich ebenso vor dem Gemüseregal wie traditionell aussehende Ältere und Familien. Yang, Liu und die Schwiegermutter schuften zu dritt im Akkord. Die dampfenden Teller stehen mitunter ein paar Minuten in der Küche, bevor jemand daran denkt, sie rauszutragen. Dafür ist kurz nach neun der Spuk schon wieder beendet. Nur noch drei jüngere Damen in kurzen Röcken lümmeln kettenrauchend an einem Tisch, und mir fällt ein, dass meine Chinesischlehrerin von vielen Puffs in dieser Straße erzählt hatte. »Wenn da eine einzelne rote Laterne vor einer Herberge hängt, ist das schon verdächtig«, hatte sie erwähnt.

Bei »Baba Mama« gibt es keine Laterne und auch keine Öffnungszeiten. Wenn noch mal jemand reinkommt, der Hunger hat, steht ein Familienmitglied auf und wirft wieder den Wok an.

Immerhin habe ich am Ende des Abends erste Lektionen gelernt. Fein gehackter Ingwer und Knoblauch wird in rauen Mengen verwendet. Streifen von Schweinelende oder Stücke von der Rippe werden vor dem Braten in einem kleinen Schüsselchen mit Ei, Wasser, Stärke und Salz geknetet. Manchmal kommt auch noch Sojabohnenpaste (*Doubanjiang*) dazu oder *Caoguo*, eine würzige, leicht gaumenbetäubende Paste aus schwarzem Kardamon. Ob Fisch, Fleisch oder Tofu: Zuerst wird Rapsöl im Wok richtig heiß gemacht, dann werden Ingwer, Knoblauch und Fleisch und Gemüse dazugegeben, kurz darauf eine Kelle voll Sojasauce, Essig, Zucker und Salz und dann immer wieder etwas Wasser. Nach weniger als zehn Minuten Bratzeit ist meist schon alles fertig. Mit diesen Erkenntnissen bin ich für den ersten Abend ganz zufrieden.

Als der letzte Gast gegangen ist, setzt sich die ganze Familie zusammen in die Gaststube. Auf dem Tisch stehen mehrere Schüsseln mit einfachen übrig gebliebenen Gerichten und Reis. »Essen, Fan Lu!«, ruft der Opa herzlich. Fan Lu ist mein chinesischer Name, den meine erste Übersetzerin in Peking für mich ausgesucht hat. Der Nachname steht im Chinesischen vor dem Vornamen. Fan soll an Fend erinnern, Lu an Ruth, und bedeutet Morgentau. Das fand ich doch etwas lyrischer als den Namen, den mir das chinesische Außenministerium schon gleich bei meiner Ankunft verpasst hatte. Dort überreichte man mir den offiziellen Presseausweis, auf dem 份德, ausgesprochen: Fen De, stand.

Auch »Fen« sollte wohl wie Fend klingen. Und anstatt sich einen Vornamen auszudenken, hatte mich ein Beamter einfach »De« getauft. Das heißt »deutsch« oder auch »Tugend«. Damit war ich also wahlweise die deutsche Fend oder die tugendhafte Fend. Beides fand ich unpassend. Auf der chinesischen Seite meiner Visitenkarten steht also in Schriftzeichen Fan Lu: 范露。

Der Opa nimmt mit seinen Stäbchen eine fetttriefende, salamiartige Wurstscheibe aus einer Schüssel. Diese selbstgemachten Würste sind eine lokale Spezialität und hängen in Dali in kleinen Metzgereien. Er legt sie auf meine Reisschale, auf dem Weg dahin tropft das Fett auf mein Telefon. Fast beschämt mich die Geste: Im Konfuzianismus gilt den Ahnen der höchste Respekt, und die Jüngeren umsorgen die Älteren. Manchmal drücken aber auch Gastgeber so ihre Wertschätzung aus. Alles wäre sehr gemütlich, wäre da nicht der hyperaktive Weiwei. Er brüllt oder spielt mit den Essstäbchen oder verliert seine Socken. Das Dauerpiepsen seiner elektronischen Spielzeugautos übertönt die Unterhaltungen. »Er ist zu laut, ich kann so nicht essen!«, beschwert sich die Uroma. Sie beugt sich hinunter zu ihm und verkündet mit erhobenem Zeigefinger: »Du bist ein schlechter Mensch!«

Als Weiwei auf dem Boden herumstrampelt, stimmt auch der gütige Opa, der ihn den ganzen Tag mit einer Engelsgeduld herumgetragen hat, ein: »Dummes Ei!«

Weiwei ist das, was die Chinesen einen »kleinen Kaiser« nennen. Eine Nervensäge, wie sie Chinas Ein-Kind-Politik zuhauf produziert. Ein Kind erhält die Aufmerksamkeit von durchschnittlich sechs Erwachsenen: Seinen Eltern sowie den beiden Großelternpaaren, manchmal kommen noch Urgroßeltern dazu. Immerhin nimmt die Familie seine Schreianfälle nicht allzu ernst. Als er wieder losheult, legt Yang ihm lachend die Hand auf den Mund und hebt sie immer wieder schnell hoch, sodass er trällert wie ein Indianer.

Und dann juckt ihn offenbar auch noch irgendwas im Po. Yang setzt sich auf einen niedrigen Schemel, legt sich den Jungen übers Knie, zieht ihm die Hose herunter, inspiziert seinen nackten Hintern und pult mit dem Finger darin herum. Ganz selbstverständlich im Speisesaal, direkt an der Straße und bei offener Glastür. Das Bedürfnis nach Privatsphäre bei intimen Verrichtungen hält sich in China in Grenzen. Das stellte ich schon auf den Damentoiletten der Pekinger Altstadtgassen fest, in denen man manchmal ohne Türen oder jeglichen Sichtschutz kollektiv über Keramiklöchern hockt. Und selbst wenn es Türen gibt, wie auf Raststättentoiletten, verzichten die Frauen oft darauf, sie abzuschließen. Sie stören sich auch nicht daran, wenn ich den Kopf zur Tür reinstecke und dann erschrocken wieder rausziehe.

Nach ein paar Tagen habe ich mich an Weiweis ständiges Gebrüll ebenso gewöhnt wie an die Enge der Küche. Ich bin zwar unsicher, ob ich für die Familie eher Gast, Kunde oder Familienmitglied bin, nehme aber fleißig weiteres Material auf und versuche immer wieder, mir die einzelnen Kochvorgänge einzuprägen. Wenn es in der Küche ruhig ist, stehe ich neben dem Aquarium und beobachte das Geschehen. Wenn neue Gäste kommen, stellt sich der gütige Opa sofort neben sie an den Tisch und wartet auf ihre Bestellung. Anfangs hatte es mich in chinesischen Restaurants immer nervös gemacht, dass die Bedienungen sich sofort an meinem Tisch postierten, während ich die weltatlasdicken Speisekarten durchblätterte. Mit der Zeit hatte ich jedoch begriffen, dass die Kellner immer so viel Zeit hatten, wie man brauchte. Manchmal standen sie minutenlang herum und sahen gelangweilt in die Ferne. Auch der gütige Opa steht oft fünf Minuten neben dem Tisch, schaut freundlich in die Luft und wirkt gar nicht ungehalten.

Eines Abends treten drei Westler ins Baba Mama ein, die aussehen, als gehörten sie zur Gruppe der Aussteiger oder Sinnsucher. Sie stellen sich am Gemüseregal das Menü zusammen und betonen mehrmals, dass sie auf keinen Fall Glutamat in ihrem Essen haben wollen. In Dali ist der Anblick von Amerikanern und Europäern ebenso wenig eine Rarität mehr wie in Peking oder Shanghai. Nur trommeln sie in Dali in der Fußgängerzone auf Bongos und sammeln in den umliegenden Bergen Pilze, die nicht nur lecker sind. Diejenigen in Peking oder Shanghai arbeiten am nächsten Karrieresprung oder studieren fleißig Chinesisch.

Die drei Männer sehen mich mit meinem Aufnahmegerät in der Küche herumstehen und wollen wissen, was ich dort treibe. Da mich in der Küche auch heute niemand braucht, setze ich mich zu ihnen und erzähle von meinem Kochprojekt. Einer von ihnen seufzt auf: »Pass auf, wo du anheuerst! Die chinesische Küche ist im Niedergang«, klagt der Engländer, der vom Kleidungsstil her auch in eine Anwaltskanzlei passen würde. Er erzählt, dass er sich gerade als Filmstatist betätigt und zuletzt viel Geld für die Rolle eines Butlers bekommen hat. »Wo man hinschaut: Geschmacksverstärker, Tiefkühlkost, Lebensmittelskandale.« Seit einiger Zeit macht etwa der Skandal um sogenanntes »Gossenöl« die Runde: Altes Speiseöl, das Händler in Abwasserrohren oder an den Hintertüren von Restaurants aufsammeln, chemisch aufbereiten und billig an Restaurants und Geschäfte weiterverkaufen.

Für das Baba Mama aber schwärmt er: »Alles hier ist frisch, und man hört auch noch wirklich zu, wie der Gast etwas haben will. Und erst die Preise! Ein Fleischgericht für etwas mehr als ein Euro!« Darüber hatte ich mich auch schon gewundert. Zwar speist man in China immer noch günstig, aber steigende Lebensmittelpreise gehören zu den großen Aufregern im Land – gerade weil sie vielerorts schneller steigen als die Kaufkraft. Weil die Chinesen so viel Schwein essen, haben etwa Preisschwankungen bei Schweinefleisch einen so großen Einfluss auf den »China Price Index«, dass eine Bank ihn auch schon »China Pork Index« nannte. Als ich Liu später auf die niedrigen Preise anspreche, erklärt er mir, dass sie sich das leisten könnten, weil das Haus ihnen gehöre und sie bis auf das Küchenmädchen auch keine bezahlten Angestellten hätten.

»Und was hast du hier verloren?«, wende ich mich seinem Kollegen zu, einem alten Amerikaner mit puterroter Glatze und weißem Rauschebart, der ihm bis auf die Brust reicht. »Ich leb so vor mich hin«, antwortet der leichthin. Auf seiner Visitenkarte, die er mir über den Tisch schiebt, stehen zwei verschiedene Namen. »Dan Shan« und Schriftzeichen auf der einen Seite, mit einer Adresse in Dali, »Dan Hummel« auf der anderen und dazu eine Adresse in Cork, Irland.

»Vor ein paar Jahren habe ich auf einem Berg hier in der Nähe ein leer stehendes, abgelegenes Haus gefunden. Darin war mal ein Bordell, das die örtliche Polizei betrieben hat. Zusammen mit einer chinesischen Freundin haben wir daraus ein Hostel gemacht. Über zweihundert Pferderitte haben wir gebraucht, um die Möbel und Baumaterialien hochzuschleppen.«

»Gibt es das Hostel noch?«

»Ja, klar. Inzwischen ist meine Geschäftspartnerin aber in die Schweiz gezogen. Das Hostel wird jetzt von einer Freundin von ihr betrieben. Die soll übrigens echt gute *La Mian* machen.« La Mian – von Hand gezogene Nudeln! Mein Herz schlägt sofort höher. »Das Hostel heißt Higherland Inn. Findest du im Internet«, fügt Dan hinzu. Dann besteht er darauf, dass wir von dem selbst gebrannten Schnaps aus den Plastikbottichen auf der Theke kosten, in dem unidentifizierbare Früchte treiben. Herr Liu hatte mir stolz erzählt, dass sie ihn selbst machen. »Er schmeckt viel besser als der Baijiu aus dem Supermarkt«, versichert Dan mir, als ich das Gesicht verziehe. Wenn es etwas in China gibt, das mir Schauer über den Rücken jagt, dann ist es der Gedanke an das chinesische Nationalgetränk *Baijiu*, das wörtlich übersetzt einfach »weißer Alkohol« heißt und aus Hirse gebrannt wird.

Als Reporterin hatte ich einmal an einer organisierten Reise in die Provinz teilgenommen. Ein mächtiger chinesischer Verlagschef gab ein Bankett für ausländische Journalisten. »Ihr müsst zumindest so tun, als würdet ihr trinken«, hatte uns die Reiseleiterin vor dem Bankett eingeschärft. Der Gastgeber verliere sonst sein Gesicht. Dabei hatte der Verlagschef das Trinken seinerseits komplett delegiert. Schweigend thronte er wie ein Mafiaboss an dem riesigen, opulent mit Blumen beladenen runden Tisch und blieb völlig trocken, während einer seiner Untergebenen wie ein Hofnarr umherlief und mit jedem anstoßen musste. Auch mir goss der Hofnarr ein großes Glas Baijiu ein und schmetterte »*Gan bei!*«, was »trockenes Glas« bedeutet, also: »auf Ex«. Dabei gab ich mir Mühe, mein Glas beim Anstoßen tiefer zu halten als das seine. Dies gilt in China als Geste der Bescheidenheit, und weil jeder den anderen zu unterbieten versucht, endet man oft mit dem Glas auf dem Tisch – ebenso wie der Kopf des Hofnarrs. Nachdem er Runde um Runde gedreht hatte, brach er gleich nach dem Mittagessen zusammen und schlief sofort am Tisch ein.

Es war eine meiner ersten Begegnungen mit der chinesischen Etikette. Als ich einen Wohnkomplex mitten in einem der letzten Pekinger Hutongs bezog – niedrige Steinhäuser im Altstadtviertel, die sich um enge, von mehreren Familien genutzte Innenhöfe gruppieren –, hatte ich zunächst den Eindruck, dass es sich bei den vermeintlich so ausgefeilten fernöstlichen Manieren um einen Mythos handelte. Das Tolle an den Hutongs ist, dass es ausgerechnet im Herzen des ausufernden Molochs noch zugeht wie auf dem Dorf. Immer noch schlurft manch alter Pekinger im Schlafanzug durch die von Autos zugeparkte Gasse, gern auch mit liebevoll eingekleidetem Hündchen auf dem Arm. Morgens hörte ich manchmal einen Hahn aus einem Hinterhof krähen. Das Unangenehme daran ist, dass auch die Manieren recht ursprünglich sind. Öfter noch als vom Rufen des Hahns wachte ich vom Geräusch herzhaften Rotzens und Spuckens auf. Erst hörte ich, wie ein Nachbar mit einem tief röhrenden »Uuuaaah« sämtliche Flüssigkeiten aus dem Brust- und Rachenraum zusammenkratzte, um sie dann mit einem »Poh!« auf dem Asphalt zu platzieren. In Straßenimbissen und Restaurants lauschte ich munterem Schlürfen, Schmatzen und Rülpsen. Selbst der allgemein verbreitete Glaube, dass Naseschneuzen in China grob unhöflich ist, wurde hier widerlegt – oder aber meine Nachbarschaft war gespickt mit Grobianen. Tatsächlich erklärte mir jemand später, dass Schneuzen nur am Esstisch tabu ist, ansonsten in Ordnung.

Ich passte mich den rauen Sitten bald an und ließ mich selbst immer mehr gehen. Ich genoss es geradezu, laut »*Fuwuyuan*! Bedienung!« durchs Restaurant zu brüllen und den Tisch mit Essensresten zu pflastern. Schließlich türmten sich auf und unter den Nebentischen ebenfalls Knochen, Gräten, Muscheln und Angegessenes. Der Anblick dieser Schlachtfelder gab dem Essen den Anschein eines mehr kriegerischen denn sozialen Aktes.

Mit der Zeit hatte ich dann aber doch bemerkt, dass es sehr wohl Benimmregeln gab – nur störten die sich nicht an Rülpsen, Schlürfen und Schmatzen. In einem denkbar einfachen Dumpling-Laden drehte einmal ein Chinese, der am selben runden Tisch saß wie ich, mit strafendem Blick meine Teekanne ein paar Grad um die eigene Achse. Ich hatte sie so hingestellt, dass ihr Schnabel auf ihn zeigte – das bringe Unglück, raunte mir mein Begleiter mahnend zu. Ebenso wie seine Stäbchen in den Reis zu stecken. Chinesen fühlen sich dann an Räucherstäbchen in einem Tempel erinnert, also an Ahnenkult und somit an den Tod. Frauen mit Benimm nehmen nie große Bissen und häufen sich immer nur ein paar Happen Fleisch oder Gemüse gleichzeitig auf ihr Reisschüsselchen – sie wollen nicht gierig wirken. Und trotz der hartnäckigen Aufforderungen von Gastgebern, sich noch mehr zu nehmen, ist es besser, ein bisschen übrig zu lassen – ein vollständig leer gefegter Teller vermittelt den Eindruck, es hätte nicht genug gegeben. All das weiß ich inzwischen und versuche es – bis auf das Übriglassen – zu beherzigen. Was mich leider nicht davon abhält, hin und wieder anzuecken.

3.

_Ein Fisch fängt nach drei Tagen an zu stinken._
_Ein Gast geht einem nach drei Tagen auf die Nerven._

Nach mehreren Abenden im Baba Mama ist es Zeit, die Früchte meiner Arbeit zu ernten. Zusammen mit Li Qiang werte ich meine Aufnahmen aus. Zunächst lacht sie, als ich ihr von Dan Hummel erzähle – »du hat den Weihnachtsmann getroffen! Den kennen hier alle!« – und dann, als sie meinen ersten Dialog mit der Uroma hört, »Du hast sie gefragt, ob in der Familie alle weiße Menschen sind!«, klärt sie mich auf. Das Wort _Bai_ ist nicht nur der Name der Volksminderheit, sondern heißt auch »weiß«. Um Missverständnisse zu vermeiden, sagt man offenbar auf Chinesisch »Bai-Volk«. Deshalb also hat das Küchenmädchen so losgeprustet und die Uroma höflich von See und Bergen geschwärmt.

Ansonsten helfen die Aufnahmen kaum weiter. Oft hören wir nur die Abzugshaube, das Krakelen von Weiwei oder vernuschelte Gesprächsfetzen. So wird das nichts. Ich beschließe, meine Taktik zu ändern.

Kurz vor Feierabend bestelle ich am nächsten Tag selbst etwas. »Ich hätte gerne _Liangban Qiezi_. Natürlich zahle ich auch dafür. Aber ich will zugucken, wie ihr ihn zubereitet«, verkünde ich. Dieser scharf-saure kalte Auberginensalat hatte mir am Abend mit Dan, dem Weihnachtsmann, und seinen Kumpanen besonders gut geschmeckt. Die Schwiegermutter delegiert meine Bestellung weiter an das Küchenmädchen. Ich folge ihr auf Schritt und Tritt, um ja nichts zu verpassen, ob ich nun im Weg bin oder nicht. Dabei murmel ich auf Deutsch gleich selbst in mein Handy, was gerade passiert. Das Mädchen legt eine Aubergine und eine rote Paprika auf eine Art Steingrill und lässt sie brutzeln, bis beide schwarz werden. Dann übernimmt die Schwiegermutter und zieht mit der Hand die Haut von dem glühend heißen, schwarzen Gemüse. In einer Schüssel vermischt sie Koriander, Zucker, Sojasauce und Chilipaste und verrührt das Ganze mit gehäuteter Aubergine und Paprika.

Als der Salat fertig ist, sind kaum noch Gäste da. Die Uroma, der gütige Opa und Liu sitzen im Speisezimmer. Vor ihnen stehen mehrere Gerichte auf dem Tisch.

»Darf ich?«, frage ich, und setze mich mit meiner Aubergine und etwas Reis zu ihnen. Genüsslich beginne ich, meinen Salat mit den Stäbchen in mich hinein zu schaufeln. Es fühlt sich prima an, in Gesellschaft zu essen – ohne das schlechte Gewissen, mich schon wieder bei der Familie durchzuschmarotzen. Erst nach ein paar Minuten komme ich auf die Idee, den anderen etwas von meinem Auberginensalat anzubieten. Viel zu spät. Ein großer Fehler. In dem sonst so milden Gesicht des Großvaters steht auf einmal eine Zornesfalte.

»Das tut man nicht«, fährt er mich an. »Erst selbst etwas anfangen und es dann den anderen anbieten!« Und zum Rest der Familie: »Sie versteht nichts von chinesischer Kultur.« Die Uroma nickt schwer mit ihrem mützenbedeckten Haupt und blickt in die Ferne. Ich laufe rot an und entschuldige mich. Yang sieht mich nachsichtig an und signalisiert mir, bei den anderen Gerichten zuzugreifen. Ich picke ein paarmal zaghaft mit meinen Stäbchen in die Schüsseln. Doch meine Auberginen rührt niemand an. Ich sterbe vor Scham.

»Wenn man es gleich für alle hinstellt, ist es okay. Aber man fängt nicht erst allein an und bietet es dann an«, setzt der Opa einen drauf und brummelt immer wieder vor sich hin: »Sie hat keine Ahnung von chinesischer Kultur.«

Am nächsten Tag verfestige ich diesen Eindruck noch. Wieder ist mein Lerneifer mit schuld. Ich will ein Tofugericht lernen. Die Tofu-Gerichte, mit haufenweise mir unbekanntem salatartigem Gemüse kurz im Wok angebraten, erschienen mir schnell und einfach. Das Problem ist, dass ich wieder den genauen Namen des Gerichts nicht kenne. Deshalb bitte ich um »irgendwas mit Tofu«. Damit kann die kurzhaarige Schwiegermutter nichts anfangen. Anders als in Deutschland gibt es in China etliche Sorten und Zubereitungsformen von Tofu. Sie schlägt etwas vor, das ich nicht verstehe, und ich antworte enthusiastisch: »Genau das!« Alle drei Frauen – Yang, Schwiegermutter, Küchenmädchen – schauen sich daraufhin etwas ratlos an und reden auf mich ein. »*Keyi, keyi*«, schmettere ich ihre nicht verstandenen Bedenken ab. Was kann man schon mit Tofu falsch machen? Sie zucken mit den Schultern und das Küchenmädchen beginnt, Unmengen an Morcheln, Pilzen und Lauch zu waschen und in einen großen, schwarzen, gusseisernen Topf zu werfen – zusammen mit großen braunen Tofu-Quadern.

»Ist das für mich?«, frage ich irgendwann besorgt.

»Ja klar«, mischt sich die Schwiegermutter ein. »Hast du doch bestellt!« Eine Tofu-Gemüsesuppe also, und sicher drei Liter davon. Ich ärgere mich. Nicht nur, dass sie bestimmt fade schmeckt und viel zu viel ist: Es gibt hier auch nichts zu lernen.

»Ahm, könnte ich vielleicht irgendein gebratenes Auberginengericht haben, eines aus dem Wok?«, versuche ich es stattdessen.

»Aber du schaffst doch wahrscheinlich nicht einmal die Suppe!«, gibt die Schwiegermutter zu bedenken.

Spätestens jetzt hätte ich sagen müssen: Vergesst's. Ich nehm die Suppe, alles prima. Und dann eben bezahlen und so viel essen, wie ich schaffe. Aber irgendwie habe mich in der Situation verstrickt. »Stimmt. Aber eigentlich wollte ich gar keine Suppe«, beginne ich zu stammeln und schiebe nach: »Aber ich bezahl sie natürlich. Vielleicht könnt ihr die Suppe ja jemand anderem servieren? Oder wir essen sie zusammen?« »Es ist für uns noch zu früh zum Essen«, schmettert Yang kalt ab. Ich bereue meine Vorschläge sofort. Aber es ist zu spät. Die Schwiegermutter beginnt schon, Auberginen in Unmengen von Öl und Sojasauce im Wok zu kochen. Sie bringt sie mir in die Gaststube und lässt mich allein mit meiner Scham vor ihnen sitzen. Ohne Appetit führe ich Stäbchen für Stäbchen der öltriefenden Auberginen zum Mund und esse nicht auf. Von der Suppe bekomme ich nichts mehr zu kosten. Und Yang lässt sie mich auch nicht bezahlen.

Wie ein unartiges Kind traue ich mich daraufhin ein paar Tage nicht mehr zu Baba Mama. Ich schlendere schlecht gelaunt durch die Altstadt mit den Steindrachen auf den Ziegeldächern und gestehe mir widerwillig ein, dass ich auf diese Wiese nie eine gute Köchin werde. Ich lerne nichts und gehe nur allen auf die Nerven. Ich sollte meine Lehrzeit beenden. Mein Blick streift an den Steindrachen vorbei Richtung Berggipfel. Das »Higherland Inn« vom

Weihnachtsmann fällt mir wieder ein. Und die handgezogenen Nudeln der Herbergsmutter. Vielleicht habe ich dort mehr Glück? Vielleicht würde ich oben in den Bergen eine Meisterin finden, die mir die Kunst des Nudelziehens beibringt?

Doch vorher muss ich mich noch mit der Familie aussöhnen, und dafür muss ich die richtigen Worte finden. Meine Chinesischlehrerin Li Qiang ist bereit zu vermitteln. Gemeinsam treten wir durch die Glastür – genau wie beim ersten Mal. Yang hat eine Kochschürze an und trägt Weiwei auf dem Arm. Sie macht ein verdrossenes Gesicht und reagiert einsilbig auf unseren Gruß. Es sind noch keine Gäste da. Am hintersten Tisch sitzt die Uroma und bastelt Papierblumen, die sie zu Ketten zusammenfügt.

»Das sind Grabbeigaben, die die Bai verbrennen«, raunt Li Qiang mir zu. »Vielleicht ist etwas Schlimmes in der Familie passiert.«

Um nicht noch mehr Fehler zu machen, überlasse ich ihr die Kommunikation und setze mich ins Nebenzimmer. Sie geht freundlich auf Yang zu und verwickelt sie in ein Gespräch. Am Tonfall höre ich, wie sich die Atmosphäre langsam lockert. Li Qiang kommt grinsend zurück und sagt: »Mit der Familie ist alles in Ordnung. Dein Umgang mit der Tofusuppe hat ihr nur nicht so gut gefallen. Ich habe sie besänftigt. Einem Ausländer verzeiht man solche Fehltritte. Ihr versteht ja nichts von chinesischer Kultur.«

Ich fühle mich vollständig erleichtert, als sich die Uroma zu uns setzt und sich zu den alten Zeiten ausfragen lässt. Ich erwarte eine der typischen Tiraden alter Menschen, dass früher alles besser war. Doch weit gefehlt.

»Heute ist alles besser«, deklariert die Uroma strahlend. »Ich habe so viele Höhen und Tiefen erlebt, ich kann kaum glauben, dass jetzt alles so gut läuft für mich. Wir hatten Hungersnöte, und während der Kulturrevolution stand alles still. Sogar die Schulen waren geschlossen.«

»Haben Sie eigentlich Ihrer Tochter das Kochen beigebracht?«, frage ich.

»Nein! Ich habe in meinem Leben nicht gekocht!«, ruft sie vergnügt. »In meiner Kindheit hat meine Mutter gekocht. Danach habe ich immer in der Fabrikkantine gegessen. Da gab es eine Suppe mit etwas Eingelegtem, oft nicht einmal Reis, sondern nur Kartoffeln. Zu guten Zeiten ein Huhn im Monat. Jetzt fragen meine Kinder mich immer, was ich essen will. Aber ich bin mit allem glücklich!«

Wir bestellen ein letztes Essen. Li Qiangs Lieblingsessen bei Baba Mama ist der *Hongshao Yu* – in Sojasauce geschmorter Fisch. Wir werden zum Aquarium gebeten, um uns zwei Opfer auszusuchen. Erst das Todesurteil zu sprechen und dann beim Aufschlitzen zuzusehen fällt mir noch immer nicht leicht. Die Kiemen der Fische flattern noch, als sie längst im brodelnden Rapsöl gelandet sind. Das Ergebnis nach zweimaligem Frittieren jedoch ist atemberaubend köstlich. Als wir fertig sind, sitzt fast die ganze Familie an einem der größeren Tische im Nebenzimmer und isst. Ich räuspere mich und kündige meinen Abgang an. »Mach's gut, Fan Lu«, sagt Yang und lächelt, als ich ihr ein kleines Päckchen überreiche. Da die Geste des Schenkens in China noch viel wichtiger ist als in Deutschland, habe ich eine Box mit Schweizer Schokoladen mitgebracht. Obwohl ich ahne, dass der komplette Inhalt in den Backen des verwöhnten kleinen Weiwei landen wird. »Ihr auch. Danke noch mal für eure Geduld.« Ich unterdrücke den Impuls, sie zu umarmen. Mit Körperkontakt bei Begrüßung und Abschied haben es die Chinesen nicht so. Meistens nickt man sich auch unter Freunden nur kurz zum Abschied zu. Ich strecke Yang immerhin noch die Hand entgegen. Sie ergreift sie und sagt: »Vielleicht kannst du woanders besser lernen. Und jetzt geh dich am besten erst einmal ausruhen!«

Liangban quiezi:
Kalter Auberginen-Salat

*Zutaten:*
*1 Aubergine*
*1 rote Paprikaschote*

*Für die Sauce:*
*1 Esslöffel Sojasauce*
*1 Esslöffel weißer Essig*
*1 TL Zucker*
*zerhackte getrocknete Chili*
*Eine halbe Handvoll klein geschnittener Koriander*

*Die Aubergine und die Paprika grillen, bis sie schwarz sind. Alternativ lange im Backofen garen. Dann mit kaltem Wasser abspülen und die Haut abziehen. Beides mit der Hand in mehrere dünnere Streifen auseinanderziehen und abkühlen lassen. Die Soße in einer flachen Schüssel anrühren und Aubergine und Paprika unterrühren.*

# 4.

## Erste Nudelbegegnung

*Wenn das, was du sagen möchtest,*
*nicht schöner ist als die Stille,*
*dann schweige.*

Das »Higherland Inn« hat seinen Namen nicht ohne Grund: Es liegt auf 2700 Meter Höhe, also etwa 700 Meter über Dali. Die Webseite verspricht in dem Hostel auch Yoga und Kulturaustausch, Chinesisch-Unterricht und Teezeremonie. Ich rufe die Kontaktnummer an und eine freundliche, weibliche Stimme antwortet auf Chinesisch.

»Sind diese Woche noch Betten frei?«, frage ich. »Und wie sieht es mit Chinesischunterricht oder Yoga aus?«

»Unterkunft ist kein Problem«, sagt die Stimme, »Aber Kurse gibt es im Moment keine.« Sie zögert einen Moment. »Ich bin Chinesin und kann kein Englisch. Du kannst auch mit mir üben.«

»Üben« erscheint mir das richtige Stichwort.

»Vielen Dank, gerne«, sage ich. »Ich würde auch gern Nudelziehen üben. Ich habe gehört, dass du eine sehr gute Köchin bist.« Es folgt ein Wortschwall, der eher ablehnend klingt.

»Ich verstehe leider nicht so gut. Meine chinesische Freundin wird sich noch einmal melden«, beende ich das Gespräch.

Wieder ist Li Qiang meine einzige Rettung. Zwei Tage später schickt sie eine E-Mail. »Die Situation der Frau vom Hostel«, schreibt sie, »ist folgende: 1. Sie bereitet sich darauf vor, im April nach Tibet zu gehen, deshalb braucht sie mehr Zeit für sich. Um in Ruhe zu lernen, stellt sie ihr Telefon manchmal den ganzen Tag ab. 2. Sie sagt, es braucht Zeit, die Kunst der gezogenen Nudel vollständig zu durchdringen, und wegen ihrer aktuellen Situation hat sie kaum Zeit, dich darin zu unterrichten. Ich habe sie jedoch überredet, es dir unter folgenden Bedingungen beizubringen: 1. Du

*39*

wirst kein Restaurant mit dieser Nudel eröffnen. 2. Du bist wirklich begeistert und entschlossen und trägst wie Kungfu-Panda alle Zutaten selber den Berg hinauf. 3. Du wirst nach ihrer Unterweisung für dich alleine üben.«

Manchmal ist Li Qiang im Leben so systematisch wie in ihrem Grammatikunterricht. »Die Frau vom Hostel«, lese ich weiter, »will jetzt 1. dass du morgen oder übermorgen zum Higherland kommst. Dann wird sie sich mehrere Stunden Zeit nehmen, um dich ein Mal zu unterweisen. 2. Dass du nicht viel mitbringst, weil der Schlüssel zu den Nudeln das Mehl ist, und das hat sie auf Lager. 3. Dass du mindestens zwei Stück Butter mitbringst, um den Geschmack anzureichern und den Teig elastisch zu machen. Außerdem Karotten, Zucchini, Kartoffeln und verschiedene Gemüse.«

Dass ich nicht viel mitbringen soll, ignoriere ich. Ich will die Frau schließlich überzeugen. Außerdem gefällt mir die Vorstellung von mir als Kungfu-Panda. Den dicken Held des gleichnamigen Animationsfilms bringt schließlich auch Verfressenheit zum Ziel. Die Aussicht auf einen Leckerbissen lässt den trägen Panda die waghalsigsten Tricks erlernen und seinen Widersacher besiegen. Zu denken gibt mir nur, dass Kungfu-Panda der Sohn eines Nudelmachers ist – und davon träumt, seinem Schicksal am Herd zu entkommen.

Voller Vorfreude ziehe ich tags darauf über den Markt, auf dem Yang Xucai mit mir einkaufen war und verfalle in einen Kaufrausch. Ich erstehe Auberginen, Zucchini, Karotten, Frühlingszwiebeln, Zwiebeln und Rettich. Schwieriger ist die Butter: In Yunnan gibt es keine Milchwirtschaft und auch im größten Supermarkt der Altstadt keine Butter. Meine letzte Hoffnung ist das »88«, ein Café mit deutschem Brot und einem Kühlschrank voll importiertem Käse. Die doppelte Acht, gleich zweimal die chinesische Glückszahl, wirkt: Es gibt Butter.

Am nächsten Tag scheint schon früh am Morgen die Sonne, und ich schnalle mir meinen Rucksack um. Nur weiß ich nicht, wo es lang geht. In meinem Guesthouse in Dali zeigt man nur vage mit dem Finger den Berg hinauf. Ich irre zwischen abgeernteten, ockerfarbenen Feldern umher und spüre meinen Kaufrausch schon bald schwer auf den Schultern. Glücklicherweise läuft da ein westlich aussehender Mann den Berg hinab und mir entgegen. Er hat einen schwarz-weißen Stoppelbart, stellt sich als Carlos vor und erklärt mir nicht nur den Weg, sondern begleitet mich noch ein Stück. Er ist chilenischer Psychologe und macht im Krankenhaus für Traditionelle Chinesische Medizin ein Praktikum. Als ich ihm von meinen Kochambitionen erzähle, lädt er mich auf einen Ausflug zu einem daoistischen Tempel ein. »Dort lebt ein Meister in Qigong und Taiji. Und er ist auch ein exzellenter Koch«, erzählt er. Ich erfahre von Carlos, dass der Daoismus, die chinesische Medizin und das Essen stark miteinander verknüpft sind, ja, dass Essen als Medizin gilt. »Wir wollen im Tempel übernachten, und er kocht für uns. Du kannst bestimmt zugucken«, schlägt er vor. Meine Neugierde ist sofort geweckt. »So, ich muss los«, verabschiedet Carlos sich und gibt mir seine Telefonnummer. »Ab hier geht es einfach den Wald hoch.«

Wenige Meter später bietet mir ein Bauer die Dienste seines Pferdes an. Der Kungfu-Panda-Stolz verbietet es mir jedoch, auf ein Pferd zu steigen. Ich will mir meine Nudeln mit eigenem Schweiß erarbeiten. Wenig später bereue ich meinen Übermut. Der Weg ist länger und steiler als gedacht. Er besteht praktisch ausschließlich aus hohen, steinernen Treppenstufen. Trotz des schattigen Nadelwaldes um mich herum bricht mir bald der Schweiß aus. Außer dem einsamen Ruf eines Vogels und dem Rauschen der Nadeln ist kein Geräusch zu hören.

Nach langer Wanderung und kurzen Pausen, in denen ich das Gemüse im Rucksack verwünsche, erreiche ich endlich einen ebenen, gepflasterten Weg. Tief unter mir liegt die Dali-Ebene mit der Altstadt, den Feldern und Dörfern und dem Erhai-See dahinter. Ich muss an die Uroma denken: »Hinten die Berge und vorne der See. Ein guter Ort.« Ich vermisse ihn schon jetzt schmerzlich. Die Ebene badet noch in der Nachmittagssonne, der Nordhang liegt aber schon lange im Schatten, und es wird kühl. Weit und breit ist weder ein Wohnhaus noch ein einziger Mensch zu sehen. Ich weiß nicht mal, in welche Richtung ich gehen soll. Und hier oben soll ich übernachten?

Ich entscheide mich dafür, nach links zu gehen. Nach einer halben Stunde treffe ich endlich auf einen Waldarbeiter, der mich prompt in die Gegenrichtung schickt.

Schließlich taucht ein handgeschriebenes Holzschild auf: »Higherland Inn«. Erleichterung. Dann erst sehe ich den nach oben zeigenden Pfeil. Noch einmal geht es eine Viertelstunde steil bergauf,

dann stehe ich atemlos und mit weichen Knien vor einem roten Metalltor mit einem großen Yin und Yang-Zeichen auf den Flügeln. Das Tor ist verschlossen. Es ist vollkommen still und ziemlich kalt. Niemand reagiert auf mein Klopfen und Rufen. Einen Moment lang erfasst mich Panik. Da fällt mir ein, dass ich die Nummer der Frau noch in meinem Telefon gespeichert habe. Sie hebt sofort ab, und ich höre Schritte hinter dem roten Metalltor.

»Entschuldige, ich habe das Klopfen nicht gehört!«, sagt sie beim Aufschließen auf Chinesisch. Die Frau sieht aus wie Mitte vierzig und hat ihr hüftlanges, schwarzes Haar zu zwei Zöpfen geflochten und diese hinter dem Rücken zusammengebunden.

»Macht nichts«, sage ich, wirklich erleichtert, »ist ja alles gut gegangen. Ich bin Fan Lu.«

»Ich bin Xiao Wei«, sagt sie.

»Xiao wie klein?«, frage ich. Es gibt im Chinesischen für fast alle Silben etliche Bedeutungen. Sie bejaht. »Und welches Wei?« Sie malt sich mit dem Finger ein Schriftzeichen auf die Handfläche. Meine Zeichenkenntnisse sind zu wackelig, um in den imaginären Luftzeichen etwas zu erkennen. »Wei wie in Weibo?«, versuche ich es. Weibo ist das Wort für »Mikroblog«, »wei« heißt winzig.

»Genau!«, ruft sie fröhlich.

»Du heißt also Klein Winzig?«, vergewissere ich mich.

»Ja, das kann man so sagen.« Das Eis scheint gebrochen.

»Sind denn viele Gäste hier?«, frage ich und schaue mich um. Im Gärtchen herrscht völlige Stille. Weit und breit ist niemand zu sehen. Hinten in der Felswand erkenne ich nur die daoistische Meditationshöhle. Sie war schon auf der Webseite erwähnt. Ein Mönch soll hier einst mehrere Jahre gehaust haben – vermutlich lange vor den Polizisten und ihrem Bordell.

»Nein, gar keine«, antwortet Xiao Wei.

»Bist du da nicht etwas einsam?«, frage ich erstaunt.

»Ich bin eigentlich froh, wenn niemand da ist. Dann habe ich mehr Zeit zum Lernen.« Und schon fühle ich mich wieder als Störenfried.

Während Klein Winzig Tee aufsetzt, lasse ich meinen schweren Rucksack auf einen Stuhl in dem niedrigen Wohnzimmer plumpsen und schaue mich um. Die gesamte Fensterfront besteht aus Glas. Man blickt auf die Nadelbäume und durch deren Lücken tief hinunter auf die Dali-Ebene. An den Wänden stehen volle Bücherregale, rechts von der Tür lädt eine erhöhte Sitzecke mit Teppichen, Kissen, Trommeln und zwei Gitarren zum Ausruhen ein.

Klein Winzig ist beeindruckt von den Gaben, die ich aus meinem Rucksack zaubere. »Das wäre doch nicht nötig gewesen!«, ruft sie erfreut und füttert mich zur Belohnung mit den Bratreisresten vom Mittag. Klein Winzig, erfahre ich jetzt, ist wie ich auf der Suche nach einem Lehrmeister. Nur soll er sie nicht in chinesischer Küche, sondern im Buddhismus unterweisen.

»Ich will einen Meister in Tibet finden«, erklärt sie. Ihre Geschichte erstaunt mich. Schon vor mehr als einem Jahr zog sie auf den Berg, aber erst seit zwei Monaten versteht sie sich als Buddhistin. Sie stammt aus der Provinz Qinghai, die an Tibet grenzt und von vielen Tibetern bewohnt ist. Sie selbst aber ist Han-Chinesin und ohne Glauben aufgewachsen. Mit ihren buddhistischen tibetischen Nachbarn hatte sie nie etwas zu tun. Erst vor ein paar Wochen hat sie das Trinken und Rauchen aufgegeben und lernt nun Tibetisch.

»Nicht trinken ist einfach, aber wenn Gäste hier sind, die rauchen, dann wird es schwierig für mich«, gesteht sie.

»Und wie kamst du zum Buddhismus?«, frage ich.

»Mein Hund ist gestorben.«

»Aha. Oh.« Ich mache ein trauriges Gesicht – auch wenn mir das Konvertieren als etwas drastische Reaktion erscheint. Auch Klein Winzig hält sie für erklärungsbedürftig. »Er war hier oben mein Gefährte. Freunde in Dali, Buddhisten, haben mir bei der Beerdigung geholfen«, fährt sie fort. Sie zögert einen Moment. »Und auch emotional. Das hat etwas ausgelöst bei mir. Menschen mit Glauben tun mehr füreinander und sind weiser.« Sie steht auf und zeigt auf die Bücherregale. »Jetzt lese und lese und lese ich. Und vorm Schlafengehen und nach dem Aufwachen sitze ich in dem kleinen Holzhüttchen und murmele Mantras.« – »Lalalalala!« macht sie mit erhobener Stimme und lacht über sich selbst.

Dann erläutert Klein Winzig mir den Plan für die Nudelzeremonie am nächsten Tag. »Wir können erst um halb zwölf mittags anfangen. Davor ist es in der Küche zu kalt, da wird der Teig nichts.« Zwölf Uhr ist eigentlich die klassische Mittagessenszeit. Wenn wir wirklich zwei bis drei Stunden brauchen, ist unser Kochtermin für Chinesen eine Zumutung. »Ich werde am Morgen noch lesen und Mantras singen. Du kannst dich zum Frühstück hier beim Brot bedienen«, sagt sie und zeigt auf eine Tüte, die an der Küchentür hängt. Ich erkenne Toast aus der Bäckerei »88«, wo ich die Butter gekauft habe.

Dann reden wir nicht mehr viel. Sie setzt eine Lesebrille auf und vertieft sich in ihr Buch, und auch ich krame meine Chinesischlektionen heraus. Mit Mützen auf dem Kopf sitzen wir mehrere Stunden an dem runden Holztisch in der Stille des Wohnzimmers.

Durch die verglaste Fensterwand kann ich tief unten die blinkenden Lichter Dalis erkennen. Selten habe ich in China so eine Stille erlebt. Von hier oben erscheint mir selbst das kleine Dali wie eine laute, wuselige Großstadt. Wenn es nur nicht so bitterkalt wäre. Meine linke Hand wärmt sich an einer Wärmflasche, meine schreibende rechte Hand steckt im Handschuh und ich in zwei dicken Jacken von Klein Winzig.

Nur einmal wird unser strebsames Studieren von Klein Winzigs Telefon unterbrochen. »Das war ein Cousin aus meiner Heimat Qinghai«, erklärt sie nach einem längeren Gespräch. »Ich telefoniere nicht gern, es stört meinen Fortschritt.«

Qinghai ist für mich das Stichwort, um zu erwähnen, dass ich ein Jahr zuvor in ihrer Heimatprovinz war, um über Selbstverbrennungen von Tibetern zu berichten. Zu diesem Zeitpunkt hatten sich bereits über dreißig Tibeter aus Protest gegen die Regierung das Leben genommen. Die chinesische Regierung schwieg das Phänomen erst tot und schob es dann dem Dalai Lama in die Schuhe, der unschuldige Bürger und Mönche zum Freitod anstachle. Ich bin neugierig, wie Klein Winzig als buddhistische Han-Chinesin über das Thema denkt.

»Das hat mit Politik zu tun«, weicht sie aus, schimpft kurz darauf aber über die Regierung. »Der Regierung fehlt es an Weisheit. In meinen Büchern gibt es viel Weisheit«, sagt sie und deutet auf ihr Buch. Verschwörerisch senkt sie die Stimme und raunt mir zu: »Den Tibetern geht es schlecht. Die Amerikaner wollen, dass Tibet unabhängig wird. Ich will das auch.« Über ihrer Nase hat sich eine Zornesfalte gebildet. Es ist das erste Mal, dass ich eine Han-Chinesin Unabhängigkeit für Tibet fordern höre.

Die Nacht ist sternenklar. Ein leiser Wind raschelt durch die Baumwipfel. In dem luftigen Bretterverschlag liege ich unter einer Heizdecke und vielen Schichten Kleidung und bin schon um fünf Uhr morgens hellwach. Es ist immer noch stockfinster. Ich schleiche in den Hof. Ein kleiner, in Stein gefasster Teich zwischen Bambusbüschen ist zugefroren. Zwei große Fische schwimmen behäbig unter einer Eisschicht. Im Wohnzimmer wärme ich mich mit Gymnastik auf und pauke Chinesischvokabeln. Als es langsam heller wird, steige ich durch den Wald zu einem buddhistischen Tempel hinab, den ein Wegweiser angekündigt hatte. Der Blick geht über den Erhai-See, und hinter den Bergen auf der anderen Seite steigt die Sonne auf. Feierlicher könnte mein erster Nudeltag kaum beginnen.

Um Punkt elf steckt Klein Winzig ihren Kopf zum Wohnzimmer herein und erlöst mich von meinen Vokabeln. »Lass uns anfangen.« Sie legt im Wohnzimmer eine CD mit instrumentaler Meditationsmusik auf und führt mich in die große kalte Steinküche. Sie ist voll ausgestattet: ein Reiskocher, ein großer Wok und kleinere Pfannen. Hackmesser verschiedener Größe, ein mikrowellengroßer Elektro-Ofen und jede Menge Gerümpel.

»Ich backe eigentlich gern, aber in China gibt es fast nie Öfen«, beschwert Klein Winzig sich – diese Klage kannte ich bis dahin nur von meinen ausländischen Freunden in Peking. »Die meisten Chinesen dämpfen Kuchen, anstatt ihn im Ofen zu backen«, erklärt sie. Dafür stehen allerlei Töpfe und Tiegel mit Gewürzen und Saucen herum, überzogen mit der in chinesischen Küchen obligatorischen ranzigen Ölschicht. Alles Verderbliche lagert Klein Winzig in verschließbaren Eimern und Töpfen: »Die Mäuse kommen an alles ran.« Als Schneideunterlage benutzt auch sie eine glatte, in einen Eisenring gefasste Baumscheibe.

»Binde mir die Schürze um«, fordert sie mich auf. Dann schüttet sie Mehl aus einem Eimer in den Kochtopf. Wie viel, das will sie leider nicht sagen. »Wenn Chinesen kochen, ist das nicht wie bei Deutschen. Wir machen das nach Gefühl. Ihr fragt: Wie viel, wie viel. Ich weiß es nicht. Kochen braucht Gefühl, das ist das Wichtigste.«

»Ah«, sage ich brav.

»Das ist wie bei einer Beziehung. Du siehst jemanden und magst ihn. So ist kochen. Du hast Gefühl, und dann ist es gut.«

Als ich trotzdem in mein Aufnahmegerät murmle, dass der Topf zu etwa einem Viertel voll Mehl ist, lacht Klein Winzig laut auf.

»Weißt du, hier war einmal ein Deutscher, mit dem ich La Mian gemacht habe«, erwähnt sie. »Er wollte mich nach Deutschland holen, um dort ein Nudelrestaurant aufzumachen. Aber ich kann kein Deutsch.« Sie gibt leicht gesalzenes, lauwarmes Wasser mit Zimmertemperatur in den Topf und verrührt es mit zwei Essstäbchen.

»Wenn der Teig zu trocken ist, schmecken die Nudeln nicht. Wenn er zu weich ist, ist das auch schwierig.«

»Das ist auch wieder Gefühlssache?«, vergewissere ich mich. »Genau«, grinst sie. Dann fügt sie hinzu: »Ich muss auch gar kein Deutsch lernen und ein Restaurant aufmachen. Ich suche ja keine Beziehung in Deutschland.« Es klingt, als müsse sie sich selbst davon überzeugen.

Nach dem Kneten und Walken – auch ich darf zwischendurch mal ran – wirft sie den Teig mehrere Male auf die Baumscheibe und gibt noch etwas Mehl dazu. Dann darf er sich in einem zugedeckten Topf in der schwachen Sonne im Garten zehn Minuten lang ausruhen. Währenddessen setzt Klein Winzig mich schon als mündige Küchenhilfe ein: »Die hier würfeln«, sie legt mir

Zwiebeln auf die Baumscheibe. Ich finde, dass ich mich mit dem Hackebeil schon etwas geschickter anstelle als beim Fleischhacken mit Yang. »Aber pass auf, dass du dich nicht schneidest«, weist sie mich trotzdem an. Sie zeigt mir, wie ich die Finger der linken Hand, die das Gemüse hält, anwinkle und gegen die Messerseite drücke, um den Abstand zur Schneide zu kontrollieren.

Es folgen Brokkoli, Auberginen, Tomaten, Karotten, rote Paprika und warzige, hellgrüne scharfe Paprikaschoten.

Dann holt sie den Teig aus dem Garten und schneidet ihn in fünf gleich große Stücke. »Er muss ganz glatt sein«, sagt sie, »so wie dein Gesicht.« Dafür sorgt sie, indem sie sich mit einem nudelholzartigen, schmalen Holzstab auf den Teig stützt und sich mit ihrem ganzen Körpergewicht vor- und zurückwiegt. Aus jedem

Klumpen wird ein Fladen von etwa zwanzig Zentimeter Durchmesser, den sie mit Rapsöl bestreicht. Das Ausrollen darf ich auch mal probieren, dann kommen die Fladen wieder für eine halbe Stunde zugedeckt in den Garten.

»Jetzt machen wir die Gemüsebeilage«, kündigt Klein Winzig an. Sie erhitzt dunkelgrüne Kügelchen in Rapsöl.

»Das ist Sichuanpfeffer, oder?«, frage ich und bin ganz stolz, ein Gewürz erkannt zu haben. »Nein, es ist Yunnanpfeffer«, korrigiert sie. Der scharfe Geruch, der aus dem Öl steigt, erinnert mich trotzdem verdächtig an das Pendant aus der Nachbarprovinz, und mir wird etwas bange: Sichuanpfeffer hinterlässt ein betäubendes Gefühl auf Zunge und Gaumen und schmeckt seifig – am Anfang konnte ich ihm nicht viel abgewinnen. Entsprechend erleichtert bin ich, als Klein Winzig die Pfefferkörner mit einem Seiher abschöpft und Tomatenstückchen ins Öl gibt. Dann bringt sie große Stücke der von mir mitgebrachten Butter zum Schmelzen und wirft die Karotten dazu – mit dem Nudelteig, stelle ich nun fest, hatte die Butterbestellung also gar nichts zu tun. »Ich dachte, in China würde immer alles in Öl angebraten«, wende ich erstaunt ein.

»In Qinghai haben wir viel Milchwirtschaft, deshalb benutzen wir auch Butter«, erklärt Klein Winzig und lässt den ganzen weiteren Gemüseberg in den großen Wok wandern.

Als sie den Teig wieder in die Küche holt, ist er ein wenig aufgegangen, aber trotzdem noch fest. Klein Winzig drückt mit zwei Fingern zur Probe eine kleine Mulde hinein. Sie bleibt.

»So ist es gut«, sagt sie und schneidet die fertigen Fladen in etwa fingerlange Würstchen. Nun beginnt die eigentliche Kunst: das Nudelziehen. Klein Winzig nimmt ein Teigwürstchen und zieht es an beiden Enden mit schnellen, aber geschmeidigen Bewegungen auseinander. Sie wiederholt die Bewegung mehrmals wie eine Ziehharmonika. Den schon fast einen Meter langen Teig nimmt sie dann doppelt und zieht noch weiter, bis sie die jetzt dünne, lange Nudel ins gesalzene kochende Wasser gleiten lässt. Als ich die Nudel ziehen soll, komme ich mir vor wie eine Stümperin, die zum ersten Mal auf einer Geige herumschabt. Meine Teigwürste reißen schon beim sanftesten Zug in der Luft entzwei. Lange bevor ich auch nur auf die Idee kommen kann, sie doppelt zu nehmen. »Man braucht viel Übung«, tröstet Klein Winzig mich.

Was wir dann schließlich auf unseren Tellern in den Garten tragen, sind Nudeln dick-dünn. Ein authentisches Produkt deutsch-chinesischer Fusionsküche. Die Nudeln verschwinden ohnehin unter einem Berg von cremigem Buttergemüse. Wen kümmert es schon. Ich ahne ja noch nicht, welche große Rolle für Chinesen neben dem Geschmack die Ästhetik, Konsistenz, Geruch und Farben beim Essen spielen. Alles muss ausbalanciert sein, damit ein Gericht als gut gilt.

Klein Winzig mäkelt indes erst mal am Geschmack herum. »Zu salzig«, befindet Klein Winzig. Sie ist mit dem Ergebnis nicht ganz zufrieden.

»In Deutschland würde man sagen, dass du verliebt bist«, versuche ich sie zu provozieren. Ich werde den Verdacht nicht los, dass es nicht nur ihr toter Hund, sondern vielleicht eine enttäuschte Liebe ist, die sie jetzt nach Tibet treibt.

»Verliebt? Wieso das?«

»Wenn ein Koch zu viel Salz benutzt, heißt es bei uns, dann ist er verliebt. Weil er mit dem Kopf woanders ist.«

Sie seufzt. »Es ist sehr schwer, einen guten chinesischen Mann zu finden. Lieber in keiner Beziehung als in einer schlechten.« Ich brumme zustimmend und kaue auf den Nudeln herum. Sie schmecken schön frisch, aber noch erschließt sich mir nicht ganz, warum die Chinesen so viel Aufhebens darum machen. Ist es am Ende nicht nur Mehl und Wasser? Auf jeden Fall begeistert mich die buttrige Gemüsesoße mit dem würzigen Yunnanpfefferöl und den geschmorten Tomaten.

»Ich war schon einmal verheiratet«, bestätigt da Klein Winzig mit einem Batzen Nudeln in der Backe. »Aber wir haben uns nicht wirklich verstanden.« Mehr will sie dazu nicht sagen und dankt mir nochmals für das Gemüseschleppen.

»Das reicht für die nächsten drei Tage, und Teig habe ich auch noch genug übrig«, sagt sie zufrieden. Auch ich freue mich, dass die Lehrstunde kein schlechtes Tauschgeschäft für sie war und ich mein Kochkarmakonto etwas aufgefüllt habe. »Komm gerne mal vorbei!«, winkt mir Klein Winzig zum Abschied zu, als ich am Nachmittag den nun herrlich leichten Rucksack schultere, das Yin-Yang-Tor hinter mir schließe und durch den Wald ins sonnige Dali hinabsteige.

## La Mian à la Klein Winzig
## (6 Portionen)

*Für den Teig:*
In einem Topf oder einer Schüssel gesalzenes warmes Wasser nach und nach in einen Mehlkrater geben (etwas weniger als 1 kg Mehl, etwas weniger Wasser als Mehl) und mit Essstäbchen verrühren. Dann auf einer glatten Oberfläche 5–10 Min. kneten und walken und den Teig dann mehrmals auf die Arbeitsfläche werfen. Gegebenenfalls noch etwas Mehl dazugeben. Dann in einem zugedeckten Topf im Warmen zehn Minuten ruhen lassen. In der Zeit Gemüse für die Sauce schneiden. Den Teig dann in sechs gleich große Teile reißen und jeden Teigklumpen zu einem Fladen von etwa 20 Zentimeter Durchmesser kraftvoll mit einem Nudelholz ausrollen und jeweils mit etwas Rapsöl bestreichen. Die Teigfladen für eine halbe Stunde zugedeckt ruhen lassen. Die Fladen in fingerlange Wurstchen schneiden und über einem Topf mit kochendem Salzwasser einzeln an beiden Enden auseinanderziehen. Wenn die Nudel fast einen Meter lang ist, doppelt nehmen und noch dünner ziehen und ins Wasser gleiten lassen.

*Für die Soße:*
Eine Handvoll Yunnanpfefferkörner (alternativ Sichuanpfeffer) in Rapsöl erhitzen. Pfefferkörner mit Seiher abschöpfen und Tomatenstückchen (2 Tomaten) im Öl anschwitzen. Im Wok ein großes Stück Butter schmelzen und in Stücke gehacktes Gemüse dazugeben. Zum Beispiel: Karotten, Brokkoli, Auberginen, Tomaten, rote Paprika, und Scharfer Grüner Pfeffer (Qingjiao). Am Schluss die Tomaten dazugeben.

## 5.

## Von Schnaps und Göttern

*Lerne nicht, um einiges zu verstehen,*
*lerne, um die Welt zu verstehen.*

Hinter dem Eingangstor begrüßt uns die Gottheit mit ausgestrecktem Mittelfinger. Eine rote Lampe strahlt die Statue mit der grimmigen Fratze unheimlich an. Es ist schon Abend, und erst nach

 einem einstündigen Fußmarsch durch den dämmrigen Wald ist der Dao-Tempel Langer Frühling hinter den Baumstämmen aufgetaucht. Mit seinen abgerundeten Außenmauern kuschelt er sich in eine Falte des Berghangs, ein Labyrinth aus grauen, geschwungenen Ziegeldächern, das direkt aus dem Kampfkunst-Film »Tiger and Dragon« stammen könnte. Wir lassen uns von dem düsteren Götterensemble nicht abschrecken und treten durch zwei schwere Holztore in den gepflasterten Innenhof. »Meister?! Meister?!«, ruft Carlos ins Leere. »Er muss hier sein, wir haben vor ein paar Stunden noch angerufen«, versichert er uns.

Wir stellen unsere Rucksäcke im Hof ab und saugen für einen Moment die atemberaubende Stille im Tempelhof mit dem Laubbaum in der Mitte auf. Im Halbdunkel sind Gegenstände zu erkennen, die wie Weihnachtsschmuck herabhängen, der Hof ist umgeben von weiteren Tempelgebäuden voller Säulen, Stufen, roten Ballustraden und üppig verzierten bunten Holztüren. Aus einem unscheinbaren Tordurchgang in einer Ecke dringt schummriges Licht. »Er ist bestimmt in der Küche«, vermutet Carlos. Hinter dem schmalen Durchgang führen ein paar Stufen in einen korridorartigen Hof hinunter, in dessen Mitte ein großer schwarzer

Kessel über einem lodernden Holzfeuer steht, daneben ein riesiger schwarzer Wok. Der Meister legt gerade ein paar Scheite darauf. »Ah, ihr seid gekommen!«, stellt er nüchtern fest und lächelt. Der kleine Mann trägt einen locker fallenden, dunkelblauen Zweiteiler mit einer weiß gemusterten Zierborte. Die langen Haare hat er zur Schnecke gewickelt und mit einem Holzstab auf dem Kopf befestigt. »Setzt euch, das Essen ist schon fast fertig.«

Ich wusste nicht, worauf ich mich eingelassen hatte, als ich Carlos, den ich auf dem Weg zum »Higherland Inn« getroffen hatte, für den Ausflug zusagte. Erst unterwegs erfuhr ich, dass wir zwei Nächte in dem Tempel verbringen würden. Carlos packte seine halbe Familie, inklusive einer 16-jährigen Nichte und einem zotteligen Hund, ein, dazu noch zwei chinesische Freundinnen aus Dali. Ein Minivan kutschierte uns zwei Stunden übers Land und viele Straßenkurven einen Berg hinauf und lud uns schließlich zur Dämmerung auf einem Parkplatz mit einem reich verzierten Torbogen dahinter und einem sicher zehn Meter großen Yin-Yang-Symbol auf glänzendem Marmorsteinboden ab. »Wenn wir so spät kommen, sparen wir uns das Eintrittsticket für den Berg mit seinen dreißig Tempeln«, erklärte er.

In China kann man inzwischen fast nirgendwo mehr hinfahren, wo es auch nur leidlich schön ist, ohne Geld zu berappen. Noch eine Dreiviertelstunde Fußmarsch durch einen lichten Wald, und dann standen wir vor der steilen Steintreppe, die zum Tempel mit dem offenen Holztor führte.

Jetzt führt uns der Meister in einen schmalen offenen Seitenhof, in dem ein Holzfeuer prasselt. »Wo ist denn die Küche?«, frage ich gleich. Er zeigt auf eine Nische seitlich hinter dem Hof. Eine große steinerne Spüle, große Schneideunterlagen aus Holz, viele Dosen und Flaschen mit Gewürzen und Saucen. In einem großen Topf köchelt weißer Rettich mit fetten Schweinefleischstreifen, auf dem Steinsims stehen Porzellanschalen mit winzigen gesalzenen Fischchen, langen knusprigen Chilischoten und gebratenen Erdnüssen. »Dürfte ich etwas beim Kochen zuschauen und mithelfen?«, kann ich mir nicht verkneifen zu fragen, als der Meister um die Ecke kommt, um das Essen in den Hof mit dem Feuer zu tragen.

»Kein Problem«, sagt er nur. »Aber morgen kannst du mehr sehen. Jetzt ist schon fast alles fertig.«

Der Meister trägt die Speisen zu einem niedrigen Holztisch

neben dem Feuer und schenkt Tee ein, wir hocken auf niedrigen Holzschemeln drum herum.

»Oh, schnell, wir haben das Wichtigste vergessen!«, raunt Carlos seiner Frau zu, und eilig kramen die beiden eine gläserne Flasche Baijiu aus dem Rucksack. »Hier, Meister, als kleine Aufmerksamkeit«, reicht Carlos die Flasche über den Tisch. Der nimmt sie mit einem kurzen Dankeschön und einem zufriedenen Lächeln entgegen. »Der Meister trinkt gern ein Schlückchen«, hatte Carlos schon zuvor erklärt. »Das ist ganz normal, der Daoismus ist keine so strenge Religion.« Als der Meister allen einschenkt, lehne ich dankend ab, und er insistiert zum Glück nicht. Wir heben die Gläser, rufen »Ganbei« und stoßen an. »Esst, esst!«, fordert der Meister uns auf.

Neugierig mach ich mich an die vielen Töpfe und Schalen. »Hier, die Fische kommen aus dem Erhai-See, Freunde haben sie mir vorbeigebracht«, preist der Meister an, was wie frittierte Sardellen aussieht. Sie sind knusprig, aber für meinen Geschmack etwas zu salzig, genauso wie die fetttriefenden, aber würzigen Salamischeiben und die gebratenen chiligewürzten Erdnüsse. In einem weiteren Schüsselchen liegen handlange geröstete Chili. Ich nehme meinen Mut zusammen und beiße in eine rost-rote, schrumpelige Schote. Erst erscheint sie mir sogar eher mild, doch wenige Sekunden später fährt das Feuer durch meine Mundhöhle.

Derweil erzählt der Meister von der Geschichte seines Tempels, eine unserer chinesischen Begleiterinnen übersetzt. »In den 60er Jahren, während der Kulturrevolution, wurden die Statuen im Tempel zerstört, aber das Gebäude selbst nicht. Aber seitdem hat kein Meister mehr hier gewohnt. Als ich vor 13 Jahren ankam, hatte die Regierung eine Art Forschungseinrichtung etabliert. Ich habe mit ihnen ausgehandelt, dass ich hier einziehen darf und mich dafür um den Tempel kümmere. Ganbei! Ganbei!«, hebt er das Glas in die Höhe.

Er erklärt uns, dass die Regierung mit dem Daoismus kein Problem mehr hat und sogar internationale Daoistentreffen organisiert. Er ist die einzige Religion, die in China entstanden ist. Zumindest wenn man den Konfuzianismus nicht dazuzählt, der eher als Philosophie und Regelwerk für das Zusammenleben gilt. Und auch wenn die Kommunistische Partei sich offiziell ganz dem Atheismus verpflichtet hat, erscheint der Daoismus ihr harmloser als etwa das von außen kommende Christentum. Lokale Behörden haben im Übrigen bemerkt, dass mit daoistischen Sehenswürdigkeiten Geld zu machen ist. Der Meister bekommt die Nebenwirkungen der religiösen Renaissance zuweilen unmittelbar zu spüren. »Manchmal kommen auch größere Besuchergruppen von der Regierung hierher«, erwähnt er. »Die trinken dann die ganze Nacht und sind laut.«

Der Meister scheint das aber gelassen zu sehen und schenkt wieder eine Runde aus. »Probiert mal die hier, die haben mir auch Freunde gebracht«, holt er jetzt zwei Flaschen mit selbstgebranntem Schnaps heraus. »Das hier ist aus Pipa«, zeigt er auf eine fliederfarbene Flüssigkeit. Pipa, schlage ich nach, ist japanische Wollmispel. »Der ist milder. Der gelbliche hier ist stärker.« Was das gelbe Zeug ist, werde ich nie herausfinden, aber die japanische Wollmispel interessiert mich dann doch. Zunächst bringe ich den Meister zu schallendem Lachen, weil ich aus Versehen zur gelben Flasche mit dem besonders scharfen Zeug greife und mich daran verschlucke. Der Wollmispelschnaps dagegen schmeckt eher wie Likör – süßlich und klebrig. Ein angenehmer Kontrast zu den scharfen und salzigen Fischen, Chilischoten und Erdnüssen.

Mithilfe der Übersetzung von Chen Li versuche ich dem Wesen und Werdegang des Meisters auf die Spur zu kommen. Während er immer wieder lachend mit den Chilenen anstößt, erfahre ich zumindest, dass seine spirituelle Entwicklung schon in den 80er Jahren begann. Es war eine Zeit, in der sich Qigong, eine langsame Kampfsportart, in China großer Beliebtheit zu erfreuen begann – auf deren Basis dann in den 90er Jahren die Falun-Gong-Bewegung entstand. »Zu dieser Zeit wurden viele Bücher dazu veröffentlicht, auch das Buch von Laozi. Ich habe viele dieser Bücher gelesen und mich dann für mehrere Jahre zum Studium der alten Schriften zurückgezogen«, erzählt der Meister und prostet Carlos zu. »1994 habe ich dann einen Dao-Meister in der Provinz Shanxi gefunden, bei dem ich weiterstudiert habe. Er war sehr berühmt für Traditionelle Chinesische Medizin und Qigong.«

»Und Alkohol zu trinken ist in Ordnung für Daoisten?«, frage ich vorsichtig.

»Oja, das ist kein Problem. Man kann als Daoist alles tun, solange es in Maßen ist.« Die Definition des richtigen Maßes bleibt offenbar jedem selbst überlassen.

Ich weiß nur wenig über den Daoismus: Dass die Idee von den komplementären weiblich-männlichen Prinzipien – Yin und Yang – daher stammt, versinnbildlicht mit dem berühmten schwarz-weißen Kreis mit Punkten. Dass er älter als das Christentum und die einzige landeseigene Religion ist. Allerdings eine Religion, die ebenso wie der Konfuzianismus mehr Philosophie und Weltanschauung ist – nur dass es darin auch von Gottheiten nur so wimmelt. »Was ist Dao überhaupt?«, frage ich deshalb den Meister.

»Das Dao, sagt Laozi, ist der Weg«, holt der feierlich aus. »Die Essenz des Lebens, der Motor, der das Universum vorantreibt.« Bei meinen kichernden Begleitern macht sich zunehmend der Schnaps bemerkbar. Der Meister redet zumindest klar. »Es ist das, was bei Christen Gott oder für Muslims Allah ist. Eigentlich gab es im Altertum drei Propheten, von denen das Dao, die chinesische Medizin und Kultur abstammen. Aber lasst uns bei der Teezeremonie weiterreden. Nehmt eure Hocker mit in den Altarraum.«

Wir betreten den Hauptraum des Tempels. Es riecht nach Räucherstäbchen, und es ist kälter als um das Feuer im offenen Küchenhof. Wir behalten unsere Jacken an. Kleine bunte Lampen beleuchten den unteren Teil zahlreicher Götterstatuen, in deren Mitte, von mehreren Drachen umschlungen, der Jadekaiser bis zur reich geschnitzten Holzdecke aufragt. Er ist der Chef im daoistischen Götterreigen. Mich überkommt Ehrfurcht.

Auch Carlos neben mir flüstert jetzt: »Hier drinnen haben wir noch nie Tee getrunken.« Der Meister zündet Kerzen vor dem Altar an und baut auf einem niedrigen Holztisch das Tee-Set mit einem Holzkasten voller Rillen, mit winzigen Porzellantässchen und mehreren Kannen und Gläsern auf. »Diese Teezeremonie gibt es schon seit langer Zeit«, erklärt er feierlich, als wir uns auf unseren Schemeln um das niedrige Tischchen gruppieren. »Die Menschen haben sehr lange daran gearbeitet, den Tee zu schmecken und zu fühlen und so diese Zeremonie formuliert. Durch das Teetrinken kannst du dein Leben erfahren und gesund bleiben.« Er reinigt die Tassen mit warmem Wasser, das er durch die Rillen in den Holzkasten rinnen lässt. »So wärmst du sie zunächst, dann kommt der Tee für ein paar Minuten ins heiße Wasser und dann durch diesen Filter.« Er zeigt auf einen durchlöcherten Porzellaneinsatz in der Kanne. »Dann probierst du ihn. Zuerst riechst du daran, dann trinkst du.«

Es fühlt sich an wie eine Weinprobe – in ungewohntem Ambiente. Die finsteren Gottheiten scheinen aus dem Halbdunkel heraus argwöhnisch zu beobachten, ob wir auch ordnungsgemäß an den winzigen Tässchen nippen. »Haben die nichts dagegen, wenn wir hier direkt vor ihrem Altar trinken?«, fragt auch Carlos. »Aber nein! Das hier ist der natürliche Weg des Lebens, über ihn können wir uns auch Gott nähern. Deshalb lässt er uns hier Tee trinken und plaudern und ihn so erfahren«, sagt der Meister ruhig, fügt aber hinzu: »In über zehn Jahren, die ich hier lebe, habe ich erst einmal zuvor hier Tee getrunken. Es ist eine besondere Ehre.«

Der Meister geizt auch mit dem Tee so wenig wie mit dem Schnaps. Sobald man nur einen winzigen Schluck aus dem winzigen Tässchen getrunken hat, schenkt er nach. »In alten Zeiten war der Wein aus den Getreiden der Erde gemacht, deshalb haben die Altvorderen auf die Erde und den Himmel angestoßen«, holt er aus. »Im Dao haben sie den Wein benutzt, um Gott und den Kaiser und andere wichtige Leute zu ehren. Er kann dafur genutzt werden, mit Gott in Verbindung zu treten. Der Wein kommt von den Körnern und die Körner von der Erde«, doziert er. Eine angenehm einfache Rechtfertigung für Völlerei, scheint mir. Je länger wir hier im Kerzenschein in der Kälte sitzen, desto länger werden die Reden des Meisters, und desto leiser wird seine Stimme, bis er fast nur noch murmelt. Er erzählt, dass dieser Berg den Gestaltungslehren des Fengshui nach – auch diese Harmonielehre stammt aus dem Daoismus – wie ein Phoenix geformt ist und zur Rechten wie zwei Drachen. »Früher entsprang hier eine Quelle, und der Ort hat von Sonnenauf- bis Sonnenuntergang Licht.«

Leute hätten zuerst einen Bauernhof an der Stelle bauen wollen. Aber bei jedem Versuch kam ein Sturm auf, oder es regnete Eis. »Also entschieden sie sich, einen Tempel zu bauen.«

*Feng Shui* heißt wörtlich »Wind – Wasser«. Dem Meister zufolge entstand die Lehre vor 7000 Jahren. »Die Leute glaubten an Menschen mit besonderen Kräften, die sogar fliegen konnten, sie beschützen oder das Wetter voraussagen. Mit dem Datum und den Konstellationen unseres Geburtstages können wir sagen, was für ein Leben ein Mensch haben wird. Jetzt haben die Menschen diese übernatürlichen Kräfte nicht mehr. Deshalb benutzen sie Feng Shui, um Zusammenhänge für die Zukunft zu erkennen. Welche Art Wetter, welche Art Berg, welche Art Sonnenschein können dir welche Art von Energie geben. Das ist Feng Shui.«

Dann beginnt er, in ganz ruhigem Ton gegen Moderne, Technik und Wissenschaft zu wettern, durch die die Menschen die Verbindung zum Ursprung verlieren. Auch um elf Uhr lässt er noch keine Zeichen von Müdigkeit erkennen, nur sein Murmeln wird immer leiser. Die Chilenen beginnen zu gähnen und drängen zur Nachtruhe. Am klaren Himmel liegt ein weißer Halbmond auf dem Rücken. »Morgen ist der achte Tag des zwölften Monats des Mondkalenders. Da machen wir *Labazhou*. Den Brei der Acht Köstlichkeiten«, kündigt der Meister noch an, bevor wir alle in verschiedene Kammern mit je einer nackten Glühbirne an der Decke und harten Holzbetten entschwinden.

Um Punkt sechs, es ist noch stockduster, dringen ebenso ätherische wie laute Töne durch meinen Halbschlaf. Es ist langsame instrumentale Qigong-Musik, ein Klang, der mir von den zahlreichen Rentner-Taiji-Gruppen in meinem Pekinger Nachbarschaftspark vertraut ist. Verschlafen und fahrig ziehe ich eine Sporthose und zwei Pullover übereinander an und tapse durch den kalten steinernen Innenhof in Richtung Altarraum. Im Halbdunkel erkenne ich die Quelle der Musik: ein Lautsprecher von einem halben Meter Höhe. Aus dem Altarraum dringt das schummrige Licht der Lampen vor den Statuen. Meine chilenischen Mitstreiter stehen dort schon um den Altar versammelt und recken die Arme in die Höhe, lassen den Oberkörper fallen und boxen in die Luft in Richtung der Götter. Ich stelle mich neben Carlos und imitiere ihn.

Der Meister ist heute in eine fließende leuchtend-weiße Seidenhose und ebensolche Jacke gekleidet und begutachtet uns kritisch. Als er zu mir kommt, rückt er mich wortlos zurecht. Hier das Becken weiter nach vorne, da die Hand etwas mehr nach innen gedreht. Vielleicht eine Viertelstunde lässt er uns die einfache Sequenz wiederholen, dann rückt er uns einen nach dem anderen in eine Stehposition: die Knie leicht angewinkelt, die Hände zur Angela-Merkel-Raute vor dem Unterleib verschränkt. »So bleiben«, befiehlt er, schließt dann die Holztore und lässt uns allein mit den Göttern. Ich versuche, das Qi zu spüren – die Lebensenergie, die wir mit der Übung zunächst aktiviert haben und die nun durch unseren Körper strömen soll. Vor allem spüre ich meine Oberschenkel, die in der angewinkelten Position nach einigen Minuten zu zittern beginnen, und die Kälte, die in die Merkel-Raute kriecht. Den anderen geht es bestimmt nicht besser, aber keiner will als Erster aufgeben. Nach einer gefühlten Stunde – tatsächlich ist es eine halbe – macht der Meister die Holztore wieder auf, lässt das jetzt graue Morgenlicht herein und uns heraus.

Erleichtert stolpere ich hinunter in den Küchenhof, wo das Feuer schon brennt und der Meister Tee macht. Eine der Chinesinnen schüttet sich begierig heißes Wasser in eine Wärmeflasche und wärmt sich die Hände daran. Auch die Frau des Meisters, die wir am Vorabend nur einmal kurz haben vorbeihuschen sehen, sitzt jetzt am Feuer. »Ihr könnt mit dem Labazhou helfen«, sagt er zu uns dreien. »Machst du selbst jeden Tag Qigong?«, frage ich den Meister. »Ich mache das im Schlaf«, antwortet er beim Tee-eingießen, ohne im Geringsten die Miene zu verziehen. »Wie, im Schlaf?«, hake ich nach. »Wenn du sehr geübt bist, kannst du das Qi in jeder Lage spüren und bewegen«, sagt er trocken. Haben wir es doch mit einem Scharlatan zu tun?

Auch seine Essensphilosophien entsprechen nicht ganz meiner romantischen Vorstellung von einem spirituellen Meister im vollen Einklang mit der Natur. Nachdem er in einem schwarzen Eisenkessel Reis aufgesetzt hat, bringt er uns Tüten mit getrockneten Früchten und Säcke mit Nüssen. »Die müssen geknackt werden.«

»Sind die Nüsse von dem kleinen Feld vor dem Tempel?«

»Nein, das Feld wird nicht mehr benutzt, ich habe keine Zeit zum Gärtnern«, enttäuscht er mich. Schlimmer noch: Er macht eine Packung mit vakuumverpacktem Huhn in klebrig-scharfer Fertigsauce aus dem Supermarkt auf und verschwindet damit in der Kochnische um die Ecke.

Wir drei Frauen sitzen derweil weiter auf den niedrigen Hockern ums Feuer. Beim Knacken der Walnüsse und Gingkokerne für den Reisbrei kommen wir ins Plaudern. Die Frau vom Master erzählt, wie sie sich kennengelernt haben: hier im Tempel. Sie war gekommen, um Räucherstäbchen anzuzünden und so das Glück auf ihre Seite zu bringen. »Ich hatte einen Hirntumor und wurde deshalb frühzeitig in Rente geschickt«, sagt sie. »Aber die Operation hat gut geklappt, jetzt ist alles wieder in Ordnung.«

»Wo hast du denn gearbeitet?«

»Bei der Polizei«, sagt sie. Ich stelle mir die Mittfünfzigerin in Uniform und mit dunkelblauer Schirmmütze vor, statt in weißer Stoffhose. Ja, das könnte genau eine dieser vielen Chinesinnen sein, die überall untätig auf der Straße und vor irgendwelchen Gebäuden herumstehen. Vor denen man sich nicht recht fürchtet, sondern an kommunistische Arbeitsbeschaffungsmaßnahmen denkt. Mir ist gleich unspiritueller zumute. »Machst du jetzt auch Qigong?«, frage ich.

»Ja, ein bisschen, und ich habe Flötespielen gelernt.«

Der achte Tag im zwölften Monat des Mondkalenders, erfahre ich derweil, ist der letzte Feiertag des Mondjahres und bereitet damit das chinesische Neujahr vor. Doch die Legende hinter dem Brei der acht Köstlichkeiten ist eine buddhistische: Als Siddhartha Gautama sein weltliches Leben aufgab und als Mönch einmal vor Hunger und Schwäche fast zusammenbrach, fand ihn eine Hirtin und gab ihm den Reisbrei zu essen. Gestärkt setzte er sich unter den Bodhi-Baum und meditierte. Am achten Tag des letzten Mondmonats wurde er erleuchtet. »In China gehen viele an dem Tag zu einem Tempel und bekommen von den Mönchen Labazhou. Das bringt Glück fürs kommende Jahr«, sagt die Frau des Meisters. Der Brei wird auch den Vorfahren geopfert oder auf Obstbäume gekleckst, um eine üppige Ernte zu bekommen. Unser Brei besteht neben Reis, Nüssen und Gingkokernen noch aus Hirse, Erdnüssen, getrockneten roten Datteln, Goji-Beeren und Erbsen. Der Meister schabt mit einem großen Messer an einem gewaltigen rosafarbenen Zuckerblock und wirft dann alles in einen weiteren großen Kessel mit Wasser, den er aufs Holzfeuer stellt. »Jetzt muss es nur noch kochen und ziehen.«

Inzwischen kümmert er sich um das Hühnergericht, und ich bestehe darauf, ihm beim Kartoffelwaschen, Schälen und Schneiden zu helfen. Vielleicht lässt er sich doch noch spirituelle Kochgeheimnisse entlocken. Muss vielleicht auch die Küche nach Feng Shui Regeln ausgerichtet sein, das Gemüse auf bestimmte Art und Weise geschnitten werden? Ist für ihn Kochen Meditation? Nichts dergleichen. »Mir macht Kochen nichts aus, aber es ist einfach eine Notwendigkeit«, schmettert er meine Versuche der Überhöhung ab. »So, jetzt halten wir eine Zeremonie ab«, verkündet er stattdessen.

In den Hof scheinen schon die ersten Sonnenstrahlen, aber im Altarraum ist es noch immer frostig. Der Meister, jetzt ganz in wallende weiße Hose und langes weißes Hemd gekleidet, das Haar wie immer zum Dutt gewickelt, zündet Kerzen an. Er drückt jedem von uns ein brennendes Räucherstäbchen in die Hand und lässt uns hinten im Raum auf ein rundes Kissen knien. Er selbst steht vor dem Altar mit den drachenumschlungenen Figuren und ermuntert die beiden Chinesinnen, mit ihm zusammen in ein Buch zu schauen und Sprechgesänge zu rezitieren. Nach zehn Minuten rebellieren meine Knie, und ich stehe heimlich auf – der Meister wendet mir den Rücken zu. Nach zwanzig Minuten meldet mein Hirn Langeweile, aber der Meister schlägt unverdrossen Seite um Seite in dem Buch um. Hände und Füße frieren ein, und als der Meister nach einer Dreiviertelstunde kurz innehält und sagt, dass die erste Hälfte nun vorbei sei, spare ich mir die zweite und schleiche hinaus. Wenn der Meister ein Scharlatan ist, dann zumindest ein leidensfähiger.

Eineinhalb Stunden später stolpern die anderen steif und ausgehungert aus dem Tempel. Es ist fast Mittag, und wir sind seit sechs Uhr auf den Beinen. Ohne Frühstück! Unvorstellbar im stets hungrigen China. »Vor dem Essen machen wir noch etwas Taiji«, bestimmt der Meister jedoch. Ich fühle mich in die Zeit zurückversetzt, als meine schrullige Großtante uns Kinder früher vor dem Essen manchmal mit langwierigen Gebeten folterte. Diesmal bekommen wir allerdings eine unerwartet unterhaltsame Vorführung geliefert. Der Meister macht die Taiji-Musik  an und beginnt, sich in fließenden Bewegungen in verschiedensten Formationen hin und zurück durch den Hof zu bewegen. Wie unser Qigong am Morgen ist auch Taiji eine alte Kampfkunst. Standen wir aber während unserer Morgenübungen statisch auf einem Fleck, so führt der Meister nun geradezu einen Kampfkunsttanz auf. Ich bin sofort wie verzaubert und nehme meine Scharlatanvorwürfe zurück. Seine Bewegungen drücken so viel Körperspannung, Konzentration und Eleganz aus, dass es mir ausgeschlossen erscheint, dass er irgendetwas simuliert. Wir klatschen denn auch lobend zum Schluss und decken in Vorfreude in einem sonnenbeschienenen Nebenhof den Tisch. Auf dem steht nun neben den Resten vom Vorabend ein Topf mit dem Supermarkt-Hühnergericht und Kartoffeln, und der Meister schleppt dazu den schweren gusseisernen Topf Labazhou heran. Er ist jetzt hellbraun und klebrig und duftet süßlich. Jeder bekommt eine große Kelle davon – und obwohl ich weiß, wie einfach die Zubereitung war, empfinde ich das Gemisch aus den vielen weichgekochten Nüssen und Beeren als sehr schmackhaft. Dass es auch dem Meister und seiner Frau schmeckt, lassen sie sich durch lautes Schmatzen anmerken.

»Wie oft hältst du solche Zeremonien ab?«, fragt Carlos, der die ganzen eineinhalb Stunden im klammen Tempel durchgehalten hat. »In daoistischen Tempeln wird oft der Geburtstag wichtiger Götter und Weiser gefeiert«, sagt der zwischen zwei schmatzenden Bissen. »Und am Geburtstag des Küchengotts halten chinesische Familien auch ein Ritual im Haus ab. Das ist direkt vor dem Frühlingsfest, am 23. Tag des zwölften Monats. Also in gut zwei Wochen.«

Küchengott? Das wäre dann womöglich derjenige, der für das Gelingen meines Kochprojekts zuständig ist. »Was hat es denn mit dem auf sich?«, will ich gleich wissen.

Doch statt zu antworten, setzt der Meister nun zu einem Vortrag über das Essen im Daoismus als solchen an. »Das alte Dao betonte die Balance der Ernährung«, übersetzt unsere chinesische Freundin. »Es gibt eine Kraft, man nennt sie das ursprüngliche Qi – wenn du die aufnimmst und mit deinem eigenen Leben kombinierst, hast du ein ausgeglicheneres, gesünderes und jüngeres Leben. Wir haben das usprüngliche Qi im Mutterleib, und es lässt den Embryo wachsen. Wenn das Qi weg ist, sterben wir, auch ohne eine Krankheit zu haben.« Man könnte das jetzt auch einfach Altersschwäche nennen, denke ich mir. »Und kann man das ursprüngliche Qi stärken, indem man bestimmte Dinge isst?«, will ich wissen.

Ich muss an Geschichten wie den illegalen Handel mit Embryonen in China denken. Angeblich bekommen Frauen mit Fruchtbarkeitsproblemen zuweilen von der treusorgenden Verwandtschaft ohne ihr Wissen Föten auf den Teller – ein Beispiel dafür, wie sehr die Chinesen daran glauben, dass der Mensch das ist (oder wird), was er isst. Oder an die Dinge, die Carlos, immerhin Psychologe und Praktikant in traditioneller chinesischer Medizin (TCM), mir erzählt hatte. Dass im Daoismus die entgegengesetzten und sich ergänzenden Kräfte Yin und Yang eben nicht nur das weibliche und das männliche Prinzip verkörpern, sondern etwa auch heißes und kaltes Essen – was nichts mit deren Temperatur zu tun hat, sondern damit, wie sie sich auf den Körper auswirken. Yin-Nahrungsmittel wie rohes Gemüse, Früchte und Meeresfrüchte sollen beruhigen, Yang-Essen wie Eier, fettes Fleisch und stechende Gewürze aktiv machen. Aber von all dem sagt der Meister nun nichts. Er bleibt nebulös: »Du musst das Qi in deinem Körper finden und nutzen. Dann ist es nicht so wichtig, was im Einzelnen du isst«, behauptet er stattdessen.

»Und gibt es dafür Techniken?«

»Je mehr man eine Technik verwendet, desto komplizierter wird es. Laozi sagte: Der einfachste Weg ist der tiefgründigste. Lass dein Herz ruhig werden. Dann kannst du den Frieden und die Stille spüren. Wenn du nach einer Technik suchst, verlierst du dich.«

Für den Rest des Tages irren wir ohne Meister auf dem waldigen Hügel herum. Wir wollen möglichst viele der rund dreißig anderen Tempel besuchen. Als wir uns zu Fuß wieder dem Eingangstor des Parks nähern, wird der gepflasterte Pfad von instrumentaler Musik aus Lautsprechern beschallt, die den Wanderer im Abstand von fünfzig Metern vor allzu viel Stille und Frieden bewahren. Doch später wird der lichtdurchdrungene Wald wieder idyllisch. Wir stoßen auf alt und verwittert aussehende Tempel und auf solche, die gerade neu gebaut werden. Überall sitzt ein einzelner Tempelbewohner in der Sonne oder stromert durch den Hof – junge Männer mit aufgestecktem Dutt ebenso wie alte Frauen in weiter Kutte. Sogar Statuen, die stark an Buddha erinnern, finden sich in einigen, ebenso wie Darstellungen der hinduistischen Göttin Kali. Langsam erscheint mir der Daoismus als ein ähnlich bunter Brei wie der Labazhou vom Frühstück.

Als wir zurück zum Tempel des Langen Frühlings kommen, haben sich dort Neuankömmlinge breitgemacht: Vier Westler mit Rastalocken hocken im Hof um den niedrigen Holztisch und knabbern Kekse. Sie sind aus Frankreich über Zentralasien bis hierher gereist und haben in Dali vom Tempel gehört. Ich habe wenig Lust auf Backpackergeschichten und verdrücke mich in die Küche, wo der Meister schon die Reste vom Mittagessen mit neuen einfa-

chen Speisen anreichert. In dem riesigen Wok brutzelt er rasch Eier mit chinesischem Schnittlauch, dazu wärmt er die Salamischeibchen, den Rettichtopf und das Hühnerkartoffelgericht wieder auf. Es gibt auch noch mal Labazhou, dazu die salzigen Fischchen, Chilis, Erdnüsse und zusätzlich Krabbenchips aus der Packung. Als wir schließlich zu fünfzehnt um den Tisch sitzen, kriegen die Franzosen sich vor Begeisterung kaum ein. »Das ist besser als alles, was wir in den letzten Monaten gegessen haben«, ruft einer von ihnen. Der Meister schenkt wieder Schnaps aus, hält sich heute aber selbst zurück und ist insgesamt still.

Später am Abend sitzen wir im Haupthof um ein kleines Feuer. »Morgen müsst ihr ihm die Haare auch so machen«, witzelt des Meisters Frau mit den Rasta-Franzosen. Schäfchenwolken eilen am Mond vorüber, doch von Wind ist im Tempelhof nichts zu spüren. Einer der Franzosen hat ein ausziehbares australisches Didgeridoo von Frankreich bis nach China geschleppt, kleine Bongos und eine Gitarre kommen zum Vorschein – und der Meister stimmt mit seiner altchinesischen Holzquerflöte in die Improvisation ein. Wir anderen beginnen zu summen und dann zu singen. Irgendwann stehen wir auf und veralbern im Rhythmus lachend die Qigong-Übungen vom Morgen, werfen die Hände ruckartig in die Höhe und boxen in die Luft. Weder der Meister noch seine Frau stören sich daran. Im Gegenteil. Frau Meister beginnt selbst eine Art Taiji-Tanz und ruft nach einem langen, mehrstimmig intonierten »Eya-Eya-Eya-Eya-Eyaaaa!« ekstatisch: »Ich habe das Qi gespürt!« Wieder ist die Kondition des Meisters offenbar besser als unsere: Er spielt noch dann weiter einsam auf seiner Flöte, als die Franzosen ihre Instrumente längst erschöpft eingepackt haben. Vielleicht ist die Sache mit dem simplen Weg zum Ursprungs-Qi doch kein Quatsch und die später entstandenen Essenslehren sind Irrungen und Wirrungen, denke ich, als ich auf meinem Holzbett mit der dünnen Matratze liege. Vielleicht macht der Meister sogar im Schlaf Qigong. Wie so oft in China fühle ich mich am Ende eher weniger schlau als am Anfang.

## Labazhou,
## Brei der Acht Köstlichkeiten

*In einem großen Topf Hirse, Walnüsse, Gingkokerne Erdnüsse, getrocknete rote Datteln, Wolfsbeeren und Erbsen in Wasser köcheln lassen. Nach einer halben Stunde Reis dazu geben. Wenn alles gar und klebrig ist, »rock sugar« dazuraspeln und etwas weiter köcheln. Jede Variation an Getreiden, getrockneten Früchten und Nüssen ist möglich, etwa auch Glutenreis, Gerste, getrocknete Aprikosen und Rosinen.*

# 6.

## Mit vier Hunden ins Jahr der Schlange

*Was man nicht aufessen kann,*
*muss man mitnehmen.*

Zuhause falle ich auf eine so altvertraute wie bequeme Recherche-
methode zurück: Ich mache mich im Internet auf die Suche nach
dem Küchengott und stoße auf eine eher makabre Geschichte in
verschiedenen Varianten. Demnach war der spätere Küchengott –
auch Herdgott genannt – zunächst der reiche Bauer Zhang Lang.
Er hatte eine tugendhafte Frau, die er für eine Jüngere sitzenließ.
Dafür straften ihn die Götter mit Blindheit, woraufhin ihn auch
die Geliebte verließ. Als Bettler kam er schließlich zufällig zum
Haus seiner früheren Gattin, die er natürlich nicht erkannte. Sie
hatte Mitleid, servierte ihm ein köstliches Mahl, und als er weinend
sein Lebensdrama erzählte, hieß sie ihn die Augen öffnen. Zhangs
Sehkraft war wieder intakt, aber als er sie wiedererkannte, schämte
er sich so, dass er in den Ofen sprang. Seine Frau versuchte ihn her-
auszuziehen, rettete aber lediglich ein Bein. Noch heute werden
Schüreisen deshalb manchmal »Zhang Langs Bein« genannt.

Was mich mindestens so skeptisch stimmt wie die zweifelhafte
Vergangenheit des Küchengotts, ist sein späteres Treiben im Himmel. Er ist nämlich eine Petze. Weil die Küche der Ort im Haus
ist, wo alles gesehen und gehört wird, fungiert der Küchengott als
Spitzel für den Jadekaiser auf Erden. Zu seinem Geburtstag direkt
vorm Frühlingsfest fährt er in den Himmel und berichtet, was die
Familie das Jahr über so getrieben hat. Aber die Chinesen haben ja
für jede Regel auch einen Trick, sie zu umgehen. Zwar hängen sie
brav ein Papierbild von ihm über den Herd und holen sich die Petze so selbst ins Haus. Dann aber beschmieren sie seinen Mund am
Tag der Wahrheit mit süßem Klebereis, damit er ihn im Himmel
nicht aufbekommt. Und wenn doch, dann versüßen sie so zumindest den Report. Das alte Bild wird verbrannt, um den Küchengott

in den Himmel zu katapulieren, dann wird für das anbrechende neue Mondjahr ein neues aufgehängt.

Ich beschließe, in das neue chinesische Jahr lieber ohne göttliche Beobachtung einzutreten und auf ein Opfer an den Küchengott zu verzichten. Chinesisch Neujahr will ich trotzdem endlich einmal feiern. Es ist, kombiniert mit weiteren alten Feiertagen wie dem Laternenfest, mindestens so wichtig wie bei uns Weihnachten und Silvester zusammen, erstreckt sich über zwei Wochen – und ist das Familienfest schlechthin. Bislang hatte ich mich in dieser Zeit stets nach Deutschland geflüchtet. Denn über den gesamten Zeitraum lassen die Chinesen es pausenlos krachen. Sprichwörtlich, mit Böllern und Geschossen, die in Europa sicher nicht zugelassen wären. An Reisen ist nicht zu denken, weil sich das ganze Volk gleichzeitig auf die Heimreise macht und sämtliche Züge, Straßen und Flughäfen verstopft. Ansonsten steht alles still, die Arbeit ruht. Und ohne eigene Familie in China erschien mir das ganze Theater stets sinnlos.

Den Wechsel vom Jahr des Drachen zum Jahr der Schlange aber will ich hier erleben. Schließlich heißt Familienfest doch Fressgelage – und wo mehr als in China, wo sich ohnehin alles ums Essen dreht? Es scheint mir eine formidable Gelegenheit, Kochlektionen zu ergattern. Als mich kurz vor meiner Rückkehr nach Peking die Einladung meiner Sprachpartnerin Mandy ereilt, macht mein Herz einen kleinen Freudenhüpfer.

Bevor ich Mandys Einladung annehme, stelle ich per SMS eines sicher: »Ich möchte beim Kochen helfen. Wickeln wir zusammen *Jiaozi* ein?« Am chinesischen Neujahrsabend isst man in Nordchina ausgerechnet eine der heutzutage ordinärsten Speisen: Jiaozi. Das sind längliche Teigtaschen, die ein wenig der schwäbischen Maultasche gleichen. Sie werden gekocht, gedämpft oder gebraten und gefüllt mit allem, wonach einem der Sinn steht: Mit chinesischem Schnittlauch und Ei oder mit Schweinefleisch und Weißkohl oder mit Pilzen oder mit Shrimps oder mit Schweinefleisch und Shrimps und, und, und. Eine Speisekarte in einem Pekinger Jiaozi-Restaurant kann mehrere Seiten füllen. Aber die Idee ist immer die gleiche. Die daumengroße gefüllte Teigtasche wird in einen leichten Essig mit etwas Chilipaste getunkt, rutscht dann auf dem Weg zum Mund zwischen den Stäbchen durch, plumpst in die Soße und hinterlässt braun-rote Sprenkel auf der Hose.

Das Jiaozi-Machen an Neujahr ist heute auch deshalb so beliebt, weil die gemeinsame Zubereitung Gemeinschaft stiftet – ähnlich wie Weihnachtsplätzchenbacken in Deutschland. Alle sitzen gemeinsam um den Tisch, füllen meditativ einen Teigpfannkuchen nach dem anderen mit Masse und kleben die Enden zusammen. Da die Chinesen das ganze Jahr über so viel in Gruppen auswärts essen, ist das gemeinsame Zubereiten in der Familie schon wieder etwas Besonderes.

Jiaozi sind ein beliebtes Anschauungsmaterial in Chinesischlehrbüchern – lässt sich doch mit ihnen wunderbar der Themenblock »Sitten und Bräuche« abdecken. *Jiaozi* bedeutet zum einen »Mitternacht« oder »Ende und Anfang der Zeit« – was zum Übergang vom alten ins neue Jahr passt. Eine andere Bedeutung kommt von der Übersetzung »Miteinander schlafen und Söhne haben«, was der ein oder andere ja anstrebt. Und schließlich steht das Wort *Jiaozi* in Verbindung mit Geld: Das erste Papiergeld in China hieß *Jiao Zi*. Die halbrunden Barren aus Gold und Silber, die vor der Einführung von Geldscheinen verwendet wurden, waren wiederum ähnlich geformt wie die Teigtaschen. Wer an Neujahr Jiaozi isst, dem winkt im neuen Jahr Wohlstand, und das ist es, was sich bei der Gelegenheit alle gegenseitig wünschen.

Beides – Geld und Gemeinschaftssinn – konnte Mandy gut brauchen. Schließlich störte das Geldthema ihre Familienharmonie gewaltig. Und auch mit dem Thema Geburt lag bei ihr einiges im Argen.

Ich hatte mit Mandy vor einiger Zeit ein Sprachtandem angefangen: Ich übte mit ihr chinesisch, sie mit mir deutsch. Mandy war 27, ihr chinesischer Vorname war Yanyan, und sie freute sich sehr, als ich sie darüber aufklärte, dass ihr selbst gewählter westlicher Name irgendwie ostdeutsch klänge. »Ich liebe Deutschland!«, rief sie begeistert, als wir uns das erste Mal in einem Pekinger Café trafen. Sie war Berufsmusikerin und hatte ein Jahr lang in München chinesisches Hackbrett studiert – bei der einzigen deutschen Professorin, die das einer Zither ähnelnde Zupfinstrument lehrte. Und sie war wild entschlossen, in Deutschland ein neues Leben anzufangen. »Ich will eine internationale Hackbrettspielerin werden!«

Ich mochte die kurvige Mandy mit den Kulleraugen auf Anhieb. Sie war stets fröhlich und warmherzig und geduldig mit meinem Chinesisch. Umso mehr tat es mir leid, dass es sie aus China wegtrieb. »Weißt du, Lao Pan und ich sind schon seit acht Jahren ein Paar. Letztes Jahr haben wir geheiratet – heimlich. Meine Familie lehnt ihn und seine Familie mich ab«, erzählte sie nach einigen Treffen. »Meine Familie findet ihn zu klein, zu hässlich und zu arm«, sagte sie.

Mandys Name für ihren Gatten, Lao Pan, bedeutete wörtlich »Alter Pan«. Das Wort »Alter« an einen Namen anzufügen, ist in China aber nicht abschätzig gemeint, sondern kann ebenso Respekt ausdrücken wie eine gewisse Zärtlichkeit oder auch Lässigkeit. Ausländer werden etwa oft *Laowai* genannt, wörtlich: »Alter von außen.« Dass ihre Familie nun ausgerechnet den Alten Pan zu hässlich finden sollte, verblüffte mich. Ich hatte ihn einmal getroffen, als Mandy mich an einem Sonntag zu dem Pekinger Dao-Tempel »Weiße Wolke« mitnahm, in dem er als Flötenspieler arbeitete. Entgegen kam mir ein filigraner junger Chinese in beiger Kutte – auch nicht kleiner als andere –, der die langen Haare wie der Meister in Yunnan kunstvoll auf dem Kopf mit einer langen Holznadel zusammengesteckt hatte. Mit seinem fein geschnittenen Gesicht und den hohen Wangenknochen fand ich ihn sogar hübscher als die meisten chinesischen Männer.

Dass die Familie an seinem Einkommen mäkelte, ernüchterte mich ebenfalls: Der Alte Pan machte mit seinem Flötenspiel zwar keinen Reibach, hatte aber ein stabiles, sozialversichertes Einkommen. Und Mandys Großeltern, hatte sie einmal erzählt, waren selbst Pekingopern-Sänger – doch der kulturelle Hintergrund zählte offenbar nichts mehr im Materialismus. »Und warum lehnen seine Eltern dich ab?«, fragte ich.

»Ich bin zuckerkrank. Mein Diabetes ist erblich, und sie haben Angst, dass unsere Kinder auch krank würden«, sagte sie damals mit Tränen in den Augen.

Umso gespannter bin ich darauf, wie wohl dieser Neujahrsabend ablaufen würde: Mandy hatte mich zum Essen »mit Lao Pan und meiner Mutter« eingeladen. Die ist selbst geschieden und lebt, anders als der Rest der Familie, in Peking. Die Ehe vor ihr zu verheimlichen war den beiden da zu schwierig, und sie weihten sie schließlich ein. »Erst hat sie sich furchtbar aufgeregt. Aber jetzt hat sie sich damit abgefunden«, meinte Mandy. Aber Neujahr hatten sie noch nie in dieser Konstellation gefeiert.

Am Nachmittag vor dem Neujahrsabend fahre ich mit der

U-Bahn in den mir bis dahin wenig bekannten Westen der Stadt. Überall knallen schon Feuerwerkskörper, trotzdem scheint es ruhiger als sonst. Pekings Straßen und Gehwege, auf denen ich mich sonst mit meinem alten Fahrrad zwischen Autos, Fahrrädern, Fußgängern und allen erdenklichen motorisierten Karren drängeln muss, sind heute ähnlich belebt wie die einer deutschen Großstadt. Sprich: Die Hauptstadt ist – für chinesische Verhältnisse – völlig ausgestorben. Weil zum Frühlingsfest fast alle Chinesen zurück zu ihren Familien fahren, sind in Peking statt sonst zwanzig Millionen Menschen gerade mal acht Millionen da.

Mandy holt mich an der U-Bahn-Haltestelle ab. »*Ni chile ma?* Hast du schon gegessen?«, fragt sie mich als Erstes. Wie könnte ich! Schließlich haben wir doch den großen Neujahresschmaus vor uns! Aber die Frage »Hast du schon gegessen« ist nur eine Höflichkeitsfloskel, und so antworte ich den Landessitten entsprechend mit einem beruhigendenden »*chile, chile* – gegessen, gegessen«. Das Chinesische kennt weder das Wort »ja« noch »nein«. Stattdessen bekräftigt oder verneint man das vorher verwendete Verb. Wir fahren weiter mit einem Bus.

»Nervös?«, frage ich sie.

»Wieso?«

»Na, weil ihr doch zum ersten Mal zu dritt Neujahr feiert.«

»Ach so. Na ja, ein bisschen«, lächelt Mandy. Ihre Wohnung befindet sich in einem eher tristen Plattenbau, der von ebensolchen umringt ist. Als wir das graue Gebäude betreten, begrüßt uns vor dem Fahrstuhl ein kleines Hundehäufchen. »Oh Gott, hoffentlich waren das nicht meine!«, ruft Mandy verlegen kichernd aus.

Mandy hat ein großes Herz für Tiere. Einmal hatte sie mir stolz ein Foto von einem kleinen Schnauzer auf dem Handy gezeigt: »Das ist Prinz! Ich habe ihn auf der Straße gefunden. Er ist jetzt mein vierter Hund.« Sollte sie nach Deutschland gehen, werden die vier Köter dem Alten Pan Gesellschaft leisten.

Der kommt uns nach der Fahrstuhlfahrt direkt vor der Wohnung mit drei von ihnen an der Leine entgegen. Das fast hüftlange Haar trägt er heute als Pferdeschwanz. Große Erleichterung bei Mandy: »Puh, dann waren sie's nicht!« Als ich die Wohnung sehe, kann ich kaum fassen, dass die beiden hier auch noch vier Hunde unterbringen: Es ist eine kleine Maisonette-Wohnung mit Schlafzimmer und einem kleinen Bad im oberen Teil. Im linoleumbedeckten schlauchartigen Wohnzimmer haben sie etwa drei Quadratmeter als vergitterten Hundeauslauftall direkt vorm Fenster abgezwackt. Die Küche kann man höchstens als Kochnische bezeichnen. Es gibt eine einzige Herdplatte und etwa einen Quadratmeter Bewegungsraum. In dem hantiert gerade mit erstaunlich viel Würde: Mandys Mutter. Mandy stellt uns vor, und sie sagt freundlich »*Nihao!*«. Sie ist eine zierliche Frau mit krusseligen Locken – vermutlich eine Dauerwelle – und hat sich für den Festtag Minirock und Stiefel angezogen. Auch Prinz, der neue Schnauzer, wurde im Hundesalon feingemacht. Nur Mandy zieht heute Jogginghose vor.

»Was kochen wir denn alles?«, frage ich gespannt. »Oh, wir haben schon gestern Nachmittag mit dem Kochen angefangen. Jetzt ist fast alles fertig«, sagt Mandy munter. Ich bin etwas enttäuscht. Mandy hat meine Kochwünsche offenbar nur auf das traditionelle Jiaozi-Einwickeln bezogen. Sie fügt stolz hinzu: »Heute kochen wir seit neun Uhr morgens.«

Bei den Jiaozi kommt die nächste Enttäuschung: Auch die Füllung ist bereits vorbereitet: Es ist Schweine-Hackfleisch, gemischt mit Ei, fein gehacktem Ingwer und Knoblauch, etwas Mehl und einem Schuss Baijiu – dem fürchterlichen weißen Schnaps. Und auch mit dem Teig haben sie es sich leicht gemacht und fertige dünne, runde Fladen gekauft. »Komm, wir schälen Shrimps«, fordert Mandy mich auf. Dabei reißen wir uns die Finger etwas blutig – meinem Kungfu-Panda Stolz tut das natürlich gut.

Es geht auch nicht ganz so gemeinschaftlich zu wie erwartet. Zwar schließt sich der Alte Pan Mandy und mir beim Jiaozi-Einwickeln an, aber die Mutter rührt weiter in der Küche in den Töpfen. »Auf jeden Teigfladen kommt ein Klacks Fleischmischung und ein Shrimp«, weist Mandy uns an. »Nicht zu viel, damit man ihn noch zusammenkleben kann.« Ich tue das offenbar auf unorthodoxe Art und Weise, jedenfalls lacht der Alte Pan mich ein bisschen aus. Die Jiaozi, die für den Kochtopf bestimmt sind, werden komplett zusammengeklebt. »Die anderen braten wir und lassen die Enden offen«, instruiert Mandy. Sie schimpft ein wenig, dass es zu wenig Fleischmischung gebe. Aber ansonsten kann ich noch keine Anzeichen von Spannungen erkennen.

Tatsächlich wirken alle drei erstaunlich entspannt – trotz der heiklen Konstellation. Bestimmt knallt es doch in chinesischen Familien am Frühlingsfest ähnlich oft wie bei uns am emotional  überfrachteten Weihnachtsabend. Mutter und der Alte Pan fuhrwerken jetzt recht still, aber einträchtig in der winzigen Kochecke herum und tragen Essen und Töpfe rein und raus. Ich lümmle, nachdem ich ein paarmal der Mutter über die Schulter in den Wok geguckt und dann eingesehen habe, dass ich in dem engen Raum zu sehr im Weg stehe, mit Mandy auf dem Sofa herum. Sie sucht nach dem richtigen Sender für die obligatorische Neujahrsgala des Staatssenders CCTV, die angeblich um sieben beginnt. Stattdessen sieht man nur Parteichef Xi Jinping, der Bauern besucht und Hände schüttelt. »Hm, muss doch halb acht sein«, murmelt Mandy. Doch auch da kommt noch nichts.

Am Ende landen die Jiaozi, wenn das so beabsichtigt war, perfekt zum Beginn der Gala um Punkt acht auf dem Tisch. Ähnlich wundersam ist, welche Speisen der Alte Pan und die Mutter von der einzigen Kochplatte und aus dem Kühlschrank gezaubert haben, bis wirklich nichts mehr auf den vor den Fernseher gerückten quadratischen Tisch passt. Es sind sage und schreibe 17 Teller. »Habt ihr das alles selbst gekocht?«, frage ich Mandy ungläubig. »Nicht ganz. Diese Nudeln hier zum Beispiel sind gekauft.« Ich erkenne unter anderem Chinakohl mit Schweinefleisch, Entenflügel, Jiaozi mit Eierfüllung, gefärbte Eier, Rippchen, Knoblauchsprossen. Aber da sind auch noch seltsame handlange braune Dinger, die wie Stöckchen aussehen. Der Alte Pan hat sie im offenen Reiskocher neben dem Fernseher zusammen mit Rettichscheiben zu einer Suppe gekocht – in der Küche war kein Platz. »Was ist denn das?«, frage ich. »Oh, das ist Entenzunge. Eine Delikatesse«, preist Mandy sie mir an. Auch die muss ich probieren. Ich knabbere an der harten, dünnen, zangenförmigen Zunge. Sie schmeckt wie zähes Leder. Die Familie insistiert zum Glück nicht, dass ich mehr davon nehme. Aber bei den anderen Speisen heißt es stets: »*Chi, chi!* Iss, iss!« Das meiste schmeckt nicht schlecht – aber auch nicht herausragend.

Zum Glück wendet sich die Aufmerksamkeit schnell der Show zu. Das dann aber leider auch gleich für die nächsten dreieinhalb Stunden. Die Neujahrsgala ist eine nicht enden wollende Abfolge aus spektakulären Tanz- und Akrobatikszenen und Klamauk. Ob die Sketche lustig sind oder nicht, kann ich nicht sagen, weil dafür mein Chinesisch nicht ausreicht. Aber die drei anderen glucksen immer wieder vor sich hin, während ihre Stäbchen über den vielen Tellern und Schüsseln kreisen. Immerhin lässt die Regierung sich das jährliche TV-Highlight viel kosten – inklusive westlicher Stars. Als Celine Dion im hautengen Paillettenkleid auftritt und das chinesische Volkslied »Molihua« – Jasminblüte – zum Besten gibt, klatscht die Mutter begeistert in die Hände. Als sie »My Heart Will Go On« singt, haucht sie nur: »Wie schön!«

In unserer kleinen Plattenbauwohnung singt La Dion freilich vor eher unüblicher Geräuschkulisse: Draußen knallen nicht nur permanent die Böller, Mandys Hunde begleiten sie in ihrem Laufstall auch mit einem Jaul- und Kläffkonzert. Eine Hündin ist gerade läufig, und nicht alle anderen sind schon kastriert. Der Golden Retriever winselt deshalb schon im oberen Stock hinter einem Gitter auf der Treppe. »Den hier hab ich vor dem Schlachter gerettet«, seufzt Mandy. Prinz macht im Laufstall unermüdlich Männchen.

Wo aber zeigt sich die Kluft zwischen der Mutter und ihrem ungewollten Schwiegersohn? Vielleicht ist das klassische Neujahrsgeschenk für Kinder eine feine Spitze: Irgendwann zieht die Mutter drei rote, prachtvoll verzierte Umschläge aus der Tasche und gibt Mandy, dem Alten Pan und mir je einen. Darin: ein rosaroter Hundert-Yuan-Schein (12 Euro). Der *Hongbao* – wörtlich: der rote Umschlag – für die Kinder ist ein ebenso fester Bestandteil des Frühlingsfestes wie das Jiaozi-Essen. »Eigentlich kriegt man von den Eltern keinen *Hongbao* mehr, sobald man verheiratet ist«, raunt Mandy mir zu. Für mich seid ihr noch immer nicht verheiratet, könnte die Botschaft lauten. Der Alte Pan – insgesamt ziemlich still – verzieht keine Miene.

Gegen elf werden die drei plötzlich umtriebig. Sie räumen den Tisch ab und verstauen das Essen in Tüten und Dosen. Zwischen Mutter und Mandy entbrennt ein kleines Wortgefecht. »Die Reste reichen noch für mehrere Tage«, sagt die Mutter streng.

»Ich weiß. Aber ich esse nicht gern Aufgewärmtes«, erwidert Mandy schuldbewusst.

»Mandy, du weißt doch, was Xi Jinping gerade heute wieder gesagt hat!«, tadelt die Mutter weiter.

»Ja, ich weiß. Wir sollen kein Essen verschwenden. Aber ich mag es einfach nicht«, schmollt Mandy.

Sieh an, nimmt doch tatsächlich jemand Notiz davon, was der Parteichef sagt, denke ich mir. Die neue Führungsspitze um Xi Jinping war erst im November angetreten und hatte da natürlich der Korruption den Kampf angesagt – so wie das fast schon Ritual bei jedem Führungswechsel in China ist. Ein paar Wochen später prangerte Xi höchstpersönlich auch die Verschwendung von Essen an. Vor allem bei Banketten und Geschäftsessen von Funktionären wird teures Essen in rauen Mengen bestellt. Viele Teller mit erlesenen Speisen bleiben komplett stehen. Die Staatsmedien berichteten plötzlich, dass in China Essensmengen weggeworfen werden, die 200 Millionen Menschen ernähren könnten. Und sie berichteten von Leuten, die privat angefangen hatten, Fotos von ihren restlos aufgegessenen Tellern ins Internet zu stellen.

»Bewirkt denn diese Kampagne irgend etwas?«, frage ich Mandy.

»Man merkt es schon«, meint sie. »In Restaurants ermutigen sie einen nun eher, weniger zu bestellen oder die Reste einpacken zu lassen. An manchen Orten sollen auch die Portionen kleiner geworden zu sein.«

»Warum bestellen die Chinesen denn immer so viel?« frage ich.

»Es ist vor allem eine Prestigefrage«, sagt Mandy. »Wenn du in formalen Gruppen unterwegs bist, bestellt ja oft einer, und der übernimmt am Schluss die Rechnung für alle. Indem er viel und teuer bestellt, beweist der Gastgeber, dass er nicht aufs Geld schauen muss.«

Als das Essen versorgt ist, bemerke ich, dass nicht nur der Name und die Plattenbauwohnung meine Sprachpartnerin ein wenig ostdeutsch wirken lassen. Ihr Wohnzimmertisch tut es ebenfalls. Es ist ein Multifunktionstisch, den die Familie jetzt wieder zusammenklappt und in die Ecke schiebt. Sie wischen rasch den Boden, und dann, es ist erst halb zwölf, verabschiedet der Alte Pan sich plötzlich.

Was ist passiert? Ist es etwa doch zum Eklat gekommen, so subtil, dass ich nichts mitbekommen habe? »Lao Pan muss jetzt arbeiten«, klärt Mandy mich jetzt auf.

»An Neujahr? Um Mitternacht?«

»Ja klar. Da wollen doch viele in den Tempel, um Räucherstäbchen anzuzünden und sich Glück fürs neue Jahr zu wünschen. Lao Pan spielt Flöte bei so einer Zeremonie.«

»Ist das für ihn denn nicht blöd und auch für euch?« Ich muss an deutsche Debatten zur Zumutbarkeit geöffneter Geschäfte am Sonntag denken. »Kein Problem, er bekommt heute das dreifache Gehalt«, winkt Mandy ab. Geld schlägt eben Tradition in China.

»Hey, hätten wir die Jiaozi nicht erst um Mitternacht essen müssen?«, fällt mir auf, während ich mich draußen beim Verabschieden vor einem Feuerwerkskörper wegducke. »Ach ja?«, fragt Mandy.

»Ja, die Jiaozi stehen doch für Ende und Neuanfang.«

»Oh, das wusste ich nicht. Weißt du, das Jiaozi-Essen ist ja eine nordchinesische Sache, und meine Familie kommt aus Nanjing und Shanghai. Da kennen wir uns nicht so aus.«

Jiaozi:

*Teig:*
Fast dreimal so viel Mehl wie Wasser nehmen. Das Mehl auf den Tisch schütten und in die Mitte ein Loch graben, dort das Wasser nach und nach dazugeben. Es muss voll aufgenommen sein, bevor weiteres dazukommt. Der Teig soll elastisch und weich sein, weder trocken noch klebrig. 3–5 Min. kneten, dann unter feuchtem Tuch oder in Plastiktüte ruhen lassen. Dann zu Teigwürsten rollen und Bällchen abzwacken. Diese erst mit der Hand plattdrücken, dann rollen.

*Füllung:*
*1 Ei*
*1 TL Öl*
*Ein halbes bis ein Pfund Schweinehack*
*Ein Schuss: Wasser, Sojasauce (1/3 Tasse)*
*½ TL Salz*
*1 EL Sesamöl*

Fein hacken: 4 fein gehackte Knoblauchzehen, 1 daumengroßes Stück Ingwer, weißen Teil von einer Lauchstange, Stück China-Kohl (Bai-cai), Pilze (optional)
Alles gut verrühren und dann jeweils einen Teelöffel der Mischung auf eine Jiaozi-Haut geben, diese mit beiden Daumen zusammenkleben. Dann in gesalzenem sprudelndem Wasser ein paar Minuten kochen. In Schüsselchen mit dunklem chinesischem Essig tunken.

## 7

## Wok und Messer

*Ein Weg entsteht, wenn man ihn geht.*

Das Neujahrsfest hat mich noch nicht ganz von Mandys Qualifikation als meine Kochlehrmeisterin überzeugt. Aber auf jeden Fall setze ich große Hoffnungen auf sie, dass sie mir beim nächsten Schritt hilft: meine Küche chinesisch auszurüsten.

»Ich will ein Messer und einen Wok kaufen. Hilfst du mir?«, schreibe ich ihr. Als Antwort poppt nur ein Foto von einem Wok auf meinem Bildschirm auf, plus Produktbeschreibung auf Chinesisch und Mandys Kommentar: »Kauf dir doch einen im Internet. Den da zum Beispiel.« Aber das kommt nicht infrage. Vielleicht stehe ich ja noch zu sehr im Bann von Daotempeln, dem Küchengott und Neujahrsritualen. Eine Wokbestellung im Internet ist mir jedenfalls zu profan.

»Ich würde mich gerne etwas umschauen«, antworte ich. »Vielleicht in der Nähe der Brillenstadt. Kommst du mit?« Die Brillenstadt liegt in einem südlichen Stadtteil Pekings, wo sich ein Kaufhaus an das andere reiht – meistens mit nur einem Produkt pro Haus. Also etwa Brillen, auf drei Etagen in einem Riesenkomplex mit vier Eingängen nebeneinander. Brillen, Brillen, Brillen. Echte Marken, gefälschte Marken, keine Marken. Und eine neue Brille brauche ich im Übrigen auch gerade.

Mandy taucht nicht allein am verabredeten U-Bahn-Ausgang auf. Sie hat eine Freundin im Schlepptau, Lulu, eine 35-jährige Sängerin im Pekinger Opernchor. Allerdings sieht sie eher aus wie ein aus dem Leim gegangener Cheerleader: Über den langen schwarzen Locken trägt sie ein Baseballcap, dazu einen weißen Kapuzenpulli mit roter »United West«-Aufschrift und eine unvorteilhaft schlabbrige blaue Trainingshose. »Lulu hat mir gerade hier in der Nähe Gesangsunterricht gegeben«, erklärt Mandy.

Ich wusste schon, dass es mit dem Deutschland-Visum nicht geklappt hatte. Am Boden zerstört, hatte Mandy mir zuvor auf ihrem Handy das Foto eines Briefs der deutschen Botschaft gezeigt: »Wir bedauern, Ihnen mitzuteilen, dass wir Ihrem Antrag nicht stattgeben können, da wir die erfolgreiche Durchführung Ihres Ziels für unwahrscheinlich halten.« Darauf folgten wortreiche Erklärungen, dass die Botschaft aufgrund von Rechtslage XY nicht verpflichtet sei, ihre Entscheidung zu begründen.

Aber warum jetzt Gesangsunterricht? »Es gibt da in Wien ein privates Konservatorium«, erklärt Mandy. »Nächste Woche machen die Aufnahmeprüfungen, und dafür muss ich singen und Klavier spielen.«

»Kannst du das denn?«

»Nicht wirklich!«, lacht Mandy. »Aber das Konservatorium ist sehr schlecht. Sie kommen extra nach Peking, um hier chinesische Studenten anzuwerben. Es geht ihnen nur ums Geld.« Mandys Plan ist ähnlich kaltblütig. Sie plant, sich nur für drei Monate einzuschreiben und dann mit ihrem Schengen-Visum nach München überzusiedeln – und doch noch ihr Hackbrett zu studieren. »Und das geht so einfach?«, frage ich etwas zweifelnd. »Ja, sicher. Ich kenne jemanden, der jemanden kennt, der das auch so gemacht hat.« Besonders mulmig wird mir, als Mandy darlegt, was sie schon jetzt in den Plan B investiert hat: 14 000 Yuan für eine Agentur, die ihr die Prüfung vermittelt. Für das Vorspiel kommen noch mal 50 Euro drauf, 150 Euro für eine Erfolgsbestätigung für die österreichische Botschaft. Und 1700 Euro fallen für die ersten drei Monate Studiengebühr inklusive Unterkunft in Wien an.

Ich will sie aber fürs Erste nicht weiter entmutigen, und so schlagen wir zuerst den Weg zur Brillenstadt ein. Schnurstracks fahren wir mit der Rolltreppe in den Keller des Kaufhauses, wo die Brillen noch billiger sein sollen als im Erdgeschoss. Auch Mandy und Lulu stürzen sich auf die Regale und probieren begeistert verschiedene Modelle aus. Als Lulu von meinen Kochambitionen erfährt, schlägt sie mir vor, das Ganze doch ins Kaufhaus zu verlagern: »In den teuren Kaufhäusern, wo Küchengeräte verkauft werden, gibt es immer auch Kochdemonstrationen«, meint sie. Sekunden später piepst mein Handy, eine SMS von Mandy. »Geh da nicht hin, die wollen ihren Umsatz steigern!«, hat sie auf Chinesisch geschrieben. Das habe ich in dem Moment aber nicht gleich durchschaut, denn ich erkenne nur paar der Schriftzeichen auf Anhieb und frage laut:

»Warum soll ich da nicht hin?« Mandy zieht mich verschämt zu einem Sonnenbrillen-Stand und raunt mir zu: »Lulus Mutter arbeitet in so einem Kaufhaus. Wahrscheinlich hofft sie auf Kommission. Deshalb will sie dich da hinschicken.« Sie gibt mir einen wissend-strengen Blick und schiebt nach: »So ist das.« Mein Faux-Pas trübt die Laune aber nicht nachhaltig. Mandy kauft sich noch eine Brille mit dickem rotem Rahmen, obwohl sie perfekt sieht, und Lulu erklärt: »Das ist jetzt Mode, die Koreaner tragen alle Brillen mit Fensterglas.« Korea ist das große Modevorbild der Chinesen.

Wir verlassen das Brillenkaufhaus erst, als plätschernde Fahrstuhlmusik die Schließung um 18 Uhr ankündigt. Beim Zahlen erkundigen wir uns schnell noch nach einem guten Ort für Woks. Die Verkäuferin schreibt uns eine Adresse in der Nähe auf, mit dem Tip: »Da sind die Woks sehr billig.«

Die allerbilligste Variante will ich eigentlich gar nicht. Aber ich freue mich auf den Anblick endloser Reihen von Woks in allen Größen und Materialien. Als wir uns dem neuen Kaufhaus nähern, strömen uns schon lauter Menschen mit Einkaufstaschen voll Gemüse entgegen. Und tatsächlich stehen wir im Erdgeschoss zunächst in einer riesigen Markthalle nur mit Gemüse. Eine Rolltreppe weiter im zweiten Stock türmt sich über das gesamte Geschoss nur Obst, am Rand der Wände reihen sich Teegeschäfte aneinander. Ein Stock weiter: Stände mit billiger Kleidung. Nur ganz oben, wo die Küchenware sein soll, eine Enttäuschung: Es gibt alles

Mögliche von Elektronik bis Gardinen, aber kaum Kochutensilien. Die wenigen Woks an einem Stand fasst Mandy mit Verachtung an und verzieht missbilligend die Miene.

Lulu meint, noch ein anderes Kaufhaus in der Nähe zu kennen. Im Taxi bemüht sie sich nach Kräften, mich vom Anschnallen abzuhalten. »Lass das«, stoppt Mandy sie. »In Deutschland macht man das so.«

Viele Chinesen halten Anschnallen für unnötig, trotz schrecklich vieler Autounfälle im Land. Sie sorgen sich mehr, dass der wegen Nichtbenutzung angestaubte Gurt die Kleidung beschmutzt. Sehr beliebt sind deshalb kleine Plastikchips, die man in das Gurtgehäuse neuer Wagen stecken kann: Sie gaukeln der Elektronik des Wagens vor, der Fahrer sei angeschnallt und bringen so lästige Warnpiepser zum Verstummen.

An unserem Ziel erwartet uns die nächste Enttäuschung. Wir sind in einem modernen Elektronik-Store, in dem es zwar einen Apple Reseller und ganze Reihen von Reiskochern gibt – aber weder Wok noch Hackmesser. »Wir gehen morgen zum Yinyi-Markt«, verspricht Mandy. »Das ist das größte Kaufhaus von Peking. Da suchen wir einen schönen Wok aus und bestellen ihn danach billiger im Internet.« Das werden wir ja noch sehen, denke ich mir im Stillen.

Einen Tag später laufen wir wieder über dicht befahrene Straßen im Westen der Stadt. Als wir am Kaufhaus ankommen, erschlägt mich die schiere Menge an Waren und die ohrenbetäubende Geräuschkulisse. Die Kundenmassen schnattern, Lautsprecher leiern quäkend Sonderangebote herunter. Das Haus ist diesmal nicht nach Warengruppen sortiert, sondern eine schier unendliche Aneinanderreihung einzelner spezialisierter Stände. Es gibt alles. Und alles, vom ersten bis zum sechsten Stock, ist Ramsch. Da sind Stände mit Kuscheltieren, Stände mit Messern, unendlich viel kitschige Wohnungsdekoration aus falscher Jade und Glas, Stände mit Taschenlampen, Stände mit Thermoskannen, Stände mit Uhren. Hinter jedem Stand sitzen junge, provinziell aussehende gelangweilte Mädchen – vermutlich Wanderarbeiterinnen. Wenigstens bleiben sie lethargisch hinter ihren Warenbergen sitzen, anstatt einen zum Kaufen zu nötigen, wie das in touristischeren Kaufhäusern der Fall ist.

Endlich tauchen im vierten Stock auch Stände mit Küchenutensilien auf. Den ersten Wok, den ich hochhebe, reißt Mandy mir gleich wieder aus der Hand: »Diese Marke ist nicht gut. Den hab ich mal gekauft. Da hat man sofort Kratzer drin.« Dann zieht sie ein anderes Exemplar heraus. »Supor: Das ist eine gute Marke!« Er soll 150 Yuan kosten, muss aber immer nach dem Ausspülen getrocknet werden, da nicht rostfrei. Entscheidungsunfähig wenden wir uns erst mal den Messern zu. Hier werde ich schnell fündig. Ein mittelschweres, universell zu gebrauchendes Hackebeil mit leichter Schwingung handelt Mandy für mich von 130 auf 60 Yuan runter – 8 Euro. Ich bin beeindruckt: Bei 95 Yuan schien mir die Grenze längst erreicht.

Also zurück zum verzwickteren Wok-Kauf. Mandy zweifelt plötzlich an der Echtheit der Marken auf den Etiketten, und viele kennt sie nicht. Sie beginnt, parallel auf dem Smartphone nach Kundenberichten im Internet zu suchen. Ich selbst bin überfordert mit der Auswahl. Da sind schwere und leichte. Aus Gusseisen und Stahl. Gesunde rostfreie, die aber nicht so heiß werden. Mit den einen kann man Stir-fries machen, mit den anderen auch braten, aber nur bestimmte Sachen. Die Chinesen scheinen ähnlich viele Wörter für »Braten« zu haben wie die Eskimos für Schnee. »Mit dem lassen sich keine Flammen machen«, gibt mir die Verkäuferin bei meinem Kompromissmodell zu bedenken. Damit kann ich leben, aber wahrscheinlich ist es mit Teflon beschichtet, was mir wieder nicht so authentisch vorkommt. Mandy wiederum ist unzufrieden, dass die Verkäuferinnen mit dem Preis kaum runtergehen. Mir wird alles zu anstrengend, und ich kaufe ihn irgendwann auch für nur 20 Yuan weniger als auf dem Etikett (130 Yuan). Mandy schüttelt den Kopf. »Für den Preis hättest du etwas Besseres im Internet bekommen«, ist sie weiter überzeugt.

Ich freue mich indes, jetzt überhaupt einen Wok zu haben und laufe fröhlich neben ihr her zur U-Bahn. Nun fehlt mir nur noch ein richtiger Lehrmeister. Meine Erfahrungen mit Mandys Jiaozi-Ignoranz, dem zwar reichlichen, aber nicht überwältigend leckeren Neujahrsschmaus und ihrem virtuellen Zugang zu Kochgeräten schüren den Verdacht, dass sie nicht die Beste wäre. Meine Gedanken sind schon weitergeschweift: Zu Nudel-Wu.

## 8

## Lehre bei Nudel-Wu

Wer ein hohes Haus bauen will,
muss lange am Fundament verweilen.

Aus dem schicken Wohnzimmer mit den Designsesseln und dem großen Osterstrauß perlen der Gesang von Nina Simone und Cocktailparty-Smalltalk. Die Gäste, mehrheitlich Deutsche, stehen bei Gemüsedips und Sesamsößchen herum. Ich bin diesmal nicht unter ihnen. Ich habe die Seiten gewechselt: zum Personal in die Küche, zu den Chinesen. Dort halte ich meine Nase über einen Topf mit würziger, dampfender Fleischbrühe.

Mit von der Küchenpartie sind Meister Wu, Mariannes Haushälterin Meilan – und meine Fernaffäre Jorge. Ein sechs Jahre jüngerer Mexikaner, den ich ein halbes Jahr zuvor während einer Recherchereise durch die Unruheprovinz Xinjiang an der Westgrenze Chinas kennengelernt hatte. Auf der Suche nach einer intensiveren Chinaerfahrung ließ er sich, nachdem wir dort zwei Wochen gemeinsam gereist waren, in der Provinzhauptstadt Urumqi nieder. Die muslimisch geprägte Region grenzt an Pakistan, Afghanistan und die zentralasiatischen Republiken und wird immer wieder von blutigen Unruhen erschüttert. Um in die Kultur einzutauchen, hatte Jorge in einem Restaurant als Kellner angeheuert, in dem vor allem Uiguren arbeiteten. Das Turkvolk stellt die größte Minderheit in Xinjiang. Es waren auch seine Geschichten aus dem Restaurant, die mich zu meinem Kochabenteuer anstachelten. Ich gab unserer Reiseromanze wenig Chancen auf eine Fortsetzung – schon weil wir an zwei entgegengesetzten Enden Chinas lebten. Aber zu meinem eigenen Erstaunen saß ich schon sechs Wochen später wieder im Flieger nach Urumqi. Und auch Jorge besuchte mich jetzt schon zum wiederholten Mal in Peking.

Gastgeberin Marianne steckt ihren Kopf mit den kurzen silbergrauen Haaren und der großen Brille zur offenen Küchentür rein. »Alles klar bei euch? Auch ein Glas Sekt?«

»Alles klar, und ja gerne!«, gebe ich zurück.

»Du sorgst dafür, dass Meister Wu genug zu trinken bekommt, ja?« beauftragt Marianne mich noch. »Die Flasche steht hier.«

Ergeben reiche ich meinem Meister ein Glas Sekt, das er schnell herunterkippt. Dann fischt Wu aus einem der Töpfe große Rindfleischklumpen heraus und säbelt dünne Scheiben ab. Die weißen Teile trennt er ab und steckt sie sich gleich in den Mund. »Ihr Deutschen esst das ja nicht«, stellt er kauend fest.

»Nein, tun wir nicht. Wir mögen Fett nicht so«, bestätige ich.

»Das ist kein Fett, sondern *Jin*«, korrigiert Wu mich. Ich schlage *Jin* nach: Sehnen. »Wir kaufen nie ganz mageres Fleisch, sondern immer solches mit Sehnen«, erklärt der Meister mit dem kugelrunden Bauch. Genüsslich leckt er sich die Finger ab, verlangt ein zweites Glas Sekt und schließt den Genuss mit einem röhrenden Rülpser ab.

Bei meinen Überlegungen, wie ich mein Küchentraining in Peking fortsetzen könnte, waren mir schnell Marianne und Nudel-Wu eingefallen. Ihre Dachterrassenpartys und Abendesseneinladungen gehörten längst zu meinen liebsten sozialen Anlässen in Peking. Zwei Marianne-Klassiker fehlten dabei nie: Aperol Spritz sowie selbst gemachte Nudeln und Jiaozi von Wu.

Seit mehr als zehn Jahren sind die beiden ein so ungleiches wie eingeschworenes Team: Marianne Friese, Anfang 50, Unternehmensberaterin, Innendekorateurin und Netzwerkerin mit Wohnsitz Peking und Berlin. Wu Fuming, 46, Kantinenkoch und Restaurantbesitzer aus der ärmlichen, trockenen West-Provinz Gansu – der Heimat einer der berühmtesten Nudelsorten Chinas.

Mariannes Wohnung liegt im sechsten Stock eines von außen eher heruntergekommen aussehenden, typisch chinesischen Wohnblocks aus den 80er Jahren. Das Treppenhaus ist unverputzt, aber tritt man erst durch Mariannes Tür, erwartet einen eine großzügige helle Maisonettewohnung, schickes reduziertes asiatisches Design, eine üppig begrünte Dachterrasse – und eine moderne vollverchromte Küche. Die verwandelt Wu dann für einen Tag in eine chinesische Nudelbude voll weißem Mehlstaub, immer assistiert von Mariannes älterer Haushälterin Meilan, manchmal auch von seiner Frau. Marianne sagt respektvoll »Meister Wu« zu ihm, unter uns ist er einfach der »Nudel-Wu« und in ihrem Freundeskreis längst eine Institution. »Einmal wollte ich mal was anderes ausprobieren und habe Grillspieße organisiert. Da wurde dann aber gleich reklamiert, wo denn die Nudeln seien. Seitdem traue ich mich das nicht mehr«, hatte sie einmal erzählt. Für ihren 50. Geburtstag flog sie Nudel-Wu gar nach Berlin ein. Dort ließ sie ihn für über 100 Gäste Nudeln ziehen – und schleppte ihn noch zwei Wochen durch Deutschland, mit Stops in Hamburg, Leipzig und auf dem Münchner Oktoberfest.

Auf meine Idee, mir von Nudel-Wu das Kochen beibringen zu lassen, reagierte sie begeistert. »Genau so habe ich ihn auch kennengelernt!«, rief sie aus. Vor zehn Jahren, so erfuhr ich jetzt, hatte sie ihre Assistentin, eine Studentin, auf die Suche nach jemandem geschickt, der ihr zu Hause das Nudelziehen beibringen könnte – einfach weil sie von dem Schauspiel so fasziniert war. Die Studentin wandte sich einfach an den Kantinenkoch ihrer Universität – Wu. »Ich habe allerdings schnell aufgegeben«, gestand Marianne. »Als ich nach ein paar Samstagen fragte, wie lange man denn brauche, um das zu können, sagte er: bei täglichem Üben ein halbes bis ein Jahr.«

Ich überlegte, ob mich das abschrecken oder meinen Kampfgeist wecken sollte – und entschied mich für Letzteres. Kungfu-Panda hat sich schließlich auch in kürzester Zeit vom schwerfälligen Fettsack zum meisterhaften Kämpfer gemausert. »Wie wäre es, wenn wir meine Assistentin schon einmal auf Chinesisch anfragen lassen. Und dann stellst du dich bei meiner nächsten Einladung in die Küche, und ihr beschnuppert euch«, schlug Marianne vor.

So stand ich also an einem sonnigen Ostersonntag ab Mittag in ihrer Pekinger Wohnung und wartete auf meinen neuen Meister. Jorge war am Abend zuvor von einem Heimaturlaub in Mexiko in Peking eingeflogen, und ich schleppte ihn kurzerhand als zusätzlichen Assistenten mit. Marianne und Meilan wuselten schon emsig mit Ostersträußen und Geschirr durch die Gegend, Wu sollte eigentlich um 12 Uhr zum Einkaufen kommen. Um halb eins rief dann Marianne bei ihm an. »Ich hab da keinerlei Schuldbewusstsein rausgehört«, sagte sie grinsend. »Er sagt, er trifft euch in einer halben Stunde gleich am Markt.«

Gemeinsam mit Meilan zogen wir also los. Sie hat kurze Haare und einen bulligen Nacken und geht leicht gekrümmt. Schon auf dem Weg weihte sie uns mit ihrer heiseren Stimme in die Tiefen der Nudelkultur ein: »Nudeln sind ein klassisches Geburtstagsessen. Lange Nudeln symbolisieren ein langes Leben.« Wu stand lächelnd am Eingang des Marktes und sah cool und gelassen aus. Das pechschwarze Haar hatte er ganz glatt in die Stirn gestriegelt, unter der feinen Nase guckte ein kleiner Schnauzbart hervor. Er trug eine dunkelblaue Stoffhose und einen Pollunder mit Hemd über dem kugeligen Bauch. Als er uns sah, lächelte er und schüttelte Jorge und mir die Hand. Wir trotteten hinterher, während Wu und Meilan sich wie ein altes Ehepaar durch die Fleisch- und Gemüsestände des sauberen Marktes im Inneren eines großen Gebäudes arbeiteten. Die obligatorischen flachen Becken mit lebenden Fischen, die auch hier direkt abgemurkst, entschuppt und ausgenommen wurden, fehlten natürlich trotzdem nicht. Wu sprach kaum, sondern hob nur prüfend Gemüse oder Fleisch hoch. Meilan schlurfte hinter Wu her, redete auf ihn ein – und bezahlte stets alles aus einem braunen Umschlag, in den sie auch die Quittungen steckte. »Wir sind 18 Personen, wir brauchen bestimmt mehr!«, quengelte sie beim Schweinefleisch. Wu ließ sich nicht beirren, vergaß aber auch immer wieder etwas, sodass wir hin und her und vor und zurück liefen. Auf dem Rückweg sprudelte Meilan weiter vor sich hin, bis sie feststellte: »Mein Sohn sagt immer: Wie kann es sein, dass aus so einer kleinen Person so eine laute Stimme kommt?«, und schüttelte sich dann selbst vor Lachen. Schon nach diesem Einkauf fühlte ich mich beinahe als Teil eines eingeschworenen Teams.

In Mariannes Küche begannen Meilan und Wu mit den Vorbereitungen. Meilan schnippelte Karotten, Paprika und Zwiebeln – mit deutschem Messer, aber auf chinesische Art: Sie hielt die schmale Klinge mit beiden Händen an beiden Enden fest und wiegte sie hin und her. Wu band sich eine Schürze von Marianne mit der Aufschrift »California Higher Cuisine Institute« um, die sich geschmeidig um seinen Bauch legte, und gab Rindfleisch und fettes Lammfleisch in je zwei große dampfende Wassertöpfe, zusammen mit Anissternen, Lorbeerblättern und einer Gewürzmischung. Es konnte losgehen. »Hm, das ist gar nicht so viel«, murmelte Wu und gab Meilan damit eine Steilvorlage: »Ich hab doch gesagt, dass es für 18 Leute nicht reicht!«

Damit es zwischen Meilan und Wu nicht eskalierte, lenkte ich rasch vom Thema ab.

»Wo ist deine Frau heute?«, wandte ich mich an Wu. »Sie hat keine Zeit, sie muss in der Uni-Kantine arbeiten.«

»Hat deine Frau dir Kochen beigebracht?«

»Nein, ich ihr. Sie war mein *Tudi*, so wie du.«

Tudi heißt Lehrling, und ich war etwas stolz, dass er mich, ohne dass ich bisher auch nur einen Handschlag getan hatte, schon als Lehrling zu akzeptieren schien. Nun, Sekt und Wein hatte ich ihm eingeschenkt, immerhin.

Der Meister stand zwischen all den Schüsseln mit geschnippeltem Gemüse, schaute sich um und seufzte. »Wie lange muss das Fleisch denn kochen?«, fragte ich.

»Eine Stunde.« Und als ich mich gerade schon freute, eine klare Angabe von einem Chinesen zu bekommen, fügte er hinzu: »Vielleicht eine halbe. Hier, probier!« Er fischte ein Stück zartes Lamm aus dem brodelnden Kochtopf. Dann warf er kleine Lammfleischwürfel und geschredderten Lauch in einen heißen Wok.

»Was wird das?«, fragte ich.

»Die Soße für *Zhajiang*-Nudeln, das sind typisch Pekinger Nudeln.« Klar wusste ich von *Zhajiang*-Nudeln – sie gehören zu meinen Lieblingssnacks in meiner Nachbarschaft! Ich kannte sie mit einer rot-braunen Paste auf Bohnenbasis, die zusammen mit kalten Gurkenstreifen und Sojasprossen in die heißen Nudeln eingerührt wird.

»Wie läuft's mit dem Essen?«, will Marianne nun wissen, bevor sie die dippenden Gäste an den langen Tisch im Esszimmer bittet – diesmal mit einer Flasche Rosé in der Hand. »Oh gut. Wir machen gerade *Zhajiang*-Soße für die Nudeln«, berichte ich. »*Zhajiang*-Nudeln? Auf der Karte steht doch ›Gezogene Nudeln in Rinderbrühe‹. Die haben schon wieder einfach das Menü geändert! Das machen die immer nach Lust und Laune!«, stöhnt Marianne auf.

Marianne versteht es geschickt, chinesische Küche westlich zu präsentieren: Anstatt alle Gerichte wie bei Mandy zuhause für alle zusammen auf den Tisch zu stellen, bekommt jeder seinen eigenen Teller. Sie werden auch als eigene Gänge auf einem DIN-A5-Blatt aufgeführt. So ergibt sich rasch ein beeindruckendes Menü mit zehn Gängen, jeweils begleitet von passenden europäischen Weinen. Das liegt hübsch zusammengerollt und mit einem Fädchen gebunden auf jedem Teller. Wu lässt Mariannes Einwand kalt. Er würde beides machen – Rinderbrühe und *Zhajiang*-Soße. Die köchelt indes ruhig weiter vor sich hin. Wu gibt ein paar Erbsen dazu, nimmt noch einen Schluck vom Rosé, den ich ihm artig eingeschenkt habe, und gibt wieder einen kleinen Rülpser von sich.

Für mich beginnt nun der erste spannende Teil: Wu bereitet den Nudelteig vor. Aus einem großen Sack schüttet er geschätzt gut zwei Kilo Mehl auf die metallisch glänzende Arbeitsfläche, krempelt die Ärmel hoch, gräbt ein Loch in die Mitte – und seufzt erst mal lang. Noch ein Schluck Rosé, dann schüttet er Wasser in die Mitte und vermischt Mehl und Wasser mit den Händen. Seine kurzen Patscherhände kneten den Teig kraftvoll. »Darf ich auch mal?«, frage ich, in der Hoffnung, etwas Gefühl dafür zu bekommen. Gefühl ist schließlich alles, das hab ich schon bei meiner ersten Lektion bei Klein Winzig gelernt.

Wu tritt zur Seite, während ich versuche, seine Bewegungen – eine Sequenz aus Auseinanderziehen, Übereinanderfalten und Drücken – nachzuahmen. Mit Freude höre ich, wie Wu zu Meilan sagt: »Sie ist ein guter Lehrling.«

»Ja, sie ist stark«, sekundiert Meilan, und meine Kungfu-Panda-Brust schwillt vor Stolz. Da drücke ich doch gleich mein ganzes Gewicht mit noch mehr Verve in den Teig.

Nach ein paar Knetrunden mischt Wu noch ein silbriges Pulver mit Wasser an und gibt ein wenig davon in einen Teil des Teigs. »Das ist *Penghui*«, erklärt er. »Asche aus einem Gras in West-China. Sie macht den Teig elastischer, sodass man besser ziehen kann.« Ich tauche eine Fingerspitze hinein und koste: das graue Wasser schmeckt bitter und salzig. Dem überrumpelten Jorge stecke ich gleich auch noch einen Fingervoll in den Mund. »Bah! Was soll das?!«, protestiert der und verzieht angeekelt die Miene.

»Ist das nicht ungesund?«, frage ich Wu auch skeptisch.

»Nein, nein. Aber man kann es in Peking nur in kleinen Läden kaufen.« Die Information finde ich nicht eben beruhigend, verdränge sie aber fürs Erste wieder. Nach getaner Knetarbeit geht Nudel-Wu an den Kühlschrank und holt sich eine 600-Milliliter-Flasche Yanjing-Bier heraus.

Es ist inzwischen sieben Uhr, und Marianne gibt das Signal, dass wir mit dem Servieren beginnen können. Wu verteilt die Lammrippchen auf die Teller, kostet und würzt mit Pfeffer nach. Meilan bemerkt etwas gehässig zu uns: »Er muss immer alles probieren.

Deshalb ist Wu so dick.« Als ich die Lammrippchen an die lange Tafel im Wohnzimmer trage, ernte ich überraschte Blicke von den Gästen, von denen mich einige von früheren Marianne-Einladungen kennen – ebenfalls als Gast. »Ich gehöre heute zum Küchenteam«, erkläre ich ein wenig stolz.

Gespannt bin ich, wie Nudel-Wu den China-Klassiker Gongbaojiding (Jiding heißt Hühnerwürfel) macht. Er mischt etwas Zucker in die Soßenreste der zuvor geschmorten Aubergine und verquirlt in einer Schüssel Hühnerstücke mit etwas Wasser und Stärke. Die Hühnerwürfel frittiert er dann kurz separat in einem zweiten Wok und nimmt sie wieder heraus. Dann erhitzt er Doubanjiang, Lauchstreifen, Chilischoten und einen großen Teelöffel Chiliöl. Es zischt laut, und sofort füllt sich die Küche mit Chiligeruch, der in der Kehle kratzt. »*La!*«, ruft Meilan lachend, das heißt »scharf«, schüttelt sich und niest. Wir tun es ihr nach. Wu gibt Gurkenstücke dazu und – zu meinem Entsetzen – auch noch extra scharf gewürzte Chili-Erdnüsse aus der Packung. »Das Feuer muss groß sein«, kommentiert er aber nur und findet offenbar nichts an der vielen Schärfe. Als wir das Huhn ins Esszimmer tragen, beginnen die Gäste schon zu husten, bevor sie den Teller vor sich stehen haben.

Nach vier Gängen gönnt sich Wu eine Pause. Er trinkt sein Rosé-Glas aus, füllt mit Rotwein nach und setzt sich damit allein auf das Sofa im Wohnzimmer, das offen an das Esszimmer anschließt. Im Wohnzimmer singt immer noch Nina Simone, in der Küche trällert Meilan ein chinesisches Marschlied vor sich hin. Sie nutzt die kochfreie Zeit, um sich von Jorge und mir ein paar deutsche und englische Wörter beibringen zu lassen. »Wie sagt man *cu* auf Englisch?«, fragt sie und murmelt dann wie ein Mantra »Vinegar, vinegar« vor sich hin. »Und was heißt *dui* auf Deutsch?«

»Genau«, antworte ich.

»Genau! Genau!«, wiederholt Meilan und lacht dann wieder laut los. Ihr deutsches Lieblingswort ist aber: »Appetit!« Sie ruft es mehrfach triumphierend, und es klingt wie ein Schlachtruf.

Schließlich geht es an den letzten großen Gang vor Nudeln und Jiaozi: den Fisch. Von dem Croaker (für den ich nur die seltsame Übersetzung Adlerfisch finde) haben Wu und Meilan gleich zwei große, dicke Exemplare von sicher einem halben Meter gekauft. Der erste landet mit Wasser, Öl, Knoblauch, Sojasauce, Zucker und einem Gewürzgemischbeutel im Wok, an dem wieder eine große Stichflamme entlangzüngelt. Die Zutaten muss ich natürlich wieder alle einzeln erfragen. Wu und Meilan machen sich etwas lustig über mein eifriges Gekritzel ins Notizbuch. Von Meilan bekomme ich auch noch ein abschätziges »Vom Zugucken lernst du's nicht« hinterhergeschickt.

Sie übt derweil summend die englischen Namen der Monate und stolpert stets über »January«. Wu missfällt, dass Schwanz und Kopf des Fischs herausragen, immer wieder gießt er Brühe darüber. »Der Wok ist zu klein«, grummelt er. »Sie verstehen das nicht.« Mit »sie«, nehme ich an, sind die Deutschen an sich gemeint. Die deutschen Gäste stöhnen auf und halten sich die übervollen Bäuche, als Meilan leicht gebückt mit dem Ausruf »*Nian Nian You Yu!*« den ersten Fisch am Tisch präsentiert. »Jahr für Jahr soll Überfluss herrschen« heißt es übersetzt und wird beim Fisch-Servieren verwendet. Denn *Yu* – Überfluss – klingt genauso wie *Yu* – Fisch. Nur die Schriftzeichen unterscheiden sich. Wenn man die nicht sieht, könnte man also auch »Jahr für Jahr gibt es Fisch« verstehen.

Meilan versucht, nachzuverhandeln, dass man den Fisch nun doch wirklich besser gemeinsam direkt mit den Stäbchen aus der Mitte isst, aber Marianne hat Angst um ihre Osterdeko und besteht auf separaten Tellern. Als Wu den zweiten bringt, applaudieren die Gäste zwar, die meisten winken aber dankend ab. »Der Fisch war ganz billig«, rechtfertigt Wu sich bei Marianne, die eigentlich einen genug fand. »Erst wollte er einen ganzen pro Person kaufen«, raunt sie mir zu. An die deutsche Eigenart, nur so viel zu kochen, wie auch gegessen wird, hat Wu sich offenbar in zehn Jahren noch nicht gewöhnt. »Will überhaupt noch jemand Nudeln und Jiaozi?«, fragt sie dann in die Runde. »Nudeln müssen sein!«, schallt es einstimmig zurück. Nudeln oder Reis gibt es bei Chinesen nicht als Beilage, sondern erst zum Schluss – zum Sattwerden.

Zuerst macht Wu sich an die Jiaozi – die ja wegen der Teighülle auch als Nudelgericht gelten. Dafür rollt er die Teighälfte, in die er keine *Penghui*–Asche gegeben hatte, zu langen Würsten, von denen er kleine Stückchen abreißt und sie mit einem kleinen runden Nudelholz zu einem dünnen Fladen ausrollt. Dabei rollt er den Taler bis zur Mitte mit der rechten Hand, die Linke hält ihn von unten und dreht ihn rasch im Kreis. Das ist doch schon was anderes als die gekauften Fladen bei Mandy! Ich darf auch üben. Meilan und Wu feuern mich mit begeisterten »*Dui! Dui!*«-Rufen an (Genau! Genau!). Dann wickeln wir die handtellergroßen Pfannküchlein mit den Füllungen ein – die einen vegetarisch mit ganz fein gehackten Shiitake-Pilzen, Karotten, Frühlingszwiebeln, in kleine Stückchen geschnittenes gebratenes Ei und Salz; die anderen mit Schweinehack mit fein gehackten Frühlingszwiebeln und Sojasoße. Wu zeigt mir, wie ich den Fladen dabei zu halten habe, um ein schönes Muster zustande zu bekommen: Den Fladen in beide Hände nehmen, die Hälften übereinander schlagen und die Daumen und Zeigefinger gegeneinander drücken. Ich bekomme dadurch immerhin den Halbmond hin. Nur die Enden sind nicht so schön geriffelt wie bei Wu.

Nach dem Servieren holt sich Wu wieder ein Bier aus dem Kühlschrank, Meilan sinkt auf ein Höckerchen. Es ist jetzt nach 22 Uhr, und auch die westlichen Gehilfen sind vom langen Stehen und den vielen Häppchen, die wir uns zwischendurch genehmigt haben, erschlagen. »Wer möchte noch gezogene Nudeln?«, fragt Wu schließlich Marianne. Plötzlich ist von der Übersättigung nichts mehr zu hören. »Alle!«, gibt Marianne weiter. »Das ist doch der Signature Dish.«

Also schnappt Wu sich die zweite Teighälfte und beginnt sie auseinanderzuziehen. Dann fügt er sie in der Luft nach einer leichten Drehbewegung wieder zusammen und lässt sie auf den Tisch fallen. Alles ist wie eine einzige, sich stets wiederholende rhythmische Bewegung. Schließlich reißt er von der ebenmäßigen Teigwurst gurkenlange Stücke ab und lässt sie mit einem eleganten Überschlag in der Luft auf die Platte knallen. Er nimmt die erste Teigwurst, rollt sie noch mal in Mehl und nimmt dann beide Enden in je eine Hand. Nach einem Mal Auseinanderziehen geht er mit dem rechten Zeigefinger in die Teigmitte, zieht wieder, legt sie sich über den linken Zeigefinger. Das Ganze wiederholt sich in nur wenigen Sekunden etwa siebenmal, sodass über diversen Fingern in Windeseile ein ganzer Vorhang aus Nudeln, noch feiner als Spaghettini, hängt, die er in einer geschmeidigen Bewegung ins kochende Wasser gleiten lässt.

So schnell geht das! Im Wasser kochen die Nudeln nur wenige Minuten, dann fischt Meilan sie mit Stäbchen heraus, gibt noch

Rinderbrühe in die Schüsselchen, garniert sie mit den fein geschnittenen Fleisch-Scheiben und Koriander, und schon tragen wir ganze Tabletts ins Esszimmer – wieder unter Applaus. Beim Nudelziehen lässt Wu mich nicht probieren. »Das muss ich dir mal in Ruhe zeigen. Am besten kommst du zu mir in die Uni-Mensa.« Ich jubiliere innerlich – er hat mich also tatsächlich als seinen Lehrling oder eben *Tudi* akzeptiert! Als die letzten Nudeln serviert sind, schreibt er mir die Adresse in chinesischen Schriftzeichen auf und erklärt, bei welcher U-Bahnstation ich raus soll. »Wann würde es denn passen?«, frage ich. »Übermorgen geht.« Jorge und mir tun Füße und Beine weh, und wir empfehlen uns. Meister Wu dagegen nimmt sich seine Bierflasche und setzt sich zu den Gästen an den Tisch, von denen ein paar Chinesisch können. Wie wir später erfahren, verharrt er dort, bis gegen Mitternacht die letzten gehen. Meine Lektion für den Abend: Gemessen an der Begeisterung von Mariannes deutschen Freunden für Wus Nudeln gäbe es für ein ordentliches chinesisches Nudel-Restaurant eine rege Nachfrage. Vielleicht lohnt es sich doch, die Idee weiterzuverfolgen.

## Gongbao Jiding

*2 Stück Hühnerbrust in 1–2 cm große Würfel schneiden. Frittiervariante (Nudel-Wu): Würfel in zwei Eiern mit einem EL Mehl wälzen und dann in sehr heißem Gemüseöl 5–10 Min. hellbraun frittieren. Für Stir-Fry (Sichuan-Rezept) Variante: Würfel mit ½ TL Salz, 2 EL helle Sojasauce, 1 TL Kochwein (Shaoxing) und 1 ½ TL Mehl marinieren.*

*3 Knoblauchzehen und ein daumengroßes Stück Ingwer in feine Scheiben schneiden (etwa gleiche Menge).*

*Die weißen Teile von 5 Frühlingszwiebeln oder von zwei Lauchstangen (äußere Blätter entfernen) sowie eine Gurke in etwa 1 cm lange Teile schneiden. Die Chilis mit einer Schere zerschneiden und die weißen Körner im Inneren entfernen.*

*In einem Schüsselchen 1 EL Zucker, 1 TL dunkle Sojasauce, 1 TL helle Sojasauce, 1 EL Shanxi-Essig, 1 EL Wasser, 1 TL Stärke und 1 TL Sesamöl zu einer Sauce vermischen.*

*Wok stark erhitzen und 1 EL Doubanjiang (Dicke Sojabohnenpaste) mit 1 TL Chiliöl, den getrockneten Chili und 1 TL Sichuanpfefferkörner anbraten, dabei viel bewegen und Flamme kleiner drehen. Das Huhn dazugeben und ständig weiterrühren.*

*Ingwer, Knoblauch, Lauch/Frühlingszwiebeln und Gurkenstücke dazugeben, dann Saucengemisch aus der Schale. Wenn die Sauce eingedickt ist, eine Handvoll Erdnüsse dazugeben und noch kurz weiterrühren.*

Die U-Bahn zu Nudel-Wus Kantine führt mich zwei Tage später in den Pekinger Südosten, wo Ausländer sonst wenig verloren haben. Er besteht überwiegend aus gesichtslosen Apartmenttürmen, aber auch ein paar Universitätsgebäude haben sich hier angesiedelt. In Wus Fall ist das die »Fremdsprachenuniversität Nummer Zwei«, kurz: »*Erwai*«, wörtlich übersetzt: »Zwei Fremd«. Eine Viertelstunde lang folge ich zu Fuß dem vierten Ring, über dessen zehn Spuren sich ohne Pause die Pekinger Blechlawine wälzt, bis ich linker Hand eine Ansammlung größerer roter Ziegelsteingebäude sehe. Auf dem Campus geht es gemütlich zu, es ist ein milder Frühlingstag, und die Studenten schlendern lachend am Sportplatz vorbei.

Nach einer Stunde U-Bahnfahren und Laufen stehe ich vor Nudel-Wus Mensa, über deren Eingang in großen roten Zeichen »Mensa Nummer 1« prangt. Es ist kurz nach zwei Uhr nachmittags. Wu hat mich für die tote Zeit nach der Mittags-Rushhour einbestellt. In der Mitte der jetzt fast leeren Halle stehen weiße Tische mit Plastikstühlen. Der ein oder andere Student sitzt noch da und hat den Kopf zum Mittagsschläfchen auf die Tischplatte gelegt – Chinesen schlafen immer und überall. Statt einer Großküche wie in deutschen Mensen und einer Kasse gibt es drei Wände gesäumt von verschiedenen kleinen Theken, die unterschiedliches Essen anbieten. Nudel-Wus Stand finde ich an der rechten Seite, »*Lanzhou*-Nudeln« prangt in Schriftzeichen über der offenen Verkaufstheke, hinter der Nudel-Wu gerade in weißer Schürze zum Vorschein kommt. Er hebt die Hand zum Gruß und fragt sofort, leicht enttäuscht, wie mir scheint: »Dein Freund aus Urumqi ist nicht mitgekommen?« Dass Jorge sich bei den Uiguren niedergelassen hat, scheint ihn etwas zu beeindrucken. Und schiebt dann höflich nach: »Hast du schon gegessen? Möchtest du eine Schüssel Jiaozi?«

Da sag ich nicht nein. Wu setzt sich gleich mit mir an einen der Plastiktische neben seiner Bude und lässt eine Plastikschüssel mit den leckeren Teigtaschen bringen. Eine Handvoll junger Köche werkelt im offenen Kücheninneren, zwei von ihnen sind Frauen. Die ältere von ihnen, klein, weißes Häubchen über einem dichten schwarzen Pony, stellt er mir als seine Frau vor. Sie lächelt schüchtern und gesellt sich zu uns an den Tisch. »Kannst du mit Stäbchen essen?«, erkundigt Wus Frau sich besorgt. Was für eine

Frage! Wo ich mich doch gerade anschicke, die hohe Kunst des Nudelziehens zu erlernen! Ich empfinde etwas Genugtuung, als im nächsten Moment ausgerechnet sie sich ihre weiße Schürze mit der Essig-Chili-Soße bekleckert, in die ihr ein glitschiges Jiaozi beim Tunken geplumpst ist – auch Chinesen passiert das also.

Ich lasse mir meine Schadenfreude nicht anmerken und frage stattdessen zurück: »Ziehst du auch Nudeln?« Sie schüttelt den Kopf, und Wu antwortet für sie: »Das habe ich ihr nie beigebracht.« Gilt Nudelziehen als zu anspruchsvoll für Frauen? Vielleicht schien Wu deshalb ein wenig enttäuscht über Jorges Abwesenheit. »Und die anderen hier, hast du die alle angelernt, Meister Wu?«, frage ich und deute auf die Handvoll junger Köche.

»Ja, das sind alles meine *Tudi*.« Die Lehrlinge gucken neugierig zu uns herüber und wenden sich kichernd ab, wenn sich unsere Blicke treffen. Wu erzählt mir von seiner Deutschlandreise mit Marianne. »Sie hat eine sehr große Wohnung in Berlin«, sagt er sichtlich beeindruckt. »Von unserem Tisch hier bis zum Mensa-Eingang« – eine Distanz von sicher fünfzig Metern. Und fragt mich dann, mit der typisch chinesischen Aussprache des deutschen »r«:

»Sag mal, was genau macht eigentlich Malianna?«

Mir dämmert, dass die beiden trotz ihrer nun zehnjährigen Freundschaft und den beiden gemeinsamen Wochen in Deutschland im Grunde vieles nicht voneinander wissen. Das hängt sicher auch mit der Sprachbarriere zusammen – Mariannes Chinesisch ist alltagstauglich, aber mehr auch nicht, und Wu spricht kein Englisch. Auch sie hatte mich schon beauftragt, mehr über Wus Werdegang herauszufinden und zu berichten, wie es in der Mensa so aussieht.

Nun soll ich also erklären, was genau »Malianna« beruflich macht. Das würde mir schon auf Deutsch schwerfallen. Puh. Selbstständige Unternehmensberaterin, die deutschen Firmen in China von der Gestaltung eines Messe-Flyers bis zur Kreation eines chinesischen Namens für ihre Marke bei allem Möglichen hilft und die nebenbei Stoffüberzüge für die Wohnzimmerstühle von Westlern herstellt. »Sie kennt viele Leute und bringt sie mit Firmen zusammen, die etwas brauchen«, versuche ich es. Meister Wu nimmt das mal so hin und nickt. Vielleicht findet er es gar nicht so komisch. Schließlich sind Beziehungen gerade in China das A und O fürs Geschäft. »Wie lange arbeitest du denn hier immer?«, wechsle ich das Thema. Die Schicht kommt mir lang vor: Von acht Uhr morgens bis neun Uhr abends. »Kocht ihr denn für euch auch zuhause?« Da lacht er. »Nein, dafür haben wir gar keine Zeit mehr. Noch Nudeln?« Diesmal lehne ich dankend ab. Schließlich wartet erst noch Arbeit auf mich.

Wir betreten die Küche, und Wus Frau bindet mir eine orange Schürze um. Ein großer Klumpen Teig liegt schon auf der Arbeitsfläche. Wu nimmt ein Stück hinaus, wiederholt die mir schon bekannte Ziehroutine mit der dicken Wurst und reißt die kürzeren Stücke ab. Für mich macht er jetzt eine Demonstrationsrunde in Zeitlupe: Nach einem ersten Auseinanderziehen mit dem rechten Zeigefinger legt er die nun schon dünneren zwei Enden jeweils in die linke Hand zwischen den Mittelfinger. Dann fährt der rechte Zeigefinger wieder durch die Teigschleife, die Enden werden wieder um den linken Mittelfinger gelegt. Nach drei weiteren Malen mit immer dünneren Nudelfäden nimmt er zum Ziehen statt des Zeigefingers die ganze nach oben gekehrte rechte Handfläche und legt den Fadenvorhang nach zwei weiteren Ziehrunden dann über den Mittelfinger der rechten Hand, das andere Ende über den Zeigefinger der Linken und knappst den Rest im linken Handballen mit Zeigefinger und Daumen der rechten ab. »Jetzt du«, fordert er mich auf.

Die anderen *Tudi* lassen ihre Arbeit sinken und lugen grinsend zu mir rüber. Nach zwei Ziehrunden haben sich alle Teigstränge miteinander verklebt, ich höre Gekicher. »Sie dürfen nicht in der Luft hängen. Lass das Mittelstück auf dem Tisch und forme ein Dreieck«, weist mich Wu an. Das geht bereits besser, und Nudel-Wu ruft erfreut »*Dui! Dui!*« Er schaut geduldig zu und demonstriert hin und wieder eine Bewegung, bei der ich ins Stocken gerate und beruhigt mich mit »*hai xing* – schon in Ordnung«. Nach einer Weile möchte ich dann aber auch versuchen, den Teig in den ziehbaren Zustand zu versetzen. Doch das ziehharmonikaartige Auseinanderziehen der großen schweren Teigwurst produziert bei mir nur eine unförmige Masse. Der Strang zwirbelt sich auch nicht in der Luft, obwohl ich die Drehbewegung nachzuahmen versuche. Bald werden meine Arme schwer, und ich beginne zu verstehen, warum Nudelziehen als Männerarbeit gilt.

»Komm, wir machen *Daoshao*-Nudeln«, schlägt Wu nach einer Weile vor. Er drückt einen dicken Teigblock auf ein längliches Brett, das er sich wie eine Geige auf die Schulter legt. Mit einem Messer, das wie ein Kartoffelschäler mit diagonaler Klinge aussieht, schabt er in schnellen Bewegungen etwa zwanzig Zentimeter lange Nudeln von dem Teigklumpen, die aus einem Meter Entfernung direkt in einen riesigen Wasserbottich fliegen. Er reicht mir das Brett. Ich lege es an und drücke zunächst so fest in den Teig, dass das Messer stecken bleibt. Ziemlich rasch schabe ich allerdings recht passable Streifen ab. Ich darf es natürlich nicht über dem Wassertopf tun, sondern nur über der Anrichte. Aber es ist ein schönes Gefühl, zu spüren, wie das Messer geschmeidig über den Teig gleitet. »Sehr gut!«, ruft Wu begeistert. Dann sagt er, wir sollten die Lektion beenden. Es ist vier Uhr, die ersten Studenten stehen an seiner Theke und wollen Nudelsuppe. »Es ist besser, wenn sie dich hier nicht sehen«, bedeutet er mir. »Das nächste Mal können wir in meinem eigenen Restaurant Nudelziehen üben.« Er schreibt mir wieder Adresse und Wegbeschreibung auf Chinesisch auf. Dann wickelt er mir noch einen großen Klumpen Teig in eine Plastiktüte. »Damit kannst du heute Abend noch zu Hause weiterüben«, sagt er. Ich glaube noch zu verstehen, dass er dann sagt: »So schnell hat noch keiner meiner *Tudi* gelernt.« Und zwar so trocken und nebenbei, dass ich das Kompliment ernst nehme. Völlig euphorisiert trete ich in den Frühlingstag hinaus und begebe mich auf die einstündige Heimfahrt mit der U-Bahn.

»Ich bin ein Naturtalent! Ich geh einkaufen!«, ruf ich Jorge zu, kaum dass ich die Tür hinter mir geschlossen habe. »Nudel-Wu hat mich seinen besten Lehrling genannt! Heute Abend gibt es Nudelsuppe!« Aufgekratzt radele ich zum Supermarkt und suche nach den Zutaten, die Wu bei Marianne verwendet hat.

Euphorie packt mich, als ich dank des gemeinsamen Kochens endlich zu verstehen beginne, womit die langen Regalreihen mit den bis dahin so fremdartigen Flaschen und Dosen bestückt sind. Schon die Tatsache, dass ich jetzt weiß, was Sojabohnenpaste (*Doubanjiang*) ist, wofür man sie braucht und wie sie in Packungsform im Supermarkt aussieht, gibt mir das Gefühl, einen neuen Teil vom echten China erschlossen zu haben. Gut gelaunt verzieh ich mich allein in die Küche. Zunächst also das Rindfleisch mit den Gewürzbeutelchen kochen. Den Sud aufbewahren, um später die Nudeln darin zu servieren. Als ich versuche, das Fleisch anschließend wie Wu in dünne Scheiben zu schneiden, kommt mich meine Aufregung teuer zu stehen. Mein brandneues Hackmesser rutscht mir aus und gleitet in meinen Daumen. Doch Kungfu-Panda kennt keinen Schmerz. Mit Verve beginne ich, den Teigklops von Wu mit beiden Armen in eine längere Wurst zu ziehen und dann die Enden in der Luft zusammenzuführen und den Strang dabei zu zwirbeln – das habe ich zumindest vor. Doch egal wie oft ich es tue: Es kommen keine gleichmäßigen Stränge heraus. Dafür ist der Teig dank meiner kleinen Wunde bald rosa marmoriert. Ich strecke meinen Kopf aus der Küche zum Wohnzimmer heraus. »Kannst du Blut sehen?«, frage ich Jorge.

»Ja, wieso?«

»Und essen?«

»Sag mal – was machst du eigentlich da drinnen?!«, klingt er nun doch etwas alarmiert.

»Ach, nur so. Ein kleines Malheur.«

Ich verliere die Geduld mit den großen Teigwürsten, außerdem werden meine Arme schwer. Also versuche ich stattdessen, den Teig in Form zu rollen statt zu ziehen. Ich will endlich das hübsche Fadenspiel beginnen, das doch bei Wu schon ganz gut geklappt hatte.

Doch je häufiger ich die Fäden zusammenklumpe und wieder neu ziehe – schließlich will ich ja so lange wie möglich üben – desto trockener und mürber scheint der Teig zu werden. Irgendwann muss ich mir eingestehen, dass er einen nicht mehr ziehbaren Zustand erreicht hat. Also retten, was zu retten ist und die ziemlich dicken, unregelmäßigen Nudeln in den Sud werfen. Das Ergebnis sind unförmige kurze Teigwürstchen, dicker noch als meine grobe Version bei Klein Winzig auf dem Berg. Auch aus dem Fleisch sind eher faserige Fetzen als glatte dünne Scheiben geworden. Dafür ist meine *Zhajiang*-Soße einigermaßen geraten, finde ich. »Essen ist fertig! Oder so was Ähnliches«, rufe ich Jorge schon deutlich zaghafter an den Tisch.

Jetzt bereue ich es, mich eben noch mit meinem Naturtalent gebrüstet zu haben. Zerknirscht kaue ich auf den klumpigen Nudeln herum und klage mein Leid. Ich hoffe, dass Liebe nicht bei allen durch den Magen geht, oder zumindest nicht ausschließlich. »Also, mir schmeckt's«, sagt Jorge, beugt sich über den Tisch und gibt mir einen Kuss. Er ahnt nicht, wie viele Punkte er in dem Moment bei mir macht.

Ich tröste mich, dass ja abzusehen war, dass es nicht auf Anhieb klappen würde. Schließlich hatte Wu auch Marianne einst gesagt, man müsse ein halbes Jahr täglich üben. Und dafür brauche ich weiter Anleitung. So bald wie möglich. Ich texte Wu, wann es ihm wieder passen würde. »Komm in mein Restaurant«, schreibt Nudel-Wu per SMS zurück. Marianne, neugierig, dem Prozess diesmal beizuwohnen, schließt sich an. Damit wir uns alle auch einmal richtig unterhalten können, nimmt sie ihre chinesische Assistentin mit, und ich – damit der Meister nicht wieder enttäuscht ist – Jorge.

Ein Schnellbus karrt uns weit über die Pekinger Stadtgrenze hinaus – auch wenn das kaum zu erkennen ist. Die Häuserwelt wird nur sporadisch von ein paar Feldern und mehr Baustellen durchbrochen. Dass wir nicht mehr im Zentrum sind, lässt sich eher an den Rechtschreibfehlern auf den Straßenschildern ablesen. An dem »Dot't drive«-Schild etwa. Das holprige »Chinglish«, an dem wir Ausländer uns gern ergötzen, ist seit den Olympischen Spielen 2008 aus der Pekinger Innenstadt leider so gut wie verschwunden.

An der verabredeten Haltestelle sehen wir Nudel-Wu schon vom Busfenster aus. Er steht vor einem Restaurant, das Teil einer ganzen Restaurantstraße ist, und winkt uns zu. Es ist zweistöckig, schlicht und jetzt, nach der Mittagszeit, fast leer. Im ersten Stock ist schon ein Tisch für fünf gedeckt. Meister Wu setzt sich zu uns. Er will heute offensichtlich Gastgeber sein. Zu der Praxiseinheit im Nudelziehen wird es wohl nicht kommen. Seine Angestellten bringen auch gleich Bier. »Warm oder kalt?«, fragt er uns. »Kalt, kalt!«, beeilen wir uns zu sagen. Vergisst man das, kommt in China oft lauwarmes Bier auf den Tisch. Als Nächstes landen dort aber erst mal bleiche Hühnerfüße. Bei dem Anblick schüttelt es mich wieder. Da ich aber erst ein einziges Mal vor fast drei Jahren Hühnerfüße gegessen habe, will ich ihnen noch einmal eine Chance geben. Vielleicht habe ich mich kulinarisch seitdem ja angepasst. Zaghaft nage ich an der glatten Oberfläche einer knorpeligen Klaue – und komme wieder zu dem gleichen Ergebnis: widerlich.

»Meister Wu, wie bist du eigentlich nach Peking gekommen?«, frage ich, froh zu wissen, dass diesmal jede Verständnislücke von Mariannes Übersetzerin aufgefüllt werden kann. »Oh, das war 1994, und ich war 27 Jahre alt«, setzt Wu an. »Da hatte ich schon zwei Kinder, und meine Frau lag nach einer schwierigen Geburt drei Monate im Krankenhaus. Das war nicht leicht.« Meister Wu, so erfahren wir jetzt, ist das sechste Kind einer bitterarmen zehnköpfigen Bauernfamilie aus dem staubigen Gansu und ist kaum zur Schule gegangen. »Ich habe als Kind unsere vier Kühe gehütet. Wir haben in einem *Yaodong* gelebt, einer Höhlenwohnung.«

»Ach!«, rufe ich aus. »So eine wie Xi Jinping?« Bevor Chinas neuer Präsident im Vorjahr ins Amt kam, machten die chinesischen Staatsmedien viel Aufhebens um Xis Höhlenexil während der Kulturrevolution. Unter Mao wurde er wie die meisten anderen Jugendlichen aus der Stadt aufs Land geschickt und hauste mehrere Jahre in einer Höhlenwohnung im staubigen Shanxi – Wus Nachbarprovinz. Jetzt sollte das wohl Bodenständigkeit und Volksnähe des neuen Parteiführers belegen. »Ja, genau«, bestätigt Wu. »Näher am Eingang lebten wir Menschen, im hinteren Teil der Höhle, abgetrennt von einem Seil, hielten wir die Kühe. Das hat ordentlich gerochen«, sagt Wu lachend.

Später handelte er mit Kleidern, aber das lief nicht gut. Da überredete ihn ein Freund, der nach Peking gegangen war und dort eine Zeitschrift herausgab, ihm doch zu folgen. Er solle ein Restaurant aufmachen. »Ich konnte da noch nicht kochen, aber im Westen Pekings gab es viele Wanderarbeiter aus Gansu. Ich bin anfangs oft in deren Restaurants gegangen und habe zugeschaut.« Ha!, denke ich mir. So verkehrt ist meine Methode vielleicht doch nicht. Der Freund lieh Wu 2000 Yuan, um einen Imbiss aufzumachen, später mietete er Raum in gleich zwei Uni-Mensen. Irgendwann hatte er genug Geld zusammen, um sich die Miete für das Restaurant zu leisten, in dem wir jetzt sitzen. »Die kostet 100 000 Yuan im Jahr«, sagt er, und es klingt weniger empört als stolz. Wus Restaurant ist zweistöckig und beide Räume sind nicht klein. Trotzdem bin ich baff, wie hoch die Mieten sogar hier, außerhalb der Stadt, mittlerweile sind.

Wus Angestellte bringen gekochte Gurken mit Shrimps, eine Art Krautsalat mit Aprikosenkernen und einen Eiersalat mit süßlichem Schinken – alles recht lecker. Wir loben das Essen, und Marianne lenkt das Thema aufs Nudelziehen. »Ist dir das anfangs wenigstens auch schwergefallen?« – »Doch, doch, sehr schwer sogar. Aber inzwischen habe ich es schon 100 Leuten beigebracht«, erzählt Wu. »Etwa 70 von ihnen sind Köche geworden.« Dann zeigt er auf mich und sagt: »Sie lernt von den Ausländern am schnellsten.«

Er schenkt Bier nach, aber ich bin etwas enttäuscht über diese neue Einschränkung meines vermeintlichen Naturtalents – und wundere mich, wer denn überhaupt die anderen Ausländer gewesen sein sollen. Marianne mutmaßt, dass ihr Ex-Mann etwas damit zu tun hat. Er wohnte ihren frühen Nudel-Versuchen noch bei und ist selbst mit Wu in Kontakt geblieben. Vielleicht hat er auch schon Freunde zu Wu geschleppt. Die Angestellten tragen eine große rechteckige Blechschüssel mit einem ganzen Fisch in scharfer roter Soße mit diversem Gemüse herein. »Der ist nach Chongqinger Art zubereitet«, bemerkt Wu. Wie er denn gelernt habe, nach Chongqinger Art zu kochen – Chongqing ist der Stadtstaat, der an Sichuan angrenzt und ähnlich berühmt für scharfes Essen ist. »Ich schmecke einfach hin und koche es dann nach«, deklariert Wu. Der Fisch schmeckt gut, und ich merke mal wieder, was für einen weiten Weg ich noch vor mir habe.

»Viele Restaurants in der Gegend haben schon wieder pleite gemacht«, erzählt Wu. »Was tust du, um das zu verhindern?«, erkundigt Marianne, ganz Geschäftsfrau, sich besorgt. »Ich achte sehr genau auf die Qualität und benutze keinerlei gefälschte Zutaten. Das merken die Leute«, sagt Wu. »In Deutschland, habe ich gemerkt, wird weniger bestellt. Aber die Qualität muss stimmen.« Marianne erzählt von Wus erster Amtshandlung in Berlin: »Wir waren kaum gelandet, da hat er schon am ersten Currywurststand nach der Miete gefragt.« Für Wu ist es das richtige Stichwort. »Malianna, ich denke da schon seit längerer Zeit über etwas nach.« Er nimmt noch einen Schluck wässriges Qingdao-Bier. »Ich frage mich, ob es nicht Möglichkeiten gibt, nach Deutschland zu expandieren.«

Sofort schießt mir die Restaurantidee wieder durch den Kopf. Und noch ein Gedanke: Sieht Nudel-Wu in mir womöglich eine künftige Geschäftspartnerin und ist deshalb so geduldig mit mir? Für Marianne kommt die Idee offenbar nicht überraschend. »Ich habe da auch schon drüber nachgedacht, Meister Wu. Es gibt nur zwei größere Probleme. Das eine sind die deutschen Visaregeln. Und das andere die chinesische Restaurantmafia in Deutschland. Ich habe gehört, dass sie jedem Neuankömmling das Leben schwermacht«

Davon hatte ich noch gar nichts gewusst – und frage mich, wie das wohl für Deutsche ist, die ein China-Restaurant aufmachen wollen. »Sicher, man müsste das wohl schrittweise angehen«, pflichtet Wu ihr bei. »Jetzt will ich das auch noch gar nicht. Meine Kinder sind hier beide in der Ausbildung. Und ich plane mit meinem Freund aus Gansu gerade noch ein weiteres Restaurant in Peking. Aber langfristig betrachtet, vielleicht.« Marianne pflichtet bei. Langfristig könnte man mal darüber nachdenken.

Unser Rückweg führt uns an die Endstation der erst vor einer Woche eröffneten neuen U-Bahn-Linie 6. Rund um die Station ragen brandneue Apartmenttürme aus dem Boden. Jetzt, wo die Gegend ans Pekinger Metronetz angebunden ist, werden die Immobilienpreise, über die die Pekinger genauso laut klagen wie über Smog und Lebensmittelskandale, sicher auch hier in die Höhe schießen. Noch geht es zumindest auf der Straße vor der Station so zu wie in einer von Chinas unzähligen austauschbaren Provinzstädten. Es wimmelt nur so von Fußgängern, Fahrradfahrern, motorisierten Dreirädern mit Ladefläche und Ein-Mann-Ständen. Deren Inhaber schauen mit etwas leererem Gesichtsausdruck in die Welt als die modernen Städter im Zentrum, scheint es, und die Kleidung der Frauen ist ein wilder Mix an Farben und Mustern. Bei den Älteren verraten dunkle furchige Gesichter die Herkunft vom Land. Junge Frauen verkaufen Snacks und billige Kleidung. So wie Nudel-Wu es einst in seiner Heimatprovinz Gansu getan hat.

## 9.

### Blind Dates im Perlflussdelta

Die Kantonesen essen alles, was am Himmel fliegt,
außer Flugzeugen, alles, was auf der Erde kriecht,
außer Autos, alles, was im Wasser schwimmt,
außer U-Booten und alles, was vier Füße hat,
außer Stühlen und Tischen.

Wie verabredet, stehe ich am Ostbahnhof von Kanton, Ausgang F, und warte auf Fish. Ich habe ihr Foto mit dem unter einer Kapuze versteckten Gesicht im Internet gesehen und weiß, dass sie Ende zwanzig ist. Es muss das Mädchen sein, das da auf einem weißen Klappfahrrad herangebraust kommt. »Entschuldige die Verspätung!«, ruft sie mir da auch schon auf Englisch zu. »Ich bin Fish, du bist Ruth oder? Wir können zu mir nach Hause laufen, es sind nur zehn Minuten.« Fish sieht typisch südchinesisch, fast südostasiatisch aus: rundliches Gesicht, runde Augen, runder Mund mit üppigen Lippen. Ansonsten ist sie gekleidet wie ein amerikanischer Hipster. Blauer Kapuzenpulli, militärgrüne dreiviertellange Shorts und ärmelloses weißes Unterhemd. Durch eine finstere, nach Müll stinkende Straße an den Bahngleisen entlang schiebt sie ihr Klapprad, und ich ziehe mein Köfferchen.

Fish ist meine erste Kontaktperson im Perlflussdelta, gut 2000 Kilometer südlich von Peking. Das Perlflussdelta ist das industrielle Ballungszentrum. So etwas wie das Ruhrgebiet von China – nur viel, viel größer. Die an Hong Kong angrenzende Provinz Guangdong mit der Hauptstadt Kanton hat 100 Millionen Einwohner. Hier haben die Öffnung des Landes und das chinesische Wachstum ihren Anfang genommen. Schuhe, T-Shirts, iPhones, Spielzeug, Elektronik jeder Art – hier rattert die Werkbank der Welt. Aber die reichste Provinz Chinas will weg von der Massenproduktion. Die Löhne steigen, und T-Shirts werden in Bangladesh schon längst viel billiger hergestellt.

Ich bin aber natürlich für das Zweite hier, wofür die Gegend berühmt ist: die kantonesische Küche. Die ist eigentlich deutsches Chinaklischee pur: Zum einen kommen von dort westliche Klassiker wie Schwein Süßsauer oder Bratnudeln. Vielleicht, weil sie insgesamt süßer, milder und für westliche Gaumen bekömmlicher ist als andere chinesische Küchen. Oder auch, weil vor allem Kantonesen nach Europa und in die USA ausgewandert waren und ihre Küche mitgebracht hatten. Zum anderen beherbergt die südchinesische Küche all die Schauermärchen, die wir eben auch mit China verbinden: Exotisches Getier wie Skorpione und Schlangen. Oder auch Hund, der in den meisten Teilen Chinas verpönt ist.

Beides hatte meine Neugierde geweckt. Wie schmeckten wohl die aus Deutschland bekannten Gerichte im Original? Könnte ich sie authentisch nachkochen? Und welche Skurrilitäten gab es noch zu entdecken? In Hong Kong war ich bereits einmal in den Genuss von Schlangensuppe und Schlangenschnaps gekommen – letzterer schmeckte ein wenig wie Hustensaft. Die lebenden Tiere lagerten in einem Schubladenschrank an der Rückwand des einfachen Straßenrestaurants, und der Besitzer hatte mich ausgelacht, als er eine Fach öffnete und ich vor einer zischenden Klapperschlange zurückschreckte. Kürzlich hatte ich noch von einer anderen Absonderlichkeit gehört: Meisterbrühe. Ein Gebräu, das sich über Jahre, Jahrzehnte gar, verlängern und wieder aufkochen lässt. Ähnlich wie Sauerteig. Köche sollen es irgendwann an ihre Lehrlinge weitergeben. Wie würde jahrzehntealte Suppe wohl schmecken?

Blieb nur die Frage: Wer könnte mich in die authentische Kantonküche einführen? Weil ich keine Kontakte in Südchina hatte, versuchte ich über Couchsurfing mein Glück.

Couchsurfing ist ein weltweites Internetforum. Man legt sich auf der Webseite ein Profil an und kann Leute auf der ganzen Welt kontaktieren, die Reisende ein Sofa oder Gästezimmer gratis anbieten. Außerdem gibt es für alle Städte Diskussionsforen. Ich stellte eine Anfrage in das Forum von Guangdong: »Suche nach Einheimischen, die mit mir kochen.« Die Ausbeute war durchwachsen. »Do you want to eat dog?«, schrieb etwa ein wenig einheimisch klingender Pole namens Piotr zurück. »I'm in – you prepare everything and I eat!«, antwortete mir eine Chinesin namens Mancy.

Fish weckte schon aufgrund ihres Namens meine Neugierde, und sie hatte enthusiastische Referenzen. Frühere Gäste schwärmten von ihrer Gastfreundschaft, ihren Kochkünsten und Restauranttips. Sie wohnte im kulinarischen Epizentrum der Provinz, der Hauptstadt Kanton, und auch noch praktisch in Bahnhofsnähe. Ich beschloss, bei ihr mein Basislager aufzuschlagen und von dort aus auf weitere Kochstreifzüge zu gehen.

Auf dem Weg zu ihrer Wohnung stellen wir fest, dass wir Berufskollegen sind. Sie arbeitet für *Nanfang Dushibao* – übersetzt »Southern Metropolis Daily«. Es ist eine für ihren Mut in ganz China berühmte Zeitung. Erst wenige Monate zuvor hatte Fishs Redaktion weltweit für Furore gesorgt, als sie wegen eines groben Zensureingriffs in den Streik ging. »Hast du auch demonstriert?«, frage ich Fish gespannt.

»Nein, das war eine andere Abteilung. Ich mache nur so lokale Gesellschaftsthemen.« Sie hat eine tiefe Stimme und rollt jetzt die Augen. »Es ist so langweilig! Ich würde lieber für ein Magazin schreiben, über Reisen und Essen!«

Fishs Wohnung im 7. Stock eines modernen Hochhauses ist recht groß und wirkt merkwürdig erwachsen für diese kleine flippige Person: große Sofaecke mit abstraktem Kunstdruck darüber, riesiger Flachbildschirm, ein Glasschrank mit teuren Alkoholika, zwei Schlafzimmer. »Meine Eltern haben sie gekauft«, erklärt Fish. »Sie wollen vielleicht im Alter hierher ziehen.«

Seit dem Kauf vor drei Jahren hat sich der Quadratmeterpreis fast verdreifacht, und auch sonst erfahre ich von Fish viel Spannendes. Dass sie drei Muttersprachen spricht etwa. Als ich sie frage, warum sie sich als englischen Namen ausgerechnet »Fish« ausgesucht hat, erkärt sie: »Mein Vorname ist *Yu*. Das ist Mandarin und klingt wie ›Fisch‹, wenn auch das Schriftzeichen ein anderes ist.«

»Aber ich dachte, in Guangdong redet ihr Kantonesisch?«, wundere ich mich. Kantonesisch scheint mir noch verrückter als Mandarin: Es gibt, je nach Zählweise, zwischen sechs und neun unterschiedliche Betonungsmöglichkeiten, die den Wörtern jeweils andere Bedeutungen verleihen. Kantonesisch ist nicht einfach ein Dialekt – Mandarin-Sprecher verstehen kein Wort davon.

»Stimmt. Aber in der Schule lernen wir früh Mandarin«, erklärt Fish. »Und in vielen Familien werden noch andere einheimische Sprachen gesprochen. In meiner ist das Minnan.« Ihr Handy klingelt. Von einem Moment auf den anderen wird ihre tiefe Stimme völlig fremdartig stakkatohaft – es klingt fast etwas japanisch. »Schau, das war Minnan«, erklärt Fish danach. »Meine Schwester war dran. Ich habe drei Geschwister.«

»Deine Eltern haben vier Kinder?!«, rufe ich aus. »Wie geht denn das bei der Einkindpolitik?«

In ihrer fünf Busstunden entfernten Heimatstadt herrschen lockere Sitten, erzählt sie da. Mit ihren 27 Jahren ist Fish die Älteste. Erst beim vierten Anlauf kam der ersehnte Junge. Doch die eigentlich fälligen Strafzahlungen blieben den Eltern erspart. »Meine Mutter hat für jedes Kind ein eigenes Registrierungsbuch angeschafft. Hier ist es leicht, zu schummeln«, meint Fish. »Eine Freundin von mir hat sogar neun Geschwister.« Dass Südchina deutlich liberaler ist als der Norden, wusste ich theoretisch. In Peking wäre es auch schwer vorstellbar, dass eine Zeitungsredaktion öffentlich gegen Zensur protestiert. Aber dass die Ämter dermaßen entspannt sind, erstaunt mich doch.

Nur als Kochpartnerin ist Fish ein Flop. Ihre Küche ist spärlich bestückt, und sie ist Vegetarierin. Schwein Süßsauer werde ich hier sicher nicht finden. Stattdessen kocht Fish mir als Abendessen einen wässrigen Reisbrei, den sie *Congee* nennt. Da fällt mir die Meisterbrühe ein. Aber auch das englische Wort »Master Sauce« sagt ihr nichts. Als ich erkläre, dass darin vor allem Ente oder Huhn gekocht werden soll, kommt ihr eine Idee. »Hm, *Lu Shui* vielleicht?«, überlegt Fish. Mein Wörterbuch übersetzt das mit »Salzlauge«. Das könnte es sein. »Hm. Meine Heimatstadt Shantou ist berühmt für in Lu Shui gekochte Gerichte«, sagt Fish. Nur hat sie keine Zeit, mit mir dorthin zu fahren. Denn im Perflussdelta produziert man nicht nur T-Shirts und Laptops, sondern auch Magazinartikel wie am Fließband. Insbesondere, wenn man wie Fish vor allem über Häuserabrisse schreiben muss. Der Wirtschaftsboom im Ballungszentrum hat nicht nur den Quadratmeterpreis in Fishs Wohnviertel in die Höhe getrieben – auch andernorts wird der Platz für weitere Fabrikanlagen knapp. »Manchmal, wenn die Leute sich zu lange weigern, auszuziehen, schickt die Regierung Leute vorbei, die ihre Häuser einfach zerstören«, berichtet Fish. Viele bekämen zwar das Recht zugesprochen, später in das neue Gebäude an der Stelle einzuziehen. Aber oft ginge dem Investor das Geld aus, und sie würden nie fertig gebaut. »Dann sitzen die Bewohner jahrzehntelang an einem anderen Ort zur Miete fest«, sagt sie. Ich finde das alles hoch spannend. Während Fish lieber über Reisen und Essen schreiben würde, würde ich am liebsten zum Recherchieren mit in die Abrissviertel fahren. Stattdessen erwartet mich am nächsten Tag mein erstes Blind Date zum Kochen.

## 10

## Kochen ohne Küche

*Der Mann, der den Berg abtrug, war derselbe,
der anfing, die kleinen Steine abzutragen.*

Um sechs Uhr morgens weckt mich ein ganzes Wecker-Konzert
aus dem Zimmer nebenan. Fish hat offenbar wenig Lust aufzuste-
hen und lässt es rappeln. Kaum geben die Wecker Ruhe, bricht
draußen das Inferno aus. Vor ihrem Haus befindet sich eine Bau-
stelle so groß wie zwei Fußballfelder, und die erwacht jetzt zum Leben. Baumaschinen quietschen, hämmern und bohren direkt unter
uns. Als Fish ins Wohnzimmer schlurft, zündet sie noch im Schlafanzug eine Öllampe auf einem schmalen Holztisch voller Buddha-
Nippes an. Erst jetzt bemerke ich ihren kleinen Wohnzimmeraltar
in der Ecke. Es rührt mich, wie wenig der Krach Fishs Andacht zu

schmälern scheint. Unter ohrenbe-
täubendem Bohren verbeugt sie sich
mehrmals tief und kniet dann eine
Zeitlang mit gefalteten Händen und
geschlossenen Augen auf dem Pols-
terbänkchen.

Vor meiner Kochverabredung
will ich die Stadt ein wenig erkunden. Gleich hinter einer riesigen
modernen, aber fast leeren Mall
mit Starbucks und schicken Klei-
dergeschäften darin beginnt ein
wuseliges Leben, wie ich es mir im
industriellen Perflussdelta kaum er-
träumt hätte. Durch enge schmale
Gassen tragen Männer schwere Säcke und schieben übervoll belade-
ne Karren. An den Häuserwänden

drängen sich kleine Stände mit Gemüse. Überall lebt und stirbt es: Ein Mann wäscht mit Plastikhandschuhen riesige tintenfischartige Wesen in einer Plastikwanne voll schwarzem Wasser und wirft sie in die nächste Tonne, ein anderer richtet auf einem Holzklotz ein Gemetzel unter Hühnern an, der nächste wäscht die Hühnerherzen. Daneben reihen sich Geschäfte mit Säcken voll Knollen, getrockneten Würmern, Blüten und Pilzen. Ich weiß nicht, was Essen ist und was Medizin, und wünschte, ich könnte einen chinesischen Begleiter fragen. Aber der würde mich wahrscheinlich nur verständnislos angucken – mein Ausflug in den Daoismus hat mich schließlich gelehrt, dass für Chinesen beides ein und dasselbe ist.

Mitten in dem Gassenlabyrinth zieht mich eine Bude mit dampfenden großen Töpfen mit einem weißlichen Brei an. Ich frage die Kassiererin am Eingang, die gerade kleine getrocknete Shrimps schält, was es hier für Essen gebe, und werde korrigiert: »Hier gibt es kein Essen.« Ich ahne, was das Problem ist: Für »Essen« verwende ich das Wort *Cai*, das aber streng genommen »Gericht« oder »Speise« bedeutet. Snacks, Frühstück oder Nudeln fallen nicht darunter. Wieder verzweifle ich daran, dass die Chinesen manchmal gerade für die einfachsten Dinge keinen Sammelbegriff haben. Auch ein Wort für »Ja« oder »Nein« gibt es nicht wirklich – man wiederholt entweder bestätigend oder verneinend das vorangegangene Verb. Beispiel: Die Frage »Willst du heute mit mir essen?«, beantwortet man also entweder mit »Will« oder »Will nicht«. Tatsächlich korrigiert mich die Breiköchin jetzt: »*Cai* ist Abendessen, ein Reisgericht. Das machen wir hier nicht.«

Irgendwie kann ich ihr klarmachen, dass ich einfach das will, was hier so gegessen wird, und hoffe auf das Beste. Tatsächlich bringt mir nach einer Weile eine Kellnerin eine Schüssel mit weißem Brei und Fleischstückchen – und gratuliert mir dabei freundlicherweise auch noch zu meiner Schönheit. »*Piaoliang!* Hübsch!«, ruft sie mir zu. »Bist du Studentin?«, setzt die Frau von eben noch einen drauf. China kann ein echter Ego-Booster sein. Es sei denn, man begibt sich auf einen Kleidermarkt und will eine Hose kaufen. Da hab ich schon in die fassungslosen Gesichter junger Verkäuferinnen vom Land geblickt, die mich von den Füßen bis zum Scheitel musterten und nur entsetzt riefen: »So dick!« oder: »So eine Größe führen wir nicht!«

Der Reisbrei jedenfalls, ob es nun am Kompliment liegt oder an der Zubereitung, schmeckt gut – mild und doch fein gewürzt. Ich versuche es Nudel-Wu nachzutun und die Zutaten herauszuschmecken. Ingwer und Frühlingszwiebel sind jedenfalls dabei und ein paar Streifen zartes Schweinefleisch. »Lecker!«, sage ich zur Kassiererin, unsicher, ob ich das Wort für »lecker zum Essen – *haochi*« oder »lecker zum Trinken – *haohe*« verwenden soll. Suppen etwa sind für Chinesen ein Getränk und deshalb nicht »lecker zum Essen«, sondern »lecker zum Trinken«. Der Reisbrei scheint mir nun genau zwischen den flüssigen und den festen Speisen zu liegen. Mit »*haochi* – lecker zum Essen« habe ich aber die richtige Vokabel gewählt. Die Kassiererin verbessert mich diesmal nicht, sondern reckt strahlend den Daumen hoch.

In jeder Hinsicht gestärkt, schlendere ich weiter. Über den Straßen wölben sich dichte, immergrüne Mango- und Banyanbäume mit ihren dicken Stämmen aus dichtem Wurzelgeflecht. Wie anders diese tropische Vegetation ist als im trockenen Nordchina! Und dann laden mich an jeder Ecke appetitanregende und auch noch spottbillige Snacks zum Kosten ein. Nach oben offene gedämpfte Teigtaschen etwa, aus denen wie aus einem aufbrechenden Vulkan ein Gemisch aus Reis und subtil mit Ingwer und getrockneten Shrimps gewürztes Schweinefleisch explodiert – köstlich und so, wie mir die südchinesische Küche lieb geworden war: Eher mild, sodass der ursprüngliche Geschmack der frischen Grundzutaten nicht überlagert wird.

Doch es wird Zeit, Rosie zu treffen, mein Koch-Date. Von ihrem Couchsurfing-Profil weiß ich, dass sie 17 Jahre alt ist, Studentin und fanatische Köchin. Als Mission gibt sie an: »Cooking, cooking, cooking.« Per SMS warnt sie mich noch, dass sie in einem Schlafsaal im Studentenwohnheim lebt und keine Küche hat. Aber wir könnten es trotzdem mit dem Kochen versuchen. Ich bin gespannt, wie sie das anstellen will.

Rosie kommt mir in der U-Bahn-Station in einfachem blauem Kleid, einer violetten Strumpfhose und schwarzem Cardigan entgegen. Ihr Pony ist schnurgerade über der Stirn geschnitten, lange Haare fallen ihr über die Schultern, und sie hat ein für Chinesen ungewöhnlich schmales Stupsnäschen. Sie lächelt freundlich, spricht aber leise und schüchtern. Jede Information muss ich ihr aus der Nase ziehen, aber zum Glück bin ich darauf dank ihrer Selbstbeschreibung schon vorbereitet. Als Eisbrecher dienen während der U-Bahnfahrt die zahlreichen Fotos von selbstgemachten Gerichten, die sie mir auf ihrem großen neuen Samsung-Smartphone zeigt: Speisen, die sie ebenfalls im Wohnheim für Freunde gekocht hat. »Wie machst du das ohne Küche?«, will ich wissen.

»Ich habe eine elektrische Topfpfanne, die ich direkt in die Steckdose stöpseln kann. Und einen Reiskocher«, erklärt sie. »Aber viel kann man damit nicht machen. Meistens esse ich in der Kantine. Ich koche vielleicht zwei-, dreimal im Monat.« Dafür sehen die 13 Gerichte, die sie im Elternhaus am Frühlingsfest für zehn Leute gezaubert hat, beeindruckend aus. Sie sind hergerichtet wie in einem schicken Restaurant, inklusive Blumendeko rund um einen nach oben schauenden großen Fischkopf.

»Hast du von deinen Eltern kochen gelernt oder von den Großeltern?«

»Von keinem. Meine Großmutter kochte früher, bei ihr habe ich schon manchmal etwas gesehen. Schau hier, damit lerne ich gerade Kochen.«

Sie tippt auf ihrem Touchscreen auf das Symbol einer App. »Das ist eine super App, die musst du unbedingt mal probieren. Sie heißt *Xia Chufang* – ›Runter in die Küche‹. Du kannst den Namen eines Gerichts eingeben, und dann kommen die Anleitungen dazu, inklusive Bilder.«

»Wie viele Gerichte davon hast du denn schon ausprobiert?«, frage ich.

»Nicht so viele«, so Rosie. »In den letzten fünf Monaten vielleicht fünfzig.«

Ich finde das eine ganze Menge – gerade wenn man keine Küche hat.

»Zu Hause hat früher meistens mein Vater gekocht, weil meine Mutter zu viel zu tun hatte. Aber es waren immer nur wenige einfache Gerichte. Gedämpfte Eier mit Fleisch oder Pak Choi. Ich würde am liebsten in der Küche eines Kreuzfahrtschiffs arbeiten«, sagt Rosie mit schwärmerischen Augen. Stattdessen studiert sie nun Öffentliche Verwaltung – auf Druck der Eltern. »Auf jeden Fall muss ich erst meinen Abschluss machen, sonst unterstützen meine Eltern mich nicht. Sie glauben aber ohnehin nicht, dass ich eine gute professionelle Köchin werden könnte.«

»Waren sie denn nicht beeindruckt, nachdem du ihnen die dreizehn Gänge zum Frühlingsfest gekocht hast?«, frage ich.

»Doch, schon. Aber ich bin ein Mädchen.« Man hört ihrer Stimme keine Bitterkeit an. »Deshalb will ich in Frankreich auf die Kochschule. Ich habe schon eine rausgesucht. Sie heißt ›Cordon Bleu‹ oder so.« Wenn sie meint, es als Chinesin ohne Französischkenntnisse in *der* Pariser Schule für Haute Cuisine leichter zu haben als in einer chinesischen Garküche, sagt das einiges aus über die Chancen für Profiköchinnen in China – oder aber über ihr mangelndes Verständnis von Europa.

Auch der Campus der »Agricultural University of Guangzhou« erscheint meinem an das trockene Peking gewöhnten Auge unglaublich grün, voll subtropischer Bäume und schön ruhig. Zwischendurch hat es geregnet, die wolkenverhangene Luft ist angenehm kühl. Es fällt mir wieder schwer, die Größendimensionen im Perflussdelta zu fassen: Rosie erwähnt, dass ihre Uni 300 000 Studenten hat, aber nur eine von sechs in der Stadt Kanton ist. Dazu kämen Hunderte kleinere Colleges und Institute.

»Was machen deine Eltern?«, frage ich Rosie, während wir unseren Weg durch eine kleine Markthalle bahnen. Sie ist fast leer. Kein Wunder, wenn die Studenten keine Kochmöglichkeiten haben. »Sie handeln mit Kindersachen. Es läuft aber nicht mehr so gut. Die Löhne sind gestiegen, und es sind zu viele giftige Substanzen gefunden worden«, erklärt Rosie. Ich erinnere mich an den deutschen Skandal um giftiges Spielzeug aus China. »Das größte Problem ist, dass die Regierung jetzt viel inspizieren lässt. Wenn sie etwas finden, geht die Ware wieder zurück. Für meine Eltern fällt dann das Einkommen aus«, sagt Rosie. »Hm, was sollen wir überhaupt kochen?« Rosie zögert und zaudert. Weil es das Standardgericht in ihrem Haus war, schlage ich vor, etwas mit Pak Choi zu probieren. Dann kauft sie noch Fleischrippchen und weitere Gemüsesorten.

Schließlich stehen wir vor einem blauweiß gekachelten Kasten voller Balkone, aus denen aufgehängte Wäsche quillt. Im Eingang sitzt eine strenge uniformierte Angestellte und besteht darauf, dass ich mich registriere. »Um elf Uhr abends müssen wir auf unserem Zimmer sein. Das ist bei euch anders, oder?«, fragt Rosie.

»Ja, allerdings. In deutschen Wohnheimen hat auch jeder Student ein eigenes Zimmer«, antworte ich und schäme mich fast ein wenig für diesen Luxus. Dass viele Studenten nicht einmal aufs Wohnheim angewiesen sind und stattdessen WG-Parties in den eigenen vier Wänden feiern, erwähne ich gar nicht erst.

»Ihr habt es gut«, seufzt Rosie auch so schon. »Ich zahle nur 1500 Yuan im Monat. Aber wir sind zu sechst.«

Auf dem Außenflur stehen aufgespannte Regenschirme Spalier. Rosie sperrt die Tür zu einem Schlafsaal auf. Drinnen ist es düster. In zwei Reihen stehen je drei Stockbetten hintereinander.

Unter jedem ist ein Schreibtisch angeschraubt. Zwei Mädchen sitzen an ihren Tischen im Schein einer Schreibtischlampe und lernen. Sie haben weder Klimaanlage noch einen Deckenventilator – obwohl die Temperaturen im feucht-heißen Guangdong auf fast 40 Grad ansteigen. »Im Sommer wird es wahnsinnig heiß«, stöhnt Rosie denn auch.

Die Schreibtische quellen von Büchern über, von den Bettstangen hängen weitere Kleider. Hinter der Eingangstür führt eine schmale Tür in ein winziges Badezimmer: Es ist nicht viel mehr als einen Quadratmeter groß. Ein Duschkopf hängt von der Decke, der Strahl geht direkt in die in den Boden eingelassene Keramik-Latrinen-Schüssel. Die Mädchen können nicht duschen, ohne auf dem Latrinenrand zu stehen. Wer ausrutscht, steht in der Schüssel. Der Vorteil: Bei jedem Duschgang wird automatisch die Toilette mitgewaschen.

Eine Mitbewohnerin von Rosie schläft unter dem Moskitonetz. Wir flüstern zunächst, aber Rosie findet, dass wir trotzdem kochen können – draußen auf dem überdachten Balkon. Der ist schon vollgepackt mit etlichen Plastikwannen, einer Waschmaschine, Zahnputzzeug und sauberer Wäsche. Über uns hängen T-Shirts, üppig gepolsterte Spitzen-BHs, Höschen. Rosie trägt erst den Reiskocher, dann Soßen und Gewürze in einer Plastikwanne von ihrem Schreibtisch nach draußen. Über dem steinernen Rinnstein waschen wir das Gemüse und platzieren auf dem schmalen Sims ein Schneidebrett. Rosie beginnt zu schnippeln und drückt auch mir ein eher stumpfes westliches Messer in die Hand. »Arbeitest du nicht lieber mit dem Hackmesser?«, frage ich sie erstaunt.

»Zu teuer«, antwortet sie. »Für so ein Dreierpack hier habe ich nur 25 Yuan gezahlt! Ikea!«, ruft sie begeistert. Beim Kochen sind also die chinesischen Produkte die Qualitätsware. Wer auf den Preis schauen muss, greift zu den Schweden. Ich mache mir ein wenig Sorgen über Europa.

Als Wok-Ersatz muss der elektrische Teflontopf herhalten, den Rosie schon erwähnt hat. Es ist Kochen unter Campingbedingungen. Umso besser: Das müsste sich doch auch in deutschen Küchen wiederholen lassen. Zunächst aber flucht Rosie. Sie findet ihren Essig nicht, und sie hat vergessen, Ingwer zu kaufen. »Das brauchen wir dringend für die süßsauren Schweinerippchen«, grummelt sie. Sie trägt das Gemüse und Brettchen zu der schmalen Wasserrinne, an deren Rand Zahnbecher, Bürsten und Seifen stehen. Sie schiebt den Kram noch mehr zusammen und deponiert stattdessen unser Gemüse und Schneidebrettchen. Wir waschen es zusammen und schneiden vorsichtig auf der engen Kante Knoblauch und Frühlingszwiebeln.

Als alles vorbereitet ist, warte ich gespannt darauf, dass Rosie ihre magische Koch-App hervorzaubert, und freue mich auf klare Instruktionen. Aber offenbar ist sie nach fünfzig Internetrezepten über dieses Stadium hinaus und kocht ebenfalls nach Gefühl. Sie gießt Erdnussöl in den Elektrotopf, gibt nach einer Weile Knoblauchstücke und Frühlingszwiebeln dazu und kurz darauf die Rippchen. Anders als in den Woks mit kräftiger Gasflamme darunter, brutzeln sie hier nur schwach. »Kochst du auch manchmal mit deinen Mitbewohnerinnen?«, frage ich sie, als sie Austernsauce und dann etwas helle Sojasauce dazugibt. »Nein. Für die meisten ist das nichts, was man macht, wenn man nicht muss. Viele Frauen finden es schlimm genug, später einmal als Hausfrauen kochen zu müssen. Auch dann, wenn sie arbeiten. Weißt du, wie wir Frauen nennen, die immer in der Küche stehen?«, fragt sie mich. »*Huangpi Laopo* – gelbhäutige Gattin. Weil die heißen Öldämpfe die Haut gelb färben.«

Ich verkneife mir den platten Witz, dass dann wohl alle Chinesen viel in der Küche herumgestanden sein müssen und frage stattdessen: »Aber dir ist das egal?«

»Ja. Ich würde auch in einer Restaurantküche mit den großen schweren Woks hantieren. Ich finde Kochen einfach interessant.« Ich kann nicht anders, als Bewunderung für den Mut dieses zierlichen, scheuen Mädchens zu empfinden. Sie gibt die Rippchen jetzt auf einen Teller, wischt die Elektropfanne kurz ab und brät dann ganz fein geschnittene Schweinelendchen-Scheiben zusammen mit hauchdünnen Scheibchen von einem Gemüsestamm, den ich schon auf dem Markt nicht identifizieren konnte. Rosie nennt ihn »Heart of Lettuce«, aber unter »Salatherz« kann ich mir trotzdem nichts Genaues vorstellen. Als Nächstes kommen gekaufte harte Nudeln mit einem Shrimpsanteil im Teig dran, die mich an die zusammenhängenden Nudelquader in asiatischen Instant-Noodle-Töpfen erinnern. Die brät Rosie zusammen mit Pak Choi an.

»Du stehst mit deinen Kochkünsten bei den Männern doch sicher hoch im Kurs«, versuche ich sie etwas zu necken.

»Vielleicht würde ihnen das gefallen«, antwortet Rosie ernsthaft. »Aber woher sollen sie wissen, dass ich das mache?«

»Na ja, das kann man doch im Gespräch mal erwähnen«, schlage ich vor. Ich wundere mich über die Kommunikationsblockaden der ansonsten so unbefangen scheinenden Chinesen.

Rosie lächelt nur. »Meine Eltern fragen mich immer, ob ich einen Freund habe«, meint sie dann. »Aber ich hatte noch nie einen. Bist du verheiratet? Ich will lieber spät heiraten. Erst will ich doch noch reisen! Meinst du, mit über dreißig zu heiraten ist zu spät?« »In Europa ist das ganz normal«, versichere ich ihr. »Ich bin auch nicht verheiratet.«

»Hast du einen Freund?« Gute Frage. Habe ich nun einen Freund oder eine Affäre? Und überhaupt, wie vermittle ich diese Konzepte einer Siebzehnjährigen, die weder das eine noch das andere gehabt zu haben scheint? Ich druckse eher vage herum.

Als alles fertig ist, geht Rosie ins Zimmer und baut einen kleinen Tisch aus zwei Stühlen. Darauf stehen nun immerhin drei Teller mit Gerichten, von denen zwei schon seit einer Weile auskühlen. Wir selbst sitzen auf kleinen Wäschehockern aus Plastik vor

den Tellern. Die Mitbewohnerinnen sind verschwunden. Sie ärgern sich wahrscheinlich, dass jetzt der Geruch von gebratenem Schweinefleisch und Austernsauce in ihren Höschen hängt. Die Rippchen sind etwas fad, dafür schmecken mir die trockenen Nudeln mit Pak Choi umso besser. »Hmm!«, lobe ich.

»Es ist nicht gut«, wehrt Rosie in typisch chinesischer Bescheidenheit ab. »Ich bin ja erst ganz am Anfang. Eigentlich wollte ich ja schon als Schülerin zuhause kochen. Aber meine Eltern haben mich nicht gelassen. Ich sollte lieber die ganze Zeit büffeln.« Bei ihr sah es so aus: Schulbeginn um acht Uhr morgens. Unterricht bis sechs Uhr abends. Abendessen bis sieben, danach wieder bis elf Uhr abends lernen. »Im letzten halben Jahr vor dem *Gaokao*, der Hochschulreifeprüfung, bin ich manchmal um vier Uhr morgens aufgestanden und habe bis Mitternacht gepaukt.« Das *Gaokao*, die national einheitliche Schicksalsprüfung, ist für chinesische Schüler das gefürchtete Ziel einer anstrengenden Schullaufbahn. An ihr entscheidet sich, wer auf welcher Universität studieren darf, und was. Es ist mir unbegreiflich, wie Lernen von vier Uhr morgens bis Mitternacht überhaupt möglich ist. »Vielleicht lassen meine Eltern mich nach dem Studium kochen. Aber wenn es nach ihnen geht, mache ich danach die Prüfung für Staatsbeamte.«

»Und, machst du sie?«

»Auf keinen Fall! Ich will sowieso nicht in einer Behörde arbeiten!«

Während wir mit unseren Stäbchen die Shrimpsnudeln aufpicken, erzählt Rosie, dass sie gerne nach Indien reisen und dort Currygerichte erlernen würde – vielleicht auch über Couchsurfing. Doch bis sie das Geld dafür zusammen hat, kann es dauern. Sie schuftet bei der amerikanischen Fastfoodkette KFC – für 1,20 Euro die Stunde.

Als ich in den Bus steige und sie fröhlich zum Abschied winkt, habe ich gemischte Gefühle. An einem Tag hat die erst so zurückhaltende Rosie mir ihre ganze Welt geöffnet. Aber dieses Universum mit all seinen Zwängen zu sehen macht mich etwas traurig. Und zugleich bin ich tief beeindruckt, wie mutig diese junge Frau sich ihren eigenen Weg bahnt – in eine Welt, die gesellschaftlich wenig geachtet und von den Eltern abgelehnt wird. Aber für die sie brennt. Die Welt der Küchen. Die zarte Rosie, denke ich, ist der eigentliche Kungfu-Panda.

## Pak Choi mit Shrimpnudeln

*Zutaten:*
*Erdnussöl*
*harte Asia-Nudeln*
*2 Köpfe Pak Choi*
*2–3 Knoblauchzehen*
*Austernsauce*

*Wok mit wenig Erdnussöl (oder anderes Pflanzenöl) erhitzen und Shrimpnudeln (alternativ: Chinanudeln aus Fünf-Minuten-Nudelpackung) kurz anbraten. Knoblauchstückchen dazu, dann zwei Köpfe Pak Choi (auch Senfkohl genannt) in den Wok geben und ein paar Minuten köcheln. Ein Schuss Austernsauce dazu. Auch als Beilage ohne Nudeln möglich.*

## 11

## Fischauge und Schweinefuß

*Ein gescheiter Arzt ist nicht so gut
wie ein Arzt, der Glück hat.*

Fish betet am nächsten Morgen wieder vor ihrem Altar – diesmal vielleicht mit einem konkreten Anliegen. Am Vorabend hatte ich sie recht aufgelöst zu Hause angetroffen. Sie hatte von Sparplänen bei ihrer Zeitung gehört und war sicher, dass sie ihren Job verlieren würde. Ich wiederum danke, ganz ohne Buddhabank, mitten im Baulärm still dem Himmel. Dafür, dass er seit dem frühen Morgen kübelweise Regen über das Perflussdelta schüttet. Denn deshalb hat Mancy Liang keine Lust, zur Arbeit zu gehen. Wohl aber zu kochen. »So u wanna have lunch in my place? I eat with my family, my mother is good at cooking. Maybe she can help u. But of course, she doesn't know eng, haha«, schreibt sie mir am Morgen.

Mancy ist 26 und lebt im benachbarten Foshan. Die Metropole mit sieben Millionen Einwohnern hat es 2011 zu trauriger Berühmtheit geschafft: Im Herbst ging das Video einer Überwachungskamera um die Welt, in dem auf einer engen Marktstraße ein zweijähriges Mädchen zweimal von einem Minivan überfahren wird – einmal vom Vorderrad, dann nach einer kurzen Pause vom Hinterrad. Acht Minuten lang gehen Passanten und Fahrradfahrer an dem blutenden Körper von Yueyue vorbei, schauen hin – und gehen weiter. Sie stirbt. Der Vorfall löste damals eine leidenschaftliche Moraldebatte aus. Für einen Aufschrei hatte auch gesorgt, dass der Fahrer später in einem Fernsehinterview zugab, das zweite Mal bewusst über das verletzte Mädchen gefahren zu sein – weil er fürchtete, andernfalls die Krankenhauskosten zahlen zu müssen.

Dass man von Kanton wieder in eine weitere Millionenmetropole fährt, merkt man kaum: Es gibt eine direkte U-Bahn-Verbindung. Etwa eineinhalb Stunden bin ich unterwegs. Das kann innerhalb von Kanton ebenso gut passieren.

Am abgesprochenen U-Bahn-Ausgang erwartet Mancy mich schon. Sie ist schlank und für eine Chinesin groß. Sie trägt Jeans und kein bisschen Make-up. Vielleicht finde ich ihr Gesicht auch deshalb so offen und natürlich hübsch. Der Regen hat inzwischen aufgehört, und im schönsten Sonnenschein marschieren wir zu ihrem Elternhaus. Anders als Rosie am Tag zuvor braucht Mancy keine Sekunde, um aufzutauen. Sie sprudelt sofort fröhlich mit tiefer Stimme auf Englisch los, als würden wir uns schon ewig kennen. »Eigentlich sind wir hier nicht in Foshan, sondern in Chengui«, erklärt sie. »Das war früher eine eigene Stadt, mit Feldern rundherum. Wir haben damals im Zentrum gewohnt. Aber jetzt hat Foshan uns geschluckt, und wir sind nur noch ein Stadtteil!«, sagt sie lachend.

Das Perflussdelta ist voll solcher Dörfer mitten in der Stadt. Je weiter wir uns ihrem Elternhaus nähern, desto niedriger werden die Häuser, und desto schmaler werden die von kleinen Geschäften gesäumten Straßen. Sie sind angenehm locker belebt mit Lastkarren, Fahrradfahrern und Fußgängern mit Einkaufstaschen. »Zum Studium bin ich Richtung Norden, in die Provinz Anhui gegangen. Das Essen da ist auch nicht schlecht, aber viel öliger und schwerer. Mit Snacks meint man im Norden gefüllte Brote. Durch die habe ich zehn Kilo zugenommen! *Dim Sum* aus Guangdong dagegen kann ich den ganzen Tag snacken.« Wie bei Rosie ist auch Mancys mentale Landkarte eine einzige Speisekarte: Sie sehnt sich danach, einmal nach Taiwan zu reisen, weil das chinesische Essen dort noch viel besser sei als auf dem Festland. »Geh bloß nicht nach Xiamen!«, warnt sie mich dagegen vor dem pittoresken chinesischen Städtchen gleich gegenüber von Taiwan. »Es liegt zwar direkt am Meer, aber es gibt dort kaum Meeresfrüchte. Sogar in Anhui gab es bessere!«, sagt sie indigniert. Als ich erwähne, dass meine Gastgeberin Fish aus Shantou stammt, bekommt Mancy einen verklärten Blick. »Shantou!«, ruft sie begeistert. »Shantou hat die besten Meeresfrüchte Chinas! Und es gibt dort extrem feine Rindfleischbällchen!«

Dann stehen wir vor einem einfachen Haus mit weißer Kachelwand. »Hier bin ich aufgewachsen«, sagt Mancy, als sie die Metalltür aufschließt. Sie ist eingerahmt von roten und goldenen Bannern mit Neujahrswünschen. Im zweiten und dritten Stock wohnen ihre Eltern und ihr Bruder mit Frau und zweijährigem

Sohn. Wir treten in ein etwas dunkles, quadratisches Wohnzimmer mit Sofas an den Wänden. Ein hellerer Teil mit großem Holztisch grenzt offen daran an. Der zweijährige Neffe spielt auf dem Sofa, ihr Vater läuft freundlich nickend vorbei, die Mutter steht schon am Herd. »Darf ich gleich beim Kochen zuschauen?«, frage ich Mancy aufgeregt. Sie führt mich in die Küche. Sie ist klein, quadratisch und funktional und quillt über mit Töpfen und Körben. Die Mutter grüßt und lächelt mir zu, beugt sich dann aber gleich wieder über den Topf, in dem schon Rettich in etwas Wasser brodelt. »Sie spricht Kantonesisch«, entschuldigt Mancy sich. »Sie kann nur ein paar Brocken Mandarin und gar kein Englisch.«

Dafür beginnt Mancy gleich wie ein Wasserfall zu kommentieren und zu erklären, nur mit Mühe kann ich mir gleichzeitig Notizen machen und den Prozess beobachten. »Als Erstes machen wir den Wok heiß und braten Frühlingszwiebeln und Ingwer kurz scharf an. Dann kommen Salz und Austernsoße dazu, und der Rettich wird für vielleicht zehn Minuten gekocht«, bringt sie mich auf den aktuellen Stand, während die Mutter Fleischstücke aus einer Plastiktüte holt und sie zum Rettich gibt. »Den Rettich lassen wir mit Schweinefleisch für eine Weile bei geschlossenem Deckel schmoren. Dadurch nimmt er den Geschmack vom Fleisch an.« Ich halte meine Nase über den Dampf. Die Mutter lässt mich gewähren und macht nur »Hehe!«.

Auf der zweiten Flamme steht ein weiterer von einem Deckel abgeschlossener Topf. »Da kannst du gerade leider nicht reinschauen. Wenn Sauerstoff eindringt, ist das nicht gut«, entschuldigt sich Mancy, während ihre Mutter mit dem großen Hackmesser Kürbis schält. »In der kantonesischen Küche dämpfen wir sehr viel. Auch Kuchen. Wenn man da den Deckel zwischendurch aufmacht, geht er nicht richtig auf.«

Sie klärt mich über den Topfinhalt auf. »Halb fettes, halb mageres Schweinefleisch, getrockneter Tintenfisch und dieses Gemüse hier«. Sie holt eine bräunliche Knolle mit vertrockneten Blättern am Ende hervor, die ich noch nie gesehen habe. »Das ist *Da Tou Cai*, das gibt es, glaub ich, nur in Kanton. Übersetzt heißt es Großer-Kopf-Gemüse. Das alles wird in ganz feine Würfel gehackt.«

»Und welche Gewürzen und Soßen verwendet ihr?«, frage ich.

»Das Übliche«, sagt Mancy. »Salz, Zucker, Sojasauce, Erdnussöl, Stärke und, wenn Fleisch gekocht wird, noch *Shaoxing*-Wein.

Damit schützen wir das Fleisch und nehmen ihm den zu rohen, fleischigen Geschmack. Das sind die sechs Grundzutaten, die alle kantonesischen Familien verwenden. Dazu noch Austernsoße, gerade für Gemüse.« In Peking habe ich praktisch nie Gerichte mit Austernsauce gegessen. Auch getrocknete, fein gehackte Meeresfrüchte erlebe ich erst hier als Geschmacksgeber.

Ich bin beeindruckt von Mancys Wissensschatz. Die Mutter hat derweil das Rettich-Schweine-Gericht in eine Schüssel gegeben und brät jetzt die Kürbisstücke im Wok mit Erdnussöl an. Nach wenigen Minuten kommen sie in einen kleineren Topf und werden mit etwas Wasser weitergekocht, während sie wieder Fleischstücke in dem großen Wok erhitzt. »Wir braten zuerst das Gemüse und dann das Fleisch und vermischen dann beides wieder«, sagt Mancy. Als ihre Mutter das Fleisch zum Kürbis in den Topf dazugibt, ist der Wok wieder frei für einen riesigen Berg an grünem, spinatartigem Gemüse, das ich noch nie gesehen habe. »Das sind die Blätter von Süßkartoffeln«, sagt Mancy.

»Die kann man auch essen?«, staune ich.

»Du weißt doch sicher: Wir Kantonesen essen alles, was vier Beine hat, außer Stühlen und Tischen. Es stimmt. Und wir essen auch Gemüseteile, auf die andere vielleicht nicht kommen«, lacht sie.

Die Familie – Vater, Mutter, der kleine Neffe, Mancy und ihre Schwägerin – setzt sich an den Tisch. Das Essen ist köstlich: Der Rettich hat tatsächlich den aromatischen Geschmack des Fleischs angenommen. Sonst fand ich ihn in China, wenn schon nicht so herb-bitter wie in der deutschen Variante, eher fade. Auch das gedämpfte Gemisch von ganz fein gehacktem Fleisch, Großkopfgemüse und getrocknetem Tintenfisch hat ein volles Aroma, und an dem Kürbis mit den grünen Süßkartoffelblättern kann ich mich kaum satt essen. Warum nur schmeckt er so viel intensiver als in Deutschland? »Hier ist es tropisch. Wir haben besonders fruchtbaren Boden und das gesamte Jahr über frisches Gemüse. Deshalb brauchen wir auch nicht so starke Gewürze und Soßen«, erklärt Mancy. Die Schwägerin sagt etwas auf Kantonesisch, und Mancy lacht. »Sie sagt, du hältst die Stäbchen besser als sie«, übersetzt Mancy. Es stimmt: Die junge Frau greift die Stäbchen ungeschickt mit der ganzen Faust. Mancy schenkt mir Tee ein, und ich bedanke mich artig. »Weißt du, wie du Leute hier sicher beeindrucken kannst? Statt ›Danke‹ zu sagen, klopfen wir leicht mit Zeige- und Mittelfinger auf den Tisch, wenn uns jemand Tee einschenkt.« Sie macht es mir vor.

Während Mancy fröhlich auf mich einredet, schweigt der Rest der Familie. Bis die Schwägerin sich mit rüffelnder Stimme an Mancy wendet. Die lacht nur: »Sie sagt, wir sollten uns aufs Essen konzentrieren. Weißt du, eigentlich soll man bei Tisch nicht viel sprechen. Aber ich tue es trotzdem immer.« Von dieser Benimmregel höre ich zum ersten Mal. Angesichts des in chinesischen Restaurants üblichen Lärmpegels staune ich nicht schlecht. »Es ist nicht gut, oft im Restaurant zu essen«, erwidert sie. »Man weiß nie, was für Öl sie dort verwenden.«

Vielleicht kann Mancy etwas zu der Meisterbrühe sagen. Zumindest kenne ich jetzt das chinesische Wort dafür – *Lu Shui*. Von der langen Verwendung der Brühe wusste auch sie nichts. Aber das bringt sie auf eine andere Idee. »Eine echte Spezialität hier sind süßsaure Schweinefüße. Die kann man auch sehr lange aufbewahren. Die musst du unbedingt probieren!« An Füße hatte ich eigentlich nicht gedacht, als ich mich auf die Suche nach Schwein Süßsauer machen wollte – noch weniger als an die Schweinerippchen von Rosie. Aber Mancy kommt aus dem Schwärmen gar nicht heraus. »Sie werden unter anderem in Essig eingelegt, deshalb werden sie nicht schlecht. Es ist ein Essen, das vor allem Frauen nach der Geburt essen sollen. Oder Frauen überhaupt. Es ist gut für den Magen, für den Blutkreislauf und für die Haut. Im Winter können wir das jeden Tag essen!«, wirbt sie. Mich beschleicht der Verdacht, dass die Chinesen immer bei den widerwärtigsten Dingen – Schweinefüße, Tierpenisse – den Nutzen für die Haut preisen. Komisch nur, dass sie offenbar selbst auf die billigen Tricks hereinfallen.

Mancy sagt etwas zu ihrer Mutter, die steht auf, sagt auf Mandarin »Esst langsam« zu uns, die chinesische Variante von »Guten Appetit«, und verschwindet Richtung Küche. Auch die anderen Familienmitglieder verflüchtigen sich nach und nach – zu gehen, wenn andere noch essen, verstößt hier offenbar nicht gegen die Etikette. Mancy und ich schaufeln weiter in uns hinein. Als wir praktisch fertig sind, stellt die Mutter einen großen Tontopf auf den Tisch und lüftet den Deckel. »Das sind die süßsauren Schweinefüße«, sagt Mancy triumphierend.

Neugierig und furchtsam zugleich spähe ich in den Topf: In einer dicken, glasigen, dunkelvioletten Sauce schwimmen unförmige Fleischstücke am Haxenknochen, dazu ganze, fast schwarze Ingwerknollen und kleine Eier von derselben Farbe. »Probier!«, ermuntert mich Mancy und greift selbst beherzt zu.

Mir bleibt wohl nichts anderes übrig. Ich fische ein Stück fleischigen Knochen mit geleeartiger Haut heraus und frage, welche Teile man essen kann. »Alle!«, sagt Mancy. Ich atme tief durch und nage dann vorsichtig an dem Knochen. Ich hasse glitschige Haut an Fleisch, weshalb ich auch die knorpeligen Hühnerfüße nicht hinunterbekomme. Umso überraschter bin ich, als ich die Konsistenz der geleeartigen Haut nun als angenehm und den kräftigen, zugleich ingwerlastigen und säuerlichen Geschmack der Sauce als geradezu köstlich empfinde. Ein wenig wie kandierte Früchte. »Hmmm, das schmeckt aber gut!«, lobe ich erstaunt.

»Nicht wahr?«, freut sich Mancy. »Wir haben die Mischung in diesem Topf schon über ein Jahr lang und geben immer wieder Zutaten dazu. Man muss sie nur einmal im Monat aufkochen. Der Essig konserviert das Fleisch, der austretende Saft der Schweinefüße macht die Soße cremig. Beiß ruhig auch in den Ingwer.« Auch die porösen, etwas holzigen Knollen sind lecker. Die Eier dagegen haben ihren Eigengeschmack verloren und sind nur buckelhart und bröckelig. »Die Eier werden vom Essig hart«, erklärt Mancy. »Wir benutzen dafür schwarzen *Laochen*-Essig, der ist etwas saurer und hat nur wenig Zucker.«

Als wir unser Schälchen aufgegessen haben, macht Mancy noch den Abwasch, bei dem sie alle Stäbchen auf einmal in den Händen unter dem fließenden Wasser gegeneinanderrollt. »Weißt du, in Deutschland ist Schwein Süßsauer einer der Chinaklassiker schlechthin. Oder auch Hühnchen Süßsauer. Kocht ihr das auch?«, komme ich auf meine persönliche Schnitzeljagd zu sprechen.

»Nein. Das ist klassisches Restaurantessen«, meint Mancy. »Die Sauce zu machen ist recht aufwendig. Und man braucht einen großen Wok mit viel Öl und ein sehr großes Feuer. So heiß können wir den Wok zuhause gar nicht bekommen.« Dabei kochen die Chinesen schon mit Gas, das immerhin heißer wird als deutsche Elektroplatten. Kein Wunder, dass aus Rosies Rippchen Süßsauer nichts Rechtes wurde.

»Meinst du, wir könnten ein Restaurant finden, das uns beim Kochen in die Küche lässt?«, schlage ich vor.

»Wir können es versuchen. Und du musst unbedingt kantonesische Desserts probieren. Guangdong ist berühmt für seine Süßspeisen. Ich gebe dir eine kulinarische Stadtführung.«

Ich bin vom Mittagessen noch pappsatt und deshalb dankbar, dass Mancy mich zunächst auf einen Verdauungsspaziergang in der Nachbarschaft ausführt. Wir laufen auf einen üppig bewachsenen Hügel zu, und sie erzählt, dass das früher ein Grabhügel war. »Jetzt dürfen wir in China unsere Toten nicht mehr begraben, weil es zu wenig Platz gibt. Es wird nur noch eingeäschert«, kommentiert sie. Trotzdem glaubten die Leute, dass es um den Hügel herum spuke. »Als Kind wurde uns immer eingeschärft, hier nicht hinter die Büsche zu pinkeln, vor allem nicht die Jungs. Wir glauben, dass deren Pipi Geister tötet.«

»Dann wäre das doch eine gute Sache«, meine ich.

»Aber doch nicht, wenn es die Geister unserer Ahnen sind!«, entrüstet Mancy sich. Und lenkt dann ein: »Aber allgemein gilt das Pipi jungfräulicher Knaben hier als sehr nützlich. Es heilt Krankheiten.« Ich will gar nicht wissen, was sie sonst noch damit anstellen – angesichts der allgemeinen Vermischung von Medizin und Essen.

Mancy, erfahre ich jetzt erst, ist vom Fach: »Ich habe Medizin studiert, muss aber die Abschlussprüfung noch mal machen. Zwei Tage die Woche arbeite ich in Kanton in einer Klinik. Drei Tage bin ich in der Ärztestation eines Staatsunternehmens. Da sind wir zu dritt, und nur zwei müssen immer da sein. Deshalb kann man auch mal absagen.« Wenn es wie heute morgen regnet zum Beispiel.

»Wolltest du immer schon Ärztin werden?«

»Nein, ich wollte lieber Wirtschaft oder Jura studieren. Aber ich hatte keine Wahl. Der Studienplatz wurde mir zugewiesen.« Die Studienplatzvergabe ist in China kompliziert: Nach der landesweit einheitlichen Zulassungsprüfung für die Universität können angehende Studenten Präferenzen für Universitäten und Studienfächer angeben. Was sie letztlich bekommen, hängt von einer Kombination aus den vorher festgelegten Wünschen und ihrer Note ab. Umso absurder scheint es, wenn jemand in einen Traumberuf wie Arzt gegen seinen Willen geschubst wird. Nur dass

Mancy das mit dem Traumberuf schnell relativiert. »Arzt zu sein ist schwer«, seufzt sie. »Und gefährlich.«

»Wieso gefährlich?«

»Manchmal gehen Patienten oder ihre Verwandten mit Messern oder Äxten auf Ärzte los. Es gibt jedes Jahr Tausende solcher Angriffe.«

»Warum das denn?!«

»Es ist kompliziert«, sagt Mancy. »Viele Chinesen hatten bis vor ein paar Jahren keine Krankenversicherung. Die zahlen alle Behandlungen selbst. Und auch die, die jetzt versichert sind, müssen oft noch viel aus eigener Tasche dazutun. Das kann ganze Familien ruinieren. Wenn der Patient dann trotzdem stirbt, werden die Verwandten wütend. Viele verstehen auch die Grenzen der Medizin schlecht.«

»Das ist ja schrecklich!«

»Ja, aber die Ärzte sind auch selbst ein Stück schuld«, sagt Mancy. »Das ganze System ist korrupt. Oft behandeln sie einen Patienten erst, wenn er einen roten Umschlag rübergeschoben hat. Und sie verschreiben zu viele teure Medikamente, weil sie von den Pharmaunternehmen dafür Kommission bekommen. Die Ärzte werden eben zu schlecht bezahlt.«

»Was verdient man denn so?«, frage ich Mancy.

»Als Einstiegsgehalt um die 3000 Yuan (360 Euro) im Monat. Und dafür muss man richtig viel schuften.«

Da wundert es mich nicht, als Mancy von ihrem Alternativplan erzählt: einen Salon für Kosmetik und Traditionelle Chinesische Medizin eröffnen. Sie schiebt ihre Haare zur Seite und präsentiert mir stolz tennisballgroße violette Flecken in ihrem Nacken. »Die kommen vom Cupping, kennst du das?« Tatsächlich ist diese Methode aus der Traditionellen Chinesischen Medizin, bei der mit Bechern ein Unterdruck erzeugt wird, um dem Körper Feuchtigkeit zu entziehen, im Stadtbild schwer zu übersehen: Überall laufen Chinesen wie Figuren aus dem Spielfilm »Matrix« mit ihren blauen Flecken herum. Manchmal sitzen die Alten während der Prozedur draußen auf einem Hocker. Rund um ihre Knie sitzen Tontassen auf ihrer Haut wie die Keimlinge überreifer Kartoffeln.

»Was lernt ihr denn im Studium? Westliche Medizin oder TCM«, frage ich.

»Mehr westliche Medizin, aber auch etwas TCM«, sagt Mancy. »Aber TCM liegt mir mehr. Man muss sich keine lateinischen Fachbegriffe merken.«

Wir laufen unter dunstig-grauem Himmel an einem künstlichen See entlang. »Die da drin essen wir übrigens auch«, sagt Mancy im Vorbeigehen und deutet auf kleine Muscheln. Der See und der Park sind umgeben von neuen breiten Straßen, dahinter ragen moderne Hochhäuser auf. »Siehst du das Intercontinental da drüben?«, sagt Mancy und zeigt auf einen Hotelturm gleich hinter dem See. »Da wohnen derzeit immer viele Deutsche. VW baut ein neues Werk in Foshan. Es soll eines der größten in China werden.«

Als wir am Ende des Sees angekommen sind, holen wir uns knallorangene Fahrräder an einer Leihstation. Das Fahrrad, als Hauptverkehrsmittel Nummer eins längst vom Auto verdrängt, erlebt in Form von Citybikes gerade ein zartes Comeback. Mancy hat zwei Magnetkarten. Wir schieben sie über das Lesegerät am Schloss, und los geht es. Kaum haben wir ein paar moderne Shopping-Malls passiert, dreht Mancy sich schon wieder um und ruft: »Hast du Lust auf einen Nachtisch?«

»Ja, klar!«, rufe ich zurück, obwohl mein Magen etwas anderes sagt. Mancy biegt in eine kleine Seitenstraße ab, und schon sind wir wieder in einem alten Wohnviertel mit dichtem Baumbestand und deutlich älteren, ziemlich verlotterten Wohnblocks. Die Straßen sind gesäumt von niedrigen kleinen Geschäften und Imbissbuden. Vor einer von ihnen stellen wir die Räder ab. Eine Schlange Jugendlicher steht vor großen Bottichen mit fremdartigen Suppen und Gelees.

»Hier habe ich mir schon in Schulzeiten ganz oft einen Snack geholt. Die Desserts sind köstlich«, sagt Mancy.

In dem Laden beleuchten ein paar nackte Glühbirnen große blecherne Kessel, in denen nicht identifizierbare Soßen, Cremes und Suppen schwimmen. Ohne Mancys Führung wäre ich nie im Leben darauf gekommen, hier etwas zu bestellen. »Was möchtest du?«, fragt Mancy.

»Ich hab keine Ahnung, was das ist. Bestell du einfach.«

»Also, das hier sind rote Bohnen, das hier sind grüne Bohnen. Das da ist Kokosmilch«, zeigt sie auf die verschiedenen Bottiche. »Und in der Suppe hier sind weiße Wolkenpilze, Wolfsbeeren, Lotos-Samen und rote Datteln.«

»Die Suppe ist auch süß?«, frage ich erstaunt.

»Ja, die Suppen hier sind fast alle süß.« Sie lässt sich ein Schälchen mit der eben beschriebenen Suppe aus dem Topf fischen und noch ein paar gekochte zuckrige Papaya darauf häufen. Das zweite Dessert besteht aus fliederfarbenem Taro-Brei, roten Bohnen, glitschigen Sago-Bällchen und Milch. Die Desserts schmecken fremdartig, aber herrlich natürlich und frisch – und nicht übermäßig süß.

Bei der Weiterfahrt versuchen wir, uns durch den Verkehrslärm hindurch zu unterhalten. An einer roten Ampel erzählt sie von den Kochtraditionen in ihrer Familie. »Sogar mein zweijähriger Neffe wirft schon seine Spielsachen in einen leeren Topf und rührt darin herum. Als ich deine Anfrage auf Couchsurfing gesehen habe, dachte ich: Wow, wir sind perfekt für dich!«

»Und wann hast du mit Kochen angefangen?«

»Schon in der Grundschule«, sagt sie. »Ich durfte alles ausprobieren. Meine Eltern haben nur die Mittelschule abgeschlossen. Und weil ich gut in der Schule war, haben sie mir vertraut. Meine Vater ist Schreiner, meine Mutter war Fabrikarbeiterin. Aber die letzten fünf Jahre bis zur Pensionierung hat sie in einer Polizeikantine gekocht.«

Als wir gerade über eine Autobrücke radeln, fällt Mancy noch etwas zur Meisterbrühe ein. »Weißt du, einmal hat ein Onkel uns einen Topf mit so einer Suppe gegeben. Meine Mutter wollte sie aufbewahren, aber ich habe darauf bestanden, sie nach ein paar Wochen wegzuwerfen. Ich dachte, sie würde schlecht.« Der Onkel, sagt sie, ist Chefkoch in einer Staatsbank. »Das ist ein wichtiger Posten«, sagt Mancy. »Im Moment hat er jede Menge zu tun, weil Präsident Xi Jinping die üppigen Staatsbankette verboten hat. Also holen die Funktionäre jetzt die besten Köche in ihre Bürokantinen. Das Essen da ist sogar besser.«

Obwohl unsere Radtour noch nicht wirklich für den nötigen

Freiraum in der Magengegend gesorgt hat, steht noch ein Pflicht-punkt auf unserem Essprogramm: Schwein Süßsauer. Mancy steu-ert wieder eine der älteren Straßen an. Die Besitzerin lacht zwar über unsere Bitte, beim Kochen zuzuschauen, sagt aber das so wohlklingende »*Keyi*!« – das geht.

Wir ziehen gleich in die Küche, und der junge Koch legt los. Er ist einen Kopf kleiner als ich und sieht aus wie Anfang zwanzig. Auf einem Holzbrett liegt das Schweinefleisch. Ach du meine Güte, denke ich beim Anblick des fast ausschließlich fettweißen Qua-ders, den er jetzt mit dem Hackmesser in kleinere fett-weiße Würfel schneidet. »Wir benutzen halb fettes, halb mageres Fleisch«, be-hauptet die Besitzerin unverfroren. »Eher drei Viertel fett«, mur-melt Mancy mir zu. Am Fenster recken sich grinsende Gesichter von Personal und Passanten am Fenster und geben Kommentare ab. Der Koch scheint die Aufmerksamkeit zu genießen und dreht lässig die Gasflammen unter dem großen gusseisernen Wok auf, in dem sicher 30 Zentimeter tief das Öl steht. Er gibt das Fleisch in eine Schüssel, streut etwas Salz, Zucker und Glutamat darüber und schlägt mit einer theatralischen Geste ein Ei hinein. Als das Öl richtig heiß ist, lässt er einen Fleischbrocken nach dem anderen mit der Gabel in den Wok gleiten. »Ob das Öl heiß genug ist, kannst du mit einem Stäbchen testen«, kommentiert Mancy. »Es müssen sich Bläschen rund um das eingetunkte Stäbchen bilden.«

Das Öl zischt, und von außen züngeln Flammen an der Wok-Wand hoch. Mit einem großen Sieb bewegt der kleine Koch mit dem breiten Gesicht die Fleischbrocken hin und her. Ich habe mir einen schlechten Platz zum Zugucken ausgesucht: Direkt über mir hängt horizontal an einer Schnur eine dick mit Bratfett und Staub umhüllte Ölflasche vom Abzug, die regelmäßig mein Haar streift. Nach jedem Mal ist es etwas klebriger. Haben die Schaulustigen draußen das Malheur erkannt? In einer separaten Pfanne brät der Koch jetzt kurz große Zwiebelstücke und eine leicht scharfe, hell-grüne Paprikaschote in etwas Öl an. Er nimmt die Fleischstücke mit dem Sieb aus dem Wok, wirft sie kurz in die Luft und schwenkt sie hin und her. Dann gibt er sie nach einer kurzen weiteren Frit-tierzeit in die Pfanne mit dem Gemüse. Dazu noch ein Löffel röt-liche Sauce aus einem Plastik-Container – fertig.

Gespannt setzen wir uns an einen Tisch und stechen unser in dünne Plastikfolien eingeschweißtes Geschirr mit den Stäbchen auf. »Plopp plopp plopp« knallt es auch von anderen Tischen herüber. Überall in China bekommt man auch in einfachen Restaurants oft das gleiche Standardset aus weißem Porzellan: Ein untertassengroßes Tellerchen, ein Schüsselchen, ein Becher und ein kleines Glas. Mancy wäscht Tellerchen und Schüsselchen mit Tee aus.

»Ist das nicht schon sauber?«, frage ich mit Blick auf die Plastikfetzen.

»Man weiß nie. Vielleicht haben sie es dreckig wieder eingeschweißt. In Guangdong waschen wir immer unser Geschirr mit Tee aus«, beharrt Mancy. Da schwebt auch unser Teller heran. Ein weiterer Kellner entschuldigt sich, dass sowohl Ananas als auch rote Paprika gerade aus seien, sonst wäre das Gericht besser. »Iss langsam«, sage ich zu Mancy und attackiere mit den Stäbchen den ersten Schweinebrocken.

Bei allen Vorbehalten gegen dieses frittierte Schweinefett: Schmecken tut es fantastisch – deutlich besser als die Pampe in Deutschland. Außen knusprig, innen saftig, dazu die leichte Schärfe der grünen Schoten und der knackigen Zwiebeln. Obwohl ich ja selbst beim Kochen zugesehen habe, brauche ich noch Nachhilfe von Mancy. »Wenn etwas knusprig werden soll, musst du es zweimal braten«, erklärt sie. »Du musst also das Fleisch, kurz bevor es fertig ist, mit dem Sieb herausholen. Ob es fertig ist, hörst du am Geräusch, wenn du es in die Luft wirfst. Danach braucht es nur noch einen kurzen Moment.« Leider konnte ich nicht sehen, wie die süßsaure Sauce gemacht wird. Mancy tippt auf Wasser, Zucker, weißen Essig und etwas Tomatensauce. Als ich laut über die jeweiligen Mengen nachdenke, holt sie zum vernichtenden Schlag gegen westliches Kochen aus. Es erinnert mich an Klein-Winzigs Urteil im Higherland Inn. Mancy: »Im Westen kochen die Leute wie Roboter. Alles wird genau gemessen und dann schön der Regel nach hierhin und dahin gelegt. Wir probieren das aus und kochen nach Gefühl.«

Die Chinesen mögen deutsche Autos und Ingenieurskunst bewundern – aber wenn es ums Essen geht, sind sie sich ihrer Überlegenheit absolut sicher. Auch mir wird wieder attestiert, dass ich selbst die einfachsten Gepflogenheiten noch nicht beherrsche: Mancy lacht, als ich mir Schweinefleisch auf das untertellergroße Tellerchen meines Porzellansets lade. »Eigentlich legen wir das Essen auf das Reisschüsselchen. Aber ich weiß – ihr Westler benutzt immer den Teller, der für die Abfälle da ist.«

Als wir uns übersatt gegessen haben, seufze ich. »Schade, dass wir nun gar nicht zusammen gekocht haben.«

»Bleib doch heute Nacht bei uns, dann gehen wir morgen zusammen einkaufen und kochen zu Mittag. Du müsstest halt mit mir in einem Bett schlafen«, schlägt sie da vor. Wenn Chinesen eines nicht haben, dann ist es das Bedürfnis nach Distanz. Also lege ich das meine für heute auch ab. Aber muss Mancy nicht doch mal wieder arbeiten?

»Ach, ich will sowieso kündigen. Ich bin die Pendelei nach Kanton satt«, winkt sie ab und fügt geheimnisvoll hinzu: »Außerdem habe ich andere Pläne.«

Mancys Vater liegt auf der Couch, als wir zuhause ankommen und schaut Fernsehen. »Wo ist denn deine Mutter?«, frage ich. »Oh, die spielt sicher Mahjiang.« »Ich hätte ja gedacht, dass deine Eltern sich schon bettfertig machen. Du weißt schon, *zao shui zao qi*.« Ich bin stolz, die chinesische Parole »früh schlafen, früh aufstehen« zu kennen, aber Mancy winkt nur ab. »Das gilt vielleicht in Nordchina. Hier nicht.« Ob Einkindpolitik, Presse oder Tagesablauf – Südchina ist offenbar in allem lockerer.

Ich fühle mich heute dagegen sehr nordchinesisch – nach dem langen U-Bahnfahren und den vielen Eindrücken und Leckereien fallen mir schon um zehn Uhr fast die Augen zu. »Willst du wirklich nicht noch duschen?«, fragt mich Mancy etwas irritiert, obwohl ich ihr versichere, dass ich das morgens schon erledigt hätte. Aber Chinesen duschen eher abends als morgens. Angesichts der Hitze in Südchina und des Smogs und Staubs in Peking verständlich. Ich bleibe fürs Erste europäisch und kuschle mich schon unter die Decke, während Mancy duscht. Bis sie dazu kriecht, bin ich schon eingeschlafen.

Um halb acht klingelt der Wecker. »Frühstück?«, murmelt Mancy mit noch halb geschlossenen Augen.

»Klar doch«, murmle ich verschlafen zurück. Diesmal muss ich noch duschen, bevor wir vor die Tür treten. Mancy steuert ein Restaurant mit großem Eingangsportal an.

»Das ist eines der ältesten *Dim Sum* Restaurants«, informiert sie mich. *Dim Sum* ist der Sammelbegriff für gedämpfte kantonesische Snacks. Das Restaurant sieht im Erdgeschoss aus wie eine moderne Hotellobby in glänzendem Marmor mit großer Rezeption. »Das Gebäude ist neu, aber das Restaurant nicht«, sagt Mancy. Als wir die breite Treppe in den ersten Stock hochstapfen, ist zumindest offensichtlich, dass es sich größter Beliebtheit erfreut. Der weitläufige Saal summt wie ein Bienenstock. An jedem der Rundtische für mindestens zehn Personen sitzen Leute. »Die Alten verbringen hier den halben Tag und trinken einen Tee nach dem anderen«, raunt Mancy mir zu. Wir werden einfach zu einem alten Ehepaar dazugesetzt und suchen uns dann am Buffet diverse Bambuskörbchen mit fluffigen Dampfnudeln, Schweinefleisch in Algenhaut und Shrimps in feiner Teighülle aus. »Da drin ist süßes gesalzenes Ei«, erklärt Mancy mir eine gefüllte Dampfnudel. Ein tatsächlich intensives Geschmackserlebnis, wenn auch etwas gruselig: Das Ei innen ist eine komplett flüssige Soße, süß, aber auch schwer definierbar würzig. Macy erklärt, dass das Salzei mit einer Art Zuckerwasser vermischt und zunächst im Kühlschrank aufbewahrt wird. Die anderen Gewürze kann sie aber auch nicht identifizieren.

»Sag mal, als du gestern Abend sagtest, du hättest etwas anderes vor – was meintest du da?«, frage ich sie.

»Ich habe eine Agentur kontaktiert, die Au-Pair-Mädchen in die USA vermittelt«, grinst sie. Ich bin baff: Eine fast fertig ausgebildete Ärztin, die fließend Englisch spricht und als Kindermädchen anheuern will – und das im karrierebesessenen China! »Hast du schon mit deinen Eltern darüber gesprochen?«, frage ich.

»Ja, sie haben einen Anfall gekriegt und denken, dass ich verrückt geworden bin!«, lacht Mancy mit ihrer tiefen Stimme.

»Was erhoffst du dir selbst davon?«, versuche ich herauszufinden.

»Ach, es geht mir einfach um die Erfahrung. Ich will reisen. Aber dafür brauche ich Geld und muss etwas zu tun haben.«

Wäre Mancy nicht erst 26 und hätte weniger Experimentierzeit, würde ich mich der Meinung ihrer Eltern wohl anschließen. »Und was ist mit deinen Plänen für einen TCM- und Beautysalon?« »Erst mal will ich reisen«, beharrt Mancy.

Also Einkaufen. Der Markt ist eine Riesenhalle, die in ihren Dimensionen alle anderen Märkte übertrifft, die ich bisher in China gesehen habe. An Fleischständen türmen sich glänzende Innereien zu gewaltigen Bergen auf. An einem Fischstand wiederum stehen in mehreren Reihen fein säuberlich abgehackte Fischköpfe nebeneinander, die noch mit den körperlosen Mäulern nach Luft japsen. »Nur in Foshan kann man auch Fischteile auf dem Markt kaufen, statt ganzen Fischen«, behauptet Mancy stolz.

Doch auch im Ganzen kreucht und fleucht es überall. Während ich wie wild all die Fische, Frösche, Krebse und Wasserschlangen fotografiere, die in flachen Styroporkisten mit zu wenig Wasser ihr trauriges Restdasein fristen, verwickelt eine Marktfrau Mancy in ein Gespräch. »Sie wollte wissen, was du hier treibst. Als ich sagte, du interessierst dich fürs Kochen, hat sie mir gesagt, ich solle dir erklären, wie man ihren Fisch zubereitet«, berichtet Mancy danach. »Dieser schwarze, fleckige Fisch, den sie hatte: Den sollte man übrigens zusammen mit Schlange kochen. Er hilft dir, die Feuchtigkeit aus dem Körper zu bekommen. Dadurch kann man heiße und nasse Speisen wie Ananas und Mango kompensieren.« Ansonsten, erfahre ich jetzt, soll man nämlich ausgerechnet im tropischen Früchteparadies Guangdong keine Ananas essen. Weil ja schon das Klima feucht-heiß ist. Eine Info, die mich nicht gerade mit den traditionellen chinesischen Essenslehren versöhnt.

An einem Geflügelstand bleibe ich fasziniert stehen, weil eine Marktfrau sich gerade anschickt, ein Huhn zu schlachten. Sie hält es schon fest eingeklemmt an Hals und Flügeln, aber Mancy mahnt mich zur Eile. Wegen der Krankheiten – die Vogelgrippe geht gerade um im Land. »Ich kann dir auch sagen, wie das geht. Meine Mutter macht das manchmal in unserer Küche«, sagt Mancy nüchtern und mit ihrem lieblichsten Lächeln. »Du schneidest erst den Hals durch und lässt es ausbluten. Dann wirfst du es in einen Topf mit kochendem Wasser.«

»Esst ihr eigentlich Hund?«, fällt mir da wieder ein.

»Früher ja, heute nicht mehr. Ich mag ihn jetzt lieber zum Streicheln als im Kochtopf. Einmal, da war ich noch recht klein, kann ich mich auch an eine Katze erinnern«, überlegt Mancy. Keine weiteren Fragen. Wir kaufen Oktopus, Fisch und diverse Gemüse – alles Zutaten, die ich in Deutschland eigentlich auch finden müsste. Nur was den Fischkopf betrifft, bin ich mir weniger sicher. »Den brauchen wir für die Suppe«, beharrt Mancy. Ohne Suppe ist eine Mahlzeit für Südchinesen unvollständig.

»Warum kocht ihr eigentlich ausgerechnet den Kopf?« frage ich und blicke in die vielen starren, körperlosen Augen vor mir.

»Ich glaube, er ist besonders nahrhaft und aromatisch. So genau weiß ich das auch nicht«, gibt sie zu. »Aber er ist bestimmt gut für die Haut.«

Zuhause lächelt Mancys Mutter fröhlich, als wir unsere Einkäufe in der Küche abladen und Mancy sie hinausfuchtelt. Sie beginnt, mit dem Messer Innereien aus dem Oktopus herauszufummeln, ich hacke Knoblauch und Ingwer und wasche Blumenkohl. Als Mancy sieht, wie ich das erdige, knollige Ende eines Korianderbüschels wegwerfe, sagt sie enttäuscht: »Oh! Das hätte man gut noch essen können.« Natürlich – in Kanton isst man ja bekanntlich alles. Mancy schüttet auch das Wasser nicht weg, in dem sie den Reis dreimal gewaschen hat. »Damit wasche ich mir später das Gesicht. Das ist gut für die Haut.«

Mancy wirft jetzt den Wok an und brät die beiden Fischköpfe in heißem Öl. Silbern schimmernd glotzen sie uns an – anklagend, finde ich. »Ich esse immer am liebsten das Auge«, frohlockt Mancy dagegen. Dann gießt sie Wasser darauf und wirft den ganzen dicken Bausch Koriander hinzu.

Ich bemühe mich derweil darum, Oktopusarme in handliche Stücke zu schneiden. Dabei bemerke ich ein kleines Arrangement gleich neben meiner Schneidefläche: Direkt an der Wand steht in einer metallenen Schachtel eine leere Cola-Dose, aus der die abgebrannten Stumpen von Räucherstäbchen ragen. Darüber klebt an der Wand ein rotes Schriftbanner mit wenigen großen Zeichen. »Was ist denn das?«, frage ich Mancy.

»Oh, das ist nur für den Küchengott«, sie dreht sich flüchtig um. Existiert die alte Sitte also doch noch – wenn auch in Form eines Symbols für amerikanische Werte! Was der Jadegott wohl dazu sagt, wenn der Küchengott ihm darüber Bericht erstattet? »Schmiert ihr auch an einem bestimmten Tag im Jahr einer Statue Honig ums Maul?«, frage ich gespannt. Aber von diesem Ritus hat Mancy noch nie etwas gehört. Seltsam, wie sich manche Traditionen in China halten – während zugleich das Wissen über ihren Ursprung und ihre Bedeutung verloren geht.

Wie am Vortag stochern Vater und Schwägerin schon mit den Stäbchen in unseren ersten Speisen, während wir noch einen flachen Fisch dünsten. Die Zubereitung ist herrlich einfach: Mancy legt das ganze Tier einfach auf ein Tellerchen, das sie auf ein Stövchen innerhalb eines Kochtopfs stellt. Sie streut feine Ingwerstreifen darüber, deckt den Topf mit dem Deckel zu und lüftet ihn nach einer Viertelstunde wieder. Sie piekst mit den Stäbchen hinein, befindet ihn für gut und macht im Wok mit etwas Öl die dunkelgrünen Enden von Frühlingszwiebeln heiß. Den Inhalt gießt sie kurz darauf über den Fisch und gibt vom Tellerrand her noch vorsichtig etwas Sojasauce dazu. »Die hier ist speziell für Fisch und Meeresfrüchte«, zeigt sie auf das Etikett. »Du hast für die anderen Sachen gar keine verwendet«, stelle ich jetzt fest. »Nein, ich mag Sojasauce nicht besonders. Wenn man sie mit brät, macht sie das Essen säuerlich.«

Der Oktopus mit Blumenkohl, Pilzen und *Qingjiao*, diesem hellgrünen Mittelding aus Chili und Paprika, ist richtig lecker geraten. Ebenso der gedünstete Fisch. Ich staune, wie rustikal die Mutter mit den Gräten umgeht. Anstatt wie ich mit den Stäbchen ängstlich um sie herum nach dem Fischfleisch zu picken, reißt sie ganze Teile des Skeletts ab, steckt sie sich in den Mund und saugt dann genüsslich daran. Die abgelutschten Teile spuckt sie auf den Tisch. Keiner außer mir zuckt mit der Wimper. Warum ist das in Ordnung, entspannte Tischunterhaltung dagegen unhöflich? Ich kann der Familie auch nicht mangelnden Hygienesinn vorwerfen: Gemüse und Fleisch konnte ich für Mancys Geschmack zuvor gar nicht gründlich genug reinigen.

Mancy reißt mich aus meinen Gedanken. »Probier doch die Fischkopfsuppe«, fordert sie mich auf. »Am besten ist das Auge!« Ich versuche abzulenken, indem ich sie zu einem Foto mit Fischauge nötige. Also angelt sie mit den Stäbchen suchend in der Suppe herum. Da ist eines! Sie pult es heraus und führt es zu ihrem weit geöffneten Mund. Es knirscht, und Mancy kaut zufrieden. »Ich weiß auch nicht, warum es mir so gut schmeckt, aber ich finde es einfach köstlich!«, ruft sie verzückt. Und dann: »So, jetzt wir beide zusammen!« Ich stöhne innerlich auf. Aber nach der ein Jahr alten Schweinshaxe werde ich nun beim Fischauge nicht kneifen. Die Mutter fuhrwerkt mit meinem Handy herum, während wir nach weiteren Augen angeln. Dann haben wir sie zwischen den

Stäbchen, und es ist ein bisschen wie der Sprung vom Fünfmeterbrett. Als die Mutter den Finger am Auslöser hat und »*Yi, er, san!* – eins, zwei, drei*« ruft, denke ich erst gar nicht lange nach. Augen zu, Zähne zusammenbeißen. Das Auge ist knusprig, schmeckt aber nach nichts. Die Haut um das Auge herum wabbelt gruselig. Was Mancy daran so großartig findet, wird mir für immer verborgen bleiben.

## Gebratener Oktopus mit Gemüse

Oktopus-Innereien und -Augen herausschneiden und in Streifen schneiden.

Qingjiao (grüne lange Paprikaschoten) auf einem Brett rollen, dann aufschneiden und Körner entfernen.

Oktopus in einem Schüsselchen marinieren mit:

Ingwerscheiben
Salz
1 TL Zucker
1 Schuss Baijiu (klarer Schnaps, alternativ Sherry)

Den Blumenkohl ein paar Minuten vorkochen, Pilze auch ganz kurz aufkochen, um den rohen Beigeschmack zu entfernen. Erdnussöl (oder anderes Pflanzenöl) im Wok erhitzen. Oktopusstreifen mit Ingwer ein paar Minuten anbraten, jetzt viel rühren. Etwas im eigenen Saft köcheln lassen, dann das ganze Gemüse (Qingjiao, Blumenkohl und Pilze) dazugeben und mit Salz, einer Prise Zucker und etwas Pfefferpulver würzen.

## 12.

## Shenzhen – Unter Junggesellen

*Die Liebe ist das Gewürz des Lebens.*
*Sie kann es versüßen, aber auch versalzen.*

Freitagnachmittag. Ich marschiere mit Fish und meinem Köfferchen wieder zu Kantons Ostbahnhof – zum letzten Mal. Der Weg durch die schmale Hinterstraße ist schon seltsam vertraut. Am Bahnhof lotst Fish mich durch die Tickethalle, umarmt mich und legt zum Abschied die Hände vor der Brust zusammen. »Ich hoffe, wir sehen uns bald wieder!«, ruft sie mir zu. Dann entschwinden mein Gepäck und ich durch den Scanner. Was die Sicherheitsvorkehrungen und die Dimensionen betrifft, können chinesische Bahnhöfe es mit Flughäfen aufnehmen. Wie bei einem Gate sammelt man sich vor Eintreffen des Hochgeschwindigkeitszuges in einem Wartebereich. Unruhig warten die Reisenden vor der Barriere. Dann kommt das digitale Startsignal in roten Leuchtschriftzeichen, und ein Meer von schwarzhaarigen Köpfen und Ziehköfferchen rollt durch eine Unterführung zum Gleis. Nur eineinhalb Stunden, und ich werde in meiner letzten Millionenmetropole im Perflussdelta ankommen: Shenzhen.

»Was willst du in Shenzhen? Dort gibt es keine Kultur!« Ob Mancy, Rosie oder Fish – darüber, dass die Stadt für mich als Kochinteressierte reizlos ist, waren sich alle einig. Dabei gehört die Stadt unmittelbar an der Grenze zu Hongkong zu denjenigen, die man im Westen neben Peking und Shanghai noch am ehesten kennt. Die Boomstadt mit zehn Millionen Einwohnern, die nur ein Fluss von Hongkong trennt, ist eine Sonderwirtschaftszone. 1980 erlaubte die neue Parteiführung nach dem Tod Mao Zedongs hier erstmals, dass die Wirtschaft sich öffnet. Wie im Zeitraffer entstand mitten in ödem Sumpfgebiet mit ein paar Fischerdörfern eine moderne Millionen-Metropole, in der sich viele ausländische Unternehmen angesiedelt haben – darunter auch Foxconn, der größte Elektronikzulieferer der Welt und Apples Lieferant, der 2010 mit einer Selbstmordserie unter seinen Arbeitern weltweit auf sich aufmerksam machte. »Es ist eine neue Stadt. Es gibt dort keine Einheimischen. Deshalb gibt es auch keine Spezialitäten«, versuchte Mancy mich abzuhalten.

Doch zumindest einen Kochbegeisterten, das wusste ich, gab es dort: Ken. Auch er hatte sich auf meine Anfrage bei Couchsurfing gemeldet: »Welcome to sz:) dear. Let me know if you are here Friday night or Saturday, I can cook some sea food with you. We will be with my other friend.«

Ein Blick auf Kens Referenzen auf seinem Couchsurfing-Profil überzeugte mich, dass hier jemand wartete, der es mit seinem Namensvetter, dem Mann der Barbie-Puppe, locker aufnehmen konnte. So schrieb eine Malaysierin: »Ken is SUPER Nice, SUPER kind, SUPER sweet!!« Und Hanwei Li aus Shenzhen: »We had the privilege to taste his super delicious authentic home-made seafood. He can flirt in literally every single sentence he says. There is just so much fun with him.:)«

Ein flirtiger Chinese! Wie das wohl ist? Wie bei vielen anderen Westlerinnen, so passten auch bei mir chinesische Männer nicht recht ins Beuteschema. Jedenfalls hatte ich mich noch zu keinem einzigen chinesischen Mann hingezogen gefühlt. Ebenso wenig fühlte ich mich je von Chinesen angebaggert oder auch nur als sexuelles Wesen wahrgenommen. Der Pool an verfügbaren attraktiven Männern ist eher eine Pfütze. Die Expats konnte man auch vergessen: Selbst die unattraktivsten westlichen Exemplare haben innerhalb von fünf Tagen ein zartes chinesisches Geschöpf an ihrer Seite.

Ich trete aus dem Untergrund auf die Straße. Ken hatte mich in vielen SMS, die alle mit »Dear« begannen, zu der Haltestelle gelotst. Gerade noch nehme ich wahr, dass ich mich in einer von Chinas austauschbaren, modernen Shoppingstraßen befinde. Da braust schon ein neuer schwarzer VW heran. Am Steuer sitzt ein junger Mann mit Brille Anfang dreißig und winkt freundlich von innen. Ich steige auf den Beifahrersitz. »Das hat ja gut geklappt«, sagt er lächelnd auf Englisch. Er hat eine etwas hohe Stimme und ein weiches, freundliches Gesicht. Unter seinem hellblauen Pullover zeichnet sich ein erster sanfter Bauchansatz ab. Nicht gerade der Aufreißertyp, den ich erwartet hatte. Fast bin ich etwas enttäuscht. Das Auto riecht noch neu. Auf dem Rücksitz lagern bereits eine Papaya, eine Drachenfrucht und eine quadratische Männerhandtasche. »Ich komme gerade aus dem Büro. Wir fahren gleich zum Markt, okay?«

Es geht über neue Autobahnen-Schleifen. Im Hintergrund zeichnen sich sanfte, subtropisch bewaldete Hügel ab. Ich frage Ken, was er beruflich macht. »Vor einem Jahr habe ich mich mit ein paar Freunden selbstständig gemacht. Wir handeln mit Elektronik-Teilen«, erzählt er. Also ein typischer Repräsentant der Hightech-Metropole Shenzhen. Und einer, der noch bei Muttern wohnt: »Zuhause kann ich nicht kochen. Meine Mutter lässt mich nicht an den Herd«, sagt er bedauernd. »Dabei probiere ich gerne eigene Sachen aus.«

»Warum lässt sie dich nicht?«

»Sie sieht das als ihre Aufgabe«, erklärt er. Ein Leidensgenosse von Rosie also, den die Eltern nicht an den Wok lassen. »Also gehe ich zu einem Freund mit eigener Wohnung und koche für uns. Bei dem kannst du heute auch übernachten«, fährt er fort. Dass er keine eigene Couch anbieten, dafür aber eine organisieren kann, hatte er schon per SMS angekündigt. »Ist das auch okay für ihn?«, versichere ich mich. »Jaja, er hat schon zweimal Couchsurfer von mir aufgenommen. Allerdings Taiwanesen. Er spricht kein Englisch.«

Wir biegen auf einen großen leeren Parkplatz und fahren dann an dunklen, leeren Hallen entlang. Sie würden eine gute Kulisse für einen Psychothriller abgeben. »Früher war hier überall Markt, aber sie verlagern ihn gerade«, erklärt Ken. »Dort drüben gibt es noch Meeresfrüchte.« Er parkt den Wagen mitten in einer leeren Halle. Sein Auto ist das einzige hier. Ich frage mich kurz, ob es wirklich so eine gute Idee war, mit einem ausgewiesenen Casanova allein ins Auto zu steigen. »Achtung, pass auf!«, ruft Ken da und zieht mich rasch zur Seite. Fast wäre ich in einen großen ausgetrockneten toten Frosch getreten.

Wir durchqueren eine finstere Unterführung und stehen in einer schmuddligen Gasse vor einer Handvoll Marktstände, die Meerestiere anbieten. In flachen Wasserbecken aus Styropor krabbeln Krebse, japsen Fische, winden sich Shrimps und dünne dunkelgrüne Wasserschlangen. Ken ist unschlüssig. »Die Shrimps dort sind ganz leicht zu machen«, zeigt er auf eine kreuchende dunkelgraue Sorte. Hin und wieder büchst eine aus und springt in das benachbarte Becken mit den etwas größeren, weißlichen Exemplaren. »Die da hab ich noch nie gemacht. Probieren wir mal.« Er bestellt eine Tüte voll.

Ich frage ihn, was das für eine seltsame Muschelart am Rand sei. »Abalone«, sagt er.

»Oh, können wir die kochen?«, bettle ich. Abalonen oder Seeohren gehören zur geradezu mythischen Kost der gehobenen chinesischen Küche, zusammen mit den mittlerweile aus Tierschutzgründen verpönten Haifischflossen, den ledrigen Seegurken und Fischmagen. In Restaurants sind sie so teuer, dass ich sie noch nie probiert hatte – wobei westliche Manager, die bei Geschäftsessen in den zweifelhaften Geschmack gekommen waren, mir versicherten, ich hätte nichts verpasst. Auf jeden Fall müssen zumindest ein paar der »vier Köstlichkeiten« aus dem Meer bei Banketten vertreten sein. Neben allerlei Gesundheitsvorzügen glauben die Chinesen auch fest an die potenzsteigernde Wirkung von Seegurke und Haifischflosse. Eine etwas schlichte Annahme der Traditionellen Chinesischen Medizin, so viel wusste ich ja schon, war: Was aussieht wie ein Penis ist auch gut für den Penis. Die ovalen Abalonen und Schwalbennester wiederum sollen der weiblichen Gesundheit zuträglich sein.

Diese Diskussion muss ich mit Ken aber zum Glück gar nicht führen. Er ist auch so Feuer und Flamme. »Ich habe sie noch nie gekocht, aber wir können es gern probieren«, stimmt er zu und bestellt sechs Seeohren zum Preis von 48 Yuan – sechs Euro.

»Ich dachte, Abalonen seien so selten und teuer«, wundere ich mich. Naturschutzgruppen prangern stets an, dass der chinesische Heißhunger auf Abalonen die wilden Bestände weltweit gefährde.

»Keine Sorge, die hier werden sicher in China gezüchtet«, versichert er mir. »Wo kommen die her?«, fragt er die Fischfrau.

»Fujian«, antwortet diese. Es ist die Nachbarprovinz.

»Siehst du?«, sagt Ken triumphierend und wendet sich Meeresschnecken und Austern zu. Die Marktfrau schaufelt eine Handvoll Austern nach der anderen in eine Tüte. Ich warte darauf, dass Ken sie stoppt. Aber der schaut nur ungerührt zu, bis keine einzige mehr im Kanister ist. »Bist du sicher, dass wir zu viert so viele essen?«, frage ich.

»Keine Sorge, die schrumpfen in der Pfanne. Und ich liebe Austern.« Diesmal bestehe ich darauf zu zahlen – ich komme mit 88 Yuan, etwa zehn Euro, weg. Nicht übel für 28 Austern.

Dann schickt Ken ein Fischweib los, eine Flunder aus einem Aquarium zu holen.

»Töten oder nicht töten?« Sie hält die schwarze Plastiktüte mit dem flappenden Vieh fragend in die Luft.

»Töten«, antwortet Ken. Sie haut die Tüte kräftig auf den Boden und schneidet der Flunder, ich taufe sie kurz vor ihrem Ableben noch schnell Tommy, mit einer Schere in die Brust. Sie holt allerlei Glitschiges heraus und reicht mir dann die Plastiktüte. Wir ziehen weiter. Plötzlich macht die Tüte in meiner Hand einen Satz, und ich schreie auf. Ken dreht sich erschrocken zu mir um.

»Das war nur Tommy«, erkläre ich. »Er ist von den Toten auferstanden.« Ken schüttelt verständnislos den Kopf. Noch ein paar Mal ruckelt es in der Tüte, dann ist Ruhe.

Wieder im Auto, spreche ich Ken auf die bei Banketten so beliebten Meeresfrüchte an. »Ich habe gehört, dass es einen richtigen Seegurken-Hype in China gibt. In der Stadt Dalian sollen die Leute sogar morgens rohe Seegurke auf nüchternen Magen essen«, erzähle ich.

»Das kann gut sein. Es gibt eine Suppe, in der alle vier begehrten Meerestiere drin sind. Sie heißt »Buddha springt über den Zaun«, weil der Legende nach ein buddhistischer Mönch über die Tempelmauer hüpfte, um dem köstlichen Geruch zu folgen. Buddhisten dürfen ja keine Tiere essen, aber dem Duft dieses Eintopfes konnte er nicht widerstehen.«

»Oh, können wir das wohl mal essen?«, frage ich.

»Wenn du Tausende von Yuan für eine Suppe auf den Tisch legen willst, gern«, lacht Ken. »Sie hat es als teuerste Suppe der Welt ins Guinness Buch der Rekorde geschafft.« Er ist einen Moment still und proklamiert dann plötzlich: »Die Demokratie in China entwickelt sich noch.« Ich weiß nicht, worüber ich mehr erstaunt bin – dass er China überhaupt als Demokratie bezeichnet oder dass er von einer dem Buddha Beine machenden Suppe auf Politik kommt. Dann fällt mir ein, was mir Mancy in Foshan erzählt hatte: dass ihr Onkel, der Gourmetkoch, seit der Antikorruptionskampagne des neuen Parteichefs immer in den Kantinen für Funktionäre koche. Luxusessen – Korruption – Politik.

Für Ken ist die Verbindung wohl ebenso offensichtlich. Jedenfalls erzählt er nun, wie in Shenzhen bei Bauprojekten für die Asienspiele viel Geld veruntreut wurde. Um dann festzustellen, dass die Mächtigen und die Korrupten nicht mehr mit allem durchkämen. Ein klassischer Propagandaspruch jagt den nächsten: »Das Land macht nach und nach Fortschritte.« Oder: »In China gibt es so viele Menschen, da brauchen wir besondere Maßnahmen. Wenn wir das gleiche System hätten wie ihr im Westen, gäbe es großes Chaos.«

Jetzt bin ich wieder baff – denn Ken wiederholt die offizielle Propagandalinie, die, so glaubte ich zumindest, sich vor allem bei älteren oder einfacheren Leuten eingeprägt hat. Von jemandem in Kens Alter im liberalen Shenzhen hätte ich solche Sprüche nicht erwartet. Er schwärmt auch, dass es inzwischen wieder viele Tage mit blauem Himmel gebe, weil viele die Umwelt verschmutzende Fabriken geschlossen worden seien. Ob er Angst hat, ich könnte doch verdeckt als Journalistin unterwegs sein und ihn mit etwas Kritischem zitieren?

Als wir den Stau der Rush Hour hinter uns haben, fahren wir durch eine grüne Hügellandschaft voller Tunnel. Dafür dass das Perlflussdelta Chinas erstes Industriezentrum war und sich eine Fabrikstadt an die andere reiht, sieht es hier noch erstaunlich unerschlossen aus. Nach einigen Tunneln taucht wieder die in China mittlerweile so vertraute Wohnblocklandschaft auf. »Hier wohnt mein Kumpel, bei dem wir kochen«, sagt Ken und biegt in eine moderne Siedlung ein. »Er ist vielleicht noch nicht da.« Das macht aber offenbar nichts, denn Ken schließt völlig selbstverständlich die Wohnungstür auf. »Ich koche so oft bei ihm, dass er mir irgendwann seinen Schlüssel gegeben hat«, erklärt Ken da. »Wir kennen uns schon seit der Mittelschule, seit zwanzig Jahren.« Die Wohnung strahlt junggesellenartige Nüchternheit aus: Die Einrichtung ist funktional, nichts liegt herum. »Wir sollten schon mal anfangen. Die Austern zu waschen dauert immer sehr lang«, sagt Ken. »Aber diesmal habe ich ja Hilfe«, grinst er mich an.

»Aber das hast du doch sonst auch, wenn du mit deinen Freunden kochst«, wende ich ein.

»Nein, die machen nichts. Ich bin der Einzige, der kocht. Sie essen nur.« Ken holt eine der 28 glitschigen Austern aus der Plastiktüte und rubbelt sie unter laufendem Wasser sauber. Dabei weicht die violett-schwarze Schicht glänzendem weißen Fleisch. »Schau, hier zwischen den Ritzen muss man immer besonders gründlich reiben«, erklärt er. Bei dem Anblick kann ich nicht umhin, an weibliche Geschlechtsteile zu denken und bin etwas betreten. Ken etwa auch? »Hier, mach du weiter«, sagt er jedenfalls und verdrückt sich.

Ich bin zunächst ganz froh, die glitschige Arbeit unbeobachtet zu verrichten. Aber irgendwann wird es doch monoton. Wo zum Teufel ist Ken? Hat er sich gedrückt und sitzt heimlich mit dem Handy auf der Couch? Da dreht sich wieder ein Schlüssel in der Wohnungstür, und Kens Freund kommt herein. Auch Kens Kopf kommt wieder zum Vorschein – aus dem Badezimmer. Da hat er also ebenfalls fleißig Austern gewaschen. »Ah, da bist du ja!«, ruft er seinem Freund fröhlich auf Chinesisch zu. Mein Gastgeber, ebenfalls mit Brille, begrüßt mich zurückhaltend, und ich bin mir nicht ganz sicher, wie begeistert er über sein Glück ist, mich zu beherbergen. Ich schrubbe weiter Austern, während Ken ihm aufgeregt eine hübsche zylinderförmige Glasflasche zeigt. »Das ist japanischer Pflaumenwein«, zeigt er mir stolz das Etikett.

Ken und ich bereiten weiter vor, während sich der Kumpel ins Wohnzimmer verdrückt. Die Abalonen wäscht er, legt sie auf einen Teller und bedeckt sie mit Knoblauchstückchen. »Woher weißt du, was du machen musst?«, frage ich erstaunt. Schließlich hatte Ken mir beim Kauf erzählt, dass er selbst noch nie Abalonen gemacht hat. »Ich bereite die meisten Meeresfrüchte auf ähnliche Art zu«, sagt er. »Wenn sie ganz frisch sind, muss man nur ein einfaches Sößchen dazu machen und sie kurz kochen, dann schmecken sie schon gut.« Ich jedenfalls freue mich, dass er mich als vollwertige

Assistentin betrachtet und mich Sellerie schneiden, Knoblauch hacken und Chilis entkernen lässt.

Als es wieder an der Tür klingelt, tritt ein schlaksiger Mann um die dreißig ein. Er hat einen großen Mund, der oft lacht, und trägt Brille. In seinem weißen Pollunder und der grauen Hose mit Bügelfalte sieht er etwas streberhaft aus. Leider vergesse ich nach der Begrüßung seinen Namen sofort wieder und nenne ihn für mich »Freund zwei«. Im Gegensatz zu unserem stillen Gastgeber, »Freund eins«, kann er englisch.

»Ah, jetzt können wir ja auch die Austern, Schnecken und Shrimps in den Kochtopf werfen«, freut sich Ken. Freund eins deckt schon den Tisch: Er breitet Zeitungspapier auf dem niedrigen Couchtisch vor dem Flachbildschirm aus und stellt kleine Porzellanschüsselchen für jeden und Essstäbchen darauf. Er schaltet den Fernseher ein, zappt zwischen aufgenommenen Programmen herum und entscheidet sich für chinesisches Science Fiction. Wüsste ich nicht besser, was auf den Tisch kommt, würde ich nun einen Junggesellenabend mit Bier und Fertigpizza erwarten.

»Essen ist fertig!«, ruft Ken auf Chinesisch und trägt stattdessen Austern, Abalonen, Shrimps und Muscheln hinaus. Nur der Fisch dünstet noch vor sich hin. Die Shrimps hat er noch lebend ins kochende Wasser geworfen und knapp eine Viertelstunde darin gekocht. »Wir müssen sie ganz schnell essen, sonst ändert sich der Geschmack.« In seiner Obsession für Frische erinnert er mich an Mancy.

Während im Fernsehen Männer in Raumanzügen herumballern, weist mich Ken ins richtige Meeresfrüchte-Essen ein. »Probier die Schnecken erst ohne Sauce. So schmeckst du den Ursprungsgeschmack«, sagt Ken und drückt mir einen Zahnstocher in die Hand, mit dem ich das Fleisch aus dem kleinen Schneckchen herauspule. »Danach probier sie mit Sauce.« Auch Abalonen, Austern und Shrimps tunken wir – nach einem ersten trockenen Kosten – in Kens Spezialdip aus Sojasauce mit ganz dünn geschnittenen Ingwerstreifen, Chiliringen und feinen Knoblauchstückchen. »Die Austern sind im Winter besser, wenn sie noch jünger sind«, sagt Ken etwas unzufrieden.

Während der Cholesterinspiegel in unserem Blut steigt, wächst auf dem Zeitungspapier der Müllberg aus Schnecken- und Muschelschalen. Freund zwei, der zwar eine Jacke trägt, aber seine Füße nackt in Plastiklatschen stecken hat, wechselt das Programm zu chinesischen Musikvideos.

Ich erfahre jetzt, dass mir ein seltenes Privileg zuteil wird: »Wir haben selten Frauen hier«, sagt Ken. »Einmal war ein Mädel aus Taiwan da. Aber Chinesinnen würden nicht wie du mithelfen, sondern hier auf dem Sofa sitzen, während ich koche.«

»Seid ihr alle Single?«, wage ich da doch zu fragen.

»Ja! Wir sind alle drei *Shengnü*!«, ruft Freund zwei lachend. *Shengnü* heißt, wörtlich übersetzt »übrig gebliebene Frau« oder »spätes Mädchen«.

»Ab wann ist man denn übrig geblieben?«, frage ich in die Runde. »Mit 24«, sagt Ken.

»Nein, erst ab 26«, findet Freund zwei. »Bei mir machen nicht nur die Eltern Druck, sondern auch noch mein Großvater. Aber ich habe keine Lust zu heiraten«, sagt er trotzig.

»Ich hätte nichts dagegen«, sagt Ken. »Aber es ist schwer, jemanden zu finden.«

»Warum?«, frage ich – bisher habe ich vor allem von den Schwierigkeiten für Frauen gehört.

»Die Ansprüche sind zu hoch«, sind Ken und Freund zwei sich einig. »Als Mann muss man eine Wohnung, ein Auto und viel Geld haben. Wir haben beide keine Wohnung. Der da«, zeigen sie auf Freund eins, »hat eine Wohnung, aber kein Auto – hahaha!« Der schaut nur stumpf auf den Essensberg auf dem Tisch.

»Also sind die Frauen das Problem?«, hake ich nach.

»Nicht nur. Wir haben auch zu hohe Ansprüche«, geben sie zu.

»Und die wären?«

»Hübsch. Sanftmütig«, meint Ken.

»Aber es gibt doch jede Menge schöne Frauen in China«, wende ich ein.

»Na ja«, mäkelt Ken. »Schau, die im Musikvideo da, die wäre ohne Make-up auch nur so lala.«

»Habt ihr es schon mal mit Onlinedating probiert?«, frage ich.

»Ja, manchmal mach ich das. Aber es ist frustrierend. Die Mädels gehen vielleicht mit dir ins Kino, in eine Bar. Sie lassen dich ihre Hand halten und vielleicht noch küssen – aber sie kommen nicht mit ins Hotel«, mault Ken. »Die Frauen hier sind zu konservativ. Ich denke, dass es viel effizienter ist, sich über Sex kennenzulernen. Aber die Frauen sagen: Wenn ich meine Kleider ausziehen soll, musst du auch ein Hochzeitskleid besorgen.« Jetzt lacht auch er. Als ich erwähne, dass bei mir viele Beziehungsversuche schon nach ein paar Monaten wieder ins Leere liefen, kriegen Ken und Freund zwei geradezu schwärmerische Augen. »Ich hätte auch lieber kurze Beziehungen«, sagt Freund zwei träumerisch. Es ist ihnen offenbar nicht klar, dass das schnelle Ende nicht unbedingt Teil des Plans war. »Du müsstest doch eine super Partie sein, mit deinen Kochkünsten«, wende ich mich an Ken.

»Aber woher sollen die Frauen das wissen?«, wendet der ein. Er sagt tatsächlich aufs Wort das Gleiche wie Rosie! Irgendwie haben die Chinesen untereinander ein Kommunikationsproblem, denke ich nicht zum ersten Mal. Aber da müsste doch was zu machen sein.

»Also, ich habe da gerade eine kochbegeisterte Couchsurferin kennengelernt, der geht es ganz genauso«, setze ich an.

Ken horcht auf. »Sie ist eher zurückhaltend, aber wirklich sehr, sehr aufgeschlossen und nett!« Bei dem Stichwort »nett« winkt Ken jedoch gleich ab. »Ich bin sehr schlecht. Ich habe sehr schlechte Gedanken.«

Komisch – er wirkt mit seinem Bauchansatz und dem weichen Gesicht doch selbst so nett und harmlos. Aber damit ist das Thema für ihn offenbar erledigt. »So, jetzt ist auch der Fisch fertig«, verkündet Ken.

Ich kann eigentlich schon keine Meerestiere mehr sehen. Drei Abalonen habe ich schon intus, dazu sieben Austern sowie etliche Shrimps und Schnecken. Außerdem dürstet es mich nach Wasser, aber wir trinken nur Cola und den süßlichen japanischen Fruchtwein. Doch der gedünstete Knoblauchfisch muss noch sein. Er ist nicht ganz durch, aber dadurch umso saftiger. Danach macht sich bei uns allen eine gewisse Schwere breit. »Was macht ihr denn sonst so am Wochenende?«, frage ich in die Runde. Es ist schließlich Freitagabend.

»Ich besuche hin und wieder meinen Großvater«, sagt Freund eins. »Und ansonsten spielen wir oft zusammen Computer.« Kens Freunde machen sich ans Aufräumen. Unser stiller Gastgeber holt eine leere Mülltüte und wirft den ganzen Meeresfrüchtemüllberg mit der Zeitung hinein. Dann verzieht er sich mit Freund zwei in die Küche. »Das ist der Deal – ich koche, dafür spülen sie«, grinst Ken zufrieden. »Wenn du noch Zeit hast, können wir morgen noch zusammen essen gehen«, schlägt Ken vor. »Worauf hättest du Lust?«

»Hast du vielleicht von dieser tausendjährigen Sauce gehört? Lu Shui?«, versuche ich ein letztes Mal mein Glück. Auch Ken weiß nichts von den alten Rezepturen. »Aber in einem großen Restaurant gleich bei meinem Büro steht ein Entengericht mit Lu Shui auf der Speisekarte. Wir können es ja mal probieren«, schlägt er vor. »Ich hole dich gegen neun Uhr ab.«

Dann sind wir plötzlich allein, der stille Gastgeber und ich. Die Ruhe, nachdem sie die Türe zugeschlagen haben, ist etwas unangenehm: Es fühlt sich an, wie wenn man als Pärchen Gäste hatte und sich jetzt noch etwas Zweisamkeit gönnt. Nur ist es Zweisamkeit mit einem stillen barfüßigen Chinesen, der kein Englisch spricht und noch weniger entspannt scheint als ich. »Willst du duschen?«, fragt er mehrmals, auch nachdem ich das Angebot abgelehnt habe. Die Tatsache, dass meine Haare also trocken bleiben, hält ihn nicht davon ab, mir einen Föhn aufzunötigen. Ich kann mit aller Kraft gerade noch verhindern, dass er die Klimaanlage in meinem Zimmer anstellt – bei 15 Grad Außentemperatur.

Morgens wache ich gegen sieben Uhr tatsächlich von Vogelgezwitscher auf. Der Blick auf die vielen Wohntürme draußen hätte mich das nicht erwarten lassen. Ken hatte erwähnt, dass in seiner Kindheit die größten Gebäude hier um die zwanzig Meter hoch gewesen seien – jetzt haben sie mindestens zwanzig Stock. Irgendwann dreht Ken den Schlüssel im Schloss um, bewaffnet mit lychee-ähnlichen süßen Früchten namens »Hühneraugen« und frischen grünen Sojabohnen, die in chinesischen Restaurants in ihrer grünen Schale gekocht und gewürzt als Snack wie bei uns Erdnüsse oder Salzstangen serviert werden. Ken stellt sofort wieder den Gasherd an, kocht kurz die Sojabohnen auf und lässt mich von den herrlich süßen Hühneraugen kosten. Auch mein Gastgeber taucht jetzt auf. »Er kommt nicht mit«, informiert Ken mich. »Er geht jedes Wochenende zum Essen zu seinen Eltern. Wir machen uns immer darüber lustig, dass er sich das antut. Er bekommt jedes Mal Standpauken, dass sich noch keine Hochzeit anbahnt.«

Zu dritt betreten wir schließlich einen mehrstöckigen Büroblock. »Unten ist das Restaurant, oben mein Büro. Willst du es sehen?« In Kens Büro im 15. Stock stehen ein Sofa, zwei große Schreibtische, zwei chinesische Kunstdrucke und nur ein Computer – chinesische Bürospießigkeit pur. »Wir haben uns vor einem Jahr zu fünft selbstständig gemacht. Wir kaufen Komponenten von Intel und verkaufen sie weiter«, erklärt Ken. Aber das Geschäft läuft schlecht zur Zeit, räumt er ein. »Die Regierung von Shenzhen will sich von der produzierenden Industrie weg und hin zu mehr Hightech entwickeln. Wir wollen das versuchen, indem wir ganze Systemlösungen anbieten.« Freund zwei seufzt. Er ist Vertreter von Elektronikprodukten, und auch bei ihm läuft es nicht gerade berauschend. »Ich sitze jeden Tag fünf Stunden im Auto, um zu Kunden zu fahren.«

»Und fährst du wenigstens gern Auto?«

»Nein.«

Außer auf Häusertürme geht der Blick auch über einen kleinen künstlichen See – das Einzige, was noch an das sumpfige Fischerstädtchen von einst erinnert. »Schau, da stehen immer noch ein paar Leute und angeln. Jeden Tag sind sie da, und manchmal fangen sie sogar was«, lacht Ken. Aber die vielen Büro- und Wohnblöcke, die geschwungene rote Brücke in der Ferne, davon war in seiner Kindheit noch nichts zu sehen. »Meine Mutter ist 1989 hierhergekommen. Sie war auch Geschäftsfrau und hoffte auf mehr Chancen«, erinnert sich Ken. Das war neun Jahre, nachdem das Städtchen neben Hong Kong zu Chinas erster Sonderwirtschaftszone unter der Parole »Lasst den Westwind herein. Reichtum ist ruhmreich« erkoren wurde und ein gewaltiger Bauboom ausbrach. »Und was macht dein Vater?«, frage ich Ken.

»Er ist Koch.«

Auf den Vater will er allerdings nicht näher eingehen, weil er ein schwieriges Verhältnis zu ihm hat. »Wir haben alle Probleme mit unseren Vätern«, sagt er. Deshalb habe er sich von ihm auch nicht das Kochen beibringen lassen wollen. »Zeit für Frühstück«, beendet er die Diskussion. Wir fahren wieder ins Erdgeschoss, das ein großes Dim-Sum-Restaurant einnimmt. Ich lasse die Jungs bestellen. Auch Ken wäscht das aus der Vakuumverpackung kommende Geschirr mit heißem Tee aus.

Als die Berge von Bambuskörbchen auf unserem Tisch ankommen, ignoriere ich die unvermeidlichen Hühnerfüße diesmal einfach. Den picklig-weißen Kuhdarm glaube ich dagegen zumindest probieren zu müssen. Die Überwindung lohnt sich nicht: Er ist gummiartig und ansonsten geschmacksarm. Besser sind schon die Shrimp-Dumplings, das Rindfleisch in einem leicht süßlichen fluffigen Brotteig, ein ganz dünnes Beefsteak auf Rettich und die *Cheng-fen* – mit Rindfleisch und Gemüse gefüllter weicher Reisteig mit Austernsoße. »Warum machen eigentlich die Südchinesen Teig aus Reismehl, während die Nordchinesen Nudeln aus Weizen machen?«, frage ich Ken.

»Durch China geht eine Art Reis-Weizen-Grenze«, erklärt der. »In Südchina essen wir immer Reis. Von Weizennudeln werden wir nicht satt.« Die Trennung in Nord- und Südchina kannte ich bisher vor allem vom Heizsystem. Städte, die südlich des Huai-Flusses liegen, sind an kein zentrales Heizsystem angeschlossen. Shanghai etwa liegt knapp unterhalb der Grenze. Im Winter fallen zwar auch dort die Temperaturen auf knapp über null Grad. Trotzdem können die meisten Bewohner nur kleine mobile Elektroheizkörper aufstellen oder aus der Klimaanlage warme Luft blasen lassen. In Nordchina gibt es Fernwärme – allerdings immer nur vom 15. November bis 15. März. Wenn es ums Heizen geht, ist China noch durch und durch Planwirtschaft.

»Aber warum macht ihr dann überhaupt Nudeln aus Reismehl, anstatt einfach Reis zu essen?«, frage ich Ken. Da erzählt er von einem nordchinesischen General, zu einer der vielen Zeiten in der chinesischen Geschichte, in denen sich verschiedene Kriegsfürsten bekämpften: Während eines Stellungskrieges im Süden campierten nordchinesische Soldaten vor einer Stadt, die sie erobern sollten. Sie wurden aber immer schwächer und kränklicher – ihnen fehlten die Nudeln. Da griff der Truppenkoch zu einem Trick: Er machte Reis zu einer Teigmasse und formte daraus Nudeln. Zumindest das Auge der Soldaten aß also wieder heimatlicher, was die Truppenmoral deutlich stärkte.

Erst als ich schon längst voll bin, kommt das Essen, auf das ich eigentlich am meisten gespannt bin: die gemischten Ententeile in *Lu Shui* gekocht. Es ist ein kleines Porzellantellerchen, auf dem drei verschiedene Arten von Scheibchen liegen, rundherum transparente gelb-braune Sauce. Das muss die alte Brühe sein. Ich nehme mit den Stäbchen ein Stück knochigen marinierten Flügel auf und schnuppere daran. Er riecht schön würzig, auch der Geschmack ist salzig und aromatisch – aber schwer zu definieren.

»Die feinen Scheiben in der Mitte könnten Niere sein. Oder Zunge«, überlegt Ken. Ich lasse sie also links liegen und halte mich stattdessen an Stücke fluffigen Tofus, der ebenfalls von *Lu Shui* durchtränkt ist. Zusätzlich tunkt man sie in einen köstlichen sauren Dip aus weißem Essig, Knoblauch und milden Chilistücken. Lecker schmeckt diese fremdartige Kombination, aber nun muss ich doch noch wissen, ob wir denn wirklich jahrzehntealtes Zeug essen. Und was in der Brühe drin ist.

»Könnten wir wohl nach dem Koch fragen?«, schlage ich Ken vor. Der zückt stattdessen das Telefon und macht einen Anruf: »Ich bringe oft Kunden hierher und kenne jemanden im Management. Vielleicht kann sie uns helfen«, erklärt er. Die Dame ist aber heute nicht da. Ken spricht eine Angestellte an und bestellt Grüße von seiner Bekannten. »Sie sagt, sie würde den Koch für uns holen«, verkündet er dann und wird jetzt selbst ganz aufgeregt. Fünf Minuten später kommt ein Mann im weißen Kittel und mit hoher Kochhaube aus der Küche und setzt sich zu uns.

»Was soll ich ihn jetzt fragen?«, raunt Ken mir nervös zu.

»Frag ihn, ob er das *Lu Shui* selbst gemacht hat und wann.«

Der Koch antwortet auf Kantonesisch. »Er hat es selbst gemacht und benutzt es seit einem Jahr«, wendet sich Ken dann staunend zu mir. »Er hat ein paar Grundlagen von seinem vorigen Chef in einem Hotel gelernt. Der hatte seine Brühe seit 1998. Dann hat er selbst ein paar Sachen dazu erfunden.«

»Kannst du ihn fragen, welche Gewürze er verwendet?«

Es folgen längere Ausführungen, die darauf hinauslaufen, dass er seine Rezeptur natürlich nicht verraten könne. Dann entschuldigt der Koch sich und trottet wieder in die Küche. Ken ist beeindruckt. »Wow, ich hatte keine Ahnung, dass die diese Brühe so lange benutzen.« Ich bin ein wenig stolz. Ich habe tatsächlich die tausendjährige Meisterbrühe aufgetrieben, von der nicht einmal meine einheimischen Kochfreunde etwas wussten! Außerdem: Nicht nur authentisches Schwein Süßsauer gegessen, sondern auch Monate alten Schweinefuß. Fischkopfsuppe gekocht und in Fischaugen gebissen. Bleibt eigentlich nur noch ein Punkt auf dem Kanton-Pflichtprogramm. Keiner, auf den ich besonders scharf bin. Der aber doch irgendwie dazu gehört, oder etwa nicht? Ich spreche hier von: Hund.

Ausgerechnet ein polnischer Vegetarier will mir den Hund zuführen. Piotr hatte auf meine Couchsurfing-Anfrage mit »Willst du Hund probieren?« geantwortet. Es gebe da dieses Restaurant, an dem er immer vorbeiliefe. Ein ganzer Doberman hinge da immer an einem Haken. Er würde ihn nicht essen, mir aber Gesellschaft leisten. Die meisten Chinesen, die ich bis dahin auf den besten Freund des Menschen im Kochtopf angesprochen hatte, reagierten dagegen empört.

Kaum hatte Ken mich mit einem »Pass auf dich auf, Dear!« an der U-Bahn-Haltestelle abgesetzt, erhielt ich eine alarmierte SMS von Piotr: »Der Doberman hängt NICHT da!« Zu spät, ich saß schon in der U-Bahn.

Eine Stunde später treffe ich einen blassen, schwarz gekleideten jungen Mann irgendwo am Stadtrand von Shenzhen. »Ich glaube, die wollen das Hundeessen jetzt unterdrücken«, mutmaßt er sofort. »Früher gab es auch auf dem Qingping-Markt hier in der Nähe viele freakige Sachen. Ganze Ratten am Spieß! Von denen ist jetzt auch nichts mehr zu sehen.« Er klingt entrüstet, als er sagt: »Die Chinesen wollen jetzt zivilisiert sein.« Wir gehen trotzdem zu dem Straßenrestaurant, wo der Doberman eigentlich hängen sollte. Es ist geschlossen. Die Besitzerin im Restaurant nebendran guckt indigniert, als wir sie fragen, ob vielleicht sie stattdessen Hund im Angebot habe und entgegnet: »Wir haben gegrillten Fisch.« Das Restaurant nebenan würde am Abend öffnen, vielleicht hätten wir dann Glück.

Das ist es mir doch nicht wert. Stattdessen genehmigen Piotr und ich uns einen Kaffee von McDonald in einer frisch gebaut wirkenden Fußgängerzone voll Palmen und rüstiger Rentner mit ihren Enkeln. Ich schlage noch einen gelatineartigen, leicht medizinisch schmeckenden Drink vor, den Piotr nicht kennt. Ich fühle mich etwas schlecht, ihm, dem Vegetarier, etwas zu verschweigen, was ich von Mancy weiß: dass er auf Basis von Schildkrötenpanzer ist. Wie er voller Genuss das wabbelige Getränk schlürft, läuft eine mittelalte Chinesin an uns vorbei. Sie trägt ein groß bedrucktes T-Shirt: »Save a Dog's Life. Mouth to Mouth not required.« Und schon fühle ich mich wieder besser: Mein Verzicht auf Hund hat also nichts mit Drückebergertum zu tun. Er ist eine gute Tat – sogar in den Augen einer Kantonesin.

## Meeresfrüchte nach Kens Art:

*Gedünsteter Knoblauchfisch:*
Viel Knoblauch in Stücke hacken und kurz im Wok mit etwas Sojasauce anbraten. Einen gut gewaschenen ganzen Fisch auf einen Teller legen und diesen auf ein Eisengestell in einen Kochtopf (unten ein paar Zentimeter Wasser) stellen und mit Topfdeckel schließen. Den Fisch mit dem Knoblauch bedecken und 15–20 Minuten dünsten.

Meeresfrüchte wie Austern und Abalonen ebenfalls dünsten, Shrimps und Schnecken ein paar Minuten in Salzwasser kochen und dann dippen.

*Kens Dip:*
Sojasauce
Frische Chili in dünne Ringe geschnitten
Kleine Knoblauchstückchen
Sehr fein geschnittene Ingwerstreifen

## 13.

## Auf der Fährte der Nudel

Keine Speise wird gar und kein Brot wird
gebacken ohne Feuer, doch der
Mensch will reif werden ohne Leid.

Nach der Wärme in Südchina fühlt sich Peking grau und kalt an. Doch so sehr ich Kanton genossen habe, so schwer, fürchte ich nun, lässt sich die Kantonküche in Deutschland verbessern – zu viele der knackig frischen Gemüse und Meeresfrüchte würde ich dort nicht oder nur unter hohem Aufwand und Kosten finden. Und wer würde schon die exotischeren Dinge wie geleeartigen Schweinefuß bestellen? Ein Restaurant mit frischen Nudeln hätte vielleicht doch bessere Chancen. Ich will es noch mal versuchen und schreibe eine SMS an Meister Wu. Doch der macht sich rar und reagiert nicht. Auch die Worte von Mariannes bodenständiger Haushälterin Meilan hallen noch in meinem Ohr nach: »Vom Zugucken wirst du es nicht lernen.« Aber ganz allein, das hat mir mein Kochversuch für Jorge gezeigt, kriege ich es auch nicht hin. Außerdem ist mir das lange Kneten allein zu langweilig. Ich versuche das Nudelmachen also noch einmal mit einer schwäbischen Freundin, deren spätzleprobte Mutter gerade zu Besuch ist. Die ist entsetzt, dass ich keine genauen Mengenangaben für das richtige Verhältnis von Wasser zu Mehl habe. Ich wende ein, dass man dafür halt Gefühl braucht, so wie schon Klein Winzig es predige. »Also, wenn ich Teig einfach nach Gefühl mache, geht das in die Hose. Ich messe immer ab!« So viel zur hilfreichen schwäbischen Hausfrau. Der Versuch geht denn auch tatsächlich wieder in die Hose. Der Teig ist unziehbar, trotz reichlich Pottasche (das zumindest lerne ich von ihr, ist das deutsche Pendant zu *Penghui*). Am Ende müssen wir ihn in Streifen schneiden, die ich in der Luft nur noch ein bisschen weiter auseinanderziehe.

Allein komme ich nicht weiter. Ich muss noch mal in die Kantine. Anstatt darauf zu vertrauen, dass Wu sich auf eine allgemeine höfliche Anfrage zurückmeldet, drohe ich ihm per SMS einfach meine Anwesenheit in der Mensaküche für nächsten Freitag an. Das wirkt: »Ich bin leider sehr mit Vorbereitungen für das neue Restaurant beschäftigt. Aber ich arrangiere jemanden, der dir beim Nudelziehen hilft.« Aha, auch in China selbst betreibt man also Outsourcing! Der Meister lagert das Training an seine Untergebenen aus. Nun denn. Diesmal, nehme ich mir vor, soll es ohnehin mehr um das Grundlegende der ganzen Chose gehen: um den richtigen Teig. Kriege ich den hin, kann ich auch künftig den Rest allein üben. Entschlossen mache ich mich wieder auf den Weg in Pekings Südosten.

Als ich gegen zwei Uhr ankomme, ist die Mensa so leer wie zuvor, und Wus Frau und zwei junge Köche, ein Junge und ein Mädchen, schlürfen gerade eine Nudelsuppe. Sie grinsen wieder, als sie mich sehen und fragen: »Möchtest du auch eine Schale?« Jetzt erst, wo ich die aromatische Fleischbrühe und die hauchfeinen Nudeln schmecke, fühlt sich Peking wieder wie Zuhause an. Auch die beiden Lehrlinge wirken heute ohne ihren Boss um sie herum zutraulicher.

»Wie seid ihr eigentlich an den Job mit Meister Wu gekommen?«, frage ich sie zwischen zwei Schlürfern.

»Er ist mein Onkel«, sagt das Mädchen. Sie ist 17 Jahre alt. Der junge Mann bezeichnet ihn mit einem Wort, das ich nicht kenne. Ich nehme an, dass es sich um eine der zahlreichen Vokabeln handelt, die einen entfernten Verwandtschaftsgrad bezeichnen. Etwas wie »jüngerer Bruder des Schwagers mütterlicherseits«.

»Ihr seid hier in der Kantine alle aus Gansu?«

»Ja, alle.«

Das hatte ich mir schon gedacht. Im Restaurant hatte Wu erwähnt, dass er als Erster nach Peking gegangen sei und mehrere Geschwister sowie den Vater nachgeholt hätte. Es ist wie mit Wirtschaftsmigranten anderswo in der Welt, die für eine bessere Zukunft ins Ausland gehen: Ein Mutiger geht vor, der restliche Clan und Freunde folgen. Nur sind in China, wenn man von »Migranten« spricht, nicht Ausländer gemeint, sondern Chinesen vom Land, die in die Großstädte ziehen und sich dort mit anderen »Landsmännern« aus der Heimatprovinz zusammenrotten. Sie bleiben oft ebenso unter sich wie ostanatolische Gastarbeiter in Deutschland.

Die Köche grinsen, als sie mich in die Küche führen und mir diesmal nicht nur eine Schürze reichen, sondern auch ein Kochhäubchen aus weißem Papier. Einer der Köche zeigt mir geduldig die Ziehbewegungen, die langsam schon ganz gut funktionieren. Zwischendurch fragt er mich immer wieder nach englischen Vokabeln. »Habt ihr in der Schule kein Englisch gehabt?«, frage ich.

»Doch, schon. Aber es ist nichts hängen geblieben«, gibt er zu. Das Schwierigste ist, den Köchen zu vermitteln, dass ich gar nicht das Nudelziehen selbst üben will – das geht schon gar nicht so schlecht –, sondern den Teig machen. Immer wieder legt mir der Lehrling ein schon wunderschön zurechtgeknetetes Teigstück hin. »Nein, danke!«, insistiere ich. »Das da will ich machen«, und zeige auf den Klumpen – »den Teig«.

Daraufhin gibt er mir das noch größere Teigstück, das auseinandergezogen, gedreht und auf den Tisch geschlagen wird. »Nein, auch nicht. Den Teig selbst. Die Basis will ich lernen«, versuche ich es. Sage ich das falsche Wort für Teig? In sein Gesicht steht nur ein »Was will diese komische Ausländerin bloß?« geschrieben. Da greife ich in den Sack Mehl unter der Anrichte, zeige auf den Wasserhahn und mache Knetbewegungen in der Luft. »Ahhh!«, grinst der Lehrling und zieht den Sack hervor.

»Nimm etwa ein Kilo Mehl«, sage ich, während er etwas von dem Sack auf den Tisch schüttet. Ich will endlich replizierbare Mengen erfahren. Er gräbt ein Loch in die Mitte, gibt (anders als Wu) mindestens einen Teelöffel Salz dazu – aber kein *Penghui*. Dann nimmt er eine größere Plastikschüssel voll Wasser und schüttet sie sorgsam in das Loch des Mehlbergs auf der Arbeitsplatte. Die Schüssel hilft mir als Maßeinheit leider kaum weiter, weil ich kein Gefäß von vergleichbarer Größe in meiner Küche habe. Ich will Wasser und Mehl schon wie Klein Winzig mit den Stäbchen verrühren, aber er hält mich davon ab. Stattdessen holt er mit den Händen einfach immer mehr Mehl von den Rändern in das Loch mit dem Wasser. Es ergibt sich eine trockene flockige Masse. Dann gießt er doch immer wieder etwas mehr Wasser dazu, obwohl die schwäbische Mutter meiner Freundin gemeint hatte, wenn die Teigmasse einmal vermischt sei, ließe sich zusätzlich nicht gut Wasser dazugeben. Zum Verrücktwerden!

Er weist mich an, einen Teil des Teigs mit der linken Hand festzuhalten und dann mit der rechten in Richtung Tischende zu drücken. »Nimm nur eine Hand, nur eine Hand«, ermahnt er mich immer wieder. Warum, weiß ich nicht. Aber ziemlich bald entsteht doch wie von selbst ein perfekter Klumpen, in den ich jetzt immer wieder mit ganzem Handballen kräftig hineindrücke. »Und jetzt muss er noch eine halbe Stunde ruhen?«, glaube ich rein rhetorisch zu fragen.

»Nicht nötig«, sagt Wus Lehrling da. Kein Ruhen, kein *Penghui* – ich verstehe überhaupt nichts mehr. Sein Kollege wirft sich dafür

jetzt mit schnelleren, angestrengteren Bewegungen mit seinem ganzen Gewicht in den Teig. Also nicht einfach nur walken, sondern immer wieder ganz fest reindrücken, vermerke ich. Und das ist unglaublich anstrengend. Fast pausenlos reden die beiden jungen Köche mit Erklärungen auf mich ein. Ich verstehe nur so viel: »Das Zwirbeln in der Luft ist eher zur Show. Du kannst auch zwei-, dreimal in der Mitte auseinanderziehen, das Ganze dann zweimal auf den Tisch hauen und dann beide Ende wieder zusammennehmen.« Manchmal scheint auch etwas Aufmunterndes oder Anfeuerndes dabei zu sein. Nach einer Stunde sind meine Arme so schwer, dass ich kapituliere: Dann übe ich eben doch noch einmal nur den Schlussakt, das feine Ziehen – zur körperlichen Entspannung. Etwa so, wie man beim Crosstrainer am Ende noch etwas im Leerlauf ausläuft. Wenn ich ein passables Fadenset herstelle, klatschen beide Jungs vor Freude in die Hände.

»Fahrt ihr am ersten Mai nach Hause?«, frage ich zum Abschied. »Nein, unsere Heimatstadt ist zu weit weg«, sagte die pausbäckige Nichte von Wu traurig. Sie hat sich aus meinen Lektionen herausgehalten. »Wir bekommen nur den Feiertag selbst frei und müssen dafür am Wochenende schon wieder arbeiten«, sagt einer der Lehrlinge.

Zu Chinas Feiertagpolitik gehört auch das merkwürdige Konzept vom »Arbeitswochenende«: Steht unter der Woche ein Feiertag an, müssen viele Angestellte für den freien Tag mit Arbeit am Wochenende büßen. Ich habe nie recht verstanden, warum: Schließlich waren einige traditionelle Feiertage, die Mao erst als feudal gebrandmarkt und verboten hatte, überhaupt erst wiederbelebt worden, um den Konsum anzukurbeln. Aber wie sollen die Chinesen mehr shoppen, wenn sie unterm Strich nicht mehr frei haben?

Mich bekümmert die mangelnde Flexibilität noch aus einem persönlichen Grund: Das Nudelziehen wird doch sehr beschwerlich. Mir schwant, dass ich mich als professionelle Nudelzieherin in Deutschland wohl wenig eigne. Reiselust erwacht wieder in mir. Wie gerne würde ich mir die Höhlenwohnungen in Wus Heimat anschauen. Aber ohne bekannte Menschen dort würde die beschwerliche Reise in die Einöde wenig Sinn ergeben.

Umso glücklicher bin ich, dass sich Hoffnung auf Ersatz anbahnt – in Gestalt von Yulan. Als ich die 32-Jährige das erste Mal sehe, kommt sie Jorge und mir auf dem Fahrrad entgegen. Auf dem Gepäckträger balanciert sie einen großen Karton. »Was hast du da?«, fragt Jorge sie nach der Begrüßung.

»Oh, das sind Eier für eine Freundin. Ich wohne jetzt am Stadtrand. Da kann ich Eier vom Land kaufen. Die sind gesünder und leckerer. Die hier bringe ich einer Freundin mit.« Da braust auch schon eine andere junge Chinesin im Auto heran, die beiden begrüßen sich, Yulan übergibt an die sicher fünfzig Eier, und wir können losspazieren.

Yulan war Jorges erste Sprachpartnerin, als er selbst noch in Peking lebte. Seine Mandy sozusagen. »Du wirst sie mögen, sie ist wirklich sehr nett«, insistierte er, als er mich nach meiner Rückkehr aus Kanton wieder besuchte. Ich hätte lieber noch etwas Zweisamkeit mit ihm genossen – schon am nächsten Tag würde er selbst wieder an die ferne Westgrenze des Landes entschwinden. Aber so verabredeten wir uns zu dritt für einen Sonntagsspaziergang um den Beihai-See, gleich neben der Verbotenen Stadt.

Yulan ist nicht nur tatsächlich sehr nett und was das Essen betrifft, typisch chinesisch gesundheitsbesessen. Sie scheint auch für meine Koch- und Reisepläne sehr hilfreich. Als ich ihr von meiner neu entdeckten Nudelpassion erzähle, wirft sie gleich begeistert ein: »Ich komme aus Shanxi! Dort gibt es die besten Nudeln in ganz China!«

»Ich dachte, die Lanzhou-Nudeln aus Gansu sind die besten?«, gebe ich zu bedenken. Da verzieht sie angewidert das Gesicht. »Ich mag Lanzhou-Nudeln nicht.«

»Warum denn nicht?«

Bisher war ich davon ausgegangen, jeder Chinese sehe in diesen feinsten aller Nudeln das Nonplusultra.

»Sie sind zu dünn«, mäkelt Yulan. »Man kann gar nicht recht hineinbeißen. Und es gibt sie nur in dieser Rinderbrühe. Shanxi-Nudeln haben mehr Biss, und man kann sie braten und kochen und mit viel mehr Saucen essen.«

Auch auf Höhlenwohnungen, lerne ich, hat Nudel-Wu kein Monopol. Sie erzählt, dass sie selbst in einer Höhlenwohnung aufgewachsen sei. »Es gibt sie in drei benachbarten Provinzen, die alle auf dem gleichen Lössplateau liegen: Gansu, Shanxi und Shaanxi. In den porösen Boden lassen sich gut Höhlen graben. Die bieten Schutz vor den starken Winden dort«, erklärt sie. Und als hätte sie mich nicht schon genug angefixt, gibt sie mir noch eine letzte Lektion über die Nudel im Allgemeinen: »Wusstest du, dass die Nudel in China erfunden wurde?«, fragt sie. »Du kennst doch Marco Polo, ja? Der hat die Nudeln in China entdeckt und sie dann nach Italien gebracht. Über die Seidenstraße.«

»Tatsächlich?«

»Glaub ich zumindest«, sagt sie.

Ob die Geschichte stimmt oder nicht – mein Reisefieber steigt. »Also, in Shanxi gibt es die besten Nudeln, richtig? Da wurden sie auch erfunden?«

»Eher nicht«, räumt sie jetzt ein. »Die ersten Nudeln sollen aus Xinjiang kommen. Aus der Gegend um Kashgar. Aber dazu müsste Jorge mehr sagen können«, stupst sie ihn an – Xinjiang ist schließlich gerade seine Wahlheimat.

Wir schauen uns mit leicht unterdrücktem Grinsen an. Kasghar, die letzte Handelsstadt vor der Grenze mit Pakistan, Kirgistan und Tadschikistan, ist nicht nur der Ursprung der Nudel. Es ist auch der Ort, an dem wir während unserer ersten Reise von reinen Reisegefährten zu – na, was auch immer, wurden.

»Und wo genau beginnt die Seidenstraße?«, frage ich.

»Eigentlich in Xi'an, der Hauptstadt von Shaanxi«, sagt Yulan.

»Dort habe ich studiert – auch weil es da so gute Nudeln gibt. Neben denen in Shanxi natürlich. Die Leute in Shanxi sind die obsessivsten Nudelesser überhaupt.«

Shanxi und Shaanxi scheinen mir bislang, was die Nudeln und ihre Namen betrifft, recht austauschbar. Das liegt natürlich an meiner westlichen Ignoranz. Die Schriftzeichen der beiden Provinzen ähneln sich nämlich überhaupt nicht. Und auch in der Aussprache unterscheiden sie sich durch die jeweiligen Töne der beiden Silben Shan und Xi (sprich: »Schan« und »si« mit scharfem S).

Im Mandarin gibt es vier verschiedene Töne (und einen neutralen), welche die Bedeutungen der Wörter jeweils massiv verändern können. Der erste Ton ist langgezogen, bleibt auf einer Höhe und wird deshalb in der lateinischen Umschrift mit einem »–« versehen. Beim zweiten Ton geht die Stimme von unten nach oben, was mit einem aufsteigenden Akzentzeichen gekennzeichnet wird. Der dritte Ton geht von oben nach unten und dann wieder nach oben, sieht also aus wie ein auf dem Kopf stehendes »accent circonflexe« im Französischen. Beim vierten Ton fällt die Stimme von oben nach unten ab.

Die falschen Töne zu benutzen kann zu fatalen Missverständnissen führen. So fragte ich mich längere Zeit, warum manche Chinesen immer grinsen, wenn ich sie nach einem Kugelschreiber – *Bi* – fragte. Bis ich das Wort für »Muschi« lernte – auch *Bi*, aber mit erstem Ton statt mit drittem Ton gesprochen. Weniger peinlich, dafür umso vertrackter ist die Sache mit Shanxi und Shaanxi. Weil die Töne bei der Lateinschrift auf Straßenschildern nicht gedruckt werden, hat man dem Shanxi mit drittem Ton zur Abgrenzung ein zweites A verpasst – Shaanxi. Was aber nicht heißt, dass das A lang gesprochen würde.

»Was machst du über das Maiwochenende?«, fragt Jorge Yulan, bevor unsere Wege sich wieder trennen.

»Ich fahre nach Hause zu meiner Familie.«

Kaum sind Jorge und ich wieder zuhause und allein, platzt aus mir heraus, was seit diesem Satz in mir arbeitet: »Meinst du, ich könnte Yulan da besuchen?«

»Warum nicht. Mich hat sie auch schon mehrfach eingeladen mitzukommen.«

»Aber mich kennt sie gerade mal seit zwei Stunden«, zögere ich.

»Ach, ich glaube, sie freut sich, wenn sie noch jemanden dabei hat. Dann können ihre Eltern sie nicht die ganze Zeit löchern, ob sie jetzt endlich jemanden zum Heiraten gefunden hat«, meint er.

Ich setze mich an den Rechner und recherchiere, was es mit der Seidenstraße und der Nudel auf sich hat. Die Marco-Polo-Geschichte, stelle ich schnell fest, ist leider ein Mythos: In China wurde zwar die älteste Nudel der Welt gefunden. Nahe des Gelben Flusses, der Wiege der chinesischen Zivilisation, stießen Archäologen 2002 auf einen 4000 Jahre alten Steinguttopf, an dem noch eine gelbliche Nudel aus Hirse klebte – und schon kurz darauf zu Staub zerfiel. »Ha! Das war in der Provinz Qinghai!«, rufe ich Jorge zu. »In der Provinz von Klein Winzig. Also sozusagen auch an meinem eigenen Nudel-Startpunkt.«

Dass die Chinesen den Italienern ein paar Jahre voraus waren, heißt aber nicht, dass sie ihnen die Nudeln gebracht haben. Dagegen sprechen schon Dokumente aus dem Jahr 1279, die Soldaten aus Genua abbilden, die getrocknete Nudeln als Proviant mit sich führen – 16 Jahre, bevor Marco Polo aus China zurückkam. Als wahrscheinlicher gilt, dass sich gekochte Pasta ihren Weg zwischen dem 5. und 8. Jahrhundert aus der arabischen Welt nach Europa gebahnt hat. »Schon lustig, dass wir genau an den jeweiligen Enden der Seidenstraße wohnen – jedenfalls was den chinesischen Teil betrifft«, meint Jorge zu meinen Kurzreferaten.

Ich verkneife mir die Bemerkung, dass ich die Distanz von über 3000 Kilometer Luftlinie zwischen uns nicht mehr nur lustig finde. Nach jedem weiteren Treffen fällt mir der Abschied schon etwas schwerer. Die muslimisch geprägte Provinz Xinjiang liegt im äußersten Westen Chinas. Kamelkarawanen zogen dort einst durch die Wüsten und Oasenstädte, vorbei an hohen Gebirgsketten. Heute braucht der Zug zwischen der Provinzhauptstadt Urumqi immerhin noch 42 Stunden bis Peking. Jorge war einmal auf diese Art zu mir gereist. Er hatte keinen Platz mehr im Liegewagen bekommen, nur einen Sitzplatz, und taumelte als nach den vielen Zigaretten seiner Mitpassagiere stinkendes Wrack in meine Wohnung. Da bevorzugte ich selbst doch die gut vier Stunden mit dem Flugzeug.

Trotzdem bekomme ich jetzt Lust, mir auch einmal über Land den Weg zu Jorge zu bahnen. Immer der Nudel nach, und natürlich mit Probierstops unterwegs. »Ich könnte mich zu dir durchfressen«, stelle ich in den Raum. »Was liegt denn genau in der Mitte zwischen Peking und Urumqi? Lass uns mal auf die Karte schauen«, schlage ich vor, und wir beugen uns über den Bildschirm.

»Hm, das wäre dann wohl Lanzhou«, stellt Jorge fest.

»Die Hauptstadt von Nudel-Wus Heimat! Das ist doch Schicksal!«

»Die Stadt mit der höchsten Verschmutzung in ganz China, jedenfalls noch vor ein paar Jahren«, stellt Jorge nüchtern fest. Vielleicht nicht der romantischste Ort. Das leuchtet mir auch ein.

»Müssen wir uns unbedingt auf der Seidenstraße treffen? Wie wäre es denn zum Beispiel mit Sichuan. Das liegt für uns auch in der Mitte, nur etwas weiter südlich. Ich war da erst einmal und nur kurz«, schlägt Jorge vor, und schiebt nach: »Und das Essen ist schließlich weltberühmt.«

Damit hat er mich. Die scharfe Küche von Sichuan (Szechuan, nach der kantonesischen Schreibweise) darf ich ebenso wenig auslassen wie die Absonderlichkeiten Kantons. Sichuan prägt inzwischen die Alltagsküche in ganz China.

Doch zuerst will ich Yulan besuchen. Umso mehr, als ich bei weiterer Recherche erfahre, dass Shanxi die Provinz mit der größten Nudelvielfalt Chinas ist. Der Schweizer Nudelforscher Christoph Neidhart fand heraus, dass es gleich neun verschiedene Herstellungsmethoden gibt – vom Schaben, Spitzeln, Durchtropfen, Quetschen bis zum Ziehen. Außerdem verwenden sie neben Weizen noch etliche andere Getreidearten sowie Bohnensorten, wodurch sich die vielen Varianten ergeben. Jede Shanxier Bäuerin sei in der Lage, 100 verschiedene Nudelsorten herzustellen. Neidhart hatte den Rat bekommen, einfach von der Provinzhauptstadt aus zwei Stunden lang in eine der vier Himmelsrichtungen zu fahren und bei einer Bäuerin Nudeln zu essen. Dort seien sie viel besser als in den Städten. Yulans Beschreibung ihrer Heimat passt darauf ganz gut. Von dort dürfte es nicht allzu weit bis Xi'an sein, der ersten Station auf der Seidenstraße mit der weltberühmten Terrakotta-Armee. Eine Nachtzugfahrt weiter gen Süden, und ich bin in Sichuan. Dort wollen Jorge und ich uns wieder treffen.

## 14.

## In den Höhlen von Shanxi

*Unsere Wünsche sind wie kleine Kinder.
Je mehr wir ihnen nachgeben,
desto anspruchsvoller werden sie.*

Der moderne Hochgeschwindigkeitszug verlässt Peking an einem schönen, sonnigen Frühlingsmorgen. Die Luft ist ungewöhnlich klar, der AQI – der »Air Quality Index«, den man stündlich im Internet abrufen kann – liegt im grünen Bereich. Ein Geschenk, das man in Peking zu schätzen weiß. Vor dem Zugfenster fliegen bei 250 Stundenkilometern Städte, Dörfer und Felder vorbei. Dann wird es zwischendurch vor dem Fenster richtig duster – als wären Gewitterwolken aufgezogen. Aber nur der Smog verdunkelt die Sonne.

Ich hätte es wissen müssen. Ein guter Teil von Pekings Smog stammt aus den Kraftwerken und der kohlebefeuerten Industrie der Nachbarprovinzen. Von der Mandschurei im Nordosten bis nach Kasachstan erstreckt sich der Kohlegürtel. Ein Drittel der Kohlevorkommen Chinas liegt allein in den Böden von Shanxi. Die Königin der Luftverschmutzung allerdings ist die Provinz Hebei zwischen Shanxi und Peking: Sieben der zehn meist verschmutzten Städte Chinas liegen in Hebei. Und in einer von ihnen steige ich aus: Handan. Wie ich auf den Bahnsteig hinaustrete, begrüßt mich der leicht süßlich-klebrige Geruch, den ich von Pekings schlimmsten Smogtagen kenne. Wie muss das hier erst sein, wenn über ganz Nordchina eine Smogdecke schwebt! Auch sonst riecht Handan sehr nach Provinz: In Peking funktionieren Taxischlangen am Bahnhof ganz gut. Hier herrscht das reine Chaos. Alle scheren panikartig aus dem Geländergerüst aus und hechten mit ihren Köfferchen weiter nach hinten. Dort fangen sie Taxen ab, noch bevor die sich in die Spur einordnen können. Irgendwann gebe ich das Schlangestehen auf und drängel mich auch durch.

Ich erwische eine laut sprechende Fahrerin, die mir für die Fahrt zum Busbahnhof 60 Yuan abknöpfen will, aber sie verspricht, dass es billiger wird, wenn sie noch jemanden einsammelt. Eine Frau am Straßenrand wedelt mit der Hand, und die beiden unterhalten sich bei der Fahrt über Immobilienpreise. Auch in Handan wird natürlich alles teurer. »Wie groß ist Handan eigentlich?«, frage ich die Fahrerin. Ich hatte vor dieser Reise noch nie im Leben von der Stadt gehört. Beim Fahrkartenkauf wunderte ich mich sogar, dass der Mann in der Ticketbude in meiner Nachbarschaft sie überhaupt kannte. »So um die acht Millionen, wenn man die Vororte dazuzählt«, meint die Fahrerin. Eine Achtmillionenstadt nur zwei Stunden von Peking, von deren Existenz ich nicht einmal etwas wusste? Das scheint mir selbst in China unwahrscheinlich. Die einstündige Taxifahrt durch den Stau zum Busbahnhof lässt es allerdings plausibel erscheinen.

Später im Bus sitze ich neben einem vollen Putzeimer und dämmere vor mich hin. Wenn ich die Augen aufmache, sehe ich braune Hügel, gespickt mit maigrünen Bäumen und hin und wieder eine Raffinerie, ein Kraftwerk oder ein Stahlwerk. Drei Stunden später schließlich setzt man mich und ein paar Mitfahrer hinter einer Maut-Haltestelle am Highway ab. Die Luft ist schon wieder besser, um mich herum ist nichts als plattes bräunliches Land mit Bäumen, am Horizont Hügel. Ich habe keine Ahnung, wo ich bin, Yulan hatte dem Busfahrer per Handy Instruktionen gegeben, wann er die Westlerin rauslassen soll. Ein paar illegale Taxifahrer versuchen hartnäckig, mir eine Fahrt anzubieten. Ich beharre darauf, dass ich abgeholt werde. Sie schauen skeptisch. Zwanzig Minuten später kommt schließlich Yulan angefahren.

Sie sitzt in einem grünen Taxi, das ihrer Schwester gehört und das nun deren Schwager fährt – für uns gratis. Tausendfach entschuldigt sie sich für die Verspätung und schlägt vor. »Wir gehen gleich Mittagessen, okay?«

»Gern, ich will unbedingt Nudeln essen!«

»Das dürfte kein Problem sein«, lächelt sie. »Jedes Restaurant hier hat Nudeln. Und meine Mutter macht jeden Tag selbst Nudeln, die kann es dir also auch zeigen.« Wir kommen in ein kleines, verschlafenes Städtchen. Die staubigen Straßen sind fast leer. In einem einfachen Restaurant sitzen außer uns nur an zwei anderen Tischen Gäste. Fliegen surren, es ist für Anfang Mai schon recht heiß. Yulan bestellt zweimal gezogene Nudeln und ein köstliches kaltes Nudel-Tofu-Gericht mit breiten Reisnudeln, Tomaten, Morcheln, Erdnüssen, Gurken, nudeldünnen Tofustreifen und saftigem gebratenem Tofu in einer aromatischen säuerlichen braunen Sauce. »Ist das Shanxi-Essig?«, frage ich Yulan. Shanxi-Essig ist in ganz China berühmt, ältere Jahrgänge gelten als besser als jüngere. Er ist es. Die drei Männer am Nebentisch gucken schon grinsend und neugierig herüber und reden dann auf Yulan ein. Ich merke, dass es um mich geht. Wahrscheinlich bin ich in diesem attraktionsfreien Nest die erste Ausländerin. Aber ich verstehe kein Wort. »War das Mandarin?«, frage ich Yulan.

»Nein, das ist unser lokaler Slang. Meine Eltern können leider auch kaum Mandarin«, sagt sie entschuldigend.

»Wie heißt er?«

»Wir sagen einfach Shanxi-Sprache. Offiziell ist es nur ein Dialekt.«

Als wir schon eine Weile Tofusalat gespachtelt haben, kommt der dünne Besitzer an unseren Tisch. »Er fragt, ob du beim Nudelziehen zuschauen willst«, übersetzt Yulan. »Du bist wahrscheinlich die erste Ausländerin hier.« Und ob! In der kleinen, dunklen Küche beugt sich die Frau gerade über ein großes Holzbrett, auf dem ein plattgewalzter Teig schon in etwa fingerbreite Streifen geschnitten ist. Der Anblick erinnert mich gleich an Klein Winzigs Methode. Sie dreht sich lachend zu mir um, als ich durch die Tür trete. Dann nimmt ihr Mann einen Streifen hoch, zieht ihn in der Luft auseinander, nimmt ihn mehrfach zusammen, zieht wieder und wirft das Nudelspiel dann in den Topf mit kochendem Wasser. Dann den nächsten Streifen. Er arbeitet blitzschnell wie eine Maschine.

Unsere Portion kommt schließlich in Porzellanschüsseln als Suppe an unseren Tisch. Ich versuche, diesmal darauf zu achten, was Yulan mit dem Kaugefühl meint. Da der Teig frisch und nicht getrocknet ist wie bei italienischer Pasta, hat er keinen vergleichbaren Biss. Die Konsistenz ist dennoch etwas fest, aber nicht zäh. Tatsächlich ist das Kauen angenehm. Anders als bei Nudel-Wu kommen die Shanxi-Nudeln mit mehr Inhalten in der Suppe. Fleisch und Gemüse bei Yulan, gebratenes Ei, Tomate und Grünzeug bei mir. Ich lobe, ohne zu lügen, das Gefühl bei der Nudel und den Geschmack der würzigen Sauce. »Die von meiner Mutter sind besser«, sagt Yulan nur verächtlich.

»Was arbeiten deine Eltern denn?«, frage ich, während ich Nudelwasser aus meiner Tasse schlürfe. Es wurde uns statt Tee serviert. »Sie sind Bauern. Sie bauen Weizen, Mais und etwas Gemüse an.«

Was könnte mir Besseres passieren! »Beherrscht deine Mutter auch 100 Sorten?«, frage ich in Erinnerung an die legendären Fähigkeiten der Shanxier Bäuerin, von denen ich gelesen hatte. »Sie kann viele, aber ob 100, weiß ich nicht«, zögert Yulan.

Trotz ihrer einfachen Herkunft hat Yulan studiert – als einzige in ihrer Familie. Bachelor, Master, ein Austauschjahr in den USA. »Haben dich deine Eltern dazu angetrieben?«, frage ich sie.

»Nein, es wäre ihnen lieber gewesen, ich hätte mir nach dem Bachelor einen Job gesucht und geheiratet«, antwortet Yulan und guckt etwas schwermütig.

Bevor wir zu ihr nach Hause fahren, kaufe ich noch drei geschälte Ananas von einem Stand als Geschenk für die Eltern. »Kauf dir besser noch Wasser. Das gibt es bei uns nicht«, rät Yulan mir. Wird das eine Expedition in die Wildnis? »Weißt du, ich kann auch heißes Wasser trinken«, wende ich ein. Ich kann mir schwer vorstellen, dass die Familie nicht Leitungswasser kocht und es aus großen Thermosteekannen trinkt – wie in China auf dem Land üblich.

Kaum haben wir das Städtchen hinter uns gelassen, werden die von Pappeln gesäumten Alleen leerer und die Häuser kleiner. Statt aus weißem verputztem Beton sind die meisten nun mit rötlichen Ziegelsteinen oder ockerfarbenem Lehm gebaut. Auch Yulans Dorf Xiwucun besteht vor allem aus den ockerfarbenen Häusern. An einer neueren Straße zeigt Yulan auf mehrstöckige Neubauten aus Zement: »Da haben meine Eltern auch eine Wohnung gekauft. Sie werden in ein paar Monaten einziehen.«

Etwas später halten wir am Rand einer weiten Schlucht. Auf der gegenüberliegenden Seite liegen bräunliche Berge mit trockenen Terrassen, aus der Vertiefung ragen wie in einer Oase maigrüne Bäume auf – und drei riesige blau-weiß-rot gestrichene Dächer wie gigantische Tipis. Über dem mittleren prangt ein großer kommunistischer Stern. »Was zum Teufel ist das denn?«, frage ich Yulan.

»Tankstelle«, antwortet die trocken. Offenbar eine, mit der sich ein Lokalpolitiker ein Denkmal gesetzt hat. Auf unserer Seite der Schlucht ist der Hang mit teils lehmfarbenen, teils mit Kacheln gedeckten Häusern gesprenkelt. Einige Vorbauten und Türen ragen direkt in niedrige, mit Gestrüpp bewachsene Hügel hinein. Gleich eines der ersten ist Yulans Haus. Zunächst treten wir durch ein eisernes Tor in einer Zementwand, an die sich ein neu gebautes Haus anschließt. Dahinter liegt ein Hof. Einige Hühner scharren im platt getretenen Erdboden herum. Ein schwarzer Mischling zerrt an seiner Kette und kläfft. Gegenüber liegt eine Erdwand mit schönen, mit bunten Kacheln verzierten Torbögen. Es sind zwei Türen und zwei Fenster nebeneinander. Ihre Form erinnert an gotische Kirchenfenster. Das also ist ein *Yaodong*. Ich staune: Ich hatte ein armseliges Loch erwartet. Jede der beiden Türen führt zu jeweils einem Zimmer, aber eines davon ist bis auf ein kaputtes Bett leer. »Da haben früher mein Bruder und ich geschlafen«, sagt Yulan.

Im zweiten wohnen und schlafen ihre Eltern, außerdem gibt es einen Tisch zum Schneiden von Gemüse. Die dunkelgrau verputzten Wände laufen nach oben spitz aufeinander zu und bilden ein Gewölbe. Weil das einzige Licht 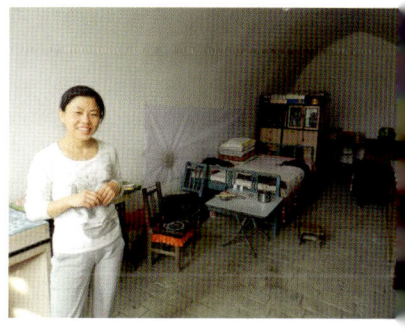 von dem einen Fenster am Eingang stammt, ist es etwas düster, ansonsten aber ganz gemütlich. Die Luft ist angenehm kühl und riecht natürlich erdig. Die Einrichtung besteht aus einem harten Bett, ein paar Stühlen und einem Flachbildfernseher. Es ist einfach, aber nicht annähernd so ärmlich, wie der Begriff des Yaodong, des Höhlenlochs, in den Zeitungsartikeln über den Generalsekretär der Partei immer suggeriert. Ich bin überzeugt, kurz vor der Aufdeckung einer Propagandalüge zu stehen. »Weißt du, ob Xi Jinping auch in genau so einer Wohnung gewohnt hat?«, frage ich Yulan. »Keine Ahnung«, antwortet die. »Es gibt schon solche, die ärmlicher sind als die in meinem Dorf.«

»Aber er lebte doch in einem Yaodong in Shanxi?«, vergewissere ich mich.

»Nein, in Shaanxi«, korrigiert sie mich. Verdammt. Hatte ich also doch wieder die beiden Nachbarprovinzen miteinander verwechselt.

Yulan weist mich an, meine Sachen in dem neuen Zementgebäude unterzustellen. Es besteht aus einem großen, aber kaum eingerichteten Raum. Ein großes Bett steht darin, gleich daneben zwei Motorräder und auf einem Tischchen ein eingerahmtes Poster von Mao Zedong sowie ein altes Klassenfoto.

Ihre Eltern sind noch auf dem Feld, und wir brechen zu einem Dorfspaziergang auf. Yulan führt mich in mehrere weitere Höhlenhäuser von Nachbarn und Verwandten, die alle einem ähnlichen Muster folgen: Ein Hof, die gleiche giebelige Tür- und Fensterform. Drinnen nur ein schlauchartiger, spitz nach oben zulaufender Raum mit ein bis zwei Betten, Fernseher, vielleicht einem Kühlschrank, einem Sofa und ein paar anderen Möbeln. Als wir bei einer kleingewachsenen Tante mit kurzen Haaren und einem breit lächelnden gebräunten Gesicht sitzen, frage ich Yulan, wie lange ihre Familie schon in diesen Häusern lebt. »Oh, ich habe keine Ahnung! Was du auch immer wissen willst!«

Vielen Häusern ist überhaupt nicht mehr anzusehen, dass sie in einen Erdhügel gebaut sind. Vom Hügel ist von außen nichts mehr zu sehen. Bis auf die typischen spitzbogigen Türen scheinen es ganz normale, frei stehende Häuser zu sein. Nur innen ist der Raum klein und läuft nach oben spitz zu. Wir spazieren eine kleine Erdaufschüttung hinauf und spazieren dann auf dem plattgedrückten, mit niedrigem Gras bewachsenen Dach mehrerer Häuser herum. »Auf diesen Dächern haben wir früher Hirse zum Trocknen ausgelegt und gedroschen. Ich musste da auch noch mithelfen.«

»Hast du das gern gemacht?«

»Um Himmels willen, nein! Es ist viel zu anstrengend!«, wehrt sie erschrocken ab.

»Und machen deine Eltern es jetzt noch?«

»Nein. Für die Schnellstraßen und den Industriepark hier nebenan wurde uns viel Land weggenommen. Wir haben nicht mehr genug Land, um Hirse anzubauen.«

Als ich ein bulliges Rindvieh fotografiere, das einen Karren voll Heu durch die schmalen Dorfstraßen zieht, sagt sie: »Davon gibt es jetzt immer weniger.«

Wir gehen in einer breiten Allee an den Feldern mit frischem grünen Weizen vorbei. Im sanften Nachmittagslicht ragen direkt hinter ihm einige Schlote auf. »Das ist der Industriepark«, sagt Yulan. Zu riechen ist nichts von dem Qualm, der aus den Schornsteinen steigt. »Vielleicht weht der Wind heute aus der anderen Richtung«, meint sie schulterzuckend. »Aber es ist eine sehr umweltverschmutzende Produktion. Sie machen da Glas, Zement und noch mehr.« Aus der Ferne summt und hämmert es. Die Bauern bücken sich über den Weizen.

»Was hat das für euch verändert?«, frage ich Yulan.

»Na ja, früher hatten wir um die 15 Mu Land, heute sind es nur noch drei bis vier.« Mu ist eine chinesische Maßeinheit, 15 Mu entsprechen einem Hektar. Die Familie wurde entschädigt, aber nur kläglich.

»Sind die Leute froh über die Arbeitsplätze?«, frage ich.

»Einige sicher. Aber die Schäden durch die Umweltverschmutzung wiegen schwerer«, entgegnet Yulan.

Ich frage mich, ob nur Yulan mit ihrer städtischen Bildung so denkt oder auch die ältere Generation – aber mit der kann ich ja nicht reden. Yulan schimpft derweil über den Staub, der ihre schwarzen Turnschuhe mit den pinken Schnürsenkeln hellgrau eingefärbt hat. »Schau«, zeigt sie darauf, »deshalb will ich nicht zu oft nach Hause gehen!«

Yulan hat per Telefon von der Mutter noch Instruktionen bekommen, was sie einkaufen soll, und wir drehen eine Runde durch winzige Fleisch- und Gemüseläden im Dorf. Überall wird Yulan verschwörerisch mit Blick auf mich gefragt: »Aus welchem Land kommt sie? Woher kennst du sie?« Ich fühle mich wie die erste Langnase in Xiwucun, und wahrscheinlich bin ich das auch. Als wir ins Haus zurückkommen, ist es sechs Uhr, eigentlich chinesische Abendessenszeit, aber von Yulans Eltern ist noch nichts zu sehen. Ich fühle mich plötzlich wie erschlagen und bin ganz froh, noch ein Nickerchen machen zu können. »Aber weck mich unbedingt, wenn sie mit dem Kochen anfängt«, schärfe ich Yulan ein. Als ich aufwache, höre ich, wie es in der Küche rumort. »Sie macht nur gerade den Teig für die Nudeln«, beruhigt mich Yulan. »Nur« den Teig! Das ist doch das Wichtigste für mich – meine große Schwachstelle! Ich springe auf und hechte in die Höhle.

Yulans Mutter, eine drahtige Frau mit faltigem Gesicht und kurzen graumelierten Haaren, beugt sich schon über eine Schüssel mit einem noch trocken-bröckeligen Mehlwassergemisch. Sie begrüßt mich lachend, aber wir können, wie Yulan mich schon gewarnt hatte, praktisch nicht kommunizieren. Ich bitte Yulan, sie zu fragen, ob ich auch etwas am Teig mitkneten dürfe, und sie hat kein Problem damit.

Der Teig besteht nur aus Mehl und Wasser. Ich spreche Yulan auf *Penghui*, die Pottasche, an. »Das braucht man, wenn die Nudeln ganz dünn gezogen werden. Damit der Teig nicht bricht«, erklärt sie und verzieht dann das Gesicht: »Ich merke sofort am Geschmack, wenn noch etwas anderes drin ist.« Der Teig ist feuchter als bei Wu, klebt zunächst mehr an den Fingern. Dann schneiden wir mit dem Hackmesser Schweinefleisch und Gemüse. »Warum schneidet deine Mutter die Bohnen und Zucchini schräg?«, frage ich Yulan.

»Dafür gibt es keinen Grund. Was du schon wieder wissen willst!«, sagt sie lachend. Ich bestehe darauf, dass sie nachfragt. »Es gibt doch einen Grund«, dreht sie sich dann erstaunt zu mir um. »Sie sagt, sie entfalten dadurch mehr Geschmack.«

Als alles geschnitten ist, geht Yulans Mutter in den Hof und von dort in einen niedrigen Holzschuppen – die Küche. Der Herd besteht aus einem massiven nierenförmigen Klotz aus Ton und Zement. Unten lässt sich Feuerholz einschieben, oben befinden sich zwei runde Aushöhlungen für zwei Woks. Während sie Feuer macht, sitzen Yulan und ich auf niedrigen Hockern im Hof und schauen ihr von außen zu. »Das war für mich als Kind immer der erholsamste Zeitvertreib«, wird Yulan nun doch etwas nostalgisch. »Ich habe einfach immer draußen gesessen und meiner Mutter beim Kochen zugeschaut.«

Sie erzählt, dass sie seit der Mittelschule nicht mehr zuhause wohnte und nur manchmal am Wochenende zuhause war. Für eine Familie ohne Auto war die Schule zu weit weg. Yulan lebte im Internat. Ihr Tagesablauf: Um halb sechs aufstehen, dann eine Stunde Unterricht von halb sieben bis halb acht, und Büffeln bis zehn Uhr abends, nur unterbrochen von Essenspausen. »Inzwischen wird das Schulsystem von vielen kritisiert. Es ist zu starr und zu streng«, sagt sie. Ich erzähle ihr von den deutschen Bildungsdebatten, vom Pisa-Schock und von der Bewunderung, die man jetzt den Shanghaier Schülern entgegenbringt, die bei den internationalen Tests zuletzt auf Platz eins gelandet sind. »Shanghai ist nicht repräsentativ für China«, bestätigt Yulan meinen eigenen Verdacht. »An den meisten Orten sind die Schulen viel schlechter.«

Im Hof ist es kühl und dunkel geworden, wir rücken mit unseren Hockern in den winzigen Küchenschuppen. Das Feuer brennt jetzt gut, und Yulans Mutter setzt den ersten Wok auf. Sie gießt Sonnenblumenöl aus einer Porzellankanne hinein und lässt es richtig heiß werden, dann kommen etwas Sichuanpfeffer und Anis dazu, gleich darauf in dünne Scheiben geschnittener Knoblauch, und dann auch schon das Fleisch. Es zischt, als die saftigen Fleischwürfel in den heißen Wok gleiten. Mit einem Paar Stäbchen rührt sie stetig hin und her, und der Schuppen füllt sich mit dem scharfen Geruch des Pfeffers. Als Nächstes holt sie ein Töpfchen mit einer mir bis dahin unbekannten braunen Paste hervor und schaufelt mit den Stäbchen ein wenig davon in den Wok. »Das ist süße Sojapaste«, klärt Yulan mich auf. Danach ein Schuss dunkle Sojasauce und eine Kelle Wasser. Wenig später wirft sie getrocknete Wolkenpilze dazu, die sie schon zuvor in Wasser aufgeweicht hat. Sie lässt alles ein wenig brodeln, gibt dann noch mehr Wasser dazu und dann zu meiner Überraschung zwei Handvoll Seetang. Den hätte ich im trockenen, weit vom Meer entfernten Shanxi nicht erwartet. »Du kannst ihn überall kaufen«, sagt Yulan. »Eigentlich kannst du in die Soße tun, was du willst. Zum Beispiel auch knusprig vorgebratenes Tofu.«

Während das Essen vor sich hin brodelt, sinniert Yulan weiter über das chinesische Streben. »In China hatten früher höchstens ganz kleine Kinder so etwas wie einen Traum, was sie werden wollen. Alle wissen jetzt, dass Bildung sehr wichtig ist, und tun viel dafür. Aber das ist kein Traum, sondern eher eine Karriere. Es geht darum, eine gute Stellung zu erreichen, Ansehen und Geld zu verdienen. Erst langsam beginnen wir uns zu fragen, ob das wirklich alles ist. Ich bin dafür ein Beispiel«, sagt sie mit einem Lächeln.

»Inwiefern?«

»Vielleicht hatte ich ganz früher einen Traum, aber jetzt nicht mehr. Jetzt ist alles nur noch so lala.« Ich frage sie, warum sie ausgerechnet den Traum hatte, für die Regierung zu arbeiten. »Weißt du, als ich klein war, begann China gerade erst sich zu öffnen und zu reformieren. Deshalb kannte ich eigentlich nur zwei Möglichkeiten: Auf dem Land bleiben oder für die Regierung arbeiten. Es gab ja praktisch noch keine private Wirtschaft.« Jetzt klingt sie desillusioniert. »Nur weil man für eine Behörde arbeitet, macht man noch keine Karriere. Wenn du keine Beziehungen hast, wirst du auch nicht befördert. Ich arbeite jetzt seit vier Jahren in der Finanzverwaltung und wurde noch kein einziges Mal befördert. Mein Chef sagt, ich müsse weiter warten.«

Yulan steckt in einer Sackgasse. Ihr Fleiß hat sie in die Hauptstadt gebracht, aber dort keinen Schritt weiter. Das Dorf hat sie hinter sich gelassen, aber dessen schwer erfüllbare Erwartungen haben sie noch immer im Griff. »Wie gefällt dir denn das, was du im Moment machst?«, frage ich.

»Geht so«, sagt sie und verzieht das Gesicht.

»Kannst du nicht etwas außerhalb der Behörde finden?«

»Das habe ich ja schon versucht«, stößt sie frustriert aus. »Aber Privatunternehmen wollen niemand, der von der Behörde kommt. Sie halten uns alle für faul.« Was dann? »Ich muss wohl irgendeinen anderen Sinn finden.« Sie erwähnt Yoga, und ich fühle mich urplötzlich in postmoderne Sinnsucherbezirke wie Berlins Prenzlauer Berg katapultiert – auch wenn ich am Holzfeuer einer Höhlenwohnung in Shanxi sitze.

Ich muss an Nudel-Wu denken, der aus ähnlichen Verhältnissen kommt wie Yulan, aber aus einer anderen Generation. Wie anders der Sprung vom Land in die Stadt sich für ihn gestaltet hat. Er machte es eher wie ein türkischer Dönerladenbesitzer in Deutschland: Er riskierte etwas, machte sich selbstständig – und zog den ganzen Clan nach. Yulan hat sich gebildet und ist im Alleingang zur integrierten Pekingerin mit Finanzexpertise geworden – und steht jetzt vor postmodernen Sinnfragen.

Yulan schiebt Feuer nach, während ihre Mutter sich an die Gemüsesauce für den Vater macht. Wie auch beim Fleisch gießt sie wieder vorsichtig etwas Sonnenblumenöl hinein und gibt Sichuanpfeffer, Anis und Knoblauch dazu. Höchstens eine halbe Minute danach wirft sie die Zucchiniwürfel hinein, gefolgt von den Bohnen, Wolkenpilzen, löffelweise Salz und einem Schuss Sojasauce. Dabei rührt sie die Zutaten immer wieder mit den Stäbchen durch. Dann gibt sie noch Tomaten und etwas Wasser und Sojasauce dazu und schließlich die ähnlich wie Frühlingszwiebeln aussehenden Knoblauchblätter. »Die lässt sie zuvor etwas in heißem Wasser schwimmen, damit der bittere Geschmack rausgeht und sie schneller kochen«, kommentiert Yulan. Nachdem alles ein Weilchen bei zugedecktem Deckel geköchelt hat, gibt die Mutter noch breite violette Glasnudeln aus der Packung hinzu (*Fentiao*), lässt wieder alles etwas zudeckt köcheln und gießt schließlich noch To-matensauce aus einem Einmachglas hinein. »Die Soße machen wir im Herbst selbst, wenn wir zu viele Tomaten haben. Es sind ganz reife Tomaten. Die haben mehr Geschmack als die aus der Packung«, schwärmt sie. »Und du kannst sicher sein, dass keine Chemikalien drin sind.« Auch Yulans Umweltbewusstsein, denke ich, steht dem einer jungen Mutter im Prenzlauer Berg um nichts nach. Nur dass in ihrem Dorf der Industriepark nur einen Stein-wurf entfernt liegt und sie wahrscheinlich mehr Anlass zur Sorge hat. »Hast du von den gefälschten Eiern gehört?«, fragt sie mich. Hatte ich nicht. Aus Deutschland kenne ich nur Analogkäse und Analogschinken. Doch was Yulan erzählt, toppt das. »Es gibt Leu-te, die aus Chemikalien extrem billig Eierattrappen herstellen. Vor ein paar Jahren gab es einen Bericht über den »Vater der selbst-gemachten Eier«, einen Mann, der für 100 Euro Bauern oder Ar-beitslosen beibringt, wie man Eier selbst herstellt. Schale, Eiweiß und Eigelb.«

»Und sind die giftig?«

»Gesund sind sie sicher nicht. Aber es gibt in China genug arme Leute, die reich werden wollen und keine Skrupel haben.« Mir fällt wieder ein, wie ich Yulan das erste Mal mit einer ganzen Kiste Eier bewaffnet in Peking gesehen habe und verstehe langsam war-um.

Als beide Woks zugedeckt sind und weiter sanft vor sich hin köcheln, geht die Mutter zurück ins Haus und holt einen großen Topf mit Wasser, den sie anstelle des Schweinefleisch-Eintopfs in die größere Feuerstelle hebt. Es ist schon 9 Uhr abends und von Yulans Schwester und dem Vater ist noch immer nichts zu sehen. Er ist noch in der Stadt, um Ziegelsteine abzuholen. »Die Nudeln kochen wir erst, wenn alle da sind«, erklärt Yulan.

Um halb zehn geben wir das Warten auf. Wir folgen der Mut-ter in die Höhlenwohnung, wo sie den Teig aus der zugedeckten Tonschüssel holt. Sie beginnt mit dem Ziehen. Aber dafür, dass die Bäurin aus Shanxi 100 Kochmethoden für Nudeln kennen soll, er-innert mich der Prozess enttäuschend stark an Nudel-Wu. Kneten, Teigwürste rollen, durch die Luft schleudern, die Enden verzwir-beln. Und wie bei Wu mache auch ich ein heilloses Durcheinander, als ich einmal ran darf. »Man braucht wirklich viel Kraft in den Armen. Meine Mutter macht es jeden Tag«, tröstet Yulan mich.

Wie sie nach einem Tag auf dem Acker dafür noch die Energie aufbringt, ist mir schleierhaft. Unermüdlich wedeln ihre Arme in der Luft auf und ab. Doch dann knetet sie alles wieder zusammen und rollt den Teiglaib mit einem Nudelholz auf einem großen Brett zu einem dünnen Fladen aus. Den Fladen schneidet sie in lange fingerbreite Streifen, so wie ich es in dem Restaurant am Mittag gesehen habe.

Im Küchenschuppen brodelt jetzt das Wasser im Topf. Die Mutter nimmt einen der etwa einen halben Meter langen dünnen Teigstreifen und zieht ihn, auf und ab wedelnd, an beiden Enden in der Luft auseinander. Dann nimmt sie den jetzt langen Streifen doppelt und dreifach in die Hand und zieht die vier Stränge wieder auseinander. Schwungvoll landet ein Fadenspiel nach dem anderen im Wasser.

Angesichts der langen Vorbereitungszeit verläuft das Abendessen selbst dann recht profan. Jede von uns füllt sich Sauce auf die Nudeln in der Porzellanschüssel und schlürft sie dann schweigend in der Höhle. In der ist es jetzt ziemlich frisch, ich sitze mit Jacke da. Dazu laufen im Fernsehen seichte Shows. Ich lobe euphorisch die tatsächlich sehr leckeren Nudeln, und Yulans Mutter strahlt.

Vermisst du das Essen von zuhause nicht?«, frage ich Yulan.

»Oh doch, und wie! Das Essen in unserer Kantine ist auch sehr gut, aber es ist einfach nicht das Gleiche. Vielleicht verändert das Holzfeuer den Geschmack. Und wir haben beim Essen eben dieses sehr starke Konzept von Zuhause. Deshalb mag ich auch keine Lanzhou-Nudeln. Ich bin sie nicht gewohnt.«

Ich bekomme Yulans Vater an diesem Abend nicht mehr zu sehen. Erst gegen halb elf höre ich, dass jemand kommt. Ich habe mich schon zurückgezogen. Ich will Yulan noch etwas Zeit allein mit ihrer Familie lassen. Dass sie irgendwann in das breite Holzbett in dem Neubau dazuschlüpft, bekomme ich gar nicht mehr mit, nur dass sie um sechs Uhr wieder aufsteht und mich um sieben zum Frühstück ruft. »Chinesische Eltern würden dich nie ohne Frühstück aus dem Haus lassen«, grinst sie mir entgegen, als ich mich verschlafen auf einen niedrigen Schemel setze. Als wir ins Höhlen-Wohnzimmer gehen, wäscht sich dort ihr Vater gerade aus einer Blechschüssel das Gesicht. Yulan hatte mich gewarnt: Es gibt weder Dusche noch Toilette in ihrem Haus, nur ein Plumpsklo vor dem Tor. Der Vater trägt einen blauen Arbeitsanzug und sieht mit seinem borstigen Haarschopf und dem wettergegerbten, faltigen Gesicht exakt wie der chinesische Durchschnittsbauer aus. Er macht hin und wieder ein müdes Schnaufgeräusch und nimmt kaum Notiz von mir. »Was hat er gestern Abend denn noch so lange gemacht?«, frage ich.

»Ach, er macht hin und wieder kleine Jobs im Nachbarort. Kohleverkäufe mit seinem Motorrad-Anhänger und so etwas. Von dem bisschen Acker könnten sie nicht leben.« Ich muss an den kleinen Kohlehaufen denken, der gestern im Hof herumlag. Yulans Eltern sind sicherlich arm genug, um zur Zielgruppe für den Trainingskurs in künstlicher Eierproduktion zu gehören.

Wir frühstücken aufgewärmte und jetzt etwas matschige Nudelreste vom Abend. »Ich kann dreimal am Tag Nudeln essen!«, verkündet Yulan zufrieden. Als wir fertig sind, holt ihre Schwester uns mit ihrer kleinen Tochter ab. Sie trägt eine violette enge Kunstlederjacke, enge Hosen und zum Pferdeschwanz zusammengebundene künstliche Locken. Ihre Stimme ist laut und kehlig. Die Eltern begleiten uns noch zu dem grünen Taxi und winken, aber umarmen Yulan zum Abschied nicht einmal. Chinesische Abschiede sind oft irritierend schnell und unemotional.

Zehn Minuten später spüre ich das am eigenen Leib. Wir halten mitten in der Pampa an. Nur ein paar Ziegelsteinhäuser stehen zwischen Bäumen an der Straße. Hier muss also Yulans Freundin wohnen, die sie im Auto mit nach Peking nimmt. Yulan ist gerade noch mit einer Hand am Handy, schnappt sich mit der anderen ihre Tasche und springt hinaus. Eben haben wir noch über Träume geredet und in einem Bett geschlafen. Jetzt sagt sie mir nicht einmal auf Wiedersehen. Ich bin jetzt in der Obhut ihrer Schwester, die mich zum Busbahnhof bringen soll. Während wir auf die Abfahrt warten, beobachten wir, wie Fährgäste große Kanister voller Shanxi-Essig über den Parkplatz schleppen. »Willst du nicht auch welchen kaufen?«, ermutigt sie mich.

»Nein, ich reise noch weiter. Außerdem kann ich Shanxi-Essig auch in Peking kaufen«, versichere ich ihr.

Das überzeugt die Schwester nicht: »Da weiß man nie, ob er echt ist!«

## Fleischnudelsauce nach Yulans Mutter

*Sonnenblumenöl im Wok erhitzen und dann 3 Sternanis, eine halbe Handvoll Sichuanpfefferkörner und 1–2 EL Knoblauchstückchen dazugeben. Die Fleischstreifen (Schweinelende oder halb fettes Stück) anbraten und mit Shanxi-Essig ablöschen. 3 El süße Sojapaste (Tianjiang), ein Schuss Sojasauce und 1–2 Kellen Wasser dazugeben, schließlich vorher eingeweichte Wolkenpilze und frische Tomatenstücke. Optional: aufgeweichte Algenstreifen (Haidai) und/oder gebratene Tofustücke oder beliebige andere Gemüsesorten wie Bohnen, Zucchini und »Suantai«: grüner Knoblauch.*

Der Bus rumpelt wieder durch die trockene Hügellandschaft, zurück ins hässliche Handan. Immerhin finde ich dort ein paar kleine Gassen mit Essständen und Plastiktischen. Ich lasse mich an einem nieder und klappe den Laptop auf. Der Wind bläst Staub und Ruß durch die Luft. Die Partikel lassen sich in kürzester Zeit auf meiner Tastatur nieder und bilden dort eine anthrazitfarbene, speckige Schicht. Als Westlerin mit einem Macbook sehe ich zwischen Nudelsuppen und Bauarbeitern im Unterhemd wahrscheinlich aus wie E. T. Entsprechend schief grinsen mich auch die anderen Nudelkunden und Passanten an. Aber bald sehe ich das nicht mehr: Ich starre mit gerunzelter Stirn auf meinen Bildschirm, um Gespräche zu vermeiden.

Das ist oft nicht leicht in China. Meist finde ich die Offenheit und Kontaktfreudigkeit der Chinesen großartig. Nicht nur wird man von Leuten, mit denen man gerade einmal einen Spaziergang gemacht hat, zu den Eltern aufs Dorf eingeladen. Man kommt auch immer wieder in den Genuss von unerwarteten, ulkigen Alltagsbegegnungen. In Peking ist es mir schon passiert, dass ich bei einer Yogaübung im Park plötzlich die resolute Hand einer fremden Frau am Bein spürte, die mich in eine – aus ihrer Sicht – bessere Position ziehen wollte. Weniger großartig finde ich das, wenn ich gerade müde bin oder arbeiten will. Dann wird aus Kontaktfreudigkeit ganz schnell mangelndes Distanzgefühl. An sonnigen Tagen mit klarer Luft habe ich in Peking manchmal versucht, mit dem Laptop im Park zu arbeiten. Innerhalb kürzester Zeit stand jemand hinter mir und versuchte zu lesen, was ich da schrieb. Einmal wurde ich aufgefordert, Wort für Wort vorzulesen und zu übersetzen. Und stets die gleichen Fragen: woher ich komme, ob ich Studentin bin, ob ich Chinesisch lerne, ob ich verheiratet bin.

In Handan lässt man mich erstaunlicherweise in Ruhe, und irgendwie bekomme ich die fünf Stunden rum, bis mein Highspeedzug mich weiter zu meinem nächsten Ziel gen Südosten bringt: Xi'an.

## 15.

## Vergiss die Terrakotta-Armee

*Roten Pfeffer gibt es nicht ohne Schärfe,
eine liebende Frau nicht ohne Eifersucht.*

Xi'an ist die Hauptstadt von Shanxis Nachbarprovinz Shaan-xi – dritter und erster Ton, Betonung vorn. Xi'an heißt wörtlich »Westlicher Frieden« und war schon vor 3000 Jahren die Haupt-stadt der Zhou-Dynastie, einem Rumpfgebilde des heutigen Chi-na, und auch später immer wieder einmal. Touristen aus aller Welt strömen hierher, um die Terrakotta-Armee zu bestaunen. Sie hält Wache über das Grab des tyrannischen Kaisers Qin Shihuang, der China erstmals vereinigt und mit dem Bau der Großen Mauer ge-gen die Mongolen begonnen hat. Die geschätzt 8000 Mann starke Armee aus lebensgroßen Tonkriegern mit individuell modulierten Gesichtern, die sein Mausoleum bewacht, ist neben der Chinesi-schen Mauer und der Verbotenen Stadt die Sehenswürdigkeit Chi-nas schlechthin.

Mich hingegen interessieren vor allem die legendär leckeren Nu-deln. Lokale Hilfe hatte ich wieder auf Couchsurfing.org gesucht. Auf meine Anfrage nach einem Nudelexperten meldete sich Isaac Zhang in etwas hölzernem Stil. »Ich kann dreimal am Tag Nu-deln essen, da ich diese Art Speise liebe, die gesund für den Magen ist. Komm zu ein paar Restaurants nahe der Xi Dian Universität, wo du die aufregende Spinatnudel genießen könntest.« Isaac, be-schloss ich, war der Richtige für mich – zumal er mir auch gleich noch ein Nachtquartier anbot.

Leider ist es tatsächlich fast Nacht, bis ich ankomme. Nach vier Stunden Highspeedzug erwartet mich in Xi'an die U-Bahn und dann eine Busfahrt bis zur Endstation der Linie. Mein Gastgeber scheint am äußersten Rand der Stadt zu wohnen. Die heiße Mai-luft treibt mir auch um zehn Uhr abends noch den Schweiß auf die Stirn, und der Bus ist so proppenvoll, dass ich auf meinem Stehplatz mit Rucksack keinerlei Gefahr laufe, in den Kurven umzufallen. »Nie wieder Couchsurfing«, schwöre ich mir. Aufregende Spinatnudel hin oder her.

An der Endhaltestelle kommt mir Isaac durch wuseliges Fußgängertreiben auf einem Mountainbike entgegen und lächelt freundlich. Ich versuche, meine schlechten Gedanken schnell wieder zu unterdrücken. Isaac ist groß, etwas schlaksig, hat ein kantiges Gesicht und trägt eine randlose Brille. »Mein Haus ist etwas weit weg«, entschuldigt er sich. »Deshalb bin ich mit dem Fahrrad gefahren.« Jetzt auch noch ein langer Fußmarsch mit Gepäck und dazu Kennenlern-Smalltalk – ich stöhne innerlich auf. Isaac dagegen schwärmt von seiner Nachbarschaft. »Wir sind hier in der Software-Entwicklungszone, genau am Rand von Xi'an«, klärt er mich auf. »Wo wir jetzt laufen, ist noch ein älteres Dorf, deshalb ist es so voller Leute. Aber die Wohnhäuser werden gerade alle abgerissen für Fabriken und Büros.« Er verkündet es wie eine frohe Botschaft.

Wie schon zuvor bei Mancy in Foshan fällt mir auf, dass Chinesen, wenn sie »Dorf« sagen, nicht gerade eine Ansammlung von Fachwerkhäusern mit Kühen auf Wiesen darum herum meinen. Das »Dorf« wirkt eher wie ein älterer Stadtteil einer Metropole, mit einem einigermaßen gewachsenen Stadtteilleben voller Imbissbuden und etwas älteren vierstöckigen Apartmentblöcken mit ein paar Blumen davor. Isaac hat schon einen Plan für die nächsten zwei Tage: »Morgen erkunden wir erst mal die Dörfer hier in der Software-Zone und die Nudeln dort. Übermorgen können wir dann in das muslimische Viertel und auf die Stadtmauer. Die Terrakotta-Armee kannst du dir sparen. Was sich gerade hier abspielt, ist viel spannender!« Ein gewagtes Urteil – immerhin konkurriert die Stadt mit einer Sehenswürdigkeit, die selbst die Bundeskanzlerin beim Staatsbesuch in ihr enges Programm eingebaut hatte. »Xi'an ist Teil der Westbewegung von Chinas Wirtschaft. Es ist eine Entwicklung wie in Peking und Shanghai vielleicht vor fünfzehn Jahren«, schwärmt Isaac. »Xi'an steht für China. Deshalb wollte ich auch hierher. Und wegen der guten Nudeln natürlich.«

Wir laufen jetzt breite, dunkle Straßen entlang. Schemenhaft ragt das ein oder andere große Gebäude auf, zum Teil fertig, zum Teil im Bau. Hin und wieder brettert ein riesiger Lastwagen an uns vorbei. Während unseres Fußmarsches erfahre ich, dass Isaac Elektroingenieur ist und drei Jahre bei dem chinesischen Mobilfunkausrüster ZTE gearbeitet hat. Weil er gerade gekündigt hat – oder gekündigt wurde, da bleibt er vage –, hat er jetzt Zeit, mich herumzuführen. Er ist in die neue Software-Zone gezogen, weil er sich hier gute Berufschancen erhofft. »Meine Freundin kommt morgen auch mit, sie wohnt ganz bei mir in der Nähe«, stellt er mir in Aussicht.

»Oh, wie nett!«, freue ich mich. Endlich mal ein funktionierendes chinesisches Pärchen! »Was macht sie denn so?«

»Sie hat Jura studiert und ist auch gerade auf Jobsuche«, sagt Isaac. Arbeitslos, aber glücklich, denke ich mir.

Endlich biegen wir in Isaacs Apartmentsiedlung ein. Sie trägt einen für China typisch euphemistischen Namen: »Rose Mansion«. An Rosen erinnert die Ansammlung neuer Wohntürme wahrlich nicht, nur struppige Büsche säumen das Sträßchen, das zu unserem Block führt. Wir steigen im 17. Stock aus, und Isaac schließt die Tür zu einem weiteren Gang auf. Von hier gehen wie in einem Wohnheim mehrere Türen ab. Sie sind alle verschlossen, das Licht ist kalt, der Gang staubig. »Ich bin erst vor drei Wochen hier eingezogen«, erklärt Isaac. »Außer mir wohnen hier noch vier weitere Jungs. Ein Zimmer wird gerade nicht vermietet, da kannst du drin schlafen!«, sagt er stolz. Bis auf ein Bett mit harter Matratze und Schuhabdrücken im Staub ist es komplett nackt. »Oh, das ist aber schön, vielen Dank!«, versuche ich Enthusiasmus auszustrahlen.

Es ist jetzt elf Uhr abends. Seit sieben Uhr früh bin ich unterwegs, und langsam fühle ich mich elend. Wie schön wäre es, jetzt irgendwo anzukommen, wo es heimelig ist. Aber das Wohnarrangement hat nichts von WG-hafter Gemütlichkeit. Es gibt weder Küche noch Gemeinschaftsraum und keinerlei Dekoration. Von draußen dringt Flutlicht von Baustellen. »Du solltest das Fenster lieber zumachen. Morgens kommt viel Lärm von den Maschinen«, warnt mich Isaac. »Sie reißen gerade die ganzen Häuser drum herum ab.« Ein Blick aus dem Fenster über die weiten Baulandschaften lässt nichts Gutes ahnen.

Isaac wirkt jetzt etwas nervös – er sagt, dass ich seine erste Couchsurferin bin. »Willst du meinen Wasserkocher? Brauchst du ein Kopfkissen?« Auf dem Bett, sehe ich jetzt, liegen nur zwei Laken. »Geht schon, ich kann meinen Pulli nehmen«, versichere ich ihm. »Kann ich vielleicht noch duschen?« Mir klebt der halbe Kohlevorrat von Handan und Shanxi am Körper.

»Oh natürlich. Hast du Badeschuhe?« Hab ich nicht, und ein Blick in die Dusche verrät mir, dass sie durchaus angebracht wären. In Isaacs Gesicht macht sich Panik breit. »Wie kannst du ohne Badeschuhe duschen?!«, ruft er entsetzt. Ich beruhige ihn, dass ich das früher auch hingekriegt hätte. Allzu lange verharre ich ohnehin nicht, weil das Wasser nicht warm werden will. Auf dem harten Bett stopfe ich meine Ohren mit Ohropax gegen den versprochenen Baulärm am Morgen und setze eine Schlafmaske gegen das Flutlicht auf. Dann richte ich doch noch ein Nachtgebet an den Küchengott. Ich sage ihm, dass ich schon ganz fleißig Ziehen geübt habe und er mir morgen bitte angemessen fantastische Nudeln schicken möge. Schon um die bisherigen Strapazen auszugleichen.

Am nächsten Morgen fühlt sich die Welt schon wieder besser an. Obwohl sie das eigentlich nicht ist: Als ich meine Wasserflasche vom Fenstersims nehme, hinterlässt sie dort einen helleren Kreis. So schnell hat sich über Nacht eine neue Staubschicht gebildet. Schnell schließe ich meinen Rucksack, um die Kleidung zu schützen. »Schau!«, holt mich Isaac später in sein Zimmer auf der anderen Hausseite und zeigt nach unten auf die Baustellenlandschaft. Gerade hat es laut gekracht, wahrscheinlich hat die Abrissbirne bei irgendeinem Haus zugeschlagen. Aber ich sehe nicht recht, wo. Dafür zeigt Isaac auf zwei großzügige Villen, die zwischen den Hochhäusern und Baustellen wie von einem anderen Planeten abgeworfen aussehen. »Die gehören der Lokalregierung und waren wahnsinnig teuer. Ich weiß das von dem Makler der Gegend«, bemerkt Isaac und seufzt dann: »Ich werde mir etwas Neues suchen. Es ist doch etwas laut hier.«

»Wie findest du es denn, dass all die Häuser abgerissen werden?«, frage ich dann doch.

»Das ist natürlich schade. Die alten Wohnviertel sind netter als die neuen.« Ich beginne, den allgemeinen Konsens zu hinterfragen, dass die Chinesen keinen besonderen Wert im Alten sehen, sondern nur möglichst rasch alles modernisieren wollen.

»Wir gehen erst frühstücken und holen dann meine Freundin ab, okay?«, fragt Isaac.

Draußen frage ich ihn, woher er eigentlich so gut Englisch kann. Isaac spricht mit sanfter Stimme, langsam und überlegt. Sein Vokabular ist auf erstaunlich hohem Niveau. »Ich habe mehr oder weniger meine Schulbücher auswendig gelernt«, sagt er. Deshalb also klingt er manchmal so gestelzt.

»Und im Ausland warst du nie?«, frage ich.

»Nein, noch nie. Das wäre mein Traum«, schwärmt er. »Deshalb bin ich jetzt auch auf Couchsurfing. Ich möchte mehr Austausch mit Menschen aus anderen Kulturen.« Unser Frühstück nehmen wir zusammen mit Bauarbeitern unter einer Plastikplane direkt am Eingang zu Isaacs Wohnkomplex ein. Zu meiner Enttäuschung gibt es keine Nudeln, sondern eine Suppe mit Bohnenbrei und weichen Tofustücken mit dem wenig appetitanregenden Namen »Tofu-Hirn.« Um uns herum wird wortlos geschlürft. »Die Besitzer kommen aus Zhengzhou, meiner Heimatstadt in Henan«, sagt Isaac zufrieden.

Mir ist immer noch nicht ganz klar, warum man in Xi'an laut Isaac das »echte« China finden soll – abgerissen und wie wild neu gebaut wird schließlich überall. Auf unserem Weg zum Haus seiner Freundin bekomme ich ein paar Hinweise. »Hier ist meine Kirche«, sagt er und zeigt auf ein Gebäude, das mit seinem weißen Turm tatsächlich an eine solche erinnert. »In Xi'an leben alle Religionen harmonisch miteinander. Es gibt hier viele Muslime, aber eben auch Christen und Katholiken. Findest du nicht auch, dass das symbolhaft für China ist?«, erklärt er feierlich.

Wenn Chinesen Christen sagen, meinen sie Protestanten. Katholiken sind für sie eine unterschiedliche Religion. Ich gerate etwas ins Stottern. Ich hatte mich als Journalistin mit einigen eher wenig harmonischen Religionsthemen beschäftigt. Die Kommunistische Partei macht vielen Christen das Leben ganz schön schwer – es sei denn, sie schließen sich der parteilich überwachten »Patriotischen Vereinigung« an. Für Katholiken heißt das, dass sie etwa den Papst nicht als Kirchenoberhaupt anerkennen dürfen und die Bischöfe vom Staat eingesetzt werden. Auch die Protestanten müssen sich der staatlich überwachten »Patriotischen Vereinigung« anschließen.

»Deine Kirche ist von der Regierung anerkannt?«, frage ich nach.

»Oh ja, was wir machen, ist alles ganz legal«, beeilt sich Isaac zu sagen.

»Die Hauskirchen haben es ja nicht ganz so leicht in China«, merke ich an. Der große Boom des chinesischen Christentums spielt sich in den papsttreuen Untergrundkirchen und den vielen informellen kleinen und großen Hauskirchen ab. Weil sie sich bedeckt halten, ist die Zahl der Christen in China nicht eindeutig, wird aber inzwischen auf bis zu 100 Millionen geschätzt. Die Regierung toleriert die Hauskirchen, solange sie nicht öffentlich auftreten und Chinesen und Ausländer fein säuberlich getrennt bleiben. Trotzdem landen einige im Gefängnis oder Hausarrest. »Man muss sich immer an Recht und Gesetz halten, dann bekommt man keine Probleme«, bekräftigt Isaac.

Dass ich in Xi'an, das viele Muslime beherbergt, auch auf einen chinesischen Christen stoße, finde ich dann aber doch wieder symbolhaft – weniger für die Harmonie in China als für die Geschichte der Seidenstraße. Denn über sie wurden neben wertvollen Stoffen, Glas und Gewürzen – und natürlich Nudeln – auch Glaubensvorstellungen transportiert. Der Buddhismus kam über die nördliche Route von Indien nach China. Und das nestorianische Christentum drang von Kleinasien und Iran aus gen Osten. Erst mit der Invasion der Mongolen im 13. Jahrhundert breitete der Islam sich in den Westregionen aus.

Zu Isaac kam Jesus allerdings auf einer anderen Route. Er erzählt, dass er während des Studiums an der Universität im nordchinesischen Harbin in Kontakt mit koreanischen Missionaren kam. Seinen alttestamentarischen Namen wiederum hat ihm ein Kanadier verpasst. Auf einer Konferenz stellte er eine Frage, und der kanadische Moderator fragte nach seinem englischen Namen – und taufte den noch Namenlosen einfach spontan Isaac. »Das hat mir ganz gut gefallen. Es ist schließlich der Sohn Abrahams«, sagt er.

Wir kommen am Haus seiner Freundin an, und Isaac bedeutet mir, draußen zu warten. Als er nach einer Weile wieder herauskommt – allein –, sieht er etwas bedrückt aus. »Sie sagt, sie fühle sich nicht gut. Wir sollen allein gehen«, entschuldigt er sich. Als ich frage, ob er Druck habe, schnell zu heiraten, erwidert er, dass der Druck eher emotional sei. »Man muss sich erst mal gut verstehen. Ich will es langsam angehen lassen.« Nach den Gesprächen mit meinen Kochpartnern im Perflussdelta bin ich begeistert über diese reife Herangehensweise.

Ohnehin fordert nun etwas ganz anderes meine Aufmerksamkeit: Wir sind wieder im noch dörflicheren Teil der Software-Zo-

ne angekommen und in eine Straße voller Marktstände und kleiner Nudelrestaurants eingebogen. »Hier wollte ich dich hinführen«, sagt Isaac stolz, als wir in das Sträßchen eintreten. Sofort fühle ich mich von einem großen Eisenwok angezogen, in dem ein Chinese mit einer riesigen Metallkelle in einer tomatenartigen Sauce rührt. Wir schauen uns drinnen um, und ich bemerke mehrere Poster mit Nudelfotos und Erklärungen in Schriftzeichen an der Wand. »Das da sind *Saozi Mian*«, sagt Isaac und zeigt auf ein Bild. »Das heißt, Nudeln der Frau des älteren Bruders.«

Er liest mir vor: »Es sind saure Nudeln aus einem Bezirk westlich von Xi'an und eine der berühmtesten Sorten der Gegend. 1931 wurden sie auf der Expo in San Francisco ausgestellt und als dünn, glatt und würzig beschrieben. Der Legende nach hat eine schöne Bauersfrau, die auch noch sehr gut kochte, sie vor 300 Jahren erfunden. Bald hat ihr Schwager sie gebeten, sie jeden Tag für ihn zu kochen. Der wurde später Gouverneur und lud am Frühlingsfest viele Funktionäre zu seiner Schwester ein. Daraufhin wurden ihre

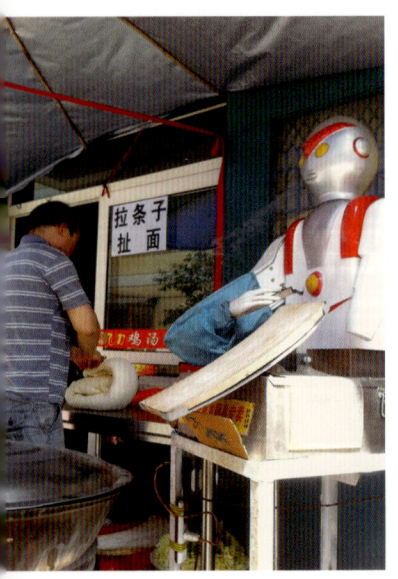

Nudeln von vielen nachgemacht und bekamen den Namen *Saozi* Nudeln. *Saozi* heißt Frau des älteren Bruders.« Mir läuft schon das Wasser im Mund zusammen, aber es ist erst kurz nach 10, und das Tofuhirn liegt mir noch im Magen. Also ziehen wir weiter.

Vor einem Restaurant steht ein blinkender Roboter wie aus dem Spielzeugladen. Nur dass er in der Plastikhand ein Holzbrett hält, auf dem der Besitzer jetzt einen großen Laib Nudelteig deponiert. Er hat die gleiche Haltung wie ich bei Nudel-Wu, als ich statt die Nudeln zu ziehen auf einem großen Teig-Klops fidelte, mit einem schrägen, an einen Kartoffelschäler erinnernden Messer als Bogen. Der Roboter beginnt zu piepsen und zu blinken, dann schabt sein Arm dünne Teigstreifen ab, die zielgenau im Wassertopf vor ihm landen. »Der Besitzer ist sehr clever«, sagt Isaac. »Er weiß, dass die Konkurrenz in Xi'an hart ist und alle etwas Besonderes wollen.«

In dem Restaurant hängt ebenfalls ein Plakat, das die *Dao Shao Mian*-Legende beschreibt. Demnach wurde sie vor ein paar hundert Jahren erfunden, als die Mongolen die Chinesische Mauer überwunden und China erobert hatten. Um eine Revolution unter den Han-Chinesen zu verhindern, mussten die Familien alle ihre Metallgegenstände abgeben. Eine alte Frau war verzweifelt, wie sie nun ihre Nudeln machen sollte und schickte ihren Mann aus, vom mongolischen Gouverneur ein Messer zurückzubitten, mit dem sie den Teig schneiden könnte. Als der alte Mann vor der Tür des Gouverneurs stand, stolperte er über ein Stück Metall auf dem Boden, das er sich schnell in die Tasche steckte. Seine Bitte wies der Gouverneur zwar zurück, aber zuhause entsann der alte Mann sich des Metallstücks. Seine Frau machte daraus die schälerartige Messerversion von heute.

»Hier, das musst du dir anschauen!«, ruft Isaac aufgeregt, als er durch einen Restaurant-Eingang ein weiteres Plakat erspäht. »Das sind *Biang Biang Mian*!« »Was heißt denn *Biang Biang*?«, frage ich. »Ich weiß nicht. Das Schriftzeichen dafür ist so kompliziert, dass es in keinen Wörterbüchern zu finden ist. Es besteht aus 58 Strichen. Eine Theorie ist, dass das *Biang Biang* sich auf das Geräusch beim Kauen bezieht. Oder auf das Geräusch, wenn der Teig beim Ziehen auf den Tisch geknallt wird.«

»Was steht denn auf dem Plakat?« Isaac übersetzt: »*Biang Biang Mian* sehen aus wie ein Gürtel und sind sehr dünn. Sie können so dünn wie die Flügel eines Vogels sein oder dick wie eine Münze. So wie du die Große Mauer sehen musst, wenn du nach Peking gehst, musst du *Biang Biang* Nudeln essen, wenn du in Shaanxi bist. Das Schriftzeichen für *Biang* besteht aus vielen einfachen Zeichen. Wenn du darauf schaust, fühlst du die Geschichte dahinter und den Charakter des Kochs. Er spiegelt den optimistischen Geist von Shaanxi wider. Die Shaanxier leben ein gutes und reiches Leben.« Der Charakter des Kochs jedenfalls muss recht komplex sein, wenn man ihn durch ein 58-strichiges Bilderrätsel ergründen soll. »Die müssen wir auf jeden Fall noch essen«, beschließe ich.

»Ja, aber da hatte ich für heute Abend an ein Restaurant in der Innenstadt gedacht«, meint Isaac.

Hier haben wir nun die Qual der Wahl. Da sind breite Gürtelnudeln, die in ravioligroße Quadrate gerissen werden. Die »Nudeln des Langen Lebens« aus einem einzigen langen, in einer Wanne zu einem Knäuel zusammengerollten Nudelfaden, der dem Koch zufolge vierzig Portionen ergibt. Bevor er ihn ins Wasser wirft, zieht er den Faden in der Luft noch einmal lang. »In Deutschland wäre es völlig unmöglich, in ein Armeleute-Essen für zwölf Yuan so viel Handarbeit zu stecken«, bemerke ich staunend zu Isaac. Zwölf Yuan entsprechen etwa einem Euro.

»Ja, das Nudelmachen ist eine Kunst. Aber gleichzeitig ist es für uns alltäglich«, sagt der. »Wir sehen es nicht mehr. Ich will mit Couchsurfern auch lernen, meine Welt wieder durch die Augen eines Fremden zu sehen.«

Ein paar Meter weiter beugt sich eine kleine Frau über einen großen hauchdünnen Teig von mehr als einem Meter Durchmesser. In sich stets wiederholenden Rollbewegungen macht sie ihn mit einem langen Eisenstab immer noch dünner. »In dem Teig ist Spinat«, erklärt Isaac. »Er wird geschnitten.« Wir vergessen beide, dass Isaac mir über Couchsurfing die köstliche Spinatnudel angepriesen hatte, und entscheiden uns für die Nudeln der Schwägerin aus dem ersten Restaurant. Isaac beugt sich tief über die Schüssel und schlürft laut und konzentriert die Nudeln ein. Ich halte mich für manierlicher und bekleckere mich dafür mit der feuerroten Suppe. Die Nudeln haben eine spaghettiartige Form und sind fein und glatt. In der säuerlich-scharfen Suppe schwimmen Tomaten, Schweinefleischstücke, Frühlingszwiebeln und Chili. Sie sind tatsächlich sehr lecker, aber danach ist mir nach einem Geschmackswechsel. Isaac holt von einem anderen Stand zwei Plastikbecher, aus denen wir mit dem Strohhalm frische Sojasauce mit gemahlenen roten Datteln schlürfen. Wieder so eine spottbillige Köstlichkeit, die es – zumindest als reiner Sojadrink – in China fast an jeder Ecke gibt.

Gesättigt stellt auch Isaac fest, dass das Dorfleben in der Software-Zone nun touristisch ausgereizt ist. Also auf ins Stadtzentrum. Es ist eingefasst von einer imposanten kaiserlichen Stadtmauer.

Innen steuern wir recht schnell das sogenannte alte Hui-Viertel an. Hier spüre ich tatsächlich, dass ich mich am Ausgangspunkt der Seidenstraße befinde. Denn Chinas zehn Millionen Hui sind deren Produkt: Nachfahren von zentralasiatischen und arabischen Händlern der Seidenstraße, die sich mit den einheimischen Chinesen vermischt haben. Ihre Gesichter sind von denen der Han-Chinesen nicht zu unterscheiden. Vor allem sprechen sie Chinesisch als Muttersprache, sind komplett assimiliert, einmal abgesehen von ein paar religiösen Sitten, und über ganz China verstreut – wenn auch konzentriert im Nordwesten. Deshalb sind sie so etwas wie die Vorzeigemuslime Chinas. Nirgends bilden sie die Mehrheit, und Separatismus liegt ihnen fern – anders als den Uiguren im weiter westlich gelegenen Xinjiang.

Wenn Isaac meint, dass Xi'an dafür steht, wie friedlich alle Völker Chinas zusammenleben, dann gibt ihm das Hui-Viertel wohl recht. In einem ruhigen Seitensträßchen kurz hinter dem großen, farbenfrohen Trommelturm stoßen wir auf eine Moschee. Die Fassade könnte rein architektonisch auch ein altes chinesisches Gebäude sein. Auf den geschwungenen Ziegelsteingiebeln jedoch prangt der muslimische Halbmond. Der sonnenbeschienene Innenhof mit seinen Kübelpflanzen ist menschenleer und friedlich, eine Oase.

In der wuseligen Hauptspaziermeile erkennt man die Hui an ihren weißen runden Kappen auf dem Hinterkopf. Die Straße ist voller Geschäfte, Restaurants und Imbissbuden, von überall her duftet und dampft es. Nur Schwein  findet man im muslimischen Viertel natürlich nicht – dafür hängen offen zur Straße Dutzende von ganzen Hammelkadavern. Ich bin heilfroh, das Viertel mit einem Chinesen zu erkunden, der mir all die unbekannten Leckereien erklären kann. Und unglücklich, mich noch zu voll zu fühlen, um sie alle, alle auszuprobieren. »Was sind das hier für welche?«, deute ich auf schneeweiße, glibberige Blöcke, die ein Mann gerade in kleinere Streifen schneidet. Ich tippe auf Reisnudeln, aber Isaac korrigiert mich: »Das sind keine Nudeln, sondern

Grüne Bohnen.« Warum die Masse weiß und nicht grün ist, weiß er auch nicht.

Auf die kulturelle Nähe zum Orient deuten auch Stände mit Süßigkeiten wie türkischem Honig, Datteln und Nüssen. Mich überkommt die freudige Erregung aus Kindertagen beim Anblick von Buffets – dieses etwas gierige schwelgende Schlaraffenlandgefühl, den Kater nach der Orgie vorausahnend. Bei einem Stand mit einer mir unbekannten frittierten Süßigkeit in Knallorange kann ich nicht widerstehen. »Das sind Persimonen, gefüllt mit roten Bohnen«, erklärt Isaac. Das Zeug ist klebrig-süß und fettig, lecker und schwer. Isaac weigert sich, mir zu helfen. Trotzdem muss ich kurz darauf noch eine Portion Kleberei mit Honig auf die Hand mitnehmen.

Nachdem wir uns durch einen unfassbar verstopften Straßenmarkt gequetscht haben, bekommt Isaac wieder Hunger und besteht darauf, vor dem Abendessen noch eine Portion Nudeln zu

essen. In einem leeren Restaurant schaufelt er einen Berg voll kalter dünner Nudeln in einer Sesamsauce in sich hinein – und beginnt plötzlich über seine Kirche zu schimpfen. »Man trifft sich dort, und sie sagen, man solle seine Freunde einladen und bekehren. Aber sie geben keine Antworten auf Probleme im echten Leben!« Er gesteht nun, dass er eigentlich auch Parteimitglied ist, aber als solches eigentlich gar keiner Religion angehören dürfte – nicht einmal in der anerkannten Patriotischen Vereinigung. »Aber du musst es ihnen ja nicht sagen, oder?«, schlage ich vor.

»Nein, aber meine Religion verbietet mir doch zu lügen.« Die Moralvorstellungen von Isaac, dem Konvertiten, sind deutlich stärker als die der meisten Zufallschristen, die ich in Deutschland kenne. Ich gestehe ihm meine kritische Distanz gegenüber der Kirche und deute die deutschen Pädophilieskandale an. »Ich weiß, dass es Probleme gibt«, sagt Isaac. »Aber ich habe einfach meinen eigenen Glauben für mich.« Dagegen kann und will ich nichts sagen, und wir machen uns auf den Weg zu dem Restaurant mit den *Biang Biang* Nudeln, das Isaac im Sinn hatte.

Es heißt »Erste Nudel unter der Sonne« und scheint von der gehobenen Sorte zu sein. Der Boden und die hohen Decken sind aus grauem Stein, an den Wänden hängen rote Lampions und Fotografien von wohl prominenten Chinesen, die hier gespeist haben. Umso überraschter bin ich, als ich auf der Speisekarte sehe, dass auch hier eine Schüssel *Biang Biang Mian* weniger als zwei Euro kostet. Noch mehr freue ich mich, dass unter dem Foto der Nudeln auch der Kinderreim auf Mandarin und Englisch abgedruckt ist, mit dem man sich die Bestandteile der Nudel besser merken kann. Was ich dann lese, ist allerdings so wild übersetzt, dass ich danach auch nicht schlauer bin: »A pithy formula, a little fly. On both sides of the Yellow River bend. Eight big openings. The word character go. You, I twist, twist. You, me a long long. Add a king. The word at the end of the month next to the word heart. A hooked hanging sesame candy riding a cart around Xianyang.« »Bist du sicher, dass da nichts Bewusstseinserweiterndes drin ist?«, wende ich mich an Isaac. Aber von dem bekomme ich keine Antwort mehr. Sein Handy klingelt, und er stürzt nach draußen.

Ich denke mir nichts dabei und beuge mich schon mal über meine *Biang Biang Mian*. Sie scheinen aus einer einzigen breiten, dünnen Nudel zu bestehen, die hier und da etwas zusammenklebt. In der Sauce erkenne ich Möhren, grüne Paprika, kleine Fleischwürfel, Salatblätter, Sellerie und Sojasprossen und möglicherweise Erdnusssplitter. Jedenfalls schmeckt sie leicht nussig – und wirklich köstlich. Langsam beginne ich zu verstehen, warum für die Chinesen Form und Dicke der Nudeln nichts Nebensächliches sind. Diese hier etwa flutschen tatsächlich schön in den Mund hinein, wenn man sie einsaugt. Das probiere ich jetzt auch einmal. Zu lange habe ich das Schlürfen oder Einsaugen unterdrückt, ja, ich kann es nicht einmal richtig, merke ich jetzt. Ich versuche, aus dem Knäuel ein Ende zu finden, aber irgendwo in der Mitte verknotet es sich immer wieder. Auf jeden Fall ist die Nudel lang, 1,5 bis 2 Meter, wie die Bedienung sagt. Würde der Walt-Disney-Film »Susie und Strolch« in Xi'an spielen, wäre die Romantik schnell dahin.

Zu lange würde es dauern, bis sich die beiden Hundeschnauzen von zwei Enden der Nudel her endlich treffen.

Isaac bleibt derweil wie vom Erdboden verschluckt. Es vergeht sicher eine halbe Stunde, bis er wieder im Türeingang auftaucht – mit sichtlich verstörtem Gesichtsausdruck. Ist jemand gestorben? Mit bebender Stimme sagt er nur: »Entschuldige vielmals. Meine Freundin.«

»Was ist los?«, frage ich alarmiert und löse eine Tirade aus.

»Sie versteht mich nicht! Ich will meine Flügel ausbreiten und fliegen wie ein Vogel, aber sie engt mich ein. Wir streiten schon jetzt so viel, wie soll es erst werden, wenn wir verheiratet sind? Oder Kinder haben? Es wird die Hölle! Aber wie komm ich da wieder raus?!« Isaac, der den ganzen Tag über so ruhig, sanft und höflich geredet hat, schnaubt jetzt vor Wut. Er sagt, dass sie ihm am Telefon eine Szene gemacht hat, weil er allein mit mir losgezogen ist. »Dabei wollte ich doch, dass sie mitkommt! Ich habe eben auf der Straße herumgeschrieen, so etwas mache ich sonst nie. Ich erkenne mich nicht wieder, sie verändert mich zum Schlechten!«, ruft er aus.

»Womit engt sie dich denn ein?«, frage ich nach. »Sie macht mir Druck, dass ich wieder einen Job im IT-Bereich annehme, damit ich ihr teure Geschenke machen kann. Aber ich will meinen Träumen folgen.« Er beugt sich verschwörerisch vor und sagt: »Weißt du, was mein Traum ist? Ich will ein Unternehmen gründen, das die Kulturen zusammenbringt. Vielleicht über eine Webseite, über die Ausländer sich über Xi'an und die Kultur hier informieren und mit Einheimischen in Kontakt treten können. Wo sie die Fakten, die Wahrheit über China lernen können.« Mir ist die chinesische Denkweise, dass es die eine »Wahrheit« über China gibt, schon öfter begegnet, und sie ist mir von jeher suspekt. Aber für solche Diskussionen ist jetzt wohl nicht der richtige Moment.

»Aber sie hat doch selbst gerade ihren Job gekündigt, oder?«, glaube ich mich zu erinnern.

»Genau! Aber ich soll ihr alles Mögliche kaufen. Ich habe ihr Bücher für die Abschlussprüfung gekauft, aber das reichte nicht. Sie will auch teure Kosmetik und Luxushandtaschen. Sie wird eine Anwältin sein, und sie redet zu mir, als stünde ich als Angeklagter vor Gericht!« Dann zeigt er in Richtung Decke und sagt: »Ich bin jetzt so wütend mit meinem Gott. Warum, frage ich immer wieder, warum musst du mir diese da schicken?!« Bei »diese da« deutet er auf das Telefon.

»Ähm, bist du sicher, dass du sie heiraten willst?«, wage ich nun doch zu fragen.

»Ich sehe einfach keinen Ausweg. Wenn wir nicht heiraten, verlieren unsere Eltern das Gesicht. Sie haben das eingefädelt. Ich war schon über 30, sie 28. Es war für uns beide höchste Zeit. Nach unserem ersten Treffen zu zweit hat sie mich schon ihren Eltern vorgestellt. Ich dachte, wow, das ist aber schnell. Aber dann ging es immer weiter, Schritt für Schritt. Und ich habe mich einfach reinziehen lassen.«

»Warum hast du dir nicht selbst eine Freundin gesucht?«, frage ich.

»Ich habe es versucht, aber ich hatte kein Glück. Einmal, da hat mir ein Mädchen gefallen – aber dann habe ich einen Fehler gemacht. Und meine Eltern sind einfach eifriger als ich.«

»Warum ist das bei euch Chinesen nur so schwierig?«, frage ich weiter, gespannt, ob ich das Gleiche hören würde wie von Ken und seinen Freunden.

»Es gibt drei Gründe. Die Leute sind erstens schüchtern. Zweitens sind sie faul. Wenn sie von der Arbeit kommen, wollen sie nicht mehr ausgehen. Und drittens, das Wichtigste: der materielle Druck. Dass man eine Wohnung, ein Auto, ein hohes Einkommen haben soll. Immerhin bin ich groß gewachsen. Diese Anforderung erfülle ich also schon mal.« Ich erwähne, dass es in Deutschland durchaus junge Leute gebe, die sich über die Wünsche der Eltern hinwegsetzten.

»Sollen wir einfach sagen, es ist uns egal, wir brechen aus? Das wäre radikal!«, ruft er mit erschrockenem Blick aus. »In der chinesischen Gesellschaft lebst du nicht nur für dich selbst, sondern für deine Eltern und Verwandten und die ganze Gemeinschaft. Wenn du unverheiratet bleibst oder den Falschen heiratest, verlieren auch deine Eltern das Gesicht. Sie werden dich nicht mehr ins Haus lassen.«

Ich erzähle ihm von meiner Pekinger Sprachpartnerin Mandy, die ihren zu armen und zu kleinen Lao Pan doch heiratete – und deren Mutter sich schließlich damit abgefunden hat.

Isaac sieht mich nachdenklich an. Ich muss an die stets gleiche Frage von Deutschen zu China denken. Ob ich mir vorstellen könne, dass sie sich doch in nächster Zeit einmal massenweise gegen das Einparteiensystem erheben. Wenn ich mir anschaue, wie schwer es jungen Leuten wie Isaac fällt, auch nur die Ketten der Familie zu sprengen, sehe ich die Revolutionsbereitschaft bei nahe null. Aber vielleicht hat das eine auch wenig mit dem anderen zu tun. Die Zahl der »Gruppenvorkommnisse« – der abstrakte Parteibegriff für Proteste – wird pro Jahr immerhin auf 180 000 geschätzt. Isaac beginnt irgendwann wieder ruhiger zu atmen, saugt seine Nudeln ein, und wir fahren mit dem Bus zurück nach Hause.

Am nächsten Morgen entschuldigt sich Isaac. Er will die Lage beruhigen. Also ziehe ich allein los zur Stadtmauer. Am gewaltigen Südtor der Stadtmauer findet gerade eine pompöse Show statt. In Kriegeruniformen steckende Angestellte fuchteln zu Trommelschlägen mit Schwertern und Bögen herum. Ich steige die steilen Steinstufen hinauf und leihe oben ein Fahrrad aus. Um die 14 Quadratkilometer Innenstadt zu umfahren, brauche ich etwa eine Stunde, hat Isaac mir gesagt. Auf dem Kopfsteinpflaster holpert es, und es ist schwül-heiß, aber ich genieße den Ausblick. Nicht, dass der so schön wäre: Der untere Teil des Himmels ist von einem zarten Smogschleier umhüllt. Am Horizont zeichnet sich in alle Richtungen das vertraute Bild chinesischer Großstädte ab: uniforme neue Wohnblöcke, Baukräne. All das, was Isaac als den großen Aufbruch von Chinas Westen feiert. Den Blick auf das alte Hui-Viertel versperren höhere Häuser. Als Hommage an Xi'ans lange Geschichte ziert manches neue Hochhaus ganz oben ein altchinesisch geformtes geschwungenes Betondach. Aber ich genieße das Gefühl von Weite, den Sicherheitsabstand zum Stadttrubel.

Besondere Genugtuung verschafft mir der Blick von oben auf die mehrere hundert Meter lange Menschenschlange am Bahnhof. Es sind all die Leute, die für einen Bus zur etwa eineinhalb Stunden entfernten Terrakotta-Armee anstehen. Ich freue mich, dass dieser Menschenandrang mich nichts angeht. Schöner ist ohnehin der Blick auf die Mauer selbst: An jeder Ecke ragen imposante Befestigungsanlagen mit geschwungenen Dächern auf. Gesäumt ist sie mit sehr neu aussehenden Straßenlaternen in altchinesischem Stil, von denen rote Wimpel baumeln. Es fühlt sich an, als würde diese Mauer nicht mehr einen schützenswerten Stadtkern verteidigen, sondern nur noch sich selbst – den letzten Rest des alten Xi'an.

## 16

## Sichuan –
## Die Jagd nach dem besten Mapo Doufu

*Weise Männer ernähren sich von Luft,*
*Morgentau und Tofu.*

Während der Nachtzugfahrt von Xi'an nach Chengdu habe ich Mordgelüste. Es ist einer dieser Momente, in denen mir China einfach zu viel wird. Manchmal sind chinesische Nachtzüge toll. Fährt man von Peking nach Shanghai, hat man ein sauberes Bett mit frischer Wäsche in einem bestens isolierten Viererabteil mit höchstwahrscheinlich höflich zurückhaltenden Abteilgenossen. Nicht so im Zug von Xi'an nach Chengdu. Mein Teil des dreigeschossigen Stockbetts liegt in der Mitte. Von dort blicke ich auf einen langen schwarzen Haarvorhang, den meine schlafende Bettgenossin über mir rapunzelgleich herabfallen lässt. Schlimmer aber ist, dass ich im Großraum liege. Der ganze Waggon ist ein offener Schlafsaal. Was bei der mangelnden Geräuschempfindlichkeit der Chinesen ein Problem ist. Bis kurz vor Mitternacht bekommt ein Passagier in meiner Nähe Anrufe und brüllt Anweisungen in sein Telefon, wie man seinem jüngeren Bruder bei der Aufnahmeprüfung für die Uni helfen soll. Morgens ab sechs Uhr trottet unentwegt ein kleines Mädchen mit quietschenden Turnschuhen den Gang auf und ab, übertönt nur von den Lautsprecherdurchsagen. Von klassischer Dudelmusik untermalt, preist eine chinesische Frauenstimme ab halb sieben diverse Highlights von Sichuan an. Die interessieren mich im Halbschlaf nicht die Bohne.

Als ich mich aufs Wachsein eingelassen habe, gefällt mir die üppig-grüne, hügelige Landschaft vor dem Fenster schon ganz gut. Was für ein wohltuender Kontrast zu den trockenen Zwillingsprovinzen Shanxi und Shaanxi! Auf kleinen gelben Feldern zwischen den bewaldeten Hügeln lassen Kleinbauern ihre Dreschflegel aufs Korn niedersausen, von Hochhäusern weit und breit keine Spur. Sichuan mit seinem feucht-heißen Klima und fruchtbaren Boden gilt als einer der Brotkörbe Chinas. Ein großer Teil der 80 Millionen Einwohner ist trotzdem arm geblieben. Die Felder sind klein und auf zu viele Menschen verteilt. Deshalb speist Sichuan traditionell die Fabriken der reicheren Küste mit Wanderarbeitern.

Außer für Wanderarbeiter ist Sichuan als Heimat der Pandas berühmt – und für seine Küche. Sie wurde mit dem Status eines Unesco-Weltkulturerbes geadelt. In deutschen Chinarestaurants ist aus Sichuan »Szechuan« geworden, und das deutsch-chinesische Pendant hat geschmacklich mit dem Original noch weniger zu tun als der Name. Dass nun ab sieben Uhr morgens ausgerechnet der Geruch von Instant Nudeln durch die Gänge schwebt, empfinde ich als Beleidigung. Mit Nudeln hat Sichuan nicht mehr viel am Hut, und außerdem habe ich noch den Geschmack der tollsten Sorten der Welt auf dem Gaumen.

Zum Glück haben Jorge und ich uns zu lange nicht gesehen, als dass ich meinen Frust an ihm auslassen würde. Als ich in dem verabredeten Hostel ankomme, steht er schon an der Rezeption. Auch er ist rund 1000 Kilometer gereist – diesmal per Flugzeug. Für mich wären es von Peking aus betrachtet 2000 Kilometer Luftlinie, ohne Schlenker über das Land von Shanxi und Xi'an. »Wir werden viel Mapu Doufu essen müssen. Ich will dem Original auf die Spur kommen«, warne ich ihn gleich.

»Alles besser als das ewige Lammfleisch in Urumqi! Du glaubst nicht, wie sehr ich mich auf chinesisches Essen freue!«

Und ich freue mich sehr auf ein paar entspannte Tage mit ihm – und auf eine Pause vom Couchsurfing.

Mapo Doufu ist in China ein so legendäres wie einfaches und universal verfügbares Gericht. Nie käme einer auf die Idee, Tofu als einen langweiligen, unbefriedigenden Fleischersatz zu betrachten. Dafür gibt es viel zu viele Sorten und Zubereitungsformen. Er kommt als Salat in festen, nudelförmigen Streifen, als cremige Klöpse in Suppen – und nicht zuletzt als *Chou Doufu* – Stinketofu. Straßenimbisse frittieren diese Spezialsorte, die schon von weit her widerlicher riecht als der strengste Käse, dann aber überraschend mild-würzig schmeckt. Tofu ist für Chinesen kein Vegetarier-Essen und wird oft mit Fleisch kombiniert, was wiederum für westliche Vegetarier ein Problem ist, die nichtsahnend ein Tofugericht bestellen und sich dann wundern, dass es mit Hackfleisch gesprenkelt ist.

So auch Mapo Doufu. Es sind weiße Tofuwürfel der eher wabbeligen Sorte, garniert mit gebratenem Hackfleisch in einer rotbraunen Soße auf Basis von *Doubanjiang*, einer Sojabohnenpaste. Vor allem aber ist er *ma la*, was »betäubend und scharf« heißt. Wobei nicht die Schärfe betäubend wirkt. *Ma* – betäubend – und *la* – scharf, sind zwei unterschiedliche Geschmacksrichtungen, die aber vor allem in Sichuan sehr gerne kombiniert werden. Das *ma* kommt von Sichuanpfeffer, der aber nicht etwa mit Schwarzpfeffer, sondern mit Zitruspflanzen verwandt ist. Die Schärfe tragen Chilis bei. Dass gerade in feucht-heißen Gegenden wie Sichuan besonders scharf gegessen wird, ist kein Zufall: Der Traditionellen Chinesischen Medizin zufolge entziehen Chili, Sichuanpfeffer und Ingwer dem Körper Flüssigkeit.

Mit dem Sichuan-Pfeffer ist es so eine Sache. An die Soßen, in denen sie schwimmen, geben die Sichuanpfefferkörner eine interessant prickelnde Note ab. Man sollte auf die grünlichen oder braunen Kügelchen nur nicht beißen. Als ich das die ersten Male, nichts Böses ahnend, tat, machte sich erst ein seifenartiger Geschmack im Mund breit. Dann begannen die Bereiche, die damit in Berührung kamen, an zu brennen. Und dann spürte und schmeckte ich an besagten Stellen gar nicht mehr viel. *Ma* eben – betäubend.

Jorge und ich gehen fürs Erste ins nächstbeste schlichte Restaurant um die Ecke. Es ist eine eher kleine, wuselige Straße mit ein paar alten Häusern – leider inzwischen auch in Chengdu eine Seltenheit. In Chengdu ist die »Go West«-Strategie schon weiter als in Xi'an, ein Industriecluster hat sich um die Stadt herum gebildet, und die einst als gemütlich geltende Hauptstadt Sichuans hat in den letzten zehn Jahren einen gigantischen Bauboom erlebt.

Am Mapo Doufu aber hat sich offenbar noch nichts geändert. Wie Freunde mir schon angekündigt hatten, schmeckt es hier intensiver als etwa in Peking, ist aber noch erträglich scharf. Die Tofu-Würfel sind eher fest, und um sie herum schwimmt reichlich rötliches Öl. Wie immer bei Sichuanessen bekommen wir Lust auf Bier. »Weißt du noch, wie wir alle gehustet haben, sobald Nudel-Wu die getrockneten Chilis in den Wok geworfen hat?«, fragt Jorge.

»Allerdings. Apropos: Ich will unbedingt einen Chili-Markt hier finden und die Luft dort schnuppern.«

Im Internet finden wir nur vage Hinweise auf einen Chili-Markt nahe des Nordbahnhofs. Wir beschließen, uns von dort aus durchzufragen. Es wird eine Odyssee vorbei an Baustellen und viel befahrenen Straßen. Als wir in ruhigere Ecken kommen, finden wir immer noch keine Chili – dafür aber so manch andere Spezialität. Es gibt ganze Straßenzüge voller Teegeschäfte. Manche sehen nach Großhandel mit Säcken voll Rohware aus, andere sind schick hergerichtet und bieten Verkostungen an. In einer schmuddeligen Straße reiht sich ein kleiner Porno-Laden an den anderen. »Die Frauen von Sichuan sollen ja ebenso scharf sein wie das Essen«, zitiere ich eine neuere chinesische Weisheit. »Nur warum benutzen die dann hier alle die gleichen Sextoys?«, fragt Jorge. Tatsächlich stellen alle Buden die gleichen Dildos und DVD aus. Die Verkäufer sind Jugendliche, die gelangweilt in der Mittagshitze abhängen.

Obwohl die Passanten uns weiter beharrlich in die gleiche Richtung schicken, geben wir irgendwann fast schon auf. »Dieser Chili-Markt ist wahrscheinlich ein Mythos«, meint Jorge. »Oder er wurde woandershin verlagert«, pflichte ich bei. Da endlich weht uns aus einer Seitenstraße eine scharfe Brise um die Nase: Chilis! Und Sichuanpfeffer!

Der Nase nach steuern wir zielsicher eine schmucklose große Halle mit einem Planendach darüber an. Schon in den Geschäften am Straßenrand leuchtet feuerrot und orange die Ware in der Sonne. Ein paar Arbeiter hieven Säcke auf LKWs, zum Teil vier bis fünf auf einmal. Die ganze Markthalle scheint aus Säcken zu bestehen, offenen und geschlossenen. Neben Chili und Sichuanpfeffer in allen erdenklichen Schattierungen stehen solche mit Sternanis oder Nelken. Die Mittagsstunde ist gerade vorbei, und die meisten Verkäufer liegen träge auf den Säcken und halten ein Schläfchen. Andere daddeln auf ihren Smartphones oder stricken. Die Luft ist würzig, aber erträglich. Der befürchtete Niesanfall bleibt aus.

Vielleicht sticht mich deshalb der Hafer: »Darf ich mal probieren?«, frage ich eine lethargisch wirkende Verkäuferin verschiedener Sorten Sichuanpfeffer. »Wenn du willst«, sagt die nur, und ich picke mir ein grünliches, sternförmig nach innen gewölbtes Kügelchen heraus. Warum tue ich das? – schießt es mir noch durch den Kopf. Jorge guckt erschrocken, da ist es schon in meinem Mund. Zunächst kitzelt es nur und schmeckt zugleich scharf und seifig.

Dann habe ich das Gefühl, jemand hätte eine Zigarette auf meiner Zunge ausgedrückt. Der rohe Sichuanpfeffer scheint sich komplett durch sie durchzufräsen. »Krass«, hauche ich nur, und anstatt abgeschreckt zu sein, muss Jorge sich nun auch eines in den Mund schieben. Während sich von der Zigarettenstummel-Stelle die Betäubung in der gesamten Mundhöhle ausbreitet, höre ich Jorge neben mir röcheln: »Ich habe da noch diesen Zahn, der raus muss. Das wäre der perfekte Moment.«

Nachdem wir den Chili-Markt überstanden haben, traue ich mir auch Mapo Doufu mit Schweinehirn zu. In einem Dokumentarfilm der BBC war davon die Rede. »Das gibt es nur in Chengdu!«, leiste ich Überzeugungsarbeit, vielleicht auch bei mir selbst. Jorge hat sich jedenfalls schon in sein Schicksal als Mit-Tofujäger gefügt: »Wenn's denn sein muss.« Wir landen in einem zum Bersten vollen, brummenden Eckrestaurant. Die gestresste Bedienung organisiert uns noch einen Platz draußen auf einer Art Betonbalustrade. Sie knallt uns das Menü hin und sagt: »Das Kaninchen ist sehr gut, eine unserer Spezialitäten.« Das trifft sich gut, denn auch für Kaninchen ist Sichuan berühmt. Also Schweinehirn-Mapo Doufu und Kaninchentopf.

Als das Mapo Doufu dann auf einem großen flachen Teller kommt, rutscht mir schon wieder das Herz in die Hose: Den weißen, gewundenen, etwa hühnereigroßen flachen Schweinehirnen sieht man für meinen Geschmack etwas zu deutlich an, was sie sind. Ich wünsche mir eine Schale von Isaacs komplett vegetarischer Tofuhirnsuppe herbei. Zaghaft beiße ich in die wabbelige Masse – und muss zugeben, dass es zwar durchaus eine interessante würzige Note hat. Aber wie beim Hundepenis rebelliert einfach mein Kopf. Der Tofu hat zwar genau die gleiche Konsistenz wie das Schweinehirn, aber damit habe ich kein Problem. Ich kriege nur eine einzige Hirnhälfte hinunter, von etwa einem Dutzend ganzer Hirne. »Und jetzt muss ich die alle allein essen?«, beschwert sich Jorge. Er schafft immerhin eine Handvoll. Ich halte mich derweil an den ebenfalls riesigen Karnickeltopf mit Selleriestreifen und Zwiebeln. Der ist tatsächlich sehr lecker. »Sind wir jetzt durch mit Mapo Doufu?«, fragt er nach dem Essen erschöpft.

»Noch nicht ganz«, erwidere ich. »Ich will noch dem Original nachspüren.«

Mapo Doufu, so hatte ich zuvor gelesen, ist gar kein so altes Gericht in China. Angeblich wurde es im 19. Jahrhundert von der Witwe Frau Chen an einem nördlichen Vorort von Chengdu kreiert. Das Wort *Mapo* kann man auch mit »pockennarbige alte Frau« übersetzen, und Frau Chen soll entweder Pockennarben oder Lepra gehabt haben – daher auch der Wohnort außerhalb der Stadt. Das Restaurant ihres Mannes lag an einer Straße, die viele Ölträger und Arbeiter passierten. Die brachten der Witwe das Öl selbst mit und ließen sie dann damit etwas kochen, was sich schnell als köstlich herumsprach. In Artikeln wird als Ort die Wanfu-Brücke erwähnt. »Lass uns doch mal da vorbeischauen. Vielleicht gibt es sogar noch ein Restaurant dort«, drängle ich bei Jorge nach einem Halbtagsausflug.

Die Wanfu-Brücke ist tatsächlich noch da und unserem Taxifahrer bekannt. Sie führt über einen Stadtkanal. An dessen Ufer reihen sich Teehäuser und Mahjiang-Höllen. Die Gegend hat allerdings nichts mehr von einem Aussätzigenvorort. Inzwischen ist es bestes Geschäftszentrum mit modernen Hotels, Banken und Karaokepalästen. Und leider auch kaum Restaurants.

Ermüdet landen wir schließlich in einem Hot-Pot-Restaurant mit höllisch scharfer Brühe. »Gibt es denn noch das Original-Restaurant von Frau Chen?«, fragen wir die Bedienung.

»Jedenfalls gibt es ein Restaurant, das sich so nennt und behauptet, von den direkten Nachfahren geführt zu werden. Sie haben inzwischen schon eine Handvoll Restaurants in Chengdu.« Ich mache große Hundeaugen zu Jorge. »Okay, wir gehen morgen hin«, seufzt er.

Auch das »Chen Mapo Doufu« hat mit dem Aussätzigenmilieu während der Entstehung des Gerichts nicht mehr viel zu tun. Es ist modern und geräumig und gehört eindeutig zu den schickeren Etablissements der chinesischen Gastronomie. Um keinen Zweifel an der Legende zu lassen, erzählen blaue Schriftzeichen auf großen vertikalen Bambusschildern die Geschichte und datieren das erste Restaurant an der Wanfu-Brücke genau auf das Jahr 1862. Am Essen gibt es jedenfalls nichts auszusetzen. Die rot gesprenkelten Tofu-Würfel kommen noch blubbernd in einem gusseisernen Töpfchen. Sie sind außen leicht knackig und innen weich, und neben dem angenehm prickelnden Sichuanpfeffer und Ingwer schmecken noch weitere komplexe Gewürze vor, die ich nicht recht benennen kann. Tatsächlich das beste Mapo Doufu, das ich je gegessen habe. Dafür nehme ich auch gern das viele Öl in Kauf, in dem der Tofu schwimmt.

Nach dem Mapo-Doufu-Exzess will ich Jorge mit einem Kochausflug belohnen, der für ihn ebenfalls interessant sein müsste. Auf meine Anfrage nach Kochkumpanen in Chengdu hat sich auch ein Alfredo, 27, aus Peru gemeldet. Eigentlich wollte ich nur Einheimische treffen. Aber Alfredos Couchsurfingprofil faszinierte mich. Als persönliche Mission gab er an: »Hunting down every possible spice in Sichuan.« Er schrieb, dass er an einer Kochschule studiert. Der Peruaner schien also auf ähnlicher Mission zu sein wie ich – nur einen Schritt weiter. Während ich noch immer nicht recht wusste, ob das Restaurant nur ein Hirngespinst ist, hatte er sich auf die Chinaküche offenbar schon professionell eingelassen. Ich war neugierig, welche Erfahrungen er gemacht hatte – und was einen Peruaner überhaupt dazu trieb, chinesischer Koch zu werden.

»Was sollen wir kochen? Mapo Doufu?«, fragt Alfredo per SMS, als ich mich zum Kochen zu dritt in seiner Wohnung ankündige. Bloß nicht! »Wie wäre es mit *Yuxiang Qiezi* und noch etwas, was du gern magst?«, frage ich zurück. *Yuxiang Qiezi*, übersetzt »nach Fisch duftende Aubergine«, ist eines meiner sichuanesischen Lieblingsgerichte. Der Name ist mal wieder irreführend. In der Aubergine ist zum Glück keinerlei Fisch drin. Sie riecht nicht einmal danach. Man hat die Gewürzkombination in Sichuan lediglich häufig zum Würzen von Fischen verwendet. Ansonsten ist die Aubergine weich, ölig – und sehr aromatisch.

Wir sind beide gespannt, wer uns erwartet. Irgendwie denke ich bei Alfredo an ein etwas dickliches Muttersöhnchen. Doch der junge Mann, der in abgerissenen Shorts und rotem T-Shirt aus dem Tor einer Hochhaus-Siedlung tritt, ist klein und sehnig. Alfredo hat ein markantes Gesicht und trägt Ohrringe. Weil ich jetzt sprachlich in der Minderheit bin und früher auch länger in Südamerika gereist bin, springen wir zwischen Englisch und Spanisch hin und her. Als Jorge Alfredo erzählt, dass er in Xinjiang lebt, leuchtet dessen Gesicht auf: »Ich werde hier oft für einen Uiguren gehalten«, sagt er. Tatsächlich kann man sein feines Gesicht mit der schmalen Hakennase auch zentralasiatisch finden. »Jedenfalls von manchen Kellnern in Xinjiang-Restaurants. Ich kriege dann einen Preisnachlass.« Wir fahren in den 16. Stock. »Es tut mir leid, dass ich euch nicht bei mir unterbringen kann«, entschuldigt Alfredo sich gleich, als er den Schlüssel in die Wohnungstür steckt. »Aber ich bin hier eben erst eingezogen und wohne mit einem Pärchen zusammen. Die sind sehr pingelig. Ich glaube, es wäre ihnen nicht so recht, wenn jemand im Wohnzimmer schläft.«

Das Pärchen besteht aus zwei schwulen Chinesen, wie gerahmte Pärchenfotos im Wohnzimmer verraten. »Chengdu soll Chinas größte Homoszene haben«, kommentiere ich. Alfredo weiß davon nichts. Die Toiletten-Brille ziert ein puscheliger, rosafarbener Bezug.

»Na, mit denen kannst du sicher gut Chinesisch üben«, beneide ich Alfredo, aber der hebt nur traurig die Schultern. »Dachte ich auch. Aber ich glaube, sie mögen mich nicht. Jedenfalls reden sie nicht mit mir.«

Als wir in die Küche gehen, sehe ich, dass Alfredo schon jede Menge vorbereitet hat. Auf der Anrichte stehen Schüsselchen voller fein gehacktem Ingwer, Knoblauch und Frühlingszwiebeln. »Hey! Wir wollten doch zusammen kochen!«, protestiere ich.

»Keine Sorge, es gibt noch genug zu tun. Hier hab ich was für dich.« Aus dem Kühlschrank holt er eine Schüssel mit hauchfein geschnittenen grünen Lappen. »Das ist die Wurzel von *Caixin*, Salatherz.« Es ist der gleiche Strunk, den ich bei der Studentin Rosie gesehen hatte. »Das Schneiden in hauchdünne Scheiben dauert sehr lang, das hab ich schon gemacht. Aber wir müssen sie noch in Zitrone einlegen. Die kannst du schon mal auspressen.«

»Was kochen wir überhaupt?«, frage ich. »Außer den *Caixin* – die sind eine kalte Vorspeise – deine Aubergine. Und dann eines meiner Lieblingsgerichte. Es ist ein scharf-süßes Huhn. Ein Sichuangericht, das selbst viele Sichuanesen nicht kennen. Wahrscheinlich weil sie Süßes nicht so mögen und weil es kompliziert ist. Du wirst sehen.«

Oh je – wo ich doch noch nicht einmal die Grundlagen drauf habe! »Hier sind noch getrocknete Chili. Halbiere die mit der Schere und entferne die Kerne – aber pass auf, dass du dir nicht in die Augen fasst!«, kommandiert er weiter. Als Nächstes soll ich für die *Caixin* Zucker dazurühren – und wische in einer fahrigen Bewegung das Zuckerglas vom Regal. »Oh Gott, das tut mir leid!«, stoße ich mit Blick auf die Scherben aus. Alfredo versichert mir, dass das nichts macht, aber peinlich ist es mir dennoch. »Ein Nu-del-Panda in der Porzellanküche«, murmle ich, und Alfredo guckt mich an, als hätte ich nun auch noch den Verstand verloren.

Dann dreht er das Gas auf und gießt ordentlich Rapsöl in den Wok. »Muss man nicht erst den Wok trocken erhitzen?«, frage ich. »Nur, wenn du etwas anbrätst. Nicht, wenn du frittierst«, antwortet Alfredo. Eifrig kritzle ich in mein Notizbuch. Endlich jemand, der mir die Dinge systematisch erklärt! Jorge steht derweil mit einer Flasche Bier im Türrahmen und übernimmt für mich die Fragen, die mir abseits von Rezepten auch auf der Zunge brennen: »Wie bist du darauf gekommen, in Chengdu eine Kochausbildung zu machen?«

»Ach, eigentlich wollte ich schon lange Koch werden. Aber als ich noch in Lima lebte, haben mich meine Eltern dabei nicht un-terstützt. Ich musste erst mal weg, ins Ausland.« Wieder muss ich an Rosie denken, die nach Paris ziehen will, um ihren Traum vom Kochen zu verwirklichen. »Als ich gerade auf den Philippinen leb-te und einen Marketingjob machte, dachte ich irgendwann: Jetzt machst du das endlich. Und dann habe ich im Internet überall auf der Welt nach Kochschulen gesucht.«

Das Öl ist jetzt heiß, und Alfredo wirft in Lauch und Ingwer marinierte Hühnerstücke in den zischenden Wok. »Und wie bist du dann ausgerechnet auf Chengdu gekommen?«, fragt Jorge wei-ter.

»Ganz einfach«, grinst Alfredo. »Es war die billigste.« Aber auch so noch teuer genug: Chinesen zahlen zwar nur 5000 Yuan im Jahr, Alfredo aber das Vierfache. »Die Gebühren für Ausländer haben sie nun sogar auf 30 000 erhöht.«

»Gibt es denn viele Ausländer an der Kochschule?«, wundere ich mich.

»Nö, ich bin der Einzige im Standardprogramm.«

Mit einem Seiher fischt er die Hühnerstücke wieder heraus. »Das Huhn wird zweimal gebraten. Das erste Mal nur etwa fünf Minuten, um es zu trocknen. Da sollte das Öl noch nicht zu heiß sein, sonst wird es schnell ganz dunkel. Das zweite Mal, um es zu bräunen«, doziert Alfredo. Kaum ist das Huhn draußen, stellt er die Flamme höher und wirft es dann wieder hinein. Es brutzelt laut. Dann nimmt er es wieder heraus, reinigt den Wok mit Wasser und verkündet: »Jetzt kommt der schwierigste Teil. Den Zucker schmelzen, ohne ihn zu verbrennen.« Alfredo stellt den Wok auf mittlere Flamme, gibt eine Handvoll Rock Sugar hinein und rührt die ganze Zeit mit einer Kelle. In der anderen Hand hält er eine Tasse mit Wasser. »Wenn du das Wasser zu früh dazu gibst, wird der Zucker wieder hart. Wenn zu spät, ist er schon verbrannt. In der Schule hab ich das mal einen ganzen Tag lang geübt«, sagt er.

»Und woran erkennt man den richtigen Moment?«, frage ich.

»Wenn er weißlich wird und Bläschen wirft«, erklärt Alfredo. »Für den Geschmack kann man sich das alles eigentlich sparen. Die Zuckersoße ist ein wenig bitter und soll nur für die richtige Farbe sorgen.«

Die Chinesen mit ihrer Ästhetik! »Sag mal, wirst du eigentlich von deinen chinesischen Lehrern richtig ernst genommen?«, frage ich ihn und muss an meine Zeit in Dali oder mit den Lehrlingen von Herrn Wu denken. »Es geht so. Wenn ich etwas besser mache als meine Mitschüler, mögen sie das auch nicht.«

Er schaut sich in der Küche um. »So, jetzt lass uns mal die Auberginen vorbereiten. Zuerst machen wir den Fischduftgeschmack.« In einem Schüsselchen vermischt Alfredo Zucker, Salz, Sojasauce, Essig und Shaoxing-Wein. In einem zweiten rührt er ein paar Finger voll Stärke in Wasser ein und gibt einen Teelöffel davon in die erste Schüssel. Dann holt er Brühe aus dem Kühlschrank und gibt mehrere Teelöffel dazu. »Ich habe vorhin schon Hühnerbrühe aus Knochen gemacht. Dann brauchen wir kein Glutamat.« Ich schreibe alles fleißig auf, Jorge legt im Wohnzimmer Salsa auf. Nachdem Alfredo noch etwas Schweinehack angebraten hat, kündigt er die letzte Etappe für das Huhn an. »Den Teil finde ich ebenfalls kompliziert, auch wenn er das nicht sein sollte.« Wieder heizt er den gereinigten Wok auf, aber nur auf kleiner Flamme, wirft kurz darauf die getrockneten Chilihälften dazu und hält sie permanent mit der Kelle in Bewegung. »Damit die Chili nicht verbrennen, sollte der Wok noch nicht zu heiß sein«, erklärt er und hält die Hand darüber. Dann gibt er einen Schluck Hühnerbrühe dazu. »Schau, jetzt wird alles schon ein wenig bräunlich, und das Huhn muss sofort rein.« Er streut etwas Salz, einen Löffel Zucker und Kochwein dazu und schmeckt ab. »Oh Gott!« entfährt es ihm dann.

»Was ist los?«, frage ich alarmiert.

»Wir haben noch gar keinen Reis gemacht. Kann einer von euch einen Reiskocher bedienen?«, fragt er. Wie kann es sein, dass unser Profi-Chinakoch nach zwei Jahren Kochschule keinen Reis kochen kann? »Na ja, ich koche zuhause nie. Wir essen immer das, was wir in der Schule gekocht haben. Und da machen wir gar keinen Reis.«

Bleibt nur noch eines zu tun: »Jetzt schauen wir mal, was wir mit den Auberginen machen«, sagt Alfredo. »Ich will nämlich etwas Neues ausprobieren. Ich dünste sie mit Wasser, anstatt sie in Öl zu frittieren. Das nehmen sie nämlich auf wie ein Schwamm«, erklärt er. »Oh, prima«, freue ich mich. Meine Lieblingsauberginen einmal ohne schlechtes Gewissen! Alfredo füllt den Boden des Woks mit etwas Wasser und schichtet dann in einer Art Gittermuster eine Auberginenscheibe über die andere.

Es ist fast halb zehn, als wir das Essen endlich auf den niedrigen Couchtisch im Wohnzimmer tragen. Gespannt führe ich eine Aubergine an den Mund. »Mmm«, entfährt es mir. Auch ohne viel Öl ist die Sauce herrlich aromatisch: ein wenig süß-sauer, ich schmecke Ingwer und Knoblauch heraus, und das knusprige Hackfleisch gibt eine salzig-deftige Note dazu. Alfredo ist begeistert von seinen süß-scharfen Hühnerstücken, die ich ebenfalls sehr lecker finde. Ihre Oberfläche hat einen glasierten Schimmer, innen sind sie zart. Beim Hineinbeißen schmecken sie vor allem süß, dann leicht bitter, und schließlich breitet sich Schärfe im Mund aus. »In Peru essen wir auch süß und scharf«, erklärt Alfredo.

»Gibt es eigentlich in Peru auch chinesisches Essen?«

»Ja, in Lima leben jede Menge Chinesen. Aber fast alles ist kantonesisch, weil die meisten von ihnen Auswanderer aus Südchina sind. Und es ist nicht besonders gut.« Schlechte ausländische Chinarestaurants sind also ein globales Phänomen.

»Dann hast du ja noch Luft, um deine eigene Fusionsküche zu kreieren«, schlage ich vor.

»Das würde ich auch gerne«, stimmt Alfredo zu. »Die beiden Küchen ergänzen sich sehr gut. Die Chili ist ja sowieso von Südamerika nach China gekommen.« Ich muss an das ganze Meerschweinchen denken, das ich in Peru einmal auf einem Teller vor mir liegen hatte und das seltsame Gefühl, das mich überkam, als ich ihm die Beine abriss – immer in der Angst, dass es mich gleich mit seinen ausgestreckten Nagezähnen in den Finger beißt. Noch eine Schnittmenge mit dem chinesischen Stil.

»Woher kommt deine Leidenschaft für chinesisches Essen?«, frage ich.

»Es war Zufall, aber ein Glückstreffer! Es gibt kaum eine Küche, die so vielfältig ist wie die Sichuanesische. Es gibt 23 offizielle Geschmackskombinationen, *Yuxiang*, nach Fisch duftend, ist nur eine davon. Wenn du sie einmal lernst, kannst du sie für alle Zutaten anwenden. Eine der gewagtesten Kombinationen ist *Guai Wei*, der sogenannte »komische« Geschmack: da werden süß, sauer, nussig, scharf und betäubend zusammengeworfen.«

»Oh, können wir den bitte, bitte mal machen?«, bettle ich.

»Okay – wenn du das nächste Mal kommst.«

## Yuxiang Qiezi –
## Nach Fisch duftende Aubergine

*Zwei große Auberginen der Länge nach halbieren, dann kreuzweise in kleinere Stücke schneiden. Mit Salz bestreuen und für eine halbe Stunde beiseitestellen.*

*Eine Daumenlänge Ingwer und mehrere Knoblauchzehen fein hacken, den unteren Teil von Frühlingszwiebeln in Ringe schneiden.*

*In einem Schüsselchen Sauce zusammenmischen:*

*1 TL Zucker*
*½ TL Salz*
*½ TL Sojasauce*
*2 TL Essig*
*1 TL Shaoxing-Wein*

*Etwas Stärke und Wasser in einem separaten Schälchen verrühren, weniger als 1 TL davon zur Sauce dazu.*

*Gleiche Menge wie Gesamtsauce (5–6 TL) Bouillon zur Sauce dazugeben.*

*Auberginen schräg in Stücke schneiden, dämpfen oder in Öl anbraten.*

*Etwas gehacktes Schweinefleisch mit einem Schuss Sojasauce anbraten.*

*Im Wok Gemüseöl heiß machen, bis es leicht rötlich wird. 1 großen EL Doubanjiang (Sojabohnenpaste) dazugeben, stetig rühren, bis das Öl noch roter wird, dann Knoblauch, Ingwer dazu – rühren, rühren. Die Auberginen hineingeben, dann das Saucengemisch und etwas Zucker. Am Schluss einen Schuss Sesamöl und Frühlingszwiebeln darüber streuen.*

## 17

## Im Hühnerhaus

An einer Bushaltestelle in Nähe des Flughafens von Chengdu kommt uns ein kleines, etwas pummeliges Persönchen mit Brille auf dem Fahrrad entgegen. Min führt uns durch das bewachte Eingangstor einer Wohnsiedlung. »Gleich hier, seht ihr den Wohnblock mit dem großen roten Schriftzeichen für *Cheng* – Stadt – auf dem Dach? Da ist meine Wohnung«, sprudelt sie aufgekratzt drauflos. »Die Gebäude werden an Mitarbeiter der Universität vermietet.«

»Für die arbeitest du also?«, frage ich.

»Ja, ich bin Mathematikdozentin«, sagt Min und kichert etwas. Ich hätte sie auf Anfang zwanzig geschätzt und nicht für eine Mathematikerin gehalten. Ihr Englisch ist etwas holprig, aber meine Versuche, ins Chinesische zu wechseln, ignoriert sie. »Und deine Oma wohnt auch in der Nähe?«, frage ich, während wir an einem künstlichen Teich und mageren Bäumen vorbeilaufen. »Sie wohnt bei mir. Zusammen mit meiner Mutter. Und meiner Tochter.«

»Du hast eine Tochter?«

»Ja, San San ist jetzt ein Jahr alt«, sagt Min mit funkelnden Augen. Wir kommen auf eine Art Spielstraße vor den etwa 20-stöckigen Wohnblocks. Der gepflasterte Weg, der noch die Wärme des Tages abgibt, ist voll von Müttern und Großmüttern mit Kinderwagen. Die Siedlung entspricht der chinesischen Variante des Traums vom Häuschen im Grünen. »Das ist meine Mutter«, zeigt Min jetzt auf eine Frau um die sechzig, die einen Buggy schiebt. Sie grüßt uns freundlich. Mit dem Aufzug fahren wir zu dritt in den 15. Stock und treten in eine klimatisierte Wohnung. Etwa ein Drittel des Wohnzimmers mit dem kitschig-plüschigen Sofa nimmt eine abgetrennte Spielecke ein. Aus der Küche dringt lautes Klappern. »Meine Oma hat schon angefangen«, sagt Min.

Min, 32 Jahre, hatte sich auf Couchsurfing gemeldet. »Die Leute sagen, dass mein Mapo Doufu sehr köstlich ist. Und meine Großmutter kann dir auch viel beibringen«, stellte sie mir in Aussicht. Eine Mapo-Doufu-Spezialistin und ihr Großmütterlein – das klang unwiderstehlich.

Jorge hat im Wohnzimmer eine Gitarre entdeckt und zieht sich mit ihr aufs Sofa zurück. Min und ich betreten die Küche. Eine alte Frau mit kinnlangen glatten schwarz-silbernen Haaren lächelt mir freundlich entgegen und sagt etwas, das ich nicht verstehe. Dann wendet sie sich wieder einem großen, flachen Bambustopf voller Fleisch und Reis zu. »Sie spricht Dialekt«, entschuldigt Min sich bei mir – ein langsam vertrautes Phänomen bei Chinas alten Leuten. »Sie ist 77 Jahre alt.« Ihre Tochter, Mins Mutter, hat sie also mit 17 Jahren bekommen. Tatsächlich erscheinen mir die beiden Frauen wie aus einer Generation – ganz anders als die quirlige Min. Die beginnt gleich, mit einem Teelöffel eine Ananashälfte auszuhöhlen. »Darin machen wir Klebereis, magst du das?«, fragt sie.

»Und wie!« Ich bin begeistert. Klebereis in Ananas ist eine meiner Leibspeisen aus der Yunnan-Küche – doch bei »Baba Mama« habe ich das Gericht vergeblich gesucht. »Ist das denn ein Sichuangericht?«, frage ich Min.

»Ich glaube, man macht das überall im Südwesten.« Wenn es Vermischungen gibt, ist das nicht erstaunlich: Yunnan und Sichuan grenzen aneinander.

Ich darf Ingwer und Knoblauch schneiden. »Kochst du häufig?«, frage ich.

»Früher, als ich noch Single war und in einer WG wohnte, habe ich viel gekocht. Aber seit meine Oma eingezogen ist, nicht mehr. Als ich mit San San schwanger war, kam sie hierher, um für uns zu kochen. Meine Mutter kümmert sich um San San.«

Kein schlechtes Betreuungsverhältnis, denke ich und erzähle ihr von meiner Schwester, die zwei kleine Kinder hat, zu 80 Prozent arbeitet und mit Augenlidern auf Halbmast herumläuft. »Hat sie denn keine *Ayi*?«, fragt Min erstaunt. *Ayi* heißt Tante, ist aber zugleich ein Oberbegriff für Putzfrauen, Haushälterinnen und fremde Frauen auf der Straße.

»Nein. Einen Tag die Woche kümmert sich ihr Mann um die Kinder, einen Tag sie, und drei Tage kommen sie in die Krippe«, erkläre ich.

»Aber was machen dann eure Eltern?«, fragt sie.

»Meine Mutter arbeitet noch, und sie wohnen auch nicht in derselben Stadt.« Mins verdattertem Blick entnehme ich, dass ihr das Konzept der überlasteten arbeitenden Mutter, die um Krippenplätze kämpft, fremd ist. Schließlich gehen Frauen in China schon mit 50 oder 55 Jahren in Rente, die Männer mit 60. Und ab da arbeiten sie vor allem daraufhin, bald Enkel zu bekommen, die sie betuddeln können. Und stehen die Eltern doch nicht zur Verfügung, kümmert sich eben eine *Ayi* vom Lande um den städtischen Nachwuchs. »Also, ich bin ganz froh, dass sich meine Mutter um San San kümmert. So habe ich genug Zeit für meine Promotion«, meint Min.

Sie nimmt eine Knolle Chinakohl in die Hand und beginnt, liebevoll Zacken aus den Außenblättern heraus zu schnitzen. »Das gibt die Dekoration«, erklärt sie und arbeitet sich mit ihrem Muster immer mehr zur Mitte vor. »Hab ich im Internet gefunden.« Ansonsten steht heute auf dem Menü: *Huiguorou* – wörtlich: »Zurück-in-den-Topf-Fleisch«, ein Schweinefleisch-Klassiker der Sichuanküche. Außerdem gedämpftes Schweinefleisch, von dem mir niemand einen Namen sagen kann, klebriger Ananasreis, ein würziges Hühnergericht und ein seltsamer, poröser Quader, der wie ein bräunlicher Schwamm aussieht.

»Ist das eine Tofu-Sorte?«, rätsel ich.

»Nein, das ist *Mo Yu*«, erklärt Min. »Ein Gericht aus Leshan, das man nur dort kaufen kann.« Der Ort liegt etwa zwei Stunden entfernt von Chengdu und ist berühmt für einen gigantischen 222 Meter hohen Felsbuddha, der, umgeben von üppiger Vegetation, über einem Flussufer thront. »Es hat eine Geschichte. Als der Affenkönig beim Berg Emei Shan im Winter keine Nahrung hatte, fand er *Mo Yu*. Man lagert es für lange Zeit unter Eis, und wenn das schmilzt, wird es so wie jetzt.« Ich kann damit ebenso wenig anfangen wie mit den Übersetzungen, die mein Wörterbuch für *Mo Yu*, dessen einzelne Bestandteile »Magische Kartoffel« bedeuten, ausspuckt: »devil's tongue, konjak, leopard's palm.« Min ist auch ratlos und wirft es schnell in den heißen Wok.

Auf der zweiten Gasherdstelle stapeln sich mehrere silberne Dämpftöpfe zu einem Turm. Ganz unten ist nur Wasser, darüber stellt die Oma das Schweinefleisch mit Reis. Min baut den Ananasreis einen Stock höher auf und redet dann aufgeregt auf die Oma ein. Die will ihren Zierkohl offenbar nicht als vierten Stock akzeptieren.

Auch als sie später das *Huiguorou* brutzelt, gibt es etwas Gezänk. »*Bu xuyao, bu xuyao*!« – Das brauchen wir nicht! – fährt Min die Oma an, wendet sich mit einem Löffel voll Sauce zu mir und fragt zuckersüß: »Probieren?« Dann senkt sie verschwörerisch die Stimme: »Meine Oma verwendet zu viel Hühnerpulver. Meine Mutter und ich wollen das nicht, aber wir können es nicht ändern.« Ich frage mich, warum sie flüstert. Schließlich spricht sie mit mir englisch, wovon die Oma noch weniger versteht als ich von deren Dialekt.

Der Kohl ist über der Aufregung verkocht und flatscht horizontal auseinander – beeindruckend finde ich die Blumenform aber immer noch, auch wenn Min flucht. Anstelle des Kohls stellt Min jetzt noch Brotfladen aus der Packung auf den Dämpfturm, ansonsten scheint alles fertig. Das Huhn steht schon lange im Wohnzimmer auf dem Esstisch. »So, jetzt müssen wir noch Mapo Doufu machen«, seufzt Min.

»Ach, sollen wir es nicht das nächste Mal machen?«, schlage ich vor. Die vielen Speisen, die wir nach und nach ins Wohnzimmer getragen haben, werden schon kalt – und ich fürchte, dass Jorge sich von der Überdosis Mapo Doufu noch nicht erholt hat. Min stimmt erleichtert zu, und wir rufen alle an den Tisch. Min springt noch zum Kühlschrank und zieht erst eine Flasche Baileys raus und dann eine Flasche Rotwein. Baileys habe ich Chinesen noch nie trinken sehen. »Woher hast du das?«, frage ich Min erstaunt.

»Aus dem Internet!«, antwortet sie stolz. Die Oma hat Einwände, und ich verstehe nur, wie Min sie zurechtweist: »Doch, Ausländer trinken alle Wein!«

Vor uns steht jetzt eine beeindruckende Tafel, und Min fordert uns auf, schon anzufangen, obwohl ihre Mutter noch mit San San beschäftigt ist und die Oma weiter in der Küche werkelt. Am besten schmecken mir das seltsame, schwammartige *Mo Yu* und der Ananasreis, am Huhn sind mir, wie leider so oft in China, ein paar Knochen zu viel. Ich bin überrascht, dass sich die Schärfe und der Sichuanpfeffer anders als befürchtet in Grenzen halten.

»Magst du nicht, wie deine Oma kocht?«, frage ich Min.

»Doch, im Grunde schon. Aber die älteren Chinesen haben ein paar nicht so gute Angewohnheiten. Sie kochen zu ölig und zu salzig. Ich hatte eine Frühgeburt, weil ich in der Schwangerschaft zu salzig gegessen habe. Das habe ich aber erst später aus Internetforen erfahren.«

Sie erzählt, dass San San den ganzen ersten Monat im Krankenhaus verbringen musste und ihr die abgepumpte Muttermilch gebracht wurde. »Es war hart, dass ich sie gerade am Anfang nicht selbst stillen konnte«, sagt Min.

»Aber warum warst du dann nicht bei deinem Baby im Krankenhaus?«, wundere ich mich. Ich ärgere mich jetzt etwas, dass Jorge bei diesen Frauenthemen dabei ist und mir dadurch womöglich die interessantesten Details entgehen. Aber Min scheint sich nicht an ihm zu stören. »Na, ich war doch im Sitzmonat und musste zuhause bleiben«, antwortet sie. Der Sitzmonat – natürlich! Ich hatte schon von einer schwangeren chinesischen Bekannten von diesem Ritual gehört.

Im Sitzmonat tun die Frauen tatsächlich wenig anderes als Herumsitzen. Wer es streng auslegt, duscht in der Zeit nicht einmal und putzt nicht die Zähne, weil sich das langfristig schlecht auf die Gesundheit auswirken könnte. »Hast du in der Zeit geduscht?«, frage ich sie.

»Das schon. Aber ich durfte den ganzen Monat über das Fenster nicht aufmachen, weil Durchzug schädlich ist«, erzählt sie. »Und man soll nicht fernsehen, weil die schnell wechselnden Bilder nicht gut sind. Auch Bilder aufhängen oder Möbel verrücken ist schlecht. Lesen ist auch nicht so gut.« San San, die in der Krabbelecke spielt, beginnt zu weinen, und Oma und Mutter springen simultan vom Tisch auf. Min bleibt ruhig sitzen. »Zum Glück war mein Mann da. Der hat auch die Milch ins Krankenhaus gebracht«, fährt sie fort. Nach ihrer Beziehungskonstellation hatte ich noch nicht zu fragen gewagt. Hochzeitsfotos auf dem Regal weisen darauf hin, dass der Kerl zumindest nicht weggelaufen ist. »Mein Mann hat eine Stelle an einer Pekinger Uni. Während der Semesterferien ist er hier, und ich kann auch längere Zeit in Peking sein.«

Als hätte man vom Teufel gesprochen, klingelt das Telefon. Min redet eine Weile auf Chinesisch in den Hörer und reicht ihn dann völlig unvermittelt an Jorge weiter. »Hier, rede Spanisch!«, weist sie ihn an. Der ist ziemlich verdattert, hört zu, dann wiederholt er angespannt lächelnd »encantado, encantado« – sehr erfreut – und spricht noch ein paar weitere Sätze. »Das war mein Mann«, verkündet Min danach stolz. »Er hat bei einem Mathematikprofessor in Madrid promoviert.«

»Und dein Vater?«, frage ich.

»Der ist Mathelehrer an einer zwei Stunden entfernten Grundschule. Er kommt manchmal am Wochenende.«

Keiner in der Familie scheint ein Problem mit dem Arrangement zu haben. Mit einer Einschränkung: »Wenn vier Frauen zusammenwohnen, gibt es viele Konflikte«, meint Min. »Bei Erziehungsfragen habe ich schon aufgegeben, da komme ich nicht gegen meine Mutter und Oma an. Die größten Meinungsverschiedenheiten haben aber mein Mann und meine Mutter. Zum Glück wohnen die nicht zusammen.«

Als wir aufgegessen haben, schaut sie auf die Uhr, erkundigt sich noch einmal nach Jorges Abflugzeit und sagt, da bliebe noch Zeit für einen Spaziergang und ein Tänzchen. Wir spazieren durch die Siedlung, bis wir zu einem Spielplatz kommen, vor dem schon ein gutes Dutzend älterer Frauen zu MP3-Musik auf der Stelle tanzt. Min springt dazu und fädelt sich nahtlos in den Bewegungsablauf ein. »Meine Mutter hat mich hierhergeschickt. Ich sollte mich etwas bewegen, weil ich so fett geworden bin«, erklärt sie danach. Jetzt zeugt nur noch ein kleines Bäuchlein von dem Monat in der Schockstarre.

Zum Flughafen sind es mit Mins knallrotem kleinen Chevy nur zehn Minuten. Als Jorge abgeliefert ist, drehen Min und ich noch eine Runde über ihren Campus, und sie zeigt auf ein Eckhaus gegenüber der Universität. »Dort war meine WG. Wir hatten zwei Hunde und ein kleines Schwein, Tuotuo.« Sie wird etwas sentimental.

»War das zum Essen?«, frage ich.

»Oh nein!«, ist Min entsetzt. »Aber es hat wahrscheinlich trotzdem ein tragisches Ende gefunden.« Sie erzählt, wie die Mitbewohnerin es wieder mit nach Hause nahm. Dann wurde ihr Heimatdorf bei dem schlimmen Erdbeben von Sichuan 2008 verschüttet. 20 000 Menschen starben, als das ganze Land auf die Olympischen Spiele hinfieberte. Min treibt vor allem das Schicksal des Schweins um. »Ich habe keine Ahnung, was mit Tuotuo passiert ist«, seufzt sie.

Als wir kurz vor zehn Uhr abends zurückkommen, badet Mins Mutter gerade liebevoll San San, die vergnügt quietscht. Neben der Dusche schwimmt ein Fisch in einem Putzeimer. Als jemand das Wort »Baba« verwendet, hebt sie lachend das Händchen ans Ohr, als würde sie telefonieren. Kurz darauf versammeln sich die vier Frauen um einen Tablet-Computer und schalten Mins Mann per Videochat dazu. Ich höre nur noch aufgekratztes Geschnatter, vom Quieken San Sans über das kehlige Gurren ihrer Uroma. Als Internetpasswort hatte mir Min »Henhouse« genannt – Hühnerhaus. Es scheint allzu passend, aber Min klärte mich auf, dass sie es nur nach ihrem Tierkreiszeichen, dem Hahn, benannt habe – nicht nach den Bewohnerinnen.

Erst um halb elf wird San San ins Bett gebracht. »Sie schläft bei meiner Mutter. Deshalb höre ich nicht, wenn sie nachts mal schreit«, sagt Min und findet das ganz selbstverständlich. Ich bin hin und weg ob so viel Komfort. Meine Schlafstätte ist der große verglaste Balkon, der sich ans Wohnzimmer anschließt. Gemütlich. Nur die Oma scheint nicht glücklich und redet aufgeregt auf mich ein. Sie zeigt auf die donnernd vorbeifliegenden Flugzeuge, und irgendwann verstehe ich, dass sie den Balkon zu laut für mich findet. Als ich ihr meine Ohropax zeige, scheint sie beruhigt. Ohne Ohropax fahre ich nirgendwo mehr hin in China. Dann holt sie noch einen Teller mit Ananas und streckt mir ein Stück auf einem Zahnstocher entgegen: »Morgen sind sie nicht mehr gut«, bemüht sie sich um klares Mandarin. Ich bin gerührt über ihre Fürsorge.

»Was sind deine Pläne für morgen?«, fragt Min. »Morgen ist Muttertag. Ich wollte mit meiner Mutter, San San, einer Tante und ihrem Kind einen Ausflug machen. Komm doch mit«, sagt sie. Wie könnte ich den Muttertag besser zelebrieren als mit vier Generationen von Frauen, die männerlos glücklich unter einem Dach leben? Vor dem Einschlafen bekomme ich eine SMS von Jorge: »Rate mal, was sie im Flugzeug serviert haben.« Und dann gleich die nächste: »Mapo Doufu.« Hat es ihn also doch noch mal erwischt.

Ich selbst wache zum Geräusch der Dunsthaube auf. Oma und Mutter fuhrwerken schon in der Küche herum. Ich stürze hinzu und sehe, dass das Mapo Doufu in vollem Gange ist. »Zum Früh-stück?«, frage ich Min entsetzt, als sie etwas später auch um die

Ecke biegt. Ob ich den scharf-betäubenden Geschmack so früh schon runterkriege?

»Der Tofu war ja schon für gestern Abend. Wenn wir ihn jetzt nicht machen, wird er schlecht«, erklärt sie. Die Oma fragt irgendetwas zum Essen. Ich nicke, sage jaja und lächle breit. Sie hebt vorsichtig die Tofuwürfel mit dem Pfannenwender unter die rotbraune Soße und streut eine Handvoll Frühlingszwiebeln darüber. »Machst du Mapo Doufu denn anders?«, frage ich Min.

»Ganz anders!«, proklamiert sie im Brustton der Überzeugung. »Meine Oma trocknet das Tofu vorher nicht. Außerdem hat sie jetzt lauter Chili-Flocken drauf gestreut, obwohl die gar nicht reingehören. Aber du hast gesagt, du magst Chili.« Das also hat sie mich eben gefragt. Auffordernd schiebt die Oma die Schüssel mit dem Mapo Doufu zu mir herüber. Da muss ich wohl durch. Ich führe einen Happen zum Mund und hisse dabei vorsichtshalber etwas Luft ein. Die Chinesen tun das oft. Ich weiß nicht recht, warum, aber vielleicht hilft es ja. Zu meiner Überraschung halten sich das *Ma* (die Betäubung) und das *La* (die Schärfe) noch in Grenzen. Zumindest, wenn man das Tofu mit reichlich Reis mischt. »Du darfst nicht zurück nach Peking, bevor ich dir nicht meine Variante von Mapo Doufu gezeigt habe«, droht Min mir.

Für den Ausflug packt Min Babysachen in den Kinderwagen und steckt San San in den Buggy, die Oma winkt uns am Fahrstuhl zu. »Warum kommt sie nicht mit?«, frage ich Min und fürchte schon, dass ich ihr den fünften Platz im Auto wegnehme. »Ihr wird beim Autofahren schlecht«, beruhigt Min mich aber schon. Am Campustor holt Min ihre Tante und deren dreijährige Tochter ab. Die älteren Damen und die beiden kleinen Mädchen teilen sich die Rückbank des Autos und sind bester Laune, Min und ich sitzen vorn. Im Radio läuft während der gesamten Fahrt ein kitschiges Muttertagsprogramm. Sängerinnen hauchen zu seichten Popmelodien »Mama, ich liebe dich«. Die Moderatoren diskutieren Muttertagsgeschenke und wie man Mama nun seine Liebe zeigt. Sie empfehlen etwa, sie oft zu besuchen. »Feiert ihr eigentlich schon immer Muttertag?«, frage ich Min.

»Nein, so richtig ging das vor vielleicht fünf Jahren los. Genau wie Weihnachten. Es ist einfach eine Gelegenheit, etwas zu unternehmen und Geschenke zu machen. Wahrscheinlich hat die Industrie das erfunden.« Erinnert mich an unsere Diskussionen zum Valentinstag.

Unser Tagesziel ist das touristische Städtchen Huanglongxi. *Huang* heißt gelb, *Long* heißt Drache und *Xi* kleiner Fluß. »Ich mag Drachen. Sie sind stark und mächtig. San San ist im Jahr des Drachen geboren«, erzählt mir Min nicht ohne Stolz. »Am dritten Dritten, deshalb also San San.« San heißt »drei« auf Chinesisch. Damit ist sie nicht allein. Im Drachenjahr erlebte China einen wahren Babyboom. Mit 850 000 zusätzlichen Geburten weltweit rechneten die Demoskopen für das asiatische Glücksjahr, zwei Babies mehr pro Minute. »Ein zweites Kind könnt ihr aber nicht bekommen, oder?«, frage ich Min.

»Doch, wir könnten schon, weil mein Mann und ich beide Einzelkinder sind«, sagt Min. »Aber wir wollen das vielleicht gar nicht. Ich könnte bald Assistenzprofessorin werden. Und wir haben noch nicht geklärt, ob wir in Chengdu oder Peking leben werden.«

»Na, für die Betreuung ist ja gut gesorgt«, wende ich mit Blick auf die treusorgende Oma und Mutter ein.

»Das stimmt. Bald gehen auch noch meine Schwiegereltern in Rente und würden sich auch gern um San San kümmern. Aber trotzdem«, meint Min.

Als wir uns auf dem Parkplatz am Rande von Huanglongxi drängeln, schlägt uns sengende Hitze entgegen – obwohl es erst Anfang Mai ist. Er ist rappelvoll. Verkäufer strecken uns Blumenkränze entgegen. Sie sind aus rosa Hibiskusblüten und grünem Blattwerk gewunden. »Willst du einen?«, fragt mich Min, und bevor ich abwehren kann, hat sie schon einer alten Frau vier Yuan in die Hand und mir einen Kranz aufs Haupt gedrückt. Auch die Nichte bekommt einen ab. Wir finden uns in bester Gesellschaft. Ob jung oder alt, Männlein oder Weiblein: Mindestens die Hälfte der Ausflügler schiebt sich bekränzt durch die Steingäßchen. Li Normalchinese hat zwar Homosexualität gegenüber durchaus Vorbehalte. Aber daran, dass Männer mit rosa Blumenkränzen auf dem Kopf herumlaufen, findet niemand etwas. Auch in Peking erfreue ich mich stets am Anblick junger Männer, die ihren Freundinnen devot die Handtasche tragen.

Das Städtchen selbst ist allerliebst. Ein gurgelndes Bächlein fließt unter dichten Trauerweiden vorbei an renovierten Steinhäusern. Wenn da nur nicht diese Massen wären. Familien und Jugendliche drängeln sich vorbei an Geschäften, die Souvenirs und lokale Snacks verkaufen, und waten in dem kleinen Bächlein. Wir sind weniger entspannt unterwegs. Der Buggy holpert ächzend über das Kopfsteinpflaster und will über zahlreiche Treppchen gehievt sein.

Min scheint das alles nichts auszumachen. »Oh, Kaninchenköpfe!«, ruft sie plötzlich entzückt und zeigt vor einem Geschäft auf eine Schale mit rosettenförmig arrangierten knusprig-knochigen Schädeln. »Hast du die schon probiert? Das ist eine echte Spezialität von Sichuan!« Ich versuche, mich mit einem Verweis auf unserem zum Schweinehirn-Tofu bestellten Kaninchentopf aus der Affäre zu ziehen, aber Min winkt ab. »Nein, nein, nein. Das war doch normales Fleisch. Die Köpfe sind das Besondere.« Es gibt kein Entrinnen. Die Verkäuferin grabscht einen Kopf und steckt ihn in ein Plastiktütchen. Etwas ratlos gucke ich dem Karnickel in die leere Augenhöhle. »Du musst den Kiefer auseinander reißen«, eilt Min mir zur Hilfe und greift gleich zu. Schwups ist sie wieder weg und sucht eines der Kinder, das wieder verschwunden ist. Ich lasse mich unter einer Weide am Bach nieder und betrachte meinen Gegner. Wie einst bei dem Meerschweinchen in Peru scheinen auch die gekrümmten Schneidezähne dieses Nagers noch nicht kampflos aufgeben zu wollen. Entschlossen grabe ich meine Zähne in die Backengegend, stoße aber nur auf splitternde Knochen. Als ich den Kopf etwas drehe, beißt das Biest zurück. Unter seinem Kiefer erwische ich einen Fetzen Fleisch, das zart ist, aber für meinen Geschmack zu scharf gewürzt. »Und, wie hat es geschmeckt?«, fragt Min mich erwartungsvoll, als sie mich wieder einsammelt. »Ich habe nicht viel erwischt«, gebe ich zu, und sie schüttelt missbilligend den Kopf.

Min ist den ganzen Tag perfekte Tochter und Gastgeberin. Sie lädt uns alle zum Mittagessen in ein Restaurant am Fluss ein und weist mich noch auf ein Restaurant hin, in dem *Chang Shou Mian*, »Nudeln des langen Lebens« gemacht werden: Wie in einigen Läden in Xi'an ist der Teig zu einer großen Schnecke gerollt, aus der der Nudelmacher eine einzige lange Nudel zieht und in den Topf gleiten lässt. Schließlich trabt Min allein zurück zum Parkplatz, um für uns das backofenheiße Auto zu holen. Wieder in der Wohnung pralle ich in der Dusche auf die nackte, komplett eingeseifte Oma. Sie trägt es mit Fassung. Dafür ist der Eimer mit dem Fisch im Bad weg. »Was ist mit dem passiert?«, frage ich Min.

»Ach, daraus hat sie Suppe für San San gekocht.«

## 18.

### Komische Hühner und Kochschüler

*Bevor man eine Leiter besteigt,
sollte man sich vergewissern,
ob sie an der richtigen
Wand lehnt.*

»Frohen Muttertag«, kündige ich mich bei Alfredo per SMS zum Kochen am Abend an, während mein Bus durch den zähen Stadtverkehr zurück in den Südosten der Stadt kriecht. Leider hat er wegen des Muttertags einen Telefontermin per Skype mit seiner Familie in Peru. Es würde schwierig mit dem Kochen. Jetzt lasse ich mich aber nicht mehr abwimmeln. Ich möchte unbedingt das Huhn mit dem seltsamen Geschmack kochen. »Ich kann ja schon vorbereiten oder spazieren gehen, während du telefonierst«, schreibe ich zurück.

Als ich an seine Wohnungstür klopfe, empfängt er mich gleich mit schlechten Nachrichten: »Meine Eltern wollen schon früher skypen. Wir können also etwas Schnelles machen. Am besten Gemüse.« Zur Inspiration blättern wir im Kochbuch seiner Schule herum – es ist zum Glück zweisprachig – und einigen uns auf trocken gebratene Bohnen, ein Klassiker, den ich auch außerhalb Sichuans häufig bestelle.

»Ich würde nur wirklich gern noch den ›komischen Geschmack‹ machen«, insistiere ich dann.

»Das kalte Huhn braucht sehr lange«, wehrt Alfredo ab.

»Können wir nicht einfach statt Huhn irgendein Gemüse machen? Gurken und Paprika?«, schlage ich vor. Die Gurken gehören ohnehin zum Gericht dazu. Er fügt sich.

Wir ziehen los zum Markt und unterhalten uns über die Obsession der Chinesen für Frische. »Was ich an der chinesischen Küche am wenigsten mag, ist das Töten«, kommentiert Alfredo, als ich ihm vom Fisch in Mins Badezimmer erzähle. Er selbst muss in der Schule Fische abmurksen und Schildkröten den Bauch aufschlitzen und sie ausbluten lassen.

»Kannst du das danach noch essen?«, frag ich ihn.

»Was bleibt mir anderes übrig? Das wird jetzt nun mal mein Beruf sein.« Er erzählt mir von einem besonders fiesen Gericht, das er aber auch nur vom Hörensagen kennt. Da wird die chinesische Obsession mit Frische auf die Spitze getrieben: Die Fische kommen noch lebend auf den Teller. »Sie bekommen eine Betäubungsspritze in den Nacken, sodass man sie noch lebend zubereiten kann. Sie werden extrem kurz gebraten. Wenn sie dann auf dem Teller sind, wird die Nadel am Tisch herausgezogen und der Fisch zappelt auf dem Teller herum.«

Wieder in der Wohnung, verziehe ich mich allein in die Küche und hacke Ingwer, Knoblauch und Frühlingszwiebeln. Aus dem Wohnzimmer dringen die verzweifelten Versuche Alfredos, sich trotz der stockenden Internetverbindung mit seiner Familie zu verständigen. »Ich höre euch, aber ich seh euch nicht mehr«, höre ich ihn auf Spanisch sagen, oder »Sag das noch mal«, und ich muss mitfühlend lächeln. Zu sehr erinnert es mich an meine eigenen frustrierenden Skype-Telefonate nach Deutschland.

Als ich fast fertig geschnippelt habe, steckt Alfredo seinen Kopf zur Küche herein. »Alles klar?«

»Na klar!«, antworte ich, stolz auf mein Werk.

»Dann können wir ja jetzt den ›komischen Geschmack‹ machen.« Alfredo schimpft über die lückenhaften Instruktionen im Kochbuch und die komplizierten Mengenangaben – nämlich selbst bei Soßen und Gewürzen in Gramm. Alfredo beginnt zu wirbeln, erhitzt *Doubanjiang* mit Öl, rührt energisch im Wok, streut Chiliflocken dazu, wieder etwas Öl und vermischt in einem Schüsselchen Shanxi-Essig mit Zucker. »Zucker und Essig gibt man immer im gleichen Verhältnis dazu«, kommentiert er. Dann presst er das Gemisch durch ein Sieb. Ich rühre Sesampaste cremig, und als ich sie zu Alfredos warmer Öl-Essig-Zucker-Sojamischung hinzugebe, verbreitet sich schon ein köstliches Geruchsaroma. »Hmmm«, machen wir unisono. Knoblauch und Ingwer dazu – fertig.

Als wir alles ins Wohnzimmer getragen haben, lässt Alfredo sich auf die Couch fallen. »Kochen ist ganz schön anstrengend«, seufzt er. »Ich bin etwas faul.« Ich muss daran denken, dass er be reits fertig gehackten Ingwer und Knoblauch auf dem Markt verschmäht hat, weil sich der Geschmack schon ein wenig verflüchtigt haben könnte. Oder an die Hühnerbrühe, die er stets selbst kocht. »Du bist zu streng zu dir«, widerspreche ich. »Mein letztes Praktikumsjahr wird sicher sehr anstrengend.« Er erzählt von seinem Platz in einem berühmten Szenerestaurant. »Du kannst da süße Kalligraphiepinsel essen«, erklärt er. Besonders begeistert wirkt er allerdings nicht, in so ein illustres Gourmet-Etablissement zu kommen. Zum einen kennen es angeblich eher Ausländer als Chinesen. Und: »Es ist so teuer, dass man sich keine Fehler erlauben darf. Deshalb werde ich wahrscheinlich monatelang nur Gemüse waschen.« Alfredos Erfahrungen geben mir zu denken. Meine vereinzelten Kochbegegnungen, so viel ist mir mittlerweile klar geworden, würden nicht reichen, um ein authentisches Chinarestaurant zu eröffnen. Nudelziehen im Akkord ist nichts für mich. Aber eine Ausbildung im Sichuanstil?

Es ist Zeit, unsere Eigenkreationen zu testen. Wir nehmen beide ein Stück Gurke mit der dicken komischen Sauce – und stoßen simultan ein lustvolles »Mmmmm!« aus.

»So gut!«, Alfredo ist begeistert. »Wie offen sind sie in deiner Schule für Experimente?«, frage ich.

»Die Lehrer gar nicht. Die sind sehr konservativ und wollen, dass wir alles streng nach Rezept machen. Dabei sind die meisten Sichuanrezepte gar nicht so alt. Viele stammen aus den letzten 100 oder 200 Jahren. Mit Sesampaste zu kochen ist etwa ziemlich neu. Aber die Schüler sind sehr experimentierfreudig. Da wächst eine vielversprechende Generation heran. Die Schule pflegt auch immer mehr Austausch mit anderen Kochschulen weltweit.«

»Eigentlich würde ich die mir ja gern mal anschauen.«

»O ja, mach das unbedingt!«, ruft Alfredo ganz aufgeregt. Am Morgen wollte ich eigentlich in der Panda-Aufzuchtstation vorbeischauen. Sichuan ist die Heimat des chinesischen Nationaltiers und der einzige Ort der Welt, in dem es vereinzelt noch in freier Wildbahn lebt. Und noch vor meinem Abflug mit Min Mapo Doufu kochen. »Ich überlege es mir. Ich schreibe dir morgen«, verspreche ich.

Abends versuche auch ich vom Hostel aus, meiner Mutter zum Muttertag zu gratulieren. Dass ich an sie gedacht habe, versteht sie trotz der viel zu langsamen Skype-Verbindung gerade noch.

Nicht aber, dass ich Kaninchenkopf gegessen, den Tag mit vier Chinesinnen aus vier Generationen und den Abend mit einem chinesisch kochenden Peruaner verbracht habe. Ob die Verständnisprobleme technischer oder inhaltlicher Natur sind, bleibt ungeklärt.

## Guai Wei Ji –
## Komisch schmeckendes Huhn:

Ein halbes pochiertes und geschreddertes Huhn kaufen oder selbst pochieren: Einen Topf mit Wasser, zwei Frühlingszwiebeln, einem 5 cm langen Stück zerquetschten Ingwer und einem Schuss Shaoxing-Wein zum Kochen bringen. Das ganze Huhn mit der Brust nach unten dazugeben und die Flamme klein stellen. Sobald das Wasser wieder kocht, fünf Minuten köcheln lassen, dann die Flamme ausstellen, den Topf bedecken und ziehen lassen.

Für die Sauce:
Etwas Pflanzenöl mit einem EL Doubanjiang (Sojabohnenpaste) im Wok erhitzen und dabei die ganze Zeit rühren. Die Chiliflocken und noch etwas Öl dazugeben.

In Schüssel mischen:
1 TL Essig
1 TL Zucker
2 TL Sojasauce

Das Öl/Doubanjiang-Gemisch durch ein Sieb in die Schüssel dazudrücken. Dann hinzugeben:

3 TL glatt gerührte Sesampaste
Eine Prise gemahlenen Sichuanpfeffer
Je 1 TL fein gehackten Ingwer und Knoblauch

Eine Gurke in Würfel oder Schnitze schneiden. Die Sauce über das kalte Huhn und die Gurkenstücke gießen und am Schluss geröstete Sesamsamen und Ringe von Frühlingszwiebeln darüber streuen.

Die Morgenstunden bieten die einzige Chance, Pandas in Aktion zu sehen. Danach fläzen sie sich nur noch schlafend in den Baumkronen. Also sitze ich in aller Herrgottsfrühe in einem Minibus und fahre zum Pandareservat im Nordosten der Stadt. Und wer turnt über die enorme Fernsehleinwand am Ticketschalter? Kein anderer als Kungfu Panda! Ich betrachte lächelnd mein animiertes Vorbild und wandle dann durch dichten Bambuswald zum ersten Pandagehege. Und da sitzen und liegen und schmatzen sie: sieben junge Pandabären! Teils lehnen sie mit dem Rücken aneinander und stützen sich so gegenseitig, während sie sich einen Bambusstrauch nach dem anderen ins Maul schieben. Andere liegen fressend auf dem Rücken, den Bauch voller Bambusabfälle. Ich schmelze dahin. Langsam verstehe ich die Pandaversessenheit der Chinesen, die sich nicht nur gern Pandamützen auf den Kopf setzen, sondern bei dem Tier auch jeglichen Sinn für Humor verlieren. »Ich würde ja zu gern mal Pandafleisch probieren«, hatte ich schon mal zur Provokation gesagt. Dass man in China doch alles esse, was vier Beine hat – außer Stühlen –, reichte nie, um bei meinem Gegenüber Verständnis zu wecken. Die Reaktion war meist ähnlich wohlwollend wie die eines deutschen Dackelbesitzers, wenn man spekuliert, wie Waldi sich wohl im Gulasch machen würde. Die Regierung nutzt den Panda inzwischen lieber als China-Symbol als den furchteinflößenden Drachen. Westliche Chinaexperten, die stets viel Verständnis für die chinesische Seite äußern, werden von ihren Kritikern als »Panda Hugger« gegeißelt. Das Pandaknuddeln ist im Reservat allerdings eine teure Angelegenheit: 1000 Dollar muss man dafür lockermachen.

Im Reservat erfahre ich endlich auch, warum es so schlecht um die Spezies bestellt ist: Sie tun sich mit der Liebe ähnlich schwer wie viele meiner Kochpartner. Die Weibchen sind nur zwölf Stunden im Jahr fruchtbar. Damit es im entscheidenden Moment klappt, animieren die Wärter mithilfe von Leckerbissen die Männchen, sich auf die Hinterbeine zu stellen. Sonst versagen im entscheidenden Moment die untrainierten Pomuskeln, und sie halten die wegen ihrer sehr kleinen Penisse nötige Stellung nicht durch. Kungfu-Panda, der mithilfe von Essen zum Sport animiert wird, hat also sein Vorbild in der Realität. Das Ganze ist offenbar ein Zivilisationsproblem: Die wilden Männchen machen zur Fortpflanzungszeit sogar Handstand vor Bäumen, die sie dann möglichst weit oben anpinkeln – um dem Weibchen zu signalisieren, dass ein besonders großer Macker zugegen ist. Im Reservat werden sie dagegen so träge, dass die Forscher sogar schon versucht haben, sie mit Panda-Porn zu stimulieren. Die Befruchtung der Weibchen klappt meistens nur noch künstlich.

Während ich mich noch am Anblick einer mit ihrem Baby herumtollenden Pandamutter weide, trifft eine SMS von Alfredo ein. Ich soll unbedingt zu seiner Schule kommen. Ein schulweiter Kochwettbewerb fände gerade statt. Seufzend kehre ich den Pandas den Rücken und begebe mich auf eine zweistündige Busfahrt zum südlichen Stadtrand von Chengdu. Neue Apartmentblöcke machen hier langsam wieder Reisfeldern Platz, am Horizont zeichnen sich sanfte Hügel ab. Alfredo erwartet mich am Eingangstor und gibt mir eine Tour über den weitläufigen Campus. Außer der Kochschule sind hier noch diverse andere Fakultäten untergebracht. Eine barackenartige flache Häuserreihe stellt er mir als den alten Teil der Schule vor. »Ausgerechnet hier finden kurze internationale Kurse statt. Einmal ist mitten beim Kochen eine Ratte vom Dach gefallen«, erzählt er.

Wir linsen von außen in ein Klassenzimmer. Ein Koch demonstriert mit dem Rücken zu uns etwas am Tisch. Ihm gegenüber lungern junge Chinesen im weißen Kochkittel in nach oben ansteigenden Sitzreihen. Zum Teil liegen sie gelangweilt auf dem Tisch oder spielen mit dem Handy. »Besonders begeistert sehen die ja nicht aus«, raune ich Alfredo zu. Als sie unsere Köpfe durchs Fenster erspähen, kichern und tuscheln ein paar.

»Nein. Die meisten werden von ihren Eltern hierhergeschickt.«

»Warum wollen die Eltern das denn, wenn der Beruf doch so wenig Ansehen genießt?«, wundere ich mich. »Vielleicht weil sie ein kleines Restaurant haben und wollen, dass ihre Kinder das übernehmen«, meint Alfredo. Ganz wie bei Kungfu-Panda also, Sohn eines Nudelmachers, der davon träumt, seinem Schicksal am Herd zu entgehen.

Der Wettbewerb findet allerdings im neuen Teil der Schule statt. Wir gehen auf einen neuen grauen Gebäudekoloss mit riesigem Vorplatz zu. Davor steigen große rote Lampions mit langen Papierbändern in die Luft – wie in China bei jedem offiziellen Festakt. »Wow, das sieht ja aus wie eine Parteischmiede«, staune ich.

»Es ist ja auch die einzige staatliche Kochschule Chinas«, grinst Alfredo. »Früher war die Schule im Stadtzentrum und hieß Sichuan Institute of Higher Cuisine. Jetzt haben sie den Namen in irgendwas mit »Tourismus« geändert«, erklärt Alfredo. »Der Campus ist schon als Sehenswürdigkeit ausgezeichnet und hat sogar einen Golfplatz.«

»Wie kommt es eigentlich, dass du nicht bei dem Wettbewerb mitmachst?«, frage ich ihn.

»Ich habe nichts davon mitbekommen. Ich verpasse ihn jedes Mal. Vielleicht weil mein Chinesisch zu schlecht ist.« Ich wundere mich ohnehin, dass er ohne sprachliche Vorkenntnisse eine professionelle Ausbildung absolviert. Aber Alfredo sagt, dass er das Küchenvokabular inzwischen ganz gut drauf hätte. Und den Rest verstehe er übers Zugucken.

Eine große breite Treppe führt auf einen erhöhten offenen Gebäudeplatz. Dort steht eine lange Tafel in U-Form mit weißem Tischtuch und atemberaubenden Kreationen, dazu meterho

he geschnitzte Drachen, Phoenixe und Segelschiffe in Orange. Ich muss mehrmals hinschauen, um zu glauben, dass es sich tatsächlich um Kürbisse, Mohrrüben und überdimensionale Rettiche handelt. Da sind kunstvolle Reliefs und Landschaften aus hauchdünnen Gurkenscheibchen und Kartoffelschnitzen mit unidentifizierbaren Saucen, außerdem blütenumwehte Desserts. Doch ich werde schnell abgelenkt von der Kochmützenarmee in grünen Schürzen, die jetzt aus dem hinteren Gebäudeteil an die langen Chromtische strömt. Ein Aufseher ruft ein Kommando, und wie wild beginnen die Kochschüler Teig zu walken. Mehrere Lehrer, erkennbar daran, dass sie älter, mützenlos und in leger offene Kittel gekleidet sind, spazieren entspannt durch die Reihen. »Noch fünf Minuten!«, ruft einer. Wie ein Meer mit weißen Schaumkronen wiegen Dutzende Mützen rhythmisch hin und her und auf und ab. Die Stimmung ist aufgekratzt heiter. Die fertigen Teigballen werden auf einem Tisch ganz vorn aufgereiht, jeder Teller hat eine Nummer. Ein glatzköpfiger, kurzgewachsener Lehrer nimmt jeden unter die Lupe, drückt mit dem Finger hinein und macht sich eine Notiz. Ein Teigklumpen nach dem anderen wandert in den Müll. Das gleiche Spiel wiederholt sich mit fein geschredderten Rettichen. »Das ist der erste Jahrgang. Sie werden nur auf die Grundfertigkeiten getestet«, erklärt Alfredo.

Ich muss an meine stümperhaften Knetversuche in Nudel-Wus Kantine und an die Ziehversuche zuhause denken und bekomme schon vom Zuschauen schwitzende Hände. Es tut mir in der Seele weh, die schönen, glatten Teigklumpen in den Müll wandern zu sehen. »Hier, das ist mein Kumpel Daniel«, winkt Alfredo mich dann an die andere Seite des Tischs mit den schon ausgestellten kunstvollen Kreationen. »Daniel, was hast du denn gemacht?«, fragt Alfredo ihn.

»Den Fischpudding dort«, antwortet der schmale Chinese mit Brille auf Englisch. »Eine Eigenkreation.« Einzelne lange Barthaare stehen von seiner rechten Kinnhälfte ab.

»Fischpudding? Also etwas Süßes?«, hake ich nach. Daniel lacht: »Fisch als Nachtisch – ist das komisch?«

Ich brummele etwas Abwägendes. Daniel erzählt, dass er am Morgen einen kleinen Fisch getötet und in den Mixer gesteckt hat. Die Fischmasse füllte er in tassengroße Förmchen, stürzte sie in Teetassen, bestrich sie mit einem selbstgemachten Heidelbeergelee und garnierte sie mit Rosenblättern. Wie gern würde ich kosten! Aber das geht leider nicht. Daniel hat ein Praktikum in den USA gemacht und spricht deshalb gut englisch. »Man kann hier an der Schule auch amerikanische Küche erlernen«, erklärt er.

»Amerikanische Küche? Was soll denn das sein?«, frage ich nachher Alfredo.

»Yeah«, macht der. »Das habe ich mich anfangs auch gefragt. Es sind tatsächlich Burger und Sandwiches. Die Chinesen finden das jetzt ganz aufregend.«

Alfredo führt mich einen Treppenaufgang hinauf. Vom Balkon aus betrachten wir das Kochmützenmeer unter uns. Eine Schülerin mit Häubchen kommt vorbei und hält mir einen knusprig gebratenen Entenschenkel unter die Nase. »Möchtest du?« Ich kann mein Glück kaum fassen und beiße gierig hinein.

»Wir bieten uns immer gegenseitig an, was wir gerade gekocht haben«, erklärt Alfredo, der selbst abwinkt. Die Vorstellung, ständig mit unerwarteten Leckerbissen beglückt zu werden, ist verlockend. Trotzdem, je länger ich zuschaue, desto mehr bestätigt sich mein Verdacht, dass professionelles chinesisches Kochen nichts für mich wäre. Ein dicklicher Schüler säbelt mit vor Aufregung zitternden Fingern hauchdünne Scheiben von einem Fleischblock. In der nächsten Runde formen die Schüler Teig in kunstvolle Jiaozi in Blütenformen. Dieser Zwang zur vollkommenen Präsentation, der Akzent auf Form und Ästhetik der Speisen ist etwas für Perfektionisten. Bei jemandem wie mir, deren Triebfedern Neugierde und Lust am Essen sind, reicht es wohl gerade mal zur Hobbyköchin. Still und leise trage ich die fixe Idee, selbst einmal in einem China-Restaurant in Deutschland am Herd zu stehen, zu Grabe. Was nicht heißt, dass ich mit der chinesischen Küche fertig bin. Neugierde und Lust am Essen haben eine Eigendynamik entfaltet. Es macht mir einfach Spaß, mit Chinesen in der Küche zu stehen, in ihr Leben einzutauchen – und immer wieder neue Köstlichkeiten zu entdecken. Also, auf zum letzten Kochtermin in Sichuan: mit Min ihre Version von Mapo Doufu kochen.

Als ich am späten Nachmittag zur Tür hereinkomme, ist es in der Wohnung ungewohnt still. Die Mutter geistert mit San San draußen herum. Von der Oma ist nichts zu sehen. »Sie spielt abends immer Mahjiang«, erklärt Min. Das chinesische Strategiespiel mit einem Haufen voller runder Steine auf einem Tisch ist kompliziert und, weil Geldeinsätze dazugehören, im glücksspielfeindlichen China illegal. Das Verbot wird aber ziemlich konsequent ignoriert. In den Pekinger Altstadtgassen gehört das klackernde Geräusch, wenn die Steine durchmischt werden, fest zum Alltag. Meist beugt sich ein ganzer Haufen älterer Leute tief über die Tische, die Männer im Sommer bevorzugt mit bis zur Brust hochgekrempelten T-Shirts und entblößten Bäuchen. »Ich dachte, deine Oma kocht immer«, sage ich zu Min.

»Ja, aber normalerweise essen wir mittags groß und abends nur noch Nudeln. Ich sollte abends eigentlich keinen Reis mehr essen wegen der Diät.« Einen Kommentar, dass auch Nudeln nicht so wirklich in orthodoxe Diättheorien passen – jedenfalls nicht, wenn man Kohlenhydrate vermeiden will –, spare ich mir.

Stattdessen beginnen wir mit der Essensvorbereitung. Min erhitzt einen Topf Salzwasser. »Ich lasse das Tofu erst mal zwei Minuten im Salzwasser kochen, das macht es weicher«, erklärt sie. »Meine Oma macht das nicht.« Dann schaut sie auf den Berg an Gemüse, Fleisch, Gewürzen, Töpfen und Schüsseln und seufzt. »Womit anfangen?« Ich habe noch keine Ahnung, was es außer Mapo Doufu gibt, biete aber einfache Hilfsdienste für die anderen Gerichte an. Sie zeigt mir eine praktische Technik, aus einem großen Stück Schweinefleisch Gehacktes zu machen: Nach der ersten Schneiderunde nimmt man das große quadratische Hackmesser in beide Hände und säbelt sternförmig auf die ganze Masse. »Oder du haust einfach drauf.«

Kaum kommt die Mutter nach Hause, pfuscht sie dazwischen. Min schmeckt ab, findet eine Sauce noch zu wenig salzig und erklärt: »Ich benutze kein Glutamat, meine Oma schon.«

»Meinst du, es ist wirklich ungesund?«, frage ich. Nicht nur Westler begegnen dem Geschmacksverstärker geradezu panisch. Gerade meine jüngeren chinesischen Kochpartner scheuen es. »Ich glaube nicht, dass es wirklich schadet. Aber ich mag den Geschmack des Essens selbst.« Das leuchtet mir ein. Glutamat verleiht, ähnlich wie Maggi, allem einen Einheitsgeschmack.

Min hat auch eine eigene Methode für Hackfleischbällchen: Zu dem Hackfleisch aus Schweinelende hat Min noch fein gehackten Ingwer und Frühlingszwiebeln, Salz und *Doufen*, Bohnenmehl, dazugegeben. »Das bringt Geschmack und bindet die Masse«, erklärt sie. Die Bällchen formt sie, indem sie etwas Fleischmasse auf einen kurzen, breiten Porzellanlöffel häuft und dann mit den Fingern einen Ball daraus formt. Die Sandkastenspielerin in mir erwacht, und mit großem Eifer forme ich die kleinen Bällchen und werfe sie einen nach dem anderen ins kochende Wasser. Min gibt Kohlblätter, Frühlingszwiebel und Sichuanpfefferpulver hinzu.

Als wir gerade mit dem Mapo Doufu anfangen wollen, steckt die Oma den Kopf zur Küchentür herein. Als sie mich sieht, strahlt sie und redet wild auf mich ein. »Sie bedankt sich für die Geschenke aus Xihuanglong«, übersetzt Min. Ich hatte ein paar lokale Leckereien von unserem Ausflugsörtchen für sie gekauft.

»Und jetzt zeig ich dir, wie ich Mapo Doufu mache«, kündigt Min an. Sie schüttet das Wasser, in dem sie den Tofu kurz gekocht hatte, ab und erhitzt den Wok. Dann gießt sie Rapsöl hinein, bis der Boden bedeckt ist. »*Douban*! Sojabohnenpaste!«, ruft sie und gibt einen großzügig beladenen Esslöffel mit der rot-braunen Paste hinein. Darauf folgen je ein Häuflein fein gehackter Ingwer und Knoblauch, das von mir fabrizierte Schweinehack und ein wenig Chiliflocken. Sie lässt alles etwa eine Minute köcheln und gibt dann ein kleines Schälchen Wasser hinzu. Dabei rührt und hackt sie auf die ganze Masse ein. Schließlich wirft sie noch eine kleine Handvoll Sichuanpfeffer dazu. »Man könnte auch noch etwas Chiliöl dazutun, das ist aber nicht wichtig«, meint sie. Erst zum Schluss hebt sie vorsichtig die Tofuwürfel in die Soße und lässt alles gut fünf Minuten kochen. Und ganz zum Schluss streut sie noch ein paar fein gehackte Frühlingszwiebeln darüber. »Fertig!«, ruft sie dann, füllt alles in eine Schale und trägt sie ins Wohnzimmer. Dort warten schon die anderen Speisen und kühlen langsam aus.

Beim Essen beachten mich Mutter und Oma schon mehr als beim ersten gemeinsamen Essen. Die Oma lächelt mich meist nur freundlich an, die Mutter quetscht mich aus. »Wie viel verdienst du? Wie viel Miete zahlst du?« Ich habe mich immer noch nicht mit den direkten Fragen der Chinesen zum Gehalt angefreundet und weiche ihnen auch diesmal wieder aus. »Mein Gehalt variiert jeden Monat«, antworte ich. Seit ich wieder als freie Journalistin Aufträge für verschiedene Medien annehme, stimmt das sogar. Bei meiner Miete für ein WG-Zimmer im Zentrum – rund 450 Euro – zieht die Mutter erschrocken die Luft ein.

Sie legt auch chinesischen Wettbewerbsgeist und die Liebe zum Erstellen von Rankings an den Tag. »Welche Stadt ist besser, Chengdu oder Peking?«, will sie dann wissen und fügt gleich selbst hinzu: »Peking ist heißer, oder?«

Min fährt ihr in die Parade: »Aber nein, Mama, Chengdu ist viel heißer!« Die Mutter war noch nie in der Hauptstadt. Ich finde zwar auch Peking im Sommer unerträglich, weiß aber, dass es in der feucht-heißen Provinz Sichuan noch schlimmer ist. Schon jetzt haben wir Temperaturen von über 30 Grad.

»Und welches Mapo Doufu ist besser?«, fragt Min mich dann gespannt. Ich finde ihres tatsächlich sehr lecker – auf der Zunge prickelnd, aber weder zu scharf noch zu betäubend. Aber wie das der Oma geschmeckt hatte, weiß ich angesichts der Menge der in den letzten Tagen verspeisten Gerichte kaum noch. Ich bin in einer diplomatischen Zwickmühle. Min zu loben erscheint insofern opportun, als sie diejenige ist, die meine Antwort auf jeden Fall versteht. Was aber, wenn Min es ihr aufs Butterbrot beziehungsweise in den Reis schmiert? Dem Alter muss man in China höchsten Respekt zollen, so will es der Konfuzianismus. Mins handfester Umgang mit Mama und Oma lehrt mich zwar schon, dass das offenbar auch für Chinesen nur mit Einschränkungen gilt. Feige entscheide ich mich dennoch für Neutralität. »Sie sind beide sehr gut.« Richtig zufrieden scheint Min damit nicht. »Meine Mitbewohner in der Uni mochten mein Mapo Doufu immer sehr gern«, schiebt sie nach. Zum sonst chinesischen Understatement, wenn es um die eigenen Fähigkeiten geht, passt auch das nicht recht. Irgendwie erfrischend.

## Mapo Doufu
## nach Min Luos Art

*Weißen, halbfesten Tofu in Würfel schneiden, 2 Min. in Salzwasser aufkochen und beiseite stellen.*

*Ingwer und Knoblauch fein hacken, jeweils gut 1 EL*

*1 EL Sojabohnenmus (Douban) in Pflanzenöl anbraten*

*nach ca. 2 Min. Ingwer u. Knoblauch dazuwerfen*

*nach 1 min. 50 Gramm Schweinsgehacktes dazugeben, dann noch 1 EL Douban dazugeben und Chiliflocken darüberstreuen*

*Nach ca. 1 Min. 1 kleines Schälchen mit Stärke verrührtes Wasser dazugeben*

*1 Handvoll Sichuanpfefferkörner hineinwerfen*

*optional: 1 TL Chiliöl dazu*

*Die Tofu-Würfel unterrühren*

*Mit gehackter Frühlingszwiebel bestreuen*

## 19

## Chinesische Mauer und zweite Etappe der Seidenstraße

*Wer die Große Mauer nicht bestiegen hat, ist kein richtiger Mann.*

Mao Zedong

Langsam verändert das Kochprojekt, wie ich meinen Alltag in Peking erlebe. Wenn ich durch die Hutong-Gassen meiner Nachbarschaft streife und lautes Metallgeklapper höre, weiß ich, dass es der Messerschleifer ist. Mit kehligen Rufen bietet er seine Dienste feil, die er mit der Ausrüstung auf dem Gepäckträger seines schweren rostigen Fahrrades erledigt – und ich überlege, ob mein Hackebeil schon einen neuen Schliff benötigt. Statt der teuren Barilla-Spaghetti aus dem Importgeschäft, verwende ich auch für italienische Pasta lieber die frischen chinesischen Nudeln von der mürrischen Bäckerin nebenan. Als schnellen Salat zwischendurch gibt es statt Tomate-Mozarella jetzt zerschlagene Gurke mit gutem Shanxi-Essig und Sesamöl.

Ich setzte mich auch viel öfter als früher zum Essen allein in kleine, einfache Garküchen. Allein bleibe ich dank der Kontaktfreude der Chinesen dennoch selten. Winzige Happen an Wissen über chinesische Kultur reichen schon zum Verbrüdern. »Die Nudeln da kommen aus Xi'an«, erläutert mir ein Gast, als ich gerade *Mian Pian* – abgerissene Nudelstücke in einer Tomatensauce mit gebratenem Ei – in mich hineinschaufle. Ich könnte ihn korrigieren: Die Besitzerin stammt aus Shanxi, nicht aus Shaanxi mit der Hauptstadt Xi'an. Aber ich sehe davon ab und stimme nur zu: »Ja ja, *Mian Pian*. Xi'an ist schön.« Der Gast streckt den Daumen hoch und gratuliert mir noch strahlend zum sicheren Umgang mit den Stäbchen.

Ein andermal erzählt mir ein Chinese mittleren Alters im rosa Hemd in einer Garküche von seinem russischen Nachbarn, einem

Yogalehrer. Er habe ihm etwas Kochen beigebracht, und er bietet mir das Gleiche an. Ein Beamter aus Henan schickt mir über Couchsurfing in holprigem Englisch einen ellenlangen Aufsatz über seine persönliche Essens- und Lebensphilosophie. Vermutlich hat er die Referenzen meiner Gastgeber auf meinem Profil gesehen, bei denen es stets ums Kochen und Essen geht.

Ich stehe nur vor zwei Problemen. Erstens: Viele, zu viele der abgeschauten Gerichte habe ich noch nicht selbst gemacht. Mein ganzes Halbwissen manifestiert sich in einem wilden Zettelwust und verschwommenen Handyfotos. Zweitens: Die Koch- und Probierorgien machen sich langsam am Hosenbund bemerkbar. Gegen beides, hoffe ich, hilft die Chinesische Mauer.

Wenige Monate nach meinem Umzug nach Peking war ich auf die »Beijing Wallkers« gestoßen – eine international gemischte, lose organisierte Wandergruppe, die seit 15 Jahren über unrenovierte Teile der Chinesischen Mauer kraxelt. Es ist ein wunderbar unkompliziertes Ritual: Jeden Sonntagmorgen, ob tiefster Winter oder heißester Sommer, treffen sie sich um acht an der Sanlitun Lu, einer kleinen, mit Bäumen und Bars gesäumten Straße mitten im Botschafts- und Shoppingviertel. Dort steht der cremefarbene *Mian Bao Che*, übersetzt »Kastenbrotauto«, bereit. Der Name gibt Form und Farbe dieser in China omnipräsenten Bussorte wider. Zu etwa zwanzig quetschen sie sich auf die engen Sitze mit weniger Beinfreiheit als im Billigflieger und werden nach etwa zwei Stunden Fahrt irgendwo in der Pampa ausgesetzt, in einem kleinen Dorf mit niedrigen Ziegelsteinhäuschen oder an einer kurvigen Landstraße. Von da aus kämpft man sich über Trampelpfade und durch Gebüsch zur Mauer hoch.

Geführt werden wir von einem Belgier Mitte 60, der einst mit ein paar Freunden auf gut Glück mit dem Auto losfuhr und anhand von rudimentären Karten und Kompass die Mauer suchte. Viele von Lucs frühen Routen hat der Pekinger Moloch mit seinen ausfernden Vorstädten wieder unattraktiv gemacht. Geblieben sind gefühlt 15 Tagestouren über teils steile Mauerruinen. Hin und wieder werden sie komplett unbegehbar und zwingen uns zu Umwegen durchs Gestrüpp. Der eine oder andere ist auf dem bröckelnden Gestein schon ausgerutscht und hat sich eine Rippe gebrochen.

Neben der sportlichen Herausforderung, dem Abenteuerreiz und großartigen Landschaftserlebnissen hatten die Wanderungen für mich noch einen anderen Vorteil: Hier kamen die unterschiedlichsten Leute zusammen. Ausgerechnet auf der Mauer, dem Symbol für die übermenschlichen Anstrengungen, die China über Jahrtausende unternommen hat, um sich gegen Barbaren von außen abzuschotten, vermischten sich die unterschiedlichsten Kulturen. Warum diese Kontakte nicht auch für mein Kochabenteuer nutzen?

Ich hatte meine ersten Hoffnungen auf Jin gelegt – eine offene, stets fröhliche Unternehmensberaterin. Sie schmetterte meine Avancen sofort ab. »Für andere zu kochen macht mich nervös. Ausgehen ist einfach praktischer«, winkte Jin ab. Meine kochbegeisterten Couchsurfer hatten mich vergessen lassen, dass viele Stadtchinesen praktisch gar nicht mehr kochen. Zu vielfältig und günstig sind die Restaurants. Umso besser, dass Wanderkumpanin Yulia zu einer multikulturellen Kochparty einlädt. Ich nehme meinen Mut zusammen und kündige »Komisch schmeckendes Huhn« und »Nach Fisch duftende Aubergine« an.

Die Aktion hat zunächst wenig mit einem entspannten deutschen Kochabend mit Freunden gemein. Während ich versuche, aus dem wirren Gekrakel meiner Notizen schlau zu werden und die richtigen Utensilien in Yulias großzügiger Küche zu finden, beginnt unser israelischer Wandersenior Dan, 75, eine Diskussion über deutsch-israelische Beziehungen. »Meine Frau ist eine französische Katholikin. Ich bin Humanist«, sagt er und gibt dann Anekdoten aus dem Sechstagekrieg zum Besten, in denen er eine Panzereinheit führte. Alles hoch spannend, wenn ich nur nicht gerade »Komisch schmeckendes Huhn« hinkriegen müsste. Das Ergebnis von zwei Stunden Schnippeln, Mischen und Braten stimmt offenbar trotzdem. Trotz Konkurrenz von Lasagnen, österreichischen Knödeln und Kichererbsencurrys greifen alle tüchtig zu. »Du hast tatsächlich *Guai Wei Ji* gemacht? So was Schwieriges?«, fragt Jin ungläubig. Ihr Lob fühlt sich an wie ein Ritterschlag: »Das schmeckt besser als im Restaurant!«

So ermutigt kann ich mich auch endlich einmal bei meiner Sprachpartnerin Mandy für die Einladung zum Frühjahrsfest revanchieren. Ich bin noch voll im Sichuanfieber und möchte *Gong Bao*-Huhn ausprobieren, ein Sichuangericht, das Nudel-Wu bei Marianne gemacht hatte, ergänzt um Instruktionen aus Alfredos Kochbuch. Und natürlich auch Mins Mapo Doufu. Mandy fragt in letzter Minute, ob Lao Pan auch kommen könne, und schon droht das Ganze in eine formale Einladung auszuarten. Ich kaufe rasch noch Bohnen dazu – schließlich sollte bei Chinesen immer etwas übrig bleiben. In dem kleinen Laden vor meinem Haus gibt es nur Fleisch am Stück, und ich hacke mir die Senke zwischen Zeigefinger und Daumen fast wund.

Als Mandy und der Alte Pan schließlich in meiner Küche stehen, kann ich von ihnen – anders als klammheimlich erhofft – kaum Rat erwarten. »Wir haben noch nie *Gongbao*-Huhn gemacht. Mir kommt das sehr schwierig vor«, verkündet Mandy. Simple Zuarbeit bietet sie dennoch an, und es verschafft mir etwas Befriedigung, die Rollen zu tauschen: Diesmal bin ich es, die den Kochlöffel schwingt und zwei Chinesen herumkommandiert. Auch der Alte Pan arbeitet brav mit und lacht mich aus, wie ich hektisch um den Wok herumwirble – ich habe keine Ahnung, was so lustig ist. »Bist du mit deinem Messer zufrieden?«, erkundigt Mandy sich zu unserem gemeinsamen Kauf, als ich das Huhn würfle.

»Und wie!«, bestätige ich. »Ich mag schon gar nicht mehr mit europäischen Messern arbeiten.« Auch da grinst der Alte Pan in sich hinein. Dann beginnt er, in meinem Brei mitzurühren. »Mehr Salz«, verlangt er, als ich Bohnen frittiere – dabei hat er das Gericht nach eigener Aussage noch nie gemacht. »Mehr durchmischen«, mahnt er weiter an. Auch Mandy mischt sich ein. »Der Sichuanpfeffer muss doch als Erstes rein«, moniert sie, als ich mich an das Mapo Doufu mache. Gegen mein Argument, dass ich es genau so mache, wie eine Einheimische aus Sichuan es mir gezeigt hat, kommt sie schwer an. »Es duftet so gut! Hast du den Sichuanpfeffer vor Ort gekauft?«

»Leider nicht. Ich war sogar auf einem Chilimarkt, aber dort habe ich das Einkaufen vergessen.«

»Schade. Der Pfeffer verliert doch an Aroma, wenn er für den Export präpariert wird.« Wieder wird mir erst zu spät bewusst, dass es sich im riesigen Reich der Mitte mit den chinesischen Provinzen ähnlich verhält wie in Europa mit ganzen Ländern.

Als alles auf dem Tisch steht, machen wir mit unseren Handys zunächst die obligatorischen Fotos von den Speisen. Ihre Mahlzeit zu fotografieren und im Internet auf sozialen Netzwerken zu verbreiten gehört bei Chinesen zum Essensritual wie bei uns einst das Tischgebet. Zum Glück mundet es den beiden trotz der anfänglichen Skepsis. Mandy lobt mein Mapo Doufu, auch wenn es etwas zu flüssig geraten ist. Lao Pan mosert zwar ein wenig an den Bohnen herum, die ihm nicht trocken genug gebraten sind. Als er eine Stäbchenladung *Gongbao*-Hühnchen in den Mund schiebt, macht er aber »hmm« – für meinen Geschmack eine Spur zu überrascht.

Die ganze Zeit schon habe ich das Gefühl, dass die beiden nicht recht glauben, dass auch eine Deutsche ordentlich chinesisch kochen kann – so wie man von Chinesen immer wieder zu hören bekommt, dass man als Ausländer China gar nicht verstehen kann. »Das schmeckt ja, obwohl gar kein Glutamat dran ist. Hätte ich nicht für möglich gehalten«, sagt Pan anerkennend. »Ich sage ja, wir sollten davon weniger nehmen«, triumphiert Mandy in seine Richtung. Und zu mir: »Glutamat soll ja nicht so gesund sein. Also nehmen wir stattdessen Hühnerpulver.« »Da ist aber auch viel Glutamat drin«, wende ich ein.

»Ja. *Mei Banfa*. Kann man nichts machen«, fügt Mandy sich ins Schicksal. »Du wirst schon zur Chinesin, Ruth«, zieht sie mich dann auf. »Trinkst du jetzt auch schon heißes Wasser zum Essen?«

»In Restaurants schon. Zuhause nehme ich aber kaltes.« Erst etwas später schalte ich, dass sie mir wahrscheinlich zu verstehen geben wollte, dass sie selbst jetzt gerne heißes Wasser hätte. Die Chinesen mögen sich rabiat in jeder Schlange vordrängeln. Aber wenn sie ihre Wünsche äußern, sind sie manchmal anstrengend indirekt.

»Wie sieht es denn jetzt mit deinen Deutschlandplänen aus?«, frage ich Mandy. Das Vorsingen für das österreichische Konservatorium hatte sie verpasst, weil die Mutter einen kleinen Unfall hatte und sie sich im Krankenhaus um sie kümmerte. »Ach, ich weiß auch nicht«, seufzt sie. »Die Agentur will jetzt 2000 Euro dafür, dass sie mich direkt dort einschleusen. Ich habe versucht, die Uni direkt zu kontaktieren, aber sie reagiert nicht auf meine Mails.« Ich frage mich langsam, wo Mandy das Geld dafür auftreibt. Seit ich sie kenne, arbeitet sie nicht, und Lao Pan verdient ja mit seinem Flötenspiel bekanntermaßen nicht so schrecklich viel. »Ich bin in den Milchpulverhandel eingestiegen«, verrät Mandy und lächelt verschmitzt. »Chinesischen Eltern mangelt es nicht an Geld. Die würden sogar 300 Yuan für eine Dose ausgeben«, meint sie.

Als chinesische Hersteller 2008 Milchpulver mit der Chemikalie Melamin streckten, starben sechs Säuglinge, etwa 300 000 wurden geschädigt. Seitdem sind chinesische Eltern gegenüber den heimischen Produkten völlig paranoid. Selbst ausländischen Marken, die in China produzieren, trauen sie nicht – und kaufen deshalb weltweit die Regale leer. Auch in deutschen Drogerien war es schon zu Engpässen und Verkaufsbeschränkungen gekommen. Mandy lässt eine chinesische Freundin in Deutschland Dosen für je 14 Euro kaufen und per DHL nach Peking verschicken. Dort vertickt sie sie auf Taobao, dem chinesischen Pendant zu Ebay, für 249 Yuan – etwa das Doppelte. »Bei einer Lieferung mit acht Dosen habe ich 400 Yuan (58 Euro) reinen Gewinn. Ich komme damit auf 2000 Euro im Monat. Ich habe Huihui gesagt, sie soll das von Italien aus auch machen, aber sie will nicht.«

»Oh, wie geht es denn Huihui?«, erkundige ich mich.

Huihui ist Mandys Freundin, die ebenfalls zunächst in Deutschland studieren wollte. Dann rasselte sie zweimal hintereinander durch die Sprachprüfung an der Deutschen Botschaft und versuchte daraufhin ihr Glück im laxeren Italien. Für die italienische Uni muss sie kein Wort italienisch können. Was sie dort genau will, ist mir schleierhaft.

»Huihui heißt jetzt Emanuela.« Mandy senkt geheimnisvoll die Stimme und beugt sich über den Tisch. »Stell dir vor, sie hat tatsächlich einen Freund gefunden. Einen Polizisten. Er kann kein Chinesisch, sie kein Italienisch und beide kein Englisch.«

»Dann verständigen sie sich also über Körpersprache, nehme ich an?«

»Haha! Genau! Ich glaube, Huihui wollte nur nach Europa, um sich dort einen Mann zu angeln.« Und fügt hinzu, vielleicht an Lao Pan gerichtet: »Das finde ich nicht gut.« Huihui bzw. Emanuela und der Polizist kennen sich jedenfalls seit einer Woche. Aber er habe sie schon seiner Familie vorgestellt und ihr gesagt, dass er sie liebe. Mandy misstraut ihm trotzdem. Ein Verwandter wolle Geschäfte in China machen. »Huihui meint, dass ihr Freund kein Geld hat. Er schenkt ihr nämlich keine Prada-Taschen.«

»Und er wohnt noch bei seinen Eltern?«, frage ich.

»Ja! Woher weißt du das?!« – »Italienische Männer. Das ist allgemein bekannt.«

»Was macht eigentlich Armando?«, fragt sie mich dann. Armando ist Jorges zweiter Name, den er bei Chinesen der einfacheren Aussprache halber benutzt, im Wechsel mit seinem chinesischen Namen Hao Hai. Mandys simple Frage zu beantworten ist nur nicht ganz einfach. Jorge befindet sich auf einem sonderbaren Roadtrip quer durch China. Er hatte in Urumqi Probleme mit der Polizei bekommen, weil er nicht ordentlich registriert war. Es folgte ein Behördenalbtraum, der damit endete, dass er auf ein Studentenvisum wechseln und dafür Fristen abwarten musste. Für die Zwischenzeit war er auf das Jobangebot seines chinesischen Freundes Lidan eingegangen. Der betreibt Druckläden in ganz China, die er immer wieder mal abklapperte. Wo er Probleme hatte, bestach er Polizisten mit iPads für deren Söhne. Jorge war dabei so etwas wie Lidans Escort Boy und Englischlehrer für die fast täglichen bis zu fünfzehnstündigen Autofahrten. Den ganzen Monat über teilte er mir seine neuesten Schreckensmeldungen per SMS mit. »Wir sind bei einem Geschäftsessen. Lidan sagt, er trinke nicht. Haohai trinkt.«

»Er arbeitet für einen Freund aus Tianjin«, versuche ich es für Mandy einfach zu halten.

»Oh, dann könnt ihr euch ja jetzt viel sehen!«, freut sie sich. Die Metropole Tianjin liegt eine gute halbe Stunde mit dem Schnellzug von Peking entfernt – uns kam das schon beinahe vor wie Zusammenziehen. »Das dachten wir auch erst. Aber er ist permanent unterwegs. Sie sind zweimal von Peking nach Hunan und zurück gefahren. Dann nach Kanton, von da nach Chongqing, und am Schluss fahren sie über Xi'an zurück nach Peking.

»Nach Kanton mit dem Auto?! Das sind doch über 2000 Kilometer! Warum fliegt er nicht?«

»Für seinen Freund ist Autofahren Entspannung. Er scheint ziemlich verrückt.«

»Wie schade. Wann seht ihr euch denn dann wieder?«

»Wahrscheinlich in zwei Wochen, wenn sein Roadtrip beendet ist und er zurück nach Urumqi fährt. Da wollen wir uns wieder in der Mitte treffen.«

»Wow!«, staunt Mandy. »Wo fährst du denn hin?«

»Ein paar Leute von meiner Wandergruppe fahren nach Gansu, bis fast an die Grenze von Xinjiang. Wir folgen den alten Mauerresten und einem Stück der Seidenstraße bis in die Oasenstadt

Dunhuang.« – »Du siehst viel mehr von China als ich«, sagt sie neidisch.

Als wir uns kurz vor meiner Abreise noch einmal zu einem Mittagessen treffen, zeigt Mandy mir ihren Handybildschirm: »Schau, ich habe das Foto von deinem Essen hochgeladen und geschrieben, dass das eine Deutsche gemacht hat. Das hat 25 erstaunte Kommentare hervorgerufen!«

## 20

## Reisen mit Kostverächtern

*Hüte dich vor Männern, deren Bauch
beim Lachen nicht wackelt!*

Der Zug nach Zhangye ist ein älteres Modell mit Häkeldeckchen und Thermoskannen mit heißem Wasser auf dem Abteiltischchen. In unserem Abteil ist beste Stimmung: Ein alter Chinese klampft auf einer Dutar – einem uigurischen Zupfinstrument mit langem Hals. Sein Gegenüber singt dazu. Während ich mich mit selbstgekochten Shanxi-Nudelresten nach dem Rezept von Yulans Mutter stärke, zieht vor dem Zugfenster die hügelige Lößlandschaft von Shanxi vorbei.

Ich weiß, dass Jorge heute ebenfalls hier durchfährt – im Auto mit seinem verrückten Freund Lidan. Er hatte gehofft, dass seine Reise aufhört, bevor meine anfängt, und wir noch ein paar gemeinsame Tage in Peking haben. Aber da hat Lidan nicht mitgespielt. Und so befinden wir uns in der absurden Situation, dass ich von Peking nach Westen Richtung Urumqi fahre und Jorge simultan von Westen her nach Peking. »Wir sind bald bei Taiyuan. Wo bist du?«, bekomme ich eine SMS von Jorge. Einer meiner Reisegefährten muss für mich auf seinem GPS nachgucken: noch um die 100 Kilometer entfernt. Als ich ihm später aufgeregt schreibe, dass wir gerade am Bahnhof von Taiyuan stehen, der Hauptstadt von Shanxi, kommt zurück: »Lidan hat sich verfahren. Wir sind jetzt weiter nördlich. Ich habe ihm gesagt, dass er meine romantischsten Momente zerstört. Er sagt, er sei ein *Ben Zhu*, ein dummes Schwein.«

»Da hat er ausnahmsweise mal recht«, schreibe ich zurück, seufze und puste einen imaginären Kuss durch das Zugfenster gen Norden.

Meinen zweiten Abschnitt auf der Seidenstraße trete ich mit vier Wanderkameraden an: dem betagten Dan aus Israel, Rodrigo aus Uruguay, Lisa aus China und René aus Deutschland. Wir haben für die erste Etappe bis Zhangye in Nudel-Wus Heimatprovinz Gansu zwanzig Stunden Zugfahrt vor uns – zum Glück mit Liegeplätzen.

Als es schon dämmert, sitzen wir zusammen im Speisewagen. Die Gegend draußen ist immer ländlicher geworden. Wir sind jetzt ganz nah an Nudel-Wus Heimatort. Die Hügel sind hier noch stärker von Höhlenbehausungen durchlöchert als in der Gegend von Yulans Eltern. Sie erinnern an Schweizer Käse in anderen Farben: Unten ist die trockene Sandsteingegend grün bewachsen wie eine Oase, oben trocken und braun. Man sieht kaum mehr Städte. Ähnlich karg wie die Landschaft sieht der Tisch vor uns aus. Schon jetzt deutet sich die mangelnde Essleidenschaft meiner Mitreisenden an. Hätte ich nicht gerade noch Nudelreste vom Vorabend verzehrt, wären mir die wenigen bestellten Gerichte viel zu wenig gewesen.

Zumindest ist dank unserer gehobenen Tickets im Viererabteil die Nacht wunderbar ruhig und komfortabel. Entspannt kommen wir um sieben Uhr morgens in Zhangye an – wo uns schon ein Minivan erwartet und zum Hotel fährt. Unsere chinesische Mitreisende Lisa hat alles perfekt vororganisiert und durchgetaktet. Ich kann mich ausnahmsweise so sehr entspannen, dass ich nicht einmal genau weiß, was uns wo erwartet und was wir vorhaben. Das Problem: Lisa führt uns im militärischen Takt – und hat dabei den Programmpunkt »Essen« mehr oder weniger ausgelassen.

Zugegeben, die Gegend ist landschaftlich spektakulär. Wir stapfen durch einen praktisch menschenleeren Nationalpark voll bizarrer Felsformationen, fahren mit einem Touristenbus durch die »Feuerberge« – kegelartige Hügel, die bestimmte Mineralien wellenartig in psychodelische Linien von orange bis pink getaucht haben. Aber als ich die Tagesplanung für den nächsten Tag höre, bin ich entsetzt: »Wir fahren um sechs Uhr mit dem Auto los, um noch den buddhistischen Tempel Matisi mitzunehmen. Um zwölf geht unser Zug. Wir haben keine Zeit zu frühstücken«, verkündet Lisa. Alle an-

deren brummeln zustimmend. »Wenn ich auf Reisen bin, muss ich nur wenig essen«, meint René. Dan sekundiert: »Wir können im Supermarkt Snacks kaufen.« Und das mitten in der Wiege der chinesischen Nudeln, dem Heimatort meines Meisters! Panik steigt in mir auf. Der Kontrast zu meinen letzten Reisen, bei denen sich alles ums Essen drehte, könnte kaum größer sein.

Ich vergesse meine Ängste kurz, als wir über einsame Straßen auf verschneite Bergketten zufahren und an dem spektakulären Mati-

si-Tempel ankommen: Er ist mitten in eine steile Felswand gehauen, die man durch abenteuerlich schmale Treppen und Gänge im Felsinneren erklimmt. In der glasklaren Morgenluft wehen bunte tibetische Gebetsfahnen über satt-grünen Hügeln, dahinter die Schneegipfel. Und vor allem sind wir – schier unfassbar in China – die einzigen Besucher.

Aber in dem angrenzenden Dörfchen beginne ich zu rebellieren. Ich habe Hunger. Während wir auf zwei Nachzügler warten, bestelle ich gegen Lisas Anordnung in einem kleinen leeren Restaurant als Einzige schnell einen Teller *Lanzhou La Mian* – die fein gezogenen Nudeln in Rinderbrühe nach Meister Wus Art. Der Nudel-Mann zieht sie zwar nicht ganz so fein, aber die würzige Brühe ist dennoch himmlisch. »So, weiter geht's!«, ruft Lisa und reißt mir meine noch zu zwei Dritteln gefüllte Schüssel weg. Dafür gibt sie sich später in Bahnhofsnähe der chinesischen Obsession für lokale Spezialitäten hin. Sicher zwanzig Minuten verbringt sie mit der Suche nach der perfekten Wassermelone. Als sie die Melone aufschneidet und für wässrig befindet, schmollt sie erst eine Stunde lang, dann lässt sie sie unangetastet im Zug liegen.

Der Zug zu unserer nächsten Station, Jiayuguan, fährt drei Stunden lang durch den Hexi-Korridor. Durch dieses trockene Tal mussten alle Karawanen ziehen. Zu beiden Seiten des Zuges ragen fern am Horizong Gebirgsketten auf. Unser Ziel ist der erste oder letzte Turm – je nach Sichtweise – der im 14. Jahrhundert erbauten Ming-Mauer und für uns »Mauerläufer« natürlich ein Muss. Wir lassen die Touristenmassen am Eingang einer enormen lehmfarbenen Festung mitten in einer Oase voller Pappeln links liegen. Unser vorbestelltes Auto fährt an einer nicht enden wollenden Mauer entlang, aus der einige Türme mit reich verzierten, chinesisch geschwungenen Dächern ragen. Erst später erfahre ich, dass das trapezförmige Passbauwerk mit einem Umfang von 740 Metern eine Schlüsselstation auf der Seidenstraße ist und ein Highlight der Reise gewesen wäre. Dahinter hört das China der Ming-Dynastie auf, und das Reich der Wilden beginnt. Aber wir sehen nicht die Inschriften der in Ungnade gefallenen Gelehrten, die hier früher durch einen Tunnel des Forts in die Wüste geschickt wurden. Heute säumen weitläufige Industrieanlagen unseren Weg durch die unwirtliche Ebene in Richtung unseres ersten Turms.

Er steht dramatisch direkt an einer Klippe über einem Fluss, der durch eine vegetationslose Schlucht fließt. Glitzernd schlängelt er sich durch Geröll. Dahinter endet der Hexi-Korridor in den verschneiten Bergketten. Ehrfürchtig berühre ich die verwitterte Mauer aus Lehm und Stroh, die schon wenige hundert Meter weiter wieder in der Einöde verschwindet. »Könnt ihr euch vorstellen, dass die zu der gleichen Mauer gehört, auf der wir 2000 Kilometer entfernt jeden Sonntag herumlaufen?«, fragt Rodrigo.

»Was heißt hier 2000 Kilometer? Das ist doch nur Luftlinine. Der alte Mauerverlauf selbst ist um die 8000 km lang«, ergänzt René. Die Mauer schlängelt sich nicht nur bevorzugt über die steilsten Bergkuppen, die auch ohne Zusatzhindernis schwer genug zu überwinden wären. Bei unseren Wanderungen sehen wir immer, dass sie auch alles andere als geradlinig verläuft: Es gibt zahllose sich kreuzende Nebenabschnitte. »Letztes Jahr kam sogar die Nachricht, dass sie, wenn man alle Seitenarme dazuzählt, sogar doppelt so lang ist wie angenommen: über 20 000 Kilometer«, weiß unsere Chinesin Lisa.

Die frühere Schätzung bezog sich nur auf die während der Ming-Dynastie gebauten Abschnitte, auf denen wir in der Gegend um Peking herumlaufen und die hier in Jiayuguan endet. Die ersten Bauarbeiten dagegen sollen schon 500 vor Christus begonnen haben. Kaiser Qin Shihuang, der auch die Terrakotta-Armee anfertigen ließ, erweiterte und verband sie in einer ersten Gewaltanstrengung.

Mir wird bei all diesen Zahlen schwindlig – zumal wir schon so lange nichts Richtiges mehr gegessen haben. Seit mir meine Nudelsuppe entrissen wurde, gab es nur noch Junk Food im Zug, welches dann wiederum ich trotzig verschmähte. »Ich will noch Fotos von dem Fort auf der anderen Flußseite machen«, meldet Rodrigo an. »Aber wir haben es ja nicht eilig. Von mir aus können wir spät zu Abend essen.«

»Ich hab auch noch keinen Hunger«, stimmt René zu.

»Ich habe noch Nüsse, die reichen fürs Erste«, sagt Lisa. Dan in seiner Altersweisheit schweigt.

Meine verzweifelten Lobbyversuche für ein früheres Abendessen werden allgemein belächelt. So beuge ich mich erst um neun Uhr abends halb verhungert über die Speisekarte für die erste richtige Mahlzeit des Tages.

Am nächsten Tag geht es knallhart um sechs Uhr weiter. Eine Wanderung zum »Gletscher vom 7. Juli« steht an – natürlich ohne Frühstück. Ein alter Bummelzug fährt uns durch eine karge, dramatisch wilde Berglandschaft. Wir steigen bis auf über 5000 Meter die glänzend-weiße Gletscherzunge entlang. Die Gletscher speisen auch die Flüsse, die unten in der Wüste den Getreide- und Obstanbau in den Oasenstädten ermöglichen. Mit pochendem Kopf trudeln wir von den verschneiten Höhen wieder in der wüstenartigen Ebene ein, aber das ist kein ausreichendes Argument für eine ordentliche Nachtruhe: Unser nächster Zug fährt um drei Uhr morgens ab. »Wenn wir ankommen, gehen wir gleich zum Frühstück in ein Nudelrestaurant«, verspricht Lisa, während wir mitten in der Nacht auf den Eisenstühlen der Bahnhofshalle auf die Abfahrt warten. Das wird auch Zeit, denke ich mir schmollend. Ich hätte mir für eine Reise auf der Nudelstraße besser andere Begleiter gesucht als asketische Sportler.

Übernächtigt purzeln wir gegen acht Uhr morgens nach wenigen Stunden unruhigen Schlafs auf den Bahnhof von Dunhuang hinaus. Er ist neu und todschick und für so ein verschlafenes Oasenstädtchen mal wieder völlig überdimensioniert. Dunhuang ist vor allem für die gigantischen Sanddünen bekannt, die sich gleich hinter den Häusern gen Himmel recken, außerdem für eine Ansammlung alter buddhistischer Höhlen – und für die Überreste des ältesten Abschnitts der Mauer.

Zu meiner Freude halten unsere Taxis tatsächlich nach einer halben Stunde Fahrt vor einer großen, gut besuchten Nudelkantine mit Selbstbedienung. Drinnen werden im Akkord Lanzhou-Nudeln gezogen – nur wieder nicht ganz so fein wie bei Nudel-Wu. Wir drängeln uns mit unseren orangenen Tabletts mit den großen Porzellanschüsseln an einen Tisch. Gierig schlürfe ich die Nudeln ein. Die Rinderbrühe mit den Korianderblättern würzen wir mit Chiliöl nach. Sie hat aber auch so schon eine mir bis dahin unbekannte leckere Muskatnuss-Note. »Habt ihr hier keine eigene Nudelsorte?«, frage ich am Ausgang den Taxifahrer.

»Doch, unsere Spezialität sind Gelbe Nudeln mit Eselfleisch.«

»Die können wir heute Mittag essen«, informiert Lisa mich vorauseilend. Vielleicht zeigen meine Beschwerden über die fehlenden Mahlzeiten endlich Wirkung.

Nach einem weiteren ersten Mauerabschnitt am Rand der Wüste Gobi, diesmal die 2000 Jahre alte, dünne Lehmwand aus der Han-Dynastie, ist es endlich Rodrigo, der Uruguayer, der ruft: »Und jetzt auf zum Esel!« Er gibt zu, dass auch er langsam etwas Richtiges im Magen braucht – was in seinem Fall Fleisch am Stück bedeutet. »In Uruguay essen wir immer so viel Steak, dass ich von Nudeln oder Gemüse nie richtig satt werde«, gesteht er. Das Restaurant ist von der etwas gehobenen Sorte und ebenfalls gut besucht.

»Im Himmel gibt es Drachenfleisch, auf Erden gibt es Eselfleisch«, kündigt die Speisekarte an. Wir müssen sie gar nicht studieren, sondern bestellen einfach, was wir auf allen Tellern der anderen Gäste sehen: Eselfilets mit Gelben Nudeln. »Endlich«, seufzt Rodrigo, als die Platte mit fein geschnittenem lauwarmem Fleisch auf unseren Tisch niederschwebt. Meine anfängliche Skepsis verfliegt mit dem ersten Bissen. Der Esel ist erstaunlich zart und hat einen angenehm milden, leicht süßlichen Geschmack. Er erinnert an Roast Beef. »Mann, ist das lecker«, freue ich mich auch, und wir bestellen eine zweite Platte nach. Die Gelben Nudeln sind etwas dicker als Spaghetti und kommen mit einer cremigen, tomatenlastigen Sauce, die aber nicht italienisch schmeckt. Ich mutmaße, dass Ei im Teig ihnen den Namen »Gelbe Nudeln« verliehen hat. Sie schmecken okay, aber mit dem Esel können sie nicht mithalten und werden daher selbst von mir weitgehend ignoriert.

Kurz vor Sonnenuntergang kämpfen wir uns noch gegen starken Wind die Riesendüne von Dunhuang hinauf. Der Wind bläst Sandfahnen den Dünenkamm entlang. Oben breitet sich die Wüste Gobi als gewelltes Sandmeer aus. So stelle ich mir die Sahara vor.

Diesmal ist es fast Mitternacht, bis wir nach dem späten Esels-Mittagessen wieder etwas zu beißen bekommen. Dann endlich sitzen wir draußen in einer verkehrsberuhigten Fressgasse in der Innenstadt, und ich sauge den Geruch von Kreuzkümmel auf Lammfleisch ein. Die Schwaden wecken Erinnerungen an meine Xinjiang-Reise mit Jorge. An einem Stand mit einem weiß bekappten Hui-Muslim bestellen wir Kebab aus saftigem Lammfleisch – sie können schon fast mit den Spießen aus dem jetzt so nahe gelegenen Xinjiang mithalten. Ich muss daran denken, wie wir stets mit wässrigem Mund auf Bäckereien mit frischem Fladenbrot zustürzten oder uns mit Wonne an unglaublich süßen Feigen labten. »Ich bin fast schon in deiner Wahlheimat«, schreibe ich Jorge eine SMS. »Und lege mich gleich in dein Bett in Peking«, kommt zurück. Eigentlich völlig bescheuert, dass wir beide gerade allein am jeweiligen Ort des anderen sind. »Ich freue mich auf dich«, texte ich ihm. »Die wollen hier alle nicht essen.«

Bis es so weit ist, wartet noch der Höhepunkt der Reise auf uns: die Mogao-Grotten. Von außen scheinen sie wie eine unspektakuläre Ansammlung von Höhlen in einem trockenen Wüstenhügel. Jeder einzelne Eingang ist mit einer Metalltür verschlossen. Unser Führer schließt sie auf und leuchtet in Kammern und Hallen, die von oben bis unten mit kunstvollen bunten Fresken ausgemalt sind. Sie bilden nicht nur buddhistische Fabeln ab, sondern zeugen von dem regen Güteraustausch auf der Seidenstraße. »Die Farben hier sind aus Persien gekommen«, erklärt er in einer Kammer. »Dunhuang war in der Tang-Dynastie einer der wichtigsten Knotenpunkte der Seidenstraße und ihr religiöses Zentrum.« Christen, Daoisten, Buddhisten, Muslims – sie alle waren da, teils gleichzeitig, teils zeitversetzt. Zeitweise standen die Höhlen unter tibetischer Kontrolle. Kaum vorzustellen, dass das für chinesische Verhältnisse winzige Oasenstädtchen einst so eine Schlüsselstellung hatte. Der spätere Bedeutungsverlust hängt mit der Entwicklung der Schifffahrt zusammen: Die Seeroute löste um das 15. Jahrhundert herum die Kamelkarawanen ab. Die Seidenstraße wurde offiziell aufgegeben. Zugleich eroberte der Islam Zentralasien. In einer Erdhalle mit großen Buddhastatuen, in der eine der bedeutendsten Büchereien der damaligen Zeit mit Tausenden Schriftrollen entdeckt wurde, leuchtet unser Führer auf ein Fresko an der Decke. Ein Phoenix umschlingt dort einen Drachen: »Der Phoenix, das Symbol für das Weibliche, steht im Zentrum, weil die damals hier wohnenden Uiguren in einer Art Matriarchat gelebt haben«, erklärt er.

»Die Uiguren, im Matriarchat?«, frage ich ungläubig. Bei meiner ersten Xinjiangreise waren mir die Uiguren etwa so matriarchalisch vorgekommen wie ein ostanatolischer Türke in Berlin.

»Ja, als sie noch Buddhisten waren«, erklärt der Führer. »Sie sind erst im 14. Jahrhundert zum Islam konvertiert worden.«

Meine Wanderkumpane fliegen zurück nach Peking, ich besteige am Abend einen Nachtzug. Er bringt mich wieder ein Stück zurück nach Osten: in Gansus Hauptstadt Lanzhou – und zu Jorge. Der liegt ebenfalls im Zug und fährt von Peking aus nach Westen. Das Licht im Abteil ist schon ausgeknipst. Ich schreibe mit ihm im Dunkeln SMS. Mir gefällt die Vorstellung, dass unsere Züge sich wie zwei Magneten durch ganz China aufeinander zu bewegen.

Morgens treffe ich eine halbe Stunde vor ihm in Lanzhou ein. Die Sonne scheint durch leichten Dunst, von der berüchtigten Verschmutzung ist nur eine leichte Kohlenote in der Luft zu bemerken. Ich starre auf den Bahnhofsausgang, aus dem ein stetiger Strom an schwarzhaarigen Gestalten herausfließt – und stoße einen Schreckensschrei aus, als mir plötzlich jemand von hinten die Augen zuhält. »Wir müssen gleich die Original Lanzhou-Nu-

deln frühstücken«, übernehme ich das Kommando, als ich mich von dem Schrecken erholt habe. »Bitte keine Widerrede – ich habe die letzten Tage schon genug fürs Essen kämpfen müssen.«

Zu meiner Freude sieht Jorge keinerlei Grund zum Widerspruch. Wir gehen einfach in das nächstbeste Lokal. Die übliche Crew aus weiß bekittelten Köchen zieht Nudelstränge durch die Luft und haut sie auf Tische. Aus einem großen Topf dampft die aromatische Rinderbrühe. »Besonders viel Hunger habe ich gar nicht«, gestehe ich – als erstes Früstück hatte ich mir schon im Zug mitgenommene Nudelreste genehmigt. »Sollen wir uns eine Schüssel teilen?« Als die dampfende Schüssel zwischen uns steht, muss ich an die langen *Biang Biang* Nudeln mit dem komplizierten Schriftzeichen in Xi'an denken und wie die Kuss-Szene in einer chinesischen Version von »Susie und Strolch« aussehen würde. »Jetzt trennt uns nur noch eine einzige Nudel – lass uns Susie und Strolch spielen«, schlage ich vor. Wir kichern albern, während wir die Aktion mehrmals wiederholen und mit dem Handy zu dokumentieren versuchen. Die Nudelmacher ziehen weiter ihre Nudeln, die anderen Gäste schlürfen unverdrossen vor sich hin. In China kann man wunderbar aus der Rolle fallen, und es fällt nicht weiter auf. Schon dafür liebe ich dieses Land.

## 21

In der Küche des neuen chinesischen Reichtums

*Das Maul des Esels passt nicht*
*auf die Lippen des Pferdes.*

An einem Montagmorgen um sieben stehe ich in der Tiefgarage der Park Hyatt Penthouses. Herr Li steht in Militärkluft zwischen Rolls Royces, Ferraris und Lamborghinis und fuchtelt wild mit den Armen. In Feldwebelmanier lässt er Schlauchboote und orangene Schwimmwesten in diverse SUVs verladen. Lis Fahrzeugflotte nimmt etwa ein Dutzend Parkplätze ein, für den heutigen Tag hat er, passend zur Kleidung, einen monströsen Ford Raptor in Tarnfarben gewählt. »Du fährst in dem Auto da mit«, dirigiert Li mich zu einem neuen, aber vergleichsweise bescheiden wirkenden schwarzen Mercedes-Jeep.

Ich bin wieder in meine Rolle als Journalistin geschlüpft. Für ein Wirtschaftsmagazin soll ich mich unter chinesische Milliardäre mischen – eine lichtscheue Spezies, deren Zahl in den vergangenen Jahren von null auf über 300 geschossen ist. Ich trieb schließlich Li Xiaohua auf, Chinas ersten Ferrarifahrer und Milliardär, und interviewte ihn in seiner protzigen Penthousewohnung im Pekinger Geschäftszentrum sowie in seiner Residenz im Stil von Schloss Versailles in Nähe des Flughafens. Gleich mehrere Ölgemälde mit seinem Porträt zieren dort die Wände aus italienischem Marmor. Am Ende lud er mich zu einem Ausflug ins Grüne mit seinem Club »Elite von Weisheit und Vermögen« ein.

Drei weitere Leute sitzen in dem Mercedes, und ich bin nicht sicher, ob der eher schweigsame zierliche Mann am Steuer der Fahrer oder ein reicher Ausflügler ist. Mit diebischer Freude winkt er der Blechlawine zu, die auf der Stadtautobahn in Zeitlupe ins Zentrum rollt. Es ist Rush Hour. Unsere Kolonne aus Edelkarosserien schlägt die Gegenrichtung ein und hat freie Fahrt. Wir kommen ins Gespräch. Ren Hongming, stellt sich heraus, ist der Chef eines Unternehmens für Umwelttechnologie und rüstet Stahlwerke um. Als wir über kurvige Straßen schon eine Zeitlang durch eine idyllische Berglandschaft fahren, lenke ich das Gespräch auf das Thema Geld. Schließlich habe ich hier möglicherweise einen Protagonisten für meinen Artikel vor mir. »Sind wohl irgendwelche Milliardäre von der chinesischen Reichenliste auf diesem Ausflug?«, versuche ich es.

»Haha! Nein, nein. Wer auf der Liste steht, ist schon halb erledigt! Keiner will, dass der Reichtum so öffentlich ist.«

»Aber sind ein paar hier Milliardäre?«

»Das bestimmt.«

»Mmm, also, bist du zum Beispiel Milliardär?« Da lacht Herr Ren auf: »Ich?! Nein, so reich bin ich nicht. Ich bin auch kein Clubmitglied, sondern nur mit Li befreundet.«

Mist. Meine Enttäuschung weicht aber Begeisterung, als Ren bei einer Zigarettenpause sein iPhone zückt und mir diverse Fotos von vollen Tellern zeigt. »Hab alle ich gemacht«, sagt er stolz. »Ich koche fast jeden Tag.« In Restaurants könne man schließlich nicht mehr essen. Viel zu unhygienisch und gefährlich. »Man weiß nicht, was für ein Öl sie nehmen«, stimmt Ren das inzwischen vertraute Lamento an. Da ich ihn eben schon so direkt nach seiner Finanzlage gefragt habe, lade ich mich nun gleich noch zum gemeinsamen Kochen ein. Er lacht und sagt: »*Keyi, keyi* – geht, geht.« Ich habe das Gefühl, dass er meinen Vorschlag nicht ganz ernst nimmt – aber ich hab seine Visitenkarte und bin fest entschlossen, darauf zurückzukommen.

Wir fahren auf ein herrlich idyllisches Gelände am Fluss. Steile, glatte Felswände ragen ringsum auf. Ich wundere mich, dass wir mit den Beijing Walkers noch nie in dieser schönen Gegend waren, aber Ren kann das aufklären: »Das Gelände hier gehört dem Militär. Man braucht die richtigen Beziehungen, um es zu betreten.« Die hat der Club »Elite von Weisheit und Vermögen« ganz offensichtlich. Ansonsten merkt man ihm den Reichtum kaum an. Die meisten Ausflügler tragen Poloshirts und Trekkinghosen. Es ist kaum Personal dabei, die Millionäre stellen, immer den herrischen Kommandos von Li Xiaohua folgend, selbst Bierbänke mit weißem Tischtuch auf und waschen Tomaten im Fluss. Zum Picknick gibt es Dosenbier statt Champagner. Während Li selbst geschriebene Gedichte vorträgt und jedes Clubmitglied vorstellt, steht Ren am Grill und brutzelt Lammspießchen. Er bleibt auch eher im Hintergrund, als die Superreichen später mit ihren SUVs im Fluss herumfahren, darin stecken bleiben und sich gegenseitig unter johlendem Lachen mit Gurten und Seilen wieder herausziehen.

Wenige Tage später schreibe ich Ren Hongming eine SMS und lade mich zum Kochen ein. Er findet offenbar wirklich nichts dabei, und wir verabreden uns für einen Donnerstagnachmittag. »Ich hole dich um 15 Uhr beim Lamatempel ab«, kündigt er an. Ich wundere mich, dass er als Firmenchef so viel Zeit hat, aber tatsächlich steht pünktlich der vertraute schwarze Mercedes vor dem Lamatempel, und Ren, im Anzug und mit zur Seite gegelten Haaren, winkt mir von innen freundlich zu. Eine Stunde ist er quer durch die Stadt gefahren, um mich abzuholen und nun gleich wieder den ganzen Weg zu seiner Wohnung zu fahren. »Ich hätte auch mit der U-Bahn zu dir in die Nähe fahren können«, entschuldige ich mich. »Das kannst du beim nächsten Mal machen. Diesmal zeige ich dir den Weg.« Offenbar rechnet er schon fest mit einer Wiederholung.

Die Fahrt lohnt sich für mich: Ren ist Pekinger und kennt sich bestens mit der Stadtgeschichte aus. »Das Gebäude da gehörte früher den Kuomintang, Maos Widersachern im Bürgerkrieg«, sagt er und zeigt auf ein großes, kolonial aussehendes altes Steinhaus. »Das da ist die alte Bibliothek der Peking University. Da drin hat Mao in den Zwanzigerjahren gearbeitet, als er erstmals nach Peking kam«, kommentiert er, als wir an der großen alten Anlage vorbeifahren. Als es an einer rot gestrichenen Mauer unmittelbar neben der Verbotenen Stadt entlanggeht, erwähnt er, dass dahinter das heutige Wohn- und Arbeitsviertel der Partei liegt – Zhongnanhai. Als Normalsterblicher kommt man in die große, dicht abgeschottete Anlage an einem See nicht rein. »Vor langer Zeit war ich mal drin«, erwähnt Ren. »Ich kenne Leute, die da wohnen und hatte etwas zu tun.« Was, das verrät er auch auf Nachfrage nicht.

Ren spricht schnell, ich verstehe nur die Hälfte und schalte deshalb heimlich wieder das Aufnahmegerät meines Handys an – wer weiß, ob er nicht für meinen Artikel zu den Superreichen interessante Details erzählt. Als ich mir später die Aufnahmen mit meiner Chinesischlehrerin anhöre, wird mir auch klar, dass nicht nur

Rens Sprechtempo das Problem ist, sondern auch das Vokabular. Er erzählt von alten Dynastien, wirft die Namen von Volkshelden und von Schriftstellern ein. Er will etwas von dem Dichter Li Bai erzählen. *Libai* heißt leider auch »Woche« oder »Gottesdienst«, das Wort Dichter wiederum klingt wie Löwe. »Löwe?«, frage ich verwirrt nach.

»Nein, Dichter.« Stille, während ich im Handy das Wort nachzuschlagen versuche: »Wochenlöwe?«

Meine Lehrerin lacht sich schlapp und bringt mir gleich ein neues Sprichwort bei: »*Lü zui bu dui ma chun*« – das Maul des Esels passt nicht auf die Lippen des Pferdes. Oder: Wir reden komplett aneinander vorbei.

Zumindest im Nachhinein weiß ich, dass Ren mir erklärt, nach welchen geographischen, farblichen, kosmologischen und schlicht abergläubischen Überlegungen das Pekinger Stadtquadrat angelegt wurde. »Der Osten wurde mit dem Tiger assoziiert. Der ist furchterregend, also gab es dort viele in einem T endende Straßen, die ihn stoppen sollten. Der Westen mit dem Drachen. Weil Drachen im Wasser leben und es kein Wasser in Peking gibt, haben viele Straßen Namen, in denen Wasser vorkommt. Und weil Drachen gut sind, waren die meisten Straßen Kreuzungen, durch die jeder durch kann.«

Als wir schon fast an Rens Wohnung sind, zeigt er auf einen protzigen Neubau mit falschen Säulen: »Das ist ein Spa und Karaokepalast. Der gehört einem Kumpel von mir. Aber ich war noch nie drin«, lacht er. Dann senkt er etwas die Stimme und sagt: »In meinem Block wohnen auch sehr schlechte Menschen. Sie beschützen die Leute, die da drin Kriminelles tun.« Was sich in chinesischen Saunen und Karaokesalons Zwielichtiges abspielt, von korrupten Deals bis Prostitution, hatte ich schon oft genug gehört. »Ich mag auch keine Geschäftsessen. Ich bin ziemlich anders als andere chinesische Geschäftsleute. Meine Frau und ich, wir leben sehr ruhig und zurückgezogen.«

Rens Frau begrüßt uns freundlich im geblümten Kleid in der Wohnung. Sie ist hübsch, mit einem weichen Gesicht. Hinter ihr hängt eine deutsche Kuckucksuhr und über dem Tisch ein Ölgemälde mit einer europäisch anmutenden Landschaft. Auf dem Sofa lümmelt ein etwas dicklicher Teenager mit Brille. »Das ist mein Sohn. Er studiert in den USA und hat gerade Semesterferien.« Hier entspricht Ren dem Klischee des chinesischen Superreichen: 90 Prozent der Chinesen mit einem Vermögen von über 100 Millionen Yuan (12 Millionen Euro) wollen den Nachwuchs zum Studieren ins Ausland schicken – am liebsten an amerikanische und englische Eliteunis.

Irgendetwas kommt mir seltsam vor, als ich die Küche betrete. Sie wirkt irgendwie so – deutsch. Sind es die großen braunen Kacheln auf dem Fußboden? Das Wandregal mit Gewürzen? Der kleine Stehtisch an der Wand? Chinesische Küchen sind tendenziell klein und rein funktional ausgelegt. Niemand käme auf die Idee, darin zu essen. »Die Einrichtung ist fast nur deutsch«, verkündet Ren Hongming, als er nun in einem weißen Adidas-Trainingsanzug mit Shorts, um den Bauch eine blaue Schürze gebunden, zur Tür hereinkommt. »Die Elektroplatte da ist von Fissler. Der Kühlschrank von Siemens«, lacht er. »Und der Wok da aus der Schweiz.« Mir war klar, dass die Deutschen gut darin sind, Chinesen ihre Autos zu verkaufen. Dass sie aber sogar in die chinesische Küche eindringen, erstaunt mich.

»Ich habe meine eigenen Kochtechniken entwickelt«, verkündet Ren Hongming. Er öffnet ein verdächtig deutsch aussehendes Tee-Ei und füllt es mit Sternanis, Sichuanpfeffer, Chilischoten, Lorbeerblättern, Muskatnüssen, Nelken und Zimtstangen und gibt sie in einen Dampfkochtopf von WMF, der auf der kleinen Fissler-Elektroplatte steht und in dem schon Schweinerippchen im Wasser liegen. Das wäre auch eine gute Methode für Nudel-Wus Rinderbrühe, mache ich mir eine mentale Notiz.

Dann wendet Ren sich dem Gasherd zu. Er gießt etwas Olivenöl in seinen Schweizer Wok und brät auf kleiner Flamme etwas Gehacktes – «beste Qualität«, zeigt er auf das Label. »Schau, was für ein tolles System«, zeigt er mir stolz die Olivenölkaraffe. »Sie hat einen Verschluss, über den kein Öl runtertropfen kann. Die Deutschen sind sehr schlau.« Liebevoll fährt er mit der Hand über die ganz trocken gebliebene Karaffe. »Ich wusste gar nicht, dass Chinesen auch mit Olivenöl kochen«, sage ich erstaunt. »Das tun sie auch nicht. Ich habe die chinesische Küche verbessert. Ich koche chinesische Gerichte, aber auf europäische Art. Schau, die Flamme ist ganz niedrig. So bleibt alles sauber. Chinesische Köche denken immer, der Wok müsse laut fauchen und rauchen. Siehst du hier irgendwo Rauch? Hm?«

»Nein, in der Tat nicht. Bist du denn geschäftlich manchmal in Europa?«

»Nein. Wir arbeiten zwar mit schwedischen Firmen zusammen. Aber ich will nicht nach Europa. Ich hätte Probleme mit dem Essen da. Nur in Russland habe ich früher einige Jahre gelebt.« Ich frage mich, woher Ren sich so sicher ist, dass er auf europäische Art kocht, wenn er noch nie da war, aber die Frage scheint mir etwas zu unhöflich.

Offenbar plant er auch etwas mit Teig. Jedenfalls erhitzt er Wasser – »es muss 80 Grad heiß sein« und gibt es langsam zu einem Mehlhaufen in einer Schüssel dazu. Mit Essstäbchen vermischt er beides zu einem klebrigen, feuchten Teig. »Was gibt das?«, frage ich.

»*Lao Bing*«, antwortet er knapp. *Lao Bing* heißt wörtlich übersetzt »altes Brot«. Es ist eine Art öliger Pfannkuchen, wie ich ihn auch manchmal bei meinem »Bäcker« kaufe, der auch rohe Nudeln führt. Und eine Spezialität aus Peking. »Woher weißt du, wann der Teig die richtige Konsistenz hat?«, frage ich.

»Hier, drück mit dem Finger hinein. Er sollte sich anfühlen wie eine Lippe«, erklärt Ren Hongming. Interessanter Vergleich – aber er funktioniert.

»Ich habe ein bisschen gelernt, Lanzhou-Nudeln zu ziehen. Von einem Koch aus Gansu«, glaube ich ihn beeindrucken zu können, aber er lacht mich nur aus.

»Wozu willst du Nudeln ziehen lernen? Das ist so nutzlos! In der Zeit, die du brauchst, um gezogene Nudeln zu machen, kannst du mindestens fünf andere Gerichte kochen!« Er stellt den Teig mit Frischhaltefolie zugedeckt beiseite. Ich bin etwas frustriert über seine Geringschätzung meiner Mühen.

Dann macht er Ernst mit dem Zubereiten von mindestens fünf anderen Gerichten. Er zaubert beeindruckend viele Töpfe, Schüsseln und weitere Utensilien aus seinen aufgeräumten Schränken und kommentiert jedes Mal, aus welchem Land ein Dosenöffner oder ein Pfannenwender ist. »Deutschland!« – »Schweiz!« – »Japan!« Sogar das chinesische Hackbeil ist deutsch, nur ein paar einfache Blechschüsseln sind chinesisch. Er ritzt ein Kreuzmuster in einen ganzen flachen Fisch, streut Mehl und dann Salz und Pfeffer aus deutsch beschrifteten »WMF«-Streuern darüber. Er rührt Sesampaste mit etwas Wasser glatt und beginnt dann Gemüse zu hacken. Zwischendurch wischt er alle Oberflächen sauber und wirft die Reste in den Müll. »Darf ich helfen?«, frage ich.

Mittlerweile fühle ich mich ganz wohl mit den chinesischen Hackmessern. Ren hingegen überlässt es mir nur zögerlich. Kaum habe ich den ersten Schnitt in ein Stück Lauch getan, entreißt er es mir auch schon wieder und hält den Lauch demonstrativ in einer Affenkralle fest, die Messerfläche drückt gegen den Knöchel des Zeigefingers. »So hab ich das doch auch gemacht«, protestiere ich, aber offenbar guckte dann doch der Daumen etwas raus. »Er muss nach innen zeigen«, sagt Ren streng und haut nach der ersten Runde noch einmal im schnellen Stakkato auf die Lauchringe ein. Als ich es ihm nachtun will, fliegen die Stückchen hoch in die Luft und auf den Boden der pieksauberen Küche. »Langsam!«, ruft Hongming. Er zeigt mir, wie ich das Messer an beiden Enden packen und eher sternförmig durch den Lauchhaufen pflügen soll, ohne stark abzuheben. Aber ich mache immer noch etwas falsch: Als alles fertig gehackt ist, ich das Messer unter den fein gehackten Lauch heben und in die Schüssel streichen will, dreht er sich gruselnd weg und verlässt wortlos mit zum Himmel gedrehten Augen die Küche. »Du musst immer von der Klinge weg streichen!«, sagt er, als er zurückkommt. Weiß ich doch. Aber offenbar hatte ich es anders gemacht.

Während der Fisch brutzelt und Sesamgemüse (*Zhi Ma Cai*) mit Sojasprossen und etwas Hackfleisch vor sich hin köchelt, gibt Ren den ganz fein gehackten Lauch zusammen mit Ingwerstückchen, Sesamsauce, Salz und Stärke in eine Schüssel mit Schweinehack und rührt mit den Essstäbchen alles rigoros zu einem glänzend geschmeidigen Brei. Das gibt Fleischklößchen wie bei Min Luo in Sichuan, denke ich mir. Er öffnet seine gut sortierte Saucenschublade und zieht eine von drei Flaschen Sojasauce heraus. »Eine gute Hong Kong Marke«, kommentiert er. »Für die Fleischbällchen nimmst du helle Sojasauce. Die hat einen komplexeren Geschmack als die dunkle. Die dunkle ist eher zum Einfärben von Essen. Und die mittlere – na ja, die ist halt ein Mittelding.« Er macht mir seine Methode zum Bällchenformen vor: mit der Hand in den Fleischbrei und die Masse in der Faust zusammendrücken, sodass oben ein kleines Bällchen heraus quillt. Das lässt er ins kochende Wasser gleiten. Voll Wonne pansche ich in dem Fleischbrei herum.

Am Schluss kommen nur noch Wintermelone-Scheiben und Korianderblätter in die Suppe.

Am meisten interessiere ich mich aber natürlich für *Lao Bing*, den typischen Peking Pfannkuchen. Ren drückt und zieht den Teig zu einem baguette-langen, rechteckigen Fladen, rollt ihn noch etwas weiter aus, bestreicht ihn mit Olivenöl und rollt ihn dann zusammen. Die Enden klebt er mit den Fingern zusammen, schneidet die Rolle dann mit dem Messer zweimal durch, sodass sich vier faustgroße Stücke ergeben, deren Schnittstellen er jeweils wieder zusammenklebt und dann wieder zu einem dünneren Fladen ausrollt. Ich frage ihn, warum er das tut, aber er antwortet nicht. Der Sinn erschließt sich mir erst, nachdem er die Fladen angebraten hat: Er zieht sie in der Mitte auseinander und haut sie auf den Teller. Durch das vorherige Auseinanderziehen, mit Öl Bestreichen und wieder Zusammenrollen muss sich Luft im Teig gebildet haben, sodass der Teig jetzt mehrere dünne Schichten hat. Er ist fluffig und duftet herrlich frisch. Rens Frau gesellt sich zu uns in die Küche. »Möchtest du nicht Musik mit deinem Handy machen? Du kannst es hier einstöpseln.« Sie zeigt auf eine Lautsprecheranlage von Bose auf dem kleinen Stehtisch. »Wir kochen oft zusammen und hören dabei Musik und plaudern. Es ist entspannend«, erklärt Ren. »Oft essen wir direkt in der Küche an dem kleinen Tisch. Das macht man in Deutschland doch auch so, oder?« Ich bejahe und staune über die europäische Denkweise von Ren – ohne dass er jemals dort gewesen wäre oder auch nur hinwollte.

Die Art zu essen ist auch halb deutsch, halb chinesisch: Rens Frau deckt für alle große Porzellanteller statt der untertassengroßen Tellerchen und einem Reisschälchen und serviert mit großen WMF-Löffeln. Aber weil wir die Gerichte mehr oder weniger hintereinander gekocht haben, ist die Hälfte von ihnen schon wieder kalt, als wir anfangen.

Trotzdem schmeckt alles sehr lecker – und ist natürlich viel zu viel. Zum Essen trinken wir meinen mitgebrachten Riesling. Wir reden über meine Heimat und über Virginia, wo Rens Sohn zur Schule geht. Natürlich vermisst er bei seiner Gastfamilie das Essen. »Kochst du manchmal für Freunde?«, frage ich Ren.

»Nein. Die lass ich hier nicht rein. Ich koche sonst nur für meine Familie«, gluckst er, und ich frage mich, warum mir diese Ehre zuteil wurde. Wahrscheinlich, weil ich mich einfach selbst eingeladen hatte. Immer wieder stößt Ren mit mir an und wird zusehends munterer. Der Sohn trinkt Saft, Rens Frau nippt nur etwas an dem Wein.

Als wir aufgegessen haben, zeigt er mir am großen Apple-Bildschirm, der auch auf dem Esstisch steht, Fotos von seinem Millionärskumpel. »Da, das ist Zhu Guofan mit seiner achtzehnjährigen Geliebten«, zeigt er ein Bild von einem breit gebauten Typen mit bunt gefärbten Haarsträhnen, der bei unserem Ausflug wie Arnold Schwarzenegger im Hummer gefahren war und mich an einen Türsteher erinnert hatte. »Er hat viele Frauen.« Auf einem Video sieht man, wie eine Reihe Offroader einen Hügel hoch- und wieder runterbrettern. »Das war ein Rennen«, kommentiert Ren. »Auf einem Militärübungsgelände.« Dann zeigt er noch Fotos von dem Apartmentgebäude direkt am Meer, wo er eine Wohnung gekauft hat. Das Entschmutzen von Stahlwerken scheint ein blühendes Geschäft in China zu sein.

Die Einzelheiten legt Ren mir in Schaubildern da, die er in großen Linien auf Papier zeichnet. »Zwei Drittel von Chinas Kohlekraftwerken steht in Hebei, dazu kommen noch illegale Schmelzöfen«, erklärt er und malt auf, wie die Berge rund um Peking herum die Luftströme blockieren. Eine Quelle von Pekings Smog ist also in der Gegend von Handan angesiedelt, wo ich auf dem Weg zu Yulans Höhlenheimat Zwischenstation machte. Ren selbst tritt als Dienstleister zwischen Stahlwerken und Technologiefirmen auf, mit deren Hilfe die Energiekosten von 150 Milliarden Yuan sich halbieren lassen. »In den USA gibt es 88 Firmen wie meine. In China nur 22. Um die Umweltziele der Regierung im ganzen Land umzusetzen, bräuchte es über 1000«, erklärt er und schimpft über die schlechte Energieeffizienz in China.

Spät am Abend fährt Ren mich zur nächsten U-Bahnstation. »Komm jederzeit wieder, wenn du etwas kochen oder essen willst«, sagt er zum Abschied. »Es ist nicht leicht, allein in einem fremden Land zu sein. Das sagt auch mein Sohn.« Ich leide zwar nicht sonderlich unter Einsamkeit, aber ich bin gerührt, so schnell adoptiert worden zu sein. Er gibt mir auch noch die Telefonnummer seiner Frau. »Manchmal arbeite ich bis sechs Uhr abends, manchmal bis Mitternacht, wenn es ein Geschäftsessen ist. Aber dann kannst du auch mit meiner Frau kochen. Die hat sowieso zu wenig Kontakt.«

Meine nächsten Kochbesuche bei Ren laufen ähnlich ab wie der erste, mit nur kleinen Variationen. Ich melde mich recht spontan, aber er hat trotzdem schon am Nachmittag Zeit. Mal holt er mich an der U-Bahnhaltestelle in der Mercedes M-Klasse ab, mal im E300. Im Flur stehen stets dieselben Plastiklatschen für mich bereit, ich bekomme besten frisch gepressten Saft, und immer liegt ein ganzer Fisch zum Braten bereit – nur die Sorten und Kochmethoden variieren.

Ren behauptet stets, dass die vielen Gerichte eigentlich schon in einer Stunde fertig wären, aber trotzdem brauchen wir zwei – was er dann darauf schiebt, dass er mich unterweisen muss. Ich komme zu dem Schluss, einen liebenswürdigen Angeber vor mir zu haben. Ab dem zweiten Treffen gibt er mir jedes Mal eine kleine Demonstration, wie man, wenn man das Messer nur richtig führt, problemlos mit geschlossenen Augen im Stakkato hacken kann. Er lächelt dabei selig und reißt am Schluss grinsend die Augen auf, wie ein Kind, das gerade einen tollen Trick gemacht hat und Lob erwartet. Ich tue ihm den Gefallen und gebe mich jedes Mal aufs Neue beeindruckt. »Ich koche besser als meine Frau«, höre ich auch mehr als einmal von ihm.

Tatsächlich muss ich gestehen, dass er viele Kochtechniken drauf hat. Von den neutralen Brotpfannkuchen gehen wir weiter zu *Rou Bing*, mit Fleisch gefülltem Brot, für das er mir gleich vier verschiedene Falt- und Fülltechniken zeigt. In den Hackfleischmix kommt auch fein gehackter Ingwer, Chinakohl und Sesamöl, und frisch aus der Pfanne schmeckt es einfach nur köstlich – um Längen besser als die öltriefende Straßensnack-Variante vor meinem Haus. Und offenbar gibt es sogar eine Nudelsorte, die er die Mühe wert findet: *Zha Jiang Mian*, die typisch Pekinger Nudeln, deren Sauce schon Nudel-Wu bei unserem ersten gemeinsamen Kochen vorbereitet hatte. Ren zeigt mir nun auch eine ganz neue Methode zum Nudelmachen: *Shou Gan Mian*. »Der Teig dafür muss möglichst trocken sein«, erklärt er, während er Wasser in einem feinen Strahl direkt aus dem Hahn in die Mehlschüsseln fließen lässt. Er vermischt Mehl und deckt den Teigballen dann in der Schüssel mit Frischhaltefolie zu. »Jetzt schläft der Teig noch. Er wacht durch das Ruhen auf.« Alle zehn Minuten holt er ihn aus der Schüssel und lässt ihn mich etwas durchwalken. Schließlich legt er ihn auf ein großes, stark eingemehltes Holzbrett und beginnt, ihn mit einer eigenartigen Methode mit einem dünnen langen Nudelholz auszuwalzen. Wie bei Jiaozi-Hüllen rollt er nur einen Teil seitlich, dreht ihn dann ein Stück um die eigene Achse und rollt dann weiter. Als er schon einen dünnen Fladen hat, wickelt er ihn um das Nudelholz und rollt es weiter, wobei er immer etwas Luft zwischen Holz und Teig lässt und den Teig dann mit der Hand dagegen drückt. Er lässt es mich imitieren, bis er zufrieden ist. »Das habe ich bei meiner Mutter gesehen«, sagt er. Die inzwischen sehr dünne und sicher einen Meter Durchmesser große Teighaut nimmt er in die Luft und faltet sie dann in etwa handbreiten Schichten übereinander. Dann lässt er mich mit dem Messer zwei Millimeter breite Fäden abschneiden. »So, fertig!«, verkündet er und zieht an den Fäden. Sie falten sich auf wie eine Ziehharmonika, und plötzlich haben wir einen ganzen Haufen dünne geschnittene Nudeln vor uns. »Das sind *Shou Gan Mian* – handgemachte Nudeln«, erklärt er. Ich bin wieder fasziniert, der chinesischen Nudel in immer noch neuen Formen zu begegnen. Für die Sauce schneidet er halb fetten, halb mageren Schweinebauch in Würfelchen, die er langsam bei geschlossenem Deckel in Unmengen Olivenöl erhitzt. Dazu gibt er dann mit Wasser glatt verrührten *Huang Dou Jiang* (Gelbe Bohnenpaste) und *Tian Dou Jiang* (Süße Sojabohnenpaste) sowie zwei Ingwerscheiben, gehackte Frühlingszwiebeln und Sternanis.

Nach dem Essen erklärt Ren mir, der Ausländerin, wieder mithilfe von Schaubildern China. Eben fand in Peking ein wichtiges Parteitreffen statt. Die internationale Presse überschlug sich vor Begeisterung über die Reformankündigungen für die Wirtschaft. »Deng Xiaoping«, kritzelt Ren in großen Schriftzeichen auf ein Blatt Papier. Dann folgen die Namen weiterer Präsidenten bis zu Xi Jinping. »Wirtschaft«, schreibt er dazu und streicht »Politische Reformen« rigoros durch. »Jetzt müssen sie liefern«, verkündet er. Er kritzelt »Monopole« und »Interessengruppen« auf den Zettel. »Das sind im Moment die größten Probleme Chinas, zusammen mit der Korruption«, referiert er.

»Und bist du optimistisch, dass sie die mit den Reformen bewältigt bekommen?«, frage ich. Er schüttelt den Kopf. »Nein. Das steckt alles zu tief in der chinesischen Kultur.«

»Und deine Freunde vom Eliteclub, glauben die daran?«

»Auch nicht.«

»Ich bin optimistisch«, schaltet seine Frau sich schüchtern ein. Doch auch das Ausland kommt nicht gut weg bei Ren. Ich erfahre jetzt, dass nicht nur das fremde Essen ihn abschreckt, sondern auch die Menschen. »Die Europäer sind zu xenophob. Niemand mag Chinesen.« Natürlich protestiere ich, aber leider hat Ren nicht ganz unrecht – das aufstrebende Milliardenvolk wird fast überall eher als Bedrohung denn als Haufen sympathischer Pandas wahrgenommen. Er holt aus. »Wir sind zu viele. Stell dir die Welt als Boot mit 100 Plätzen vor. 80 sitzen schon drin, alles Europäer. Jetzt kommen 200 Chinesen und wollen auch rein. Natürlich schmeißen sie die Europäer raus.« *Ren tai duo le* – zu viele Menschen – seufzen die Chinesen selbst zu jeder Gelegenheit wie ein Mantra.

Dann holt Ren wieder Fotos heraus, diesmal nicht am Bildschirm, sondern gedruckte vom Familienausflug, zum Ferienhaus in der Inneren Mongolei. Ich sehe saftige Wiesen, Hügel mit herbstbunten Bäumen unter endlos weitem Himmel. »Es ist so herrlich leer und sauber dort«, schwärmt Ren Hongming. »Wir würden ja auch am liebsten aus Peking wegziehen. Aber wegen der Firma geht das nicht«, gesteht seine Frau bedauernd, während im Hintergrund der Luftfilter vor sich hin schnurrt. Immerhin verschieben immer mehr superreiche Chinesen ihre Vermögen und Familien ins Ausland.

»Meine Frau mag dich sehr«, sagt Ren dann zu mir, als säße sie nicht mit am Tisch. Merkwürdig, aber ich freue mich trotzdem über die Zuneigungsbekundung. »Sie sagt, normalerweise trifft sie nicht gern Leute. Aber diese Deutsche ist sehr gut. Für sich allein kocht man nicht immer so viel. Es ist gut, dass du kommst.«

»Ich mag dich sehr«, wiederholt seine Frau jetzt auch selbst mit sanftem Lächeln. Wenn ich noch eine Bestätigung dafür gebraucht hätte, so hätte ich sie hiermit bekommen: Mehr noch als bei anderen Menschen führt bei den Chinesen der Weg zum Herzen durch Küche und Magen.

## Rou Bing –
## mit Fleisch gefüllte Brotfladen

*Teig:*
Eine Schale heißes Wasser (80 Grad) vom Schüsselrand her ins Mehl einkippen, mit Essstäbchen verrühren und mit der Hand etwas kneten, dann 10 Min. abgedeckt ruhen lassen. Der Teig ist eher flüssig-klebrig. Ein Brett bestäuben, Teigstücke mit dem Messer abschneiden. Mit Gefühl zum Rechteck oder Kreis ausrollen und mit der Füllung bedecken.

*Füllung:*
250 g Schweinsgehacktes (oder gemischt) in einer Schüssel kräftig verrühren. Dazugeben:

*Sojasauce (mittel)*
*2 TL Salz*
*fein gehackter Ingwer (1 Knolle)*
*4 Stück Lauch, nur unteres Ende (weiß) verwenden*
*fein geschnittener Chinakohl (Baicai)*

## 22

# Xinjiang – In Chinas wildem Westen

## Löse das Problem, nicht die Schuldfrage.

Meine Lunge droht zu bersten. Sie ist voll Staub, meine Füße sinken tief im Sand ein, während die Düne wieder einen Schlenker nach oben macht. Lauf, Ruth, lauf. Du musst länger durchhalten als Ahmed. Als ich auf alle viere niedersinke und meine Augen den Dünenkamm hinaufwandern, sehe ich zu meiner Enttäuschung, dass Ahmed vor mir die Düne hinaufkrabbelt – den Rücken mir zugewandt. War all die Mühe umsonst?

»Wir machen einen Wettlauf und messen die Zeit. Ladys first!«, hatte Ahmed mich aufgefordert.

»Nichts da. Erst ermahnst du mich, dass ich in Qira immer Jorge den Vortritt lassen muss, und jetzt plötzlich Ladys First? Nein, nein, nein, ihr rennt mal schön zuerst los!«, wehrte ich mich. Aber zeigen wollte ich es ihm dann doch. Selten war es mir so ein Bedürfnis, mich dem sogenannten starken Geschlecht ebenbürtig zu zeigen. Denn langsam ging es mir auf den Keks, mich stets als Mensch zweiter Klasse zu fühlen.

»Wenn wir Ahmed in seiner Heimatstadt besuchen, können wir mit ihm Kebab in den Sanddünen grillen«, hatte Jorge mich hierhergelockt. »Das wollten wir schon machen, als ich bei seiner Familie das Frühlingsfest verbracht habe.« Die Vorstellung war verlockend – zumal Jorge auch von den *Laghman* schwärmte, die Ahmeds Mutter zog – die uigurische Variante von *La Mian*. Ich mochte den sanftmütigen und aufgeweckten Ahmed. Er hatte mich schon einmal in seinen Schlafsaal an der Universität von Urumqi eingeschleust, wo er regelmäßig mit Jorge Gitarre spielte. Die beiden jobbten beide als Kellner, Ahmed finanzierte sich so sein Studium in Maschinenbau. Das hatte er nun abgeschlossen und suchte im Südwesten der Provinz, seiner Heimat, nach Arbeit.

Vor allem aber wollte ich noch einmal mit Jorge durch seine Welt reisen. Als wir uns ein Jahr zuvor bei unserer Reise durch Xinjiang kennenlernten, war er ebenso Tourist wie ich. Jetzt hatte er dort viele einheimische Freunde. Das Aufspüren der ursprünglichen Nudel – immerhin hat sie sich einer Theorie zufolge von Xinjiang aus nach China verbreitet – war ein willkommener Anlass, mit ihm zusammen in das uigurische Universum einzutauchen.

Ursprünglich war mein Ziel Kashgar gewesen. Die alte Handelsstadt, die schon Yulan als Geburtsort der Nudel genannt hatte, liegt nahe der tadschikischen und pakistanischen Grenze. Von der Provinzhauptstadt Urumqi aus sind es noch einmal 1500 Kilometer nach Westen. Es sollte die letzte Station auf meiner Nudelreise werden. Vom Vorjahr kannte ich dort noch einen Couchsurfer. Mahmud führte eines der besten uigurischen Restaurants am Platz und hatte zugestimmt, mich in seine Küche hineinschnuppern zu lassen. Aber nun machten wir uns nach ein paar gemeinsamen Tagen in Urumqi erst mal auf zu Ahmed.

Vorher hatte mich Jorge zu seinen Lieblingsrestaurants und Imbissen und an die Universität zu seinem Uigurischunterricht mitgenommen. Nun waren wir auf der südlichen Route der Seidenstraße durch die Taklamakanwüste.

Komfortabel war der Nachtbus dorthin höchstens im Vergleich zum Kamel, trotz der schmalen Stockbetten in drei Reihen und den kleinen Hängefernsehern, aus denen Kriegsfilme voll hinterhältiger Japaner und indische Musikvideos plärrten. Über die achtzehn Stunden Fahrzeit machten sich die Ausdünstungen unserer Mitpassagiere immer deutlicher bemerkbar. Da half es auch wenig, dass alle Schuhe in einem Gepäckfach lagerten. Hielten wir für eine rustikale Toilettenpause mitten in der Einöde, wurde entlang des Busses ein orientalisch gemusterter roter Teppich ausgerollt. Über den taperten alle in Socken zu dem Schuhfach. Am Abend und Morgen breiteten einige Fahrgäste kleine Teppiche auf dem menschenleeren Highway aus und beteten in Richtung Mekka. Alle paar Stunden wurden wir an Militärcheckpoints aus dem Bus gescheucht, um uns auszuweisen. Wegen häufiger blutiger Zusammenstöße läuft der chinesische Sicherheitsapparat in Xinjiang auf Hochtouren.

Die Konflikte sind kompliziert und reichen lange zurück: Erst seit 1949 gehört die Vielvölkerregion – neben den Uiguren tummeln sich dort elf weitere ethnische Gruppen, darunter Hui, Tadschiken, Kasachen und Kirgisen – zur Volksrepublik China. Laut der Parteipropaganda war Xinjiang schon immer chinesisch, nationalistischen Uiguren zufolge nie. Aufständische Gruppen, die einen eigenen uigurischen Staat »Ostturkestan« anstrebten, bildeten sich bereits in den Sechzigerjahren, unterstützt von der Sowjetunion. Die chinesische Regierung nutzte die Anschläge vom elften September 2001, um uigurische Separatisten als fundamentalistische Terroristen darzustellen und schaffte es, dass die UNO die Ostturkestanische Islamische Bewegung (ETIM) auf die Terrorliste setzte. Obwohl ein paar Uiguren in Guantanamo landeten, zweifelten zahlreiche ausländische Experten an der Darstellung der chinesischen Regierung, dass nennenswerte Verbindungen zu Al Qaeda bestanden. Die Uiguren galten weitgehend als moderate Muslime, die eher lax mit religiösen Vorschriften umgehen.

Die chinesische Regierung setzt aber einiges daran, sie zu radikalisieren. Auf den drohenden Separatismus reagierte Peking in Xinjiang ähnlich wie in Tibet: mit der gesteuerten Ansiedlung von Han-Chinesen, Wirtschaftsinvestitionen, harter militärischer Hand – und Einschränkungen der Religionsfreiheit. Entsprechend wächst der Groll der Uiguren gegen die als Invasoren empfundenen Han-Chinesen, die Religion gewinnt als Rückzugsort an Bedeutung. 1997 kam es an der kasachischen Grenze bei Demonstrationen zu einem Blutbad. 2009 eskalierten Massenproteste in Urumqi. Das Militär ging gewaltsam gegen Demonstranten vor, die die Aufklärung von Lynchmorden an uigurischen Fabrikarbeitern durch ihre Han-chinesischen Kollegen in Südchina forderten – friedlich, wie die Uiguren sagen. Im Zuge der Ausschreitungen ermordeten sie allerdings auch han-chinesische Zivilisten. Offiziell starben 197 Menschen – den Uiguren zufolge sehr viel mehr, vor allem während der darauffolgenden Vergeltungsmaßnahmen von Han-Chinesen an Uiguren. Auch jetzt sind blutige Zusammenstöße an der Tagesordnung, die zuletzt die Grenzen der Unruheprovinz überschritten. Im Oktober 2013 explodierte ein von Uiguren gesteuertes Auto vor den Toren der Verbotenen Stadt, dem politischen Herzen Chinas. Im März 2014 richteten mit Messern bewaffnete Uiguren ein Blutbad auf dem Bahnhof von Kunming in Yunnan an, zwei Monate später attackierten Angreifer Menschen am Bahnhof von Urumqi und zündeten Spreng-

sätze – just am Tag des Besuchs von Präsident Xi Jinping, der den
»Antiterrorkampf« mit noch mehr Härte führt.

Ursache und Wirkung in dem Teufelskreis der Gewalt zu benennen ist aufgrund der dünnen Informationsbasis schwierig. Auch
internationale Medien zitieren meist nur die Darstellung der staatlichen Nachrichtenagentur, weil die Regierung ihnen die eigene
Recherche nahezu unmöglich macht. Uiguren, die mit ausländischen Reportern sprechen, drohen in Schwierigkeiten zu geraten. Man kann als Journalist nicht davon ausgehen, unerkannt
zu bleiben. Beim Einchecken in Hotels muss man den Reisepass
mit dem Journalistenvisum vorlegen, woraufhin mit hoher Wahrscheinlichkeit die Polizei informiert wird. Selbst wenn man keine unmittelbaren Probleme bekommt, muss man damit rechnen,
einen Spitzel auf den Fersen zu haben. Nach den blutigen Protes-
ten in Urumqi war das Internet in der Provinz ein Jahr lang komplett gesperrt und wird auch jetzt noch stärker zensiert als im Rest
des Landes. Facebook und Twitter sind seit den Zusammenstößen
in Urumqi in ganz China nicht mehr frei zugänglich.

Als wir morgens aufwachen, haben sich während der letzten
Stunden hinter dem Fenster schon niedrige Sanddünen gebildet.
An der Busstation von Qira steckt Ahmed lachend seinen Kopf
aus einem Autofenster und winkt. Er trägt ein Baseballcap auf
dem runden Kopf mit dem leicht zurückweichenden Haaransatz.
Über den Lippen trägt er einen kleinen Schnurrbart und sieht dadurch gesetzter aus als ein 26-Jähriger. Reflexhaft strecke ich ihm
die Hand entgegen, obwohl ich mich nicht mehr erinnere, wie Ahmed es mit dem Schütteln von Händen ungläubiger Frauen hält.
Als er mich einst in sein Wohnheim einschleuste, war ein uigurischer Zimmergenosse erschrocken vor meiner Hand zurückgewi-
chen. Er schüttelt sie wohl oder übel und ruft dann Jorge ein freu-
diges »Armando! Amigo!« entgegen. Das Auto hat Ahmed von
einem Freund geliehen. Auch der steigt aus und schüttelt herzlich
Jorges Hand. Mich würdigt er keines Blickes, scheint meine Anwesenheit aber doch registriert zu haben, denn seine erste Frage im
Auto ist: »Heiratet ihr bald?« Eine in Xinjiang so selbstverständ-
liche Frage wie im restlichen China die nach dem Gehalt. Ahmed
rettet uns aus unserem Gestammel: »Wir fahren gleich nach Hause, da ist auch schon meine Schwägerin mit ihrem Baby zu Besuch,
okay?«

In der Abenddämmerung erkenne ich, dass die schmalen Straßen von Pappeln gesäumt sind, dahinter reihen sich Häuser aus Ziegelsteinen oder Lehm mit Flachdach aneinander. Vor einem halten wir. Als ich durch die Haustür in einen Vorflur trete, raunt Ahmed mir zu: »In Xinjiang Jorge zuerst. Vor allem in Qira.« Das kann heiter werden. Jorge ist der Zurückhaltendere von uns beiden. Wenn ich auf einen ersten Schritt von ihm warte, stehen wir beide nur im Weg herum. »Kannst du bitte schneller machen als ich?«, zischel ich ihm zu. »Ich muss hier demütig hinter dir herlaufen.«

Im steinernen Vorflur hocken drei ältere Männer murmelnd auf einer Bank und wursteln mit großen, glänzend bedruckten Karten herum. »Das ist mein Onkel«, sagt Ahmed über den Mann in der Mitte mit der grünen bestickten *Doppa* – eine runde uigurische Kappe – und fügt dann ehrfürchtig hinzu: »Er war in Mekka.« Der andere mit dem langen weißen Bart ist sein Vater, und die Karten, erklärt er, sind Einladungen für die Einführungsfeier seiner neugeborenen Nichte am Sonntag.

Das Wohnzimmer besteht vor allem aus einer erhöhten und mit Teppichen belegten Holzplattform. Auf der Kante sitzt Ahmeds Mutter. Sie hat ein freundlich-faltiges rundes Gesicht, und hätte ich es nicht besser gewusst, hätte ich sie für seine Oma gehalten. Das schwarze Kopftuch und die wallenden dunklen Gewänder machen sie nicht eben jünger. Sie schaukelt einen Säugling in einer bunt bemalten Holzwiege in Form eines Baumstamms ... »Darin wurde schon ich gewiegt und auch meine fünf älteren Geschwister«, sagt Ahmed. »Man kann das Baby darin festschnallen, und in der Mitte ist ein Loch, falls es mal muss. Das ist sehr praktisch, wenn man auf dem Feld arbeitet.«

Wir lassen uns im Schneidersitz auf der Teppichplattform nieder. Trotz der ungewohnten Verhaltensregeln und der völlig unverständlichen, dem Türkischen ähnlichen Sprache, fühle ich mich in kürzester Zeit wie zu Hause. Ahmeds Schwägerin, eine hübsche junge Frau in Jeans und nur lose drapiertem Kopftuch, breitet eine weitere Decke auf dem Teppich aus und sagt etwas auf Uigurisch zu uns. Ahmed übersetzt: »Sie sagt, dass wir leider schon gegessen haben und es nur ein paar Kleinigkeiten gibt.« Dann lädt sie eine Leckerei nach der anderen auf der Decke ab: getrocknete Datteln und Aprikosen, Mandeln, Rosinen, überdimensionale und dafür sehr dünne und knusprige Fladenbrote, Pistazien, geröstete Bohnen, lange saftige Melonenschnitze. Wir können kaum aufhören zu essen, obwohl wir keinen Hunger hatten.

Ahmeds reißt uns mit einer Hausführung von den Schüsseln los. Wir treten in einen sandigen, mit einer Weinpergola überdachten Innenhof. Zur linken Seite befindet sich das Plumpsklo. Plötzlich wird Ahmed ganz ernst und schaut mich mit seinen runden Augen sorgenvoll an. »Es tut mir leid, Ruth«, beginnt er, und ich erwarte, dass er mir jetzt eröffnet, dass ich leider nicht in einem Zimmer mit Jorge schlafen könne – was mich wirklich etwas wurmt, aber ich bin schon vorgewarnt. Stattdessen entschuldigt er sich für den Lebensstandard. »Das ist mein Haus. Es ist nicht sehr gut.« Ich versichere ihm, dass ich alles ganz entzückend finde, vor allem die drei Schafe, die da in einem Stall blöken. Bis Ahmed eröffnet: »Das Größte da schlachten wir demnächst. Es ist für das Opferfest.« Am Opferfest gedenken die Muslime Abrahams, der letztlich seinen Sohn Isaak doch nicht auf Gottes Befehl töten musste. Nur dass Abraham im Koran Ibrahim heißt, und Isaak Ismael.

Ich frage, wofür das Eisengestell neben einem der Holzbetten ist, und Ahmed sagt, dass dort Infusionen aufgehängt werden. Sein 73-jähriger Vater war Arzt und behandelt immer noch Patienten zuhause. Zwei seiner Schwestern sind ebenfalls Ärztinnen oder Krankenschwestern, die dritte und ein Bruder arbeiten für die Regierung. Der älteste Bruder ist Imam, handelt mit Jade und backt Nan, die knusprig-fluffigen runden Brotfladen, auf die wir uns schon auf unserer ersten Xinjiang-Reise stets so gierig stürzten. Ahmed zeigt auf einen Holzpfeiler: »Daran habe ich früher immer trainiert.«

»Boxen?«, fragt Jorge.

»Nein, mit dem Messer.« Er demonstriert es mit kungfuartigen Bewegungen in der Luft. »Ich mag Messer.« Und dann bedauernd: »Aber jetzt sind Messer für Uiguren verboten. Nur noch Küchenmesser dürfen wir benutzen – dabei ist die Messerherstellung eine alte uigurische Kunstfertigkeit.« Er seufzt. »Es gab so viele Kriege zwischen Chinesen und Uiguren. Besonders in Qira. Qira ist der gefährlichste Ort in Xinjiang.« Schwer vorstellbar, dass das kleine Kaff so gefährlich sein soll. Andererseits macht der Süden der Provinz die chinesische Regierung tatsächlich besonders nervös – vor allem, weil der Uigurenanteil hier noch bei gut 90 Prozent liegt.

»Aber warum gibt es so viele Konflikte, wenn es doch kaum Han-Chinesen gibt?«, wundere ich mich dennoch.

»Die Probleme entstehen zwischen Uiguren und Polizisten«, erklärt Ahmed. »Und dieses Jahr sind plötzlich viele Han gekommen. Fast immer, wenn ich auf der Straße bin, sehe ich inzwischen einen Han.«

Ahmed erzählt von einer sonderbaren Versammlung für alle Regierungsmitarbeiter, in der sie unter Androhung von Strafe instruiert wurden, die Han-Chinesen nicht nach ihrer Universität und ihrem Abschluss zu befragen. »Das kann doch nur heißen, dass sie keine Bildung haben«, mutmaßt Ali. »Aber weil sie Han sind, können sie hierherkommen und arbeiten. Ich kann nicht hier arbeiten.« Er sagt das nicht zornig, sondern mit einem traurigen Lächeln. Uiguren werden von chinesischen Unternehmen kaum eingestellt, deshalb nützen ihnen auch die Wirtschaftsprogramme aus Peking wenig – von denen profitieren Han-chinesische Arbeiter, die im Schlepptau mit den Unternehmen kommen. Die Arbeitslosigkeit unter den Uiguren ist hoch. »Es gibt so viele politische Probleme hier«, fährt Ahmed fort. »Xinjiang ist ein anderes Land. Es ist nicht China.« Er selbst würde gerne bei BMW in Shanghai oder Guangdong arbeiten. »Aber meine Mutter sagt, wenn ich ins Landesinnere gehe, sei ich nicht mehr ihr Sohn.« Ob sie es als Überlaufen zum Feind sieht oder einfach nur an ihrem jüngsten Sohn klammert, führt Ahmed nicht aus.

Wir machen noch einen Abendspaziergang zu der imposanten beleuchteten Hauptmoschee. »Sag mal, Ahmed, ich habe gehört, dass die Frauen in dieser Gegend nach 2009 angefangen haben, Burkas zu tragen. Aus Protest gegen die Regierung, weil die das Schleiertragen einschränkt. Stimmt das?«, frage ich ihn. Er kennt das Wort Burka nicht. Als wir es erklären, stimmt er aber zu. »Ja, es gibt viele«, sagt er nickend.

»Wo denn?«, frage ich. Bisher habe ich nur Kopftücher und Schleier gesehen.

»Doch, schau da«, sagt er und zeigt auf eine Frau, deren Schleier bis über die Nase geht und nur einen Spalt zwischen der Stirn frei lässt. Ihr buntes Tuch ist für mich nicht zu vergleichen mit dem Ganzkörperkäfig mit Gesichtsgitter, wie man es aus den Nachrichten zu Afghanistan kennt. Jetzt, wo ich genauer darauf achte, sehe ich plötzlich an jeder Straßenecke eine bis auf die Augenpartie verschleierte Frau. »Die Regierung mag das nicht«, führt Ahmed weiter aus. »Manchmal reißt ein Polizist der Frau den Schleier weg. Dann kommt der Ehemann und tötet den Polizisten«, stellt er ganz trocken mit seiner etwas hohen Stimme fest. Die Straße macht ihn unruhig. »Wir sollten nicht so lange herumlaufen. Nachts ist viel Polizei unterwegs«, drängt er uns zum Umkehren.

Als Jorge das letzte Mal zu Besuch war, wurde er von einer Polizistin in Zivil aufgegriffen und zwangsweise ins Hotel geschickt – Uiguren dürfen keine Ausländer bei sich zuhause aufnehmen. Ich weiß also mein Zimmer in Ahmeds Elternhaus zu schätzen. Es ist groß und bis auf die Teppiche auf dem Boden und an den Wänden völlig leer. Ich rolle eine dünne, glitzernde Matratze und Decken aus. Als ich noch spät nachts Gitarrenklänge aus Ahmeds und Jorges Zimmer höre, fühle ich mich ein wenig ausgeschlossen.

Am Morgen winkt Ahmeds Mutter Jorge und mich ins Wohnzimmer mit der angeschlossenen Küche. Es besteht ebenfalls aus einer erhöhten Plattform mit einem niedrigen Teetisch darauf und einem kleinen kastigen Fernseher in der Ecke. Ahmed ist beim Freitagsgebet in der Moschee. Sie lässt uns mit würzigem Tee und frischen duftenden Nan-Fladen allein, auf die ich begeistert noch etwas Honig träufle. Zu meinem Schrecken kehrt sie kurz darauf mit drei riesigen *Samsas* in einer Plastiktüte wieder – mit Lammfleisch gefüllte gebackene Brötchen, ähnlich einem Börek. Ich versuche abzulehnen, aber das kommt nicht in Frage. Als ich ihr bedeute, dass mir das Samsa zu groß ist, bricht sie es entzwei und reicht mir die größere Hälfte, aus der massig Lammfleisch und weiße Brocken Lammfett herausquellen. Zum Frühstück! Mein Körper wehrt sich mit jeder Faser dagegen, dass ich in das fette Fleisch hineinbeiße. Ich gebe mir Mühe, möglichst viel knusprigen Teig mit dem köstlichen Aroma vom Fleischsaft abzuknabbern und komme mir dabei missbilligend beobachtet vor – auch wenn die Mutter sich nichts anmerken lässt. Schließlich lasse ich meine Fleischklumpen, als sie sich kurz umdreht, in Jorges Schüssel wandern. Vielleicht hat sie Mitleid. Jedenfalls stellt sie noch ein Schälchen mit bröckeliger, aber leckerer Rosenmarmelade auf den Tisch. Als Ahmed aus der Moschee zurück ist, klopft sie ihm missbilligend auf die Finger, weil er zu lange versäumt hat, uns von dem würzigen Tee nachzuschenken.

»Hat das Nan hier dein Bruder gebacken?«, frage ich Ahmed, und er bejaht. »Nan ist in Xinjiang heilig«, erklärt er. »Wir werfen es nie weg, auch wenn es schon alt ist. Und wenn jemand ein Stück Brot auf dem Boden findet, legt er es irgendwohin.«

»Ist es denn im Islam üblich, dass Imame auch einen anderen Job haben, mit dem sie Geld verdienen? In Deutschland bekommen Priester von der Kirche ein Gehalt.«

»Es ist so: Die offiziellen Imame in Xinjiang sind keine richtigen muslimischen Imame. Die Regierung sagt ihnen, was sie in der Moschee sagen sollen. Deshalb mögen die Leute die Imame nicht so.«

»Aber werden sie nicht an Koranschulen ausgebildet?«

»Nicht in Xinjiang. Richtiges Koranstudium findet nur heimlich in den Häusern statt. Und wenn sie registriert sind, müssen sie sagen, was die Regierung will.« Also ist sein Bruder eine Art Untergrundimam. Später kommt er noch vorbei. Er sieht aus wie Mitte 40, trägt eine grüne *Doppa*, einen Schnauzer wie Ahmed und ein graues Jacket. Also ein ganz normaler Mann von der Xinjianger Straße. Wie wenig manche Uiguren die staatlichen Imame mögen, zeigt sich im Juli 2014: Da wird der Imam der altehrwürdigen Id Kah Moschee in Kashgar erstochen. Er soll öffentlich immer wieder die Kommunistische Partei gepriesen, seine Glaubensbrüder zur Kooperation aufgerufen und gegen Widerständische gepredigt haben.

Ahmeds Mutter hat sich an die Vorbereitungen für das Mittagessen gemacht. In einer Blechschüssel liegen bereits mehrere Teigwürste, so dick wie Bananen. Sie hockt auf der Teppichplattform und rollt sie zwischen den Händen in fingerdicke Würste, die sie in einer zweiten Schüssel zu einer Schnecke zusammenklebt. »Wenn du dir die Hände wäschst, kannst du mitmachen«, sagt Ahmed zu mir.

Das lasse ich mir nicht zweimal sagen. »Reib deine Hände mit etwas Öl ein«, instruiert er mich weiter und zeigt auf eine Emailletasse voll dunklem Öl. Leider erwische ich zu viel, und die Teigwürste flutschen mir zwischen den Fingern durch. Das Rollen sieht einfach aus, aber Ahmed scheint nicht ganz zufrieden mit meiner Methode. »Mach es etwas mehr so«, sagt er und ro-

tiert die eine Hand zusätzlich in der Luft. Die Mutter verbessert meine Würste noch einmal, bevor sie in der Schüssel zusammengerollt werden. Dann bereitet sie Gemüse vor: Auberginen, Tomaten und Bohnen voller pockiger Stellen und anderer Makel – die dafür jedoch wahrscheinlich frei von Pestiziden sind. Sie platziert sie auf einer faszinierenden Schneidevorrichtung: eine dicke Holzschüssel, aus deren Mitte eine kreisförmige Plattform herausragt – wie der Stamm eines umgedrehten Pilzes. Was geschnitten wird, kann einfach an der Seite herunterfallen und man spart sich das Spülen zahlreicher Schüsseln – mindestens so praktisch, wie Babys auf einer dekorativen Klo-Wiege festzuschnallen. Allerdings ist die Schneidefläche zu klein für zwei Leute, und so bleibt mir nichts, als mit Ahmeds dreijähriger Nichte mit dem fast kahl rasierten Köpfchen zu schäkern.

Im Lauf der Zeit gehen immer mehr Frauen in dem Haus ein und aus. Eine Schwester von Ahmed mit fast unnatürlich bleicher Haut und viel Make-up brät in der Kochecke im Wok Lammfleisch und Zwiebeln an, dann Bohnen und grüne Peperoni und dünne Auberginenscheiben. Sie schließt den Deckel und gibt später noch Blattsellerie dazu, dann einige Kellen Wasser und Tomaten und zum Schluss kleine Knoblauchstücke. Das einzige Gewürz ist Salz.

Die Mutter macht sich jetzt ans Nudelziehen. Sie zieht an der fingerdicken Teigwurst und lässt die dünneren Fäden auf das Tablett vor ihr fallen. Als sie schon sicher zwei Meter beieinander hat, nimmt sie den Faden noch einmal auf und zieht ihn noch dünner. Einmal schaut sie verdutzt auf klumpige Abschnitte, die wohl von mir sind, und zwackt sie stirnrunzelnd ab. Vielleicht lässt sie mich auch deshalb nicht mehr an die Teigwürste ran. Dann wickelt sie die Fäden in einer fließenden Bewegung um beide Handgelenke und haut das ganze Knäuel mehrmals auf das Tablett.

Die Sauce schmeckt gut, aber etwas wässrig. Während wir essen – Ahmed stopft sich fast die Hälfte seines Nudelbatzens auf einmal in den Mund – zieht und klopft die Mutter immer weiter. Denn immer wieder kommen neue Verwandte, Angeheiratete und Kinder dazu. Die Mutter zieht sicher 15 Portionen und seufzt am Ende erschöpft auf. Sie streitet sich mit der Schwiegertochter, wer den letzten Teller bekommt. Jede will der anderen den Vortritt lassen – sie setzt sich mit ihrem Verzicht durch.

Nach dem Essen, das ziemlich zeitversetzt stattgefunden hat, je nachdem, welche Nudeln gerade fertig waren, entschuldigt der Bruder mit dem neuen Säugling sich. »Ich muss noch arbeiten.«

»Geht er freitags nicht in die Moschee?«, frage ich Ahmed, der sich selbst schon wieder den Gebetsteppich unter den Arm klemmt.

»Nein, er arbeitet ja für die Regierung. Deshalb darf er nicht in die Moschee«, erklärt der. »Wer in einer Behörde, bei der Polizei oder einem Staatsunternehmen arbeitet, darf weder in die Moschee noch den Ramadan einhalten.« Ahmed verabschiedet sich. »Wir machen solange einen Spaziergang durch die Nachbarschaft«, informieren wir ihn noch.

»Okay, aber passt auf. Freitags ist immer viel Polizei unterwegs.«

Wir gehen durch Pappelalleen und vorbei an Maisfeldern. Die engen Wohngassen mit den niedrigen sandfarbenen Häusern haben die Chinesen hier noch nicht angerührt – ganz anders als etwa in Kashgar, wo die Altstadt abgerissen wird. Später stehen wir auf dem Dach von Ahmeds Haus. Auf den Flachdächern gegenüber stehen Schafe in Ställen, Mais wird getrocknet, Bretter und Gerümpel liegen herum, bedeckt von einer Sandschicht. In den Gassen spielen Scharen von Kindern Ball. Viele tragen Trainingsanzüge, zu denen im Fall der Mädchen das Kopftuch seltsam aussieht. Tauben gurren in ihren Verschlägen. Ahmeds Bruder klettert ebenfalls die Leiter hinauf und lässt sie eine Runde fliegen.

Aus dem Wüstenausflug mit Kebabgrillen, soviel ist uns am Nachmittag klar, wird wohl nichts mehr werden. Ahmed hatte etwas vom Schwager gemurmelt, dessen Auto wir später ausleihen könnten. Aber bis wir endlich darin sitzen, ist es schon dunkel. Also steuern wir den Nachtmarkt an. Zu Hause wollte Ahmed nichts essen. »Ich bin erkältet«, sagte er mit kratzender Stimme.

»Lammfleisch ist heiß. Wenn ich es esse, bildet mein Körper zu viele weiße Blutkörperchen«, erklärt er.« Ich bin ganz froh über den Ausflug. Die Auswahl an Gerichten ohne Lamm verspricht hier größer zu sein als in Ahmeds Haus.

Der Markt besteht aus kleinen Essbuden unter nackten Glühbirnen. Fasziniert bleibe ich vor einem Eiergrill stehen. Über glühender Kohle lagern Hühner- sowie große Gänseeier auf einem runden Eisengestell, manche mit braun angekokelter Schale. Dahinter kauert wie eine dicke Glucke eine ältere Frau im weiten, braunen Gewand. »Lass uns die probieren!«, schlage ich vor. Das gegrillte Hühnerei schmeckt ein wenig intensiver als ein gekochtes Ei bei uns, was aber sicher auch am Kreuzkümmel liegt, mit dem man es selbst nachwürzt. Statt einem Salzstreuer gibt es ein Schälchen mit Salzwasser. Jorge nimmt das Gänseei. Es hat ein trockenes, gelatineartiges Eiweiß und ein großes, krümeliges Eigelb, unterscheidet sich geschmacklich aber kaum vom Huhn. »Kocht ihr eigentlich nie Hühner? Die sind doch auch halal«, sage ich zu Ahmed. Der verzieht das Gesicht: »Ja, es gibt schon Hühnerfleisch. Aber die Leute in Qira essen es nicht gern.« Auch nicht, wenn es halal ist. Jorge und ich lassen uns nicht beirren und steuern einen Stand mit halben Hähnchen an. »Der uigurischen Medizin zufolge machen Huhn und Eier deinen Körper ganz kalt«, erklärt er.

»Oh, das sind ja die gleichen Vorstellungen wie in der Traditionellen Chinesischen Medizin!«, rufe ich fasziniert aus.

»Nein, nein. Chinesen haben nur plus und minus. Für uns ist Essen auch noch trocken oder nass«, wiegelt Ahmed ab. Ich kann mir nicht ganz verkneifen, zu erwähnen, dass die Han-Chinesen das genauso sehen.

Einmalig ist aber wohl die uigurische Begeisterung für Lammfleisch. »In Xinjiang essen wir immer Lamm. Lamm, Lamm, Lamm! Wir mögen es so gern«, schwärmt Ahmed.

»Warum esst ihr es so viel mehr als etwa Rindfleisch?«, versuche ich herauszufinden. Ahmed weiß es auch nicht. Womöglich, räumt er ein, hat es historische Gründe. Die Uiguren seien früher umhergezogen, mal eroberten sie eine Region, mal wurden sie erobert. Da lässt sich eine Schafherde besser mitnehmen als die großen Kühe. Und wenn der Kuh etwas passiert, ist gleich mehr Fleisch auf einmal verloren. »Früher hatten wir bis zu 25 Schafe im Hof«, erzählt er. »Als Teenager musste ich mich jeden Tag um die Schafe kümmern. So müde!« Noch eine Fähigkeit hat Ahmed, von der wir nichts wussten: Er ist ein guter Schlachter. »Meine Nachbarn in Urumqi brauchen zwei Stunden, um ein einziges Schaf zu schlachten. Zwei Stunden!«, schüttelt er immer noch missbilligend den Kopf. Er erledigte es für sie in einer halben, inklusive Häuten und Zerlegen. »Weil ich als Letzter noch zu Hause war und meine Eltern alt wurden, habe ich in Qira manchmal an einem Tag fünf, sechs Schafe geschlachtet.« Er macht dabei wieder seine typisch treuherzigen Äuglein, als sei er das eigentliche Unschuldslamm.

Beeindruckt ziehen wir fort vom Hühnchenstand und steigen wieder ins Auto. Ahmed will seine Freundin von der Arbeit abholen. »So spät?!«, Jorge und ich sind baff. Unsere Uhr zeigt halb elf abends an. »Wieso, es ist doch erst halb neun«, sagt Ahmed. Klar – unsere Uhren stehen auf »Pekingzeit«. Das ist auch richtig so – offiziell. Ganz China hat nur eine Zeitzone, schon um die Einheit des Landes zu unterstreichen. Die meisten Uiguren orientieren sich aber an der »Xinjiangzeit«, die zwei Stunden später ist. Das hat einerseits praktische Gründe, da die Sonne in der Provinz zwei Stunden später auf- und untergeht. Andererseits ist es auch ein politisches Bekenntnis. Man sollte bei Verabredungen also sicherstellen, von welcher Zeit man spricht – und sich stets daran erinnern, dass öffentliche Verkehrsmittel nach Pekingzeit fahren.

Ich bin jedenfalls gespannt auf Ahmeds Freundin Nazira. Jorge hatte mir von den kleinen und großen Dramen in ihrer Beziehung erzählt. Sie macht immer wieder einmal mit ihm Schluss, Ahmed ist überzeugt, dass das chinesische Schulsystem ihr psychische Schäden zugefügt hat. Nazira ist eine sogenannte *Min Kao Han*, eine rein auf Chinesisch unterrichtete Uigurin. Während Uiguren früher fast ausschließlich auf eigenen Schulen in uigurischer Sprache unterrichtet wurden, gehen jetzt mehr und mehr auf chinesische Schulen. Die Regierung forciert das – offiziell, um den Uiguren mehr Karrierechancen zu geben, aus Sicht vieler Uiguren, um deren Kultur zu schwächen. Das Mädchen, das da mit lose sitzendem Kopftuch – »das darf ich erst auf der Straße anziehen« – zu uns ins Auto steigt, kommt mir eigentlich ganz klar im Kopf vor.

Auf dem Nachtmarkt möchte Nazira *Zongza* essen – in Bananenblätter eingewickelter Klebereis in saurem Joghurt und Honig. Davor stoßen wir noch auf einen Stand mit gerösteten Kürbisschnitzen. Sie schmecken so süß wie Obst und sind zusätzlich leicht mit Honig bestrichen – köstlich. »Honig ist okay als Fleischersatz«, brummelt Ahmed und greift beherzt zu. Die *Zongza* sind ebenfalls mit Honig getränkt. Ich frage ihn weiter zur uigurischen Essenslehre aus. »Huhn, Fisch und Eier sind kalt«, doziert Ahmed. »Und Joghurt und Reis auch. Wir essen zwei Tage hintereinander Reis – und, oh Gott, wird uns kalt!« Da unterscheiden die Uiguren sich dann wohl doch von den Han-Chinesen. »Was ist mit Nudeln?«, will ich wissen.

»Nudeln sind heiß.« Dachte ich's mir doch: Alles, was die Uiguren gern und reichlich essen – Lamm und Nudeln – ist heiß. »Und was ist trocken und was nass?«, will ich wissen.

»Ei und Huhn sind trocken. Melonen nass. Und heiß.« Dass die im Sommer so herrlich kühlenden Melonen heiß sein sollen, will mir nicht in den Kopf. »Die Chinesen essen alles. Schweine und sogar Menschenbabys«, sagt Ahmed im Brustton der Überzeugung.

Wir setzen Nazira gegen Mitternacht – Pekingzeit – zu Hause ab. »Wollt ihr jetzt noch in die Wüste?«, fragt Ahmed. Ich bin skeptisch: Sind unsere Grillpläne dann obsolet?

»Können wir denn morgen trotzdem noch hinfahren?«, versichere ich mich.

»Morgen – ich weiß nicht«, weicht Ahmed aus. »Wir müssen die Zeremonie für Aliya, das Baby, vorbereiten. Melonen und Trauben kaufen. Ich weiß nicht.« Also lieber bei Nacht in die Wüste als gar nicht. Ahmed biegt nach einer Weile in einen sandigen Weg ein. »Hier. Wüste«, stellt er fest und jagt uns einen sandigen Hügel mit trockenem Gestrüpp hinauf. Ich bin etwas enttäuscht. Es ist kalt. Im Dunkeln sieht man nur etwas Sand und niedriges Gestrüpp und eher wenige Sterne. Einzelne Laster und Autos auf dem nahe gelegenen Highway stören die Stille. Ahmed wird dennoch nostalgisch zumute. »Manchmal bin ich ganz allein in die Wüste gefahren«, spricht Ahmed in die dunkle Leere hinein. »Hier habe ich meine erste Zigarette geraucht.«

Jorge hatte mir schon erzählt, dass die Jugendlichen von Qira sich früher nachts in der Wüste trafen – einzelne Paare verschwanden dann nach und nach zwischen den Dünen. Mehr als Fummeln, vermutet er, war aber wohl nicht drin. Er ist sich auch sicher, dass Ahmed noch Jungfrau ist. Bei seinem ersten Qirabesuch hatte Jorge vergeblich nach einer Dusche Ausschau gehalten. Nach ein paar Tagen raunte er Ahmend morgens zu: »Ahmed, ich muss dringend duschen. Ich habe heute Nacht sogar schon von einer Dusche geträumt.«

»Oh, mach dir keine Gedanken«, hatte der ihn getröstet. »Ich habe solche Träume auch manchmal und muss dann duschen. Das ist normal.« Nachdem Jorge geklärt hatte, dass sich seine Problemzone tatsächlich unter den Achseln befand und nicht im Kopf oder sonstwo, hatte Ahmed gestanden: »Ramadan, nicht rauchen, nicht trinken – das geht alles. Aber keine Mädchen – das ist wirklich hart.« Er mache immer Liegestütze, um sich abzulenken. Ich konnte nach dieser Information nicht umhin, seinen Oberkörper zu mustern. Er sieht ganz gut trainiert aus.

Ein paar Minuten später sitzen wir wieder im Auto und lauschen der etwas türkisch klingenden Musik im Radio. Da tauchen auf der kleinen Straße vor uns plötzlich große Scheinwerfer auf. Zwei weiße Polizeibusse und ein olivgrüner Militärvan kommen langsam auf uns zu. Die Türen des ersten öffnen sich, Polizisten springen heraus. Sie fuchteln mit großen Taschenlampen herum und schreien uns an. Auch aus dem Militärvan springen Soldaten in voller Uniform, inklusive schwarzen Schilden und Maschinengewehren. Insgesamt versammeln sich um die 20 bewaffnete Sicherheitsleute um uns. »Oh my God!«, stößt Ahmed aus, und auch uns wird angst und bange. Wir haben nicht einmal unsere Pässe dabei. Wir stolpern aus dem Wagen und heben instinktiv die Hände. Ich höre, wie einer »Ausländer!« ruft. Ahmed diskutiert mit den Polizisten, dann sagt er zu uns: »Es ist okay.« Wir steigen ein, und er fährt weiter. »Gott sei Dank«, seufzt er auf. Einer der Polizisten ist ein Freund meines Bruders und hat mich erkannt. Kein Problem.«

Ich bin erleichtert, aber auch verwirrt.

»Was ist los, warum waren die da mitten in der Wüste?«, will ich wissen.

»Ich glaube, es gab hier Probleme«, sagt Ahmed nur nebulös. Mehr ist aus ihm heute Abend nicht rauszukriegen.

Am nächsten Morgen ist Ahmeds Stimme immer noch rau und leise. Aber er sagt, es ginge ihm schon wieder besser. Beim Frühstück – wieder frisches Nan mit Rosenmarmelade und Walnüssen, keine Lammsamsa – erzählt er von der anstehenden Zweimonatsparty für seine Nichte. Zu meiner freudigen Überraschung bekommen Mädchen und Buben die gleiche Feier. Das war's aber schon. »Wenn ein Baby zwei Wochen alt ist, schlachten die Eltern ein Schaf. Für Mädchen ein Schaf, für Jungen zwei Schafe«, fügt Ahmed hinzu. Als würde er meinen Verdruss erraten, gibt er sich noch einmal kulturerklärerisch. »In Deutschland sagt man ›Ladies first‹, oder?« Das kann ich nicht leugnen. »In Xinjiang heißt es ›Männer zuerst‹, ob es beim Betreten eines Hauses oder beim Essen ist.«

In einem Kaff mit dem funktionalen Namen »Samstagmarkt« – es scheint wirklich nichts anderes zu geben als eben den samstäglichen Markt – verstehen wir, warum Ahmed wegen Melonen- und Traubenkauf zu nichts anderem kommt. Berge an Melonen in etlichen Variationen türmen sich auf dem staubigen Gelände und auf den Ladeflächen von Lieferwagen. Sein Vater klopft sie ab, dreht und wendet sie, feilscht. Ich erfreue mich an den saftigen Gratisschnitzen, die uns die Händler zum Probieren reichen. Ein paar Meter weiter drängen sich Hunderte von Schafe in Gattern. Käufer mit gegerbten Gesichtern, zotteligen Bärten und fremdartigen Kopfbedeckungen führen die erstandenen Exemplare an Seilen durch die Menschenmenge und hieven sie auf Kleinlaster. Überall blökt es. Etwas weiter stehen Kamele gleichmütig herum. »Wie viel?«, fragt Jorge auf Uigurisch. »10,000 Yuan«, antwortet ein Händler – 1200 Euro. »Ob ich dich wohl dafür eintauschen könnte?«, sinniert er.

Vielleicht hat Ahmed ein schlechtes Gewissen, weil aus dem Kebabgrillen nichts wird. Jedenfalls fährt er uns noch zu der Sanddüne, auf der wir uns den Wettlauf liefern. Er tut auch seiner erkälteten Kehle nicht gut. Auf der Rückfahrt husten wir beide um die Wette. Als wir abends zuhause ankommen, sind die letzten Verwandten endlich gegangen. Ahmeds Mutter sitzt immer noch auf der Teppichplattform im Wohnzimmer und füttert uns sofort mit der heute gekauften Wassermelone. Ich kann mich nicht erinnern, jemals eine süßere gegessen zu haben. »Sag mal, wie heißt deine Mutter überhaupt?«, frage ich Ahmed. Als er »Rebiya« sagt, kann ich mir die Bemerkung nicht verkneifen: »Ah, wie Rebiya Kadeer.« Die Geschäftsfrau und neunfache Mutter ist sozusagen das uigurische Pendant zum Dalai Lama: Die profilierteste Fürsprecherin der uigurischen Sache im amerikanischen Exil. Als Präsidentin des Weltkongresses der Uiguren ist sie in China Persona non grata. Ahmeds Mutter scheint ähnlich kämpferisch wie ihre Namensvetterin. In zunächst ganz leisem und lamentierendem Uigurisch setzt sie nun zu einer Standpauke an Jorge an, die Ahmed ihm übersetzt. »Deine Eltern tun mir so leid. Du bist der Erstgeborene, den mögen sie so sehr, und du bist so weit weg. Eine Mutter will ihre Kinder jeden Tag um sich haben.« Rebiya setzt sich auf und spießt ein Stück Wassermelone auf ihr langes Obstmesser. »Wenn Ahmed weggehen will, hacke ich ihm den Fuß ab«, sagt sie und saugt an der Melone. Wir wagen keine Gegenrede.

»Sie sagt, ich soll möglichst dieses oder nächstes Jahr Nazira heiraten«, erklärt Ahmed uns ungerührt – er hört die Drohungen offenbar nicht zum ersten Mal. Rebiya fährt fort: »Wenn Ahmed heiraten würde, wäre das wie ... wie sagt man ... ein Band um seinen Fuß und er bliebe in meiner Nähe.« Der hat schon Flausen im Kopf. »Aber warum soll ich so bald schon heiraten?«, wendet er sich an uns. »Ich bin gerade erst mit dem Studium fertig, ich habe kein Geld, keinen Job. Vielleicht besser in zwei Jahren.«

Rebiyas setzt ihr Lamento indes mit weicher Stimme fort. »Als die Kinder zum Studieren weggegangen sind, war ich so traurig. Jeden Tag habe ich geweint. Aber alle sind zurückgekommen. Nur der hier noch nicht.« Ihre runden Augen blitzen kurz zu Ahmed hinüber, dann fixiert sie wieder Jorge. Ob Deutschland auch ein Land sei, will sie schließlich von Ahmed wissen, der entschuldigend lacht. »Sie kennt sich nicht aus. Sie denkt, vielleicht ist Deutschland ganz nah an Mexiko«, erklärt er. Ich ahne, worauf ihre Frage abzielt: Bin ich aus Sicht von Jorges Mutter die Gute oder die Böse? Bringe ich ihr den verlorenen Sohn zurück oder entziehe ich ihn ihr weiter?

»Ich muss jetzt mal den Wüstensand wegduschen«, zieht Jorge sich schließlich aus der Affäre. Dusche? War da was? Bis jetzt hatte ich nur das Plumpsklo gesehen und angesichts von Jorges Geschichte aus dem Vorjahr angenommen, dass es keine Dusche gibt. Aber der verschwindet jetzt munter in die Küche und kommt nach einer Weile frisch wieder aus ihr heraus. »Da, hinter diesem Vorhang ist eine Dusche«, zeigt er mir. Als ich nun selbst in freudiger Erwartung des erfrischenden Nass darunter stehe, habe ich allerdings ein Problem: Ich finde keinerlei Hebel oder Schalter, um sie anzumachen. Ich suche die ganze gekachelte Wand ab – nichts. Jorge ist längst verschwunden. Mit Mutter Rebiya kann ich mich nicht verständigen. »Ahmed ...?!«, rufe ich zaghaft. »Wie geht denn die Dusche an?«

»Oh!«, kommt es hilflos aus dem angrenzenden Wohnzimmer. Ahmed versucht sich in Erklärungen, aber ich merke an seinem Stocken, dass ihm das Vokabular fehlt und höre, wie er sich nähert.

»Sag es, bitte sag es nur!«, versuche ich ihn aufzuhalten und will hinzufügen: »Ich habe nichts an!« Zu spät. Ahmeds schwarzer Schopf mit dem zurückweichenden Haaransatz erscheint hinter dem Vorhang und verschwindet den Bruchteil einer Sekunde später mit einem entsetzten »Oh my God!« wieder. »Sorry, sorry!«, höre ich ihn hinter dem Vorhang japsen. Mir wäre das ziemlich egal. Ich gehe in Deutschland ja auch in die Sauna. Aber ich fürchte, dass ich Ahmed komplett traumatisiert habe. Wahrscheinlich bin ich die erste Frau, die er nackt sieht. Das Duschproblem löse ich kurz darauf allein. Der Duschkopf aus weißem Plastik gibt Wasser frei, sobald man ihn dreht. Als ich sauber und angezogen wieder hinaustrete, ist Ahmed in seinem Zimmer verschwunden.

Auch am nächsten Morgen ist Ahmed wie vom Boden verschluckt. Ich höre von meinem einsamen Teppichpalast aus nur, wie er und seine Eltern schon ab morgens ums sechs Uhr (Xinjiangzeit) Sachen zusammentragen und zum Restaurant fahren, wo die Zeremonie für Baby Aliya stattfinden soll. Jorge und ich lungern noch etwas am Nan-Stand seines Bruders, dem Imam, herum und beißen voller Wonne in die noch heißen Fladenbrote, in die etwas Zwiebeln, Knoblauch und Sesamkörner eingebacken sind. Sie werden zum Backen mithilfe einer salzigen Lauge direkt an die Innenwand eines runden Steinofens geklatscht.

Im Restaurant, wo die Feier stattfindet, sitzen schon früh am Morgen einige Familienmitglieder an den Tischen. In deren Mitte stehen die am Vortag gekauften Melonen, frittiertes Nan, Trauben, Datteln und eingelegtes Gemüse. Ein Kellner bringt dazu für jeden einen kleinen Teller Nudeln und einen Teller Polo – das traditionelle zentralasiatische Reisgericht mit Möhren, Zwiebeln und einer Scheibe ungewohnt zartem Lammfleisch darauf. Am Tisch in der Mitte sitzen Ahmeds Mutter und ihre Schwiegertochter, beide festlich herausgeputzt. Baby Aliya liegt wie eine Stoffwurst straff in feines weißes Tuch eingewickelt auf einer teppichbedeckten Holzplattform nahe des Eingangs. Sie wird von den Erwachsenen kurz begutachtet und von aufgekratzten kleinen Kindern dauerbewacht.

Das Essen geht eher nüchtern vonstatten. Leute kommen und gehen wie in Ahmeds Haus. Der selbst gesellt sich irgendwann an unseren Tisch. Er weicht meinem Blick aus. »Ich hatte gestern einen Traum«, setzt er in Jorges Richtung an, und mir stockt kurz der Atem. Er wird jetzt doch nicht tatsächlich feuchte Träume nach unserer Begegnung schildern? Aber dann erzählt er etwas völlig Harmloses, und ich entspanne mich. Verwandte von Ahmed setzen sich zu uns. Sie haben ein Anliegen. Ob Jorges Verwandte sich nicht als ihre Freunde ausgeben und sie nach Mexiko einladen könnten. »Dann bekommen wir vielleicht einen Reisepass«, hoffen sie. Für Uiguren ist es nur unter wenigen Umständen möglich, einen Pass zu bekommen – etwa wenn sie in einer anderen Provinz studieren oder gute Beziehungen und viel Geld haben. Das steht in keinem Gesetz. Die Anträge werden einfach abgelehnt. Schließlich sind die Konflikte in Xinjiang, so sagt es die Propaganda, von böswilligen Kräften im Ausland gesteuert. Also wäre es gefährlich, Uiguren in fremde Länder zu lassen, von denen aus sie Terroraktionen planen könnten.

Als wir vor die Tür gehen, stehen dort ganze Horden an Männern in Anzügen und mit grünen bestickten *Doppa* auf dem Kopf zusammen und schütteln sich mit leichter Verbeugung freundlich beide Hände oder fassen sich zur Begrüßung an die Brust. Wenn einer von Ahmeds Verwandten Jorge erspäht, eilt er auch zu ihm und geht mit beiden Händen freundlich auf ihn zu. Ich bekomme, wenn ich Glück habe, ein kurzes Nicken, oft aber nicht einmal einen Blick.

Plötzlich werde ich wütend darüber, dass er stets als Ehrengast und ich wie Luft behandelt werde. Vielleicht war es die letzte Teetasse, die nur für ihn kam und für mich nicht, die das Fass für mich zum Überlaufen gebracht hat. Ich unterstelle ihm, dass er die Rollenverteilung genießt und sich auch deshalb in Xinjiang so wohl fühlt. »Du weißt nicht, wie es sich anfühlt, die ganze Zeit als Mensch zweiter Klasse behandelt zu werden. Dass sich niemand für dich interessiert oder nur überlegt, ob du aus Sicht einer Schwiegermutter wünschenswert bist«, werfe ich ihm vor. Jorge weist meine Vorwürfe weit von sich. »Dass ich mich für ihre

Kultur interessiere, heißt nicht, dass ich alles darin gut finde«, verteidigt er sich, gesteht aber ein, dass es wahrscheinlich etwas anderes ist, ob man es am eigenen Leib erfährt oder nur beobachtet. Auch für mich war Diskriminierung bisher etwas eher Theoretisches. Rassismus, Sexismus, Homophobie – das waren Dinge, die ich natürlich schlecht fand. Aber es waren trotzdem auch die Probleme von anderen. Jetzt konkurriert der Impuls, Sympathie mit dem Opfer, der unterdrückten Kultur zu empfinden, mit dem Unbehagen, innerhalb dieser Kultur selbst Unterdrückung und Einschränkung zu erleben. »Zumindest werden wir hier als Westler nicht als der Feind wahrgenommen«, meine ich.

»Die Uiguren haben eben andere Probleme: die Chinesen«, stimmt Jorge zu. Nie hatten wir bisher irgendeinen Uiguren gegen das sittenlose Amerika wettern hören. Ich hatte auch nie das Gefühl, dass man mich hier lieber mit Kopftuch sehen würde. Vom Streben nach einem Gottesstaat mit Scharia schienen mir selbst die Uiguren in dieser traditionellen Ecke recht weit entfernt – es schien ihnen eher um das Recht zu gehen, ihre Religion überhaupt ungestört praktizieren zu können.

»Ahmed hat großen Respekt vor dir«, versucht Jorge mich wieder gnädig zu stimmen. Er erzählt, dass Ahmed sich immer Sorgen um ihn machen würde, weil er ihn zu schwach finde. Er versuche, ihn zu Liegestützen zu bewegen, zum Boxen, oder zu was auch immer. »Er war sehr beeindruckt, wie schnell und weit du die Düne entlanggelaufen bist. Er hat gesagt: ›Schau, Armando, sie ist schneller als wir beide. Oh my God, Ruth ist sehr stark.‹« Ich grinse. Hatte die Qual sich also doch gelohnt. Ich habe die Ehre meines schwachen Geschlechts gerettet. Jetzt kann ich in Frieden nach Kashgar fahren.

23.

## Kashgar – Pizza oder Pasta?

Noch drei Stunden Bus- und acht Stunden Zugfahrt bis Kashgar. Ein Sandsturm färbt die Luft hinter dem Zugfenster so braun wie den Pekinger Himmel an einem heftigen Smogtag. Als wir ankommen, strömen scharenweise Männer in dunklen oder glänzenden Anzügen vom Freitagsgebet in der berühmten Id Kah Moschee, der

größten Moschee Chinas, in alle Himmelsrichtungen. In der kleinen renovierten Altstadtstraße, die zum »Old Town Hostel« führt, geht es lebhaft zu. An zahlreichen Essensständen stürzen die Männer sich auf *Samsas* (Lammfleisch-Böreks), *Zongzas* (Klebereis mit Joghurt und Honig) und Obststände. Obwohl wir noch die schweren Rucksäcke auf dem Buckel haben, kann ich der Versuchung nicht widerstehen und labe mich an frisch gepresstem Granatapfelsaft und an Melonenschnitzen, die ein Händler im Affenzahn mit einem langen Messer in die gierige Menge reicht. Sie sind so saftig, dass ihm die Flüssigkeit den ganzen Arm entlangtropft. Ich tue es den Männern gleich und beuge mich weit über die Melone, damit ihr Saft auf den Boden tropft. Und schon lockt ein Korb mit runden, hellgrünen Feigen, die zu einer hübschen Pyramide aufgetürmt sind. Ich kaufe gleich ein Zehnerpack auf einem dunkelgrünen Feigenblatt in einer Plastiktüte. »Wir wollten doch gleich bei Mahmud essen«, ermahnt mich Jorge.

Das Wiedersehen mit Mahmud bedeutet für mich zugleich

Abschluss und Rückkehr zu den Ursprüngen. Vor einem Jahr waren Jorge und ich nach einer Woche des gemeinsamen Reisens bei einem Ausflug von Kashgar aus in die Berge ein Paar geworden – einen Monat, bevor ich erfuhr, dass meine Zeitung schließen würde und mein Kochabenteuer begann. Dort hatte ich auch zum ersten Mal Couchsurfing ausprobiert – damals, um ungestört mit Uiguren über die Situation in der Unruheprovinz reden zu können. Mahmud war einer dieser Couchsurfing-Kontakte. Der etwas geleckte 26-Jährige managte das dreistöckige »Korgan« – angeblich einst das beste uigurische Restaurant am Platz –, bevor die Eltern es fast in den Ruin wirtschafteten.

Mahmud war ein schillernder Typ voller Überraschungen und Widersprüche. Schon als ich ihn das erste Mal an einem Teetisch vor seinem Restaurant sitzen sah, musste ich innerlich etwas grinsen. Er trug schon geschäftmännisch Anzug und weißes Hemd und bewegte sich selbstbewusst. Obwohl Mahmud noch ein jugendliches Bubi-Gesicht hatte, konnte ich mir schon bestens vorstellen, wie er mit 60 aussehen würde – so wie jetzt, nur mit etwas mehr Bauch und weniger Haaren. In Malaysia hatte er Gastronomie und Hotellerie studiert und sprach gut Englisch. Er besaß sogar einen Reisepass. 100 000 Yuan (12 000 Euro) hatte Mahmud dafür hingeblättert. In Malaysia hatte ihm ausgerechnet ein charismatischer Han-chinesischer Prediger den Islam nähergebracht. »Früher war ich nicht sonderlich religiös, habe höchstens freitags in der Moschee gebetet«, erzählte er uns damals. »Aber dieser Typ war echt inspirierend. Früher hatte er überhaupt keine Religion. Dann studierte er intensiv das Christentum, den Judaismus und Buddhismus und schließlich Islam. Den Islam fand er am überzeugendsten.«

Was für eine sonderbare Konstellation – die meisten Han und Uiguren leben ohne Berührungspunkte in gegenseitiger Verachtung nebeneinander her. Die wenigsten würden in den gleichen Restaurants essen – geschweige denn, sich gegenseitig bekehren. Während unserer langen Gespräche stand Mahmud immer wieder auf und entschuldigte sich: Er müsse kurz zum Beten nach Hause. Ein andermal zeigte er uns ein Video, in dem er in Malaysia in Sonnenbrille und Hawaiihemd am Strand sitzt und völlig unironisch »Bambalaya« zur Gitarre trällert. Er sah aus wie einer dieser Typen, die man als Frau in Deutschland mit der Hand unwirsch wegwedeln würde, wenn sie einen ansprechen. Über Youtube hatte er sich selbst Flamenco-Gitarre beigebracht, inklusive der spanischen Texte.

Mahmud schien in keine Schublade zu passen – er war weder westlich modern noch ein traditioneller Macho oder doch ein bisschen von beidem. Er plante, noch einen MBA in den USA draufzusetzen – »just for fun, to relax«, und baute gleichzeitig eine eigene Schaffarm im Umland von Kashgar auf. In seinem Restaurant gab es köstlichen Safrantee und die besten Laghman, die wir bis dahin probiert hatten, und Mahmud versuchte sich im Backen von amerikanischem Cheesecake. Sein Profilbild auf dem chinesischen mobilen Netzwerk WeChat zeigte ein Stück Käsekuchen.

Ebenso facettenreich schienen seine Vorstellungen von der Liebe. Mit dem Heiraten hatte er es nicht eilig, schon wegen der Kosten. Jorge stimmte ihm zu: »Ja, für mich wäre das vielleicht in 15 Jahren etwas.« Ich dachte mir damals schweigend meinen Teil und nahm mir fest vor, mich höchstens auf eine Affäre mit ihm einzulassen. »Oh, ich meinte: Nicht in den nächsten zwei Jahren«, stellte Mahmud klar. »Auf jeden Fall würde ich auch eine Frau heiraten, die nicht mehr Jungfrau ist. Das Wichtigste ist, dass ich sie liebe«, sinnierte er mit Ernst in der Stimme. Und fügte dann fein lächelnd hinzu: »Aber dafür möchte ich zwei Ehefrauen haben.«

Mahmud eignete sich also als Herausforderung für meine eigenen Stereotype ebenso wie als Türöffner für die uigurische Küche. Ich stellte mir vor, dass in uigurischen Restaurantküchen nur chauvinistische Köche ohne Chinesischkenntnisse am Herd stehen würden, die wenig Interesse hätten, einer ungläubigen Frau das Ziehen von Laghman beizubringen. Diese ultimative kulturelle Herausforderung weckte den Kungfu-Panda in mir. Doch es gab zuerst eine andere Komplikation: mein Status als Journalistin.

Als Jorge mich aus meiner Obst-Schlemmorgie gelöst hat und wir freudig erregt unser Hostel vom Vorjahr ansteuern, runzelt der chinesische Herbergsvater beim Blick auf meinen Reisepass die Stirn. »Journalistin. Bist du privat oder zum Arbeiten hier?«

»Nur privat«, versichere ich eilig. Letztes Jahr hatten wir uns um die Passabgabe bewusst gedrückt. »Ah, ich erinnere mich. Letztes Jahr ist doch nach euch die Polizei gekommen, oder?«, meint der Herbergsvater. Davon wusste ich bislang nichts, aber in Xinjiang ist alles möglich. »Tut mir leid, aber ich muss erst bei der Polizei anrufen und fragen, ob ihr hier wohnen dürft«, sagt er ehrlich bedauernd. Und nach dem Telefonat: »Also, ihr dürft hier übernachten. Aber nur im Schlafsaal.«

»Warum das denn?« Wir hatten ein Doppelzimmer reserviert. Nach den getrennten Nächten in Ahmeds Familie hatten wir uns etwas mehr Romantik erhofft, als sie im 10er-Schlafsaal zu erwarten war. Aber *mei banfa* – kann man nichts machen.

Wenig später fläzen wir uns auf schicken neuen Rattansofas der neu gestalteten Restaurantterrasse des »Korgan«, nippen an Rosentee und warten auf Mahmud. Eingerahmt von einer niedrigen Balustrade, gelb gestrichenen Wänden und kleinen Blumentöpfchen auf den Glastischen hat sie geradezu mediterranes Flair. Nur dass vor uns nicht das Meer liegt, sondern die warme Nachmittagssonne heruntergekommene Wohnblöcke anleuchtet. Taubenschwärme fliegen vorbei. Eine halbe Stunde später kommt Mahmud die Außentreppe hoch und schüttelt uns beiden lächeld die Hand. »Entschuldigt die Verspätung. Ich war noch auf der Hochzeit eines Freundes. Wie geht es euch?« Wir können nicht viel mehr als »gut, gut« sagen, als schon die nächste Frage kommt: »Wann wollt ihr heiraten?«

»Na, frühestens in 14 Jahren«, antworte ich grinsend, in Anspielung auf Jorges Ehegespräch mit Mahmud im Vorjahr. Der rutscht nur auf seinem Polstersessel herum.

Meine Nudelpläne durchkreuzt Mahmud. »Ich muss gleich wieder los zu dieser Hochzeit von einem Freund. Wollt ihr mit?« In unseren Jeans sind wir zwar alles andere als standesgemäß gekleidet. Aber wie können wir eine spontane Einladung zu einer uigurischen Hochzeit ausschlagen? »Okay, dann los!« Mahmud holt ein etwas prolliges weißes Auto chinesischer Marke aus dem Hof gegenüber und sammelt noch einen anderen Freund mit eng anliegendem Hemd und dicken Muckis ein. Die Hochzeit soll in einem großen Gartenrestaurant stattfinden und die Braut aus gut betuchtem Hause stammen, erfahren wir.

Der Park erinnert eher an einen lichten Wald als an einen Garten. Kleine Pavillions und Häuschen stehen zwischen Pappeln, dazu hölzerne Betten mit Teppichen und niedrigen Tischchen davor. Wir sind die Einzigen, die hier ein wenig in der tief stehenden

Nachmittagssonne lustwandeln und uns auf den großen Holzliegen niederlassen. Mahmud fachsimpelt über den zu hoch stehenden Dow Jones und klagt über die 80 000 Dollar, die er an einem einzigen Tag mit Goldspekulationen in den Sand gesetzt hat. »Ich war zu gierig. Das wären die Universitätsgebühren für meinen MBA gewesen«, sagt er und klingt dabei erstaunlich entspannt. Keine Ahnung, wo er das ganze Geld her hat.

Vom Restaurantgebäude dringt Musik zu uns herüber. »Es geht los!«, ruft Mahmud, und gespannt gehen wir zum Eingang. Dahinter tut sich eine große Halle voller runder Tische und einer Tanzfläche mit Bühne voller arabischer Muster und Farben an der linken Seite auf. Direkt davor steht der Ehrentisch, an dem schon das Brautpaar mit engen Freunden und Verwandten sitzt. Das Gesicht der Braut ist nicht zu sehen: Ein weißer Schleier fällt über ihr Gesicht, das sie zu Boden senkt. Die Hälfte der Tische ist schon mit herausgeputzten Gästen besetzt. Die Kleider der Frauen explodieren in bunten Farben, höchstens die Hälfte von ihnen trägt Kopftuch. Besonders auffällig ist ein Grüppchen von Matronen mittleren Alters, die alle das gleiche hellblau glitzernde Kleid tragen. Ihr frisseliges Haar ist dramatisch auftoupiert. »Man muss zeigen, dass man besonders viel Haar hat. Das gilt als gesund«, erklärt mir Jorge. Mir kommt das etwas inkonsequent vor – erst verstecken und dann wieder zu absurd hohen Türmen aufmotzen. Aber wir können das jetzt nicht ausdiskutieren.

»Wir setzen uns weiter nach hinten«, bedeutet uns Mahmud, und zu viert lassen wir uns an einem freien, schon mit Leckereien beladenen runden Zehnertisch nieder. Ein paar Leute schauen uns überrascht an, aber keiner macht Anstalten, die Westler rauszuwerfen. Uigurische Hochzeiten scheinen formlosere Veranstaltungen zu sein als deutsche: Es gibt keine Tischkarten und keine Reden. Als Zusatzpersonen stellen wir auch keine wirkliche Belastung dar: Unermüdlich laden die Kellner weitere Teller auf die Tische – selbst auf die, an denen niemand sitzt. Später werden vier ganze geröstete Lämmer mit roten Schleifen um den braun gebrutzelten Hals auf die Bühne gerollt – nur serviert werden sie offenbar nicht. »Wahnsinn, wie viel Essen auf Hochzeiten immer verschwendet wird«, murmelt Mahmud missbilligend. Jorge und ich jedenfalls lassen uns nichts zuschulden kommen und schaufeln nach Kräften, was Xinjiang außerhalb der Alltagsküche zu bieten hat. Frittierter Fisch, saftige Melonen und Trauben, diverse Kuchen, Rettichfäden in roter Ölsauce, weiße *Liang Pi* – kalte Reismehlquader – mit Kichererbsen, saftige Lamm-Samsas, diverse Teller mit gemischtem Gemüse und Lamm; *Da Pan Ji* – »Großer Teller Huhn« – aus sehr zartem Hühnerfleisch, Kartoffelstücken und kräftiger Bratensauce. Dazu kommen dicke gebratene Nudeln mit salatartigen Blättern und Selleriestücken, die ich eher in einem chinesischen Restaurant vermutet hätte, ebenso wie das Tofu mit den Morcheln. Irgendwann häufen sich auf meinem Teller so viele Fettstücke vom Lamm, Fischgräten und Melonenschalen, dass ich ihn verstohlen mit einem neuen Gedeck von unseren abwesenden Tischnachbarn austausche.

Die anderen Gäste scheint das Essen weniger zu interessieren als uns. Es steht oft verwaist auf den Tischen, während diverse Sänger zu arabisch anmutender Begleitmusik aus der Büchse loslegen. Der Anblick der sich schnell füllenden Tanzfläche ist für mich seltsam: Da tanzen Männer mit erhobenen Armen kreisförmig umeinander herum, während Frauen mit grazilen Handbewegungen um Frauen kreisen. Dann wechselt der Rhythmus zu einem Dreiertakt – und jetzt begeben sich die Frauen in Tanzpaarhaltung und walzen rauschend miteinander über den Holzboden. Außer uns scheint das niemand komisch zu finden.

Irgendwann reißen auch Jorge und ich uns vom Essen los und treten an die Tanzfläche, um das Geschehen besser beobachten zu können. Am Ehrentisch vorn hat die Braut jetzt einen roten Schleier über dem Kopf und blickt immer noch starr zu Boden. Ihr Gatte hat Spaß. Er wird in die Mitte der Tanzfläche gezerrt, die Männer kreisen in einem energiegeladenen Gruppentanz ausgelassen um ihn herum. Dann wird er mehrfach in die Luft geworfen, und seine Freunde und die Schwiegermutter streiten sich spielerisch um ein rosa verpacktes Geschenk. »Die Familie der

Braut muss den Freunden etwas dafür schenken, dass sie ihnen den Freund entreißt«, erklärt Mahmud uns.

Gegen halb acht ist plötzlich schon Schluss. Mahmud erklärt, dass die ersten Rituale schon mit der Morgendämmerung begannen. Die Braut wird von Verwandten hinausgeführt, und es macht mich traurig, dass sie dabei immer noch verschleiert ist und zu Boden schaut. Mahmud vielleicht auch. Als wir in sein weißes Auto steigen, stellt er die Musikanlage an. Die schwermütigen Klaviertöne von Adeles »Someone like you« und Whitney Houstons »I will always love you« im Wageninneren vermischen sich mit den fröhlichen Klängen von Tröten und Trommeln von der Ladefläche eines Begleitwagens für das Brautpaar draußen. »Jetzt fahren alle in Kolonne durch die Stadt«, erklärt Mahmud. Er selbst ist dazu offenbar nicht aufgelegt. »Ich war diesen Sommer über praktisch jedes Wochenende auf einer Hochzeit«, stöhnt er.

Stattdessen setzen wir uns auf die Dachterrasse seines Restaurants. Mahmud erzählt, dass für die Hochzeitsfeier die Eltern des Bräutigams aufkommen müssen. »So eine wie die eben kostet um die 200 000 Yuan. Aber zuerst muss man die Braut kaufen. Die werden immer teurer. Der aktuelle Kurs liegt bei 40 000 Yuan«, sagt er lapidar. Ich glaube, nicht richtig gehört zu haben. »Die künftigen Schwiegereltern gehen zwanzig Tage vor der Hochzeit zu den Eltern der Braut und bezahlen.« Für ihr Geld bekommen sie wohl eine Haussklavin und Gebärmaschine, auch wenn ich versuche, diese Wörter zu vermeiden. Aber Mahmud bestätigt es mehr oder weniger. »Die Frauen haben viel Verantwortung. Die Männer kochen hier nicht und waschen nicht einmal einen Teller ab. Sie kommen von der Arbeit und setzten sich aufs Sofa. Das würden Frauen im Westen sicher nicht akzeptieren.« Ich würde ihm gern zustimmen, murmle dann aber stattdessen beschämt, dass die Rollenverteilung in nicht wenigen deutschen Familien noch immer so ähnlich ist. Nur dass die Familien der Frauen dafür keine finanzielle Entschädigung bekommen.

Mahmud erzählt, dass er ständig von den Freunden gefragt wird, wann er selbst endlich heiratet. »Aber mir ist dieser Druck egal. Es muss die Richtige sein. Wusstet ihr, dass die Scheidungsquote in Xinjiang die höchste von ganz China ist? Die Leute suchen zu sehr nach Reichtum. Aber das Einzige, was zählt, ist Glück.«

»Woher, meinst du, kommt das Glück?«

»Dein Herz muss schneller schlagen, als es das sollte, wenn du sie das erste Mal siehst.« Ich bin etwas enttäuscht von dieser etwas einfältig romantischen Idee von Liebe und Glück.

Er gibt zu, gerade eine Freundin zu haben, will aber nicht damit rausrücken, wie er sie kennengelernt hat. »Es war ein Mysterium Gottes«, schmettert er mich ab und nippt an seinem Glas mit heißem Zitronenwasser. »Die Welt ist zu groß, um ein normales Leben in Kashgar zu führen«, sinniert er dann weiter. »Heiraten, Kinder kriegen – ich weiß, wie es sein wird. Aber ich will überrascht werden. Wenn ich dabei am Wegesrand sterbe, ist es auch egal. Wenigstens habe ich etwas versucht.« Ich frage mich, wo nach einer Hochzeit ohne einen Tropfen Alkohol so viel Pathos herkommt. Wir verabschieden uns, und ich kündige meinen Besuch für den nächsten Tag an – diesmal wirklich, um Nudeln zu ziehen.

Am Morgen glaube ich überall chinesische Spione zu sehen, die sich nun mutmaßlich in denselben Schlafsaal wie wir eingemietet haben. Der kurzgewachsene Han-Chinese im karierten Hemd, Shorts, Baskenmütze und mit der Riesenkamera vor dem Bauch da – der steht doch ausgerechnet am gleichen Nan-Bäcker rum, wo ich gerade unser Frühstück kaufe. Und macht dann Fotos von der Dachterrasse des Hostels aus, als wir die Nan gerade mit Blick über die Flachdächer verzehren.

»Lass uns durch die Altstadt spazieren, ich werde schon paranoid«, schlage ich vor. Wir sind gespannt, wie Kashgar sich seit dem letzten Jahr verändert hat. Auf der Suche nach den letzten intakten Alstadtteilen stolperten wir damals durch enge, verwinkelte Gassen und eine bizarre Ruinenlandschaft. Mindestens jedes zweite Haus war gerade im Abbruch oder Neuaufbau, daneben klafften

Löcher. Auf den Baustellen fuhren kleine Bagger herum. Wir blickten auf die Innenwände enthaupteter Häuser, die noch von innen mit arabischen Mustern bemalt waren. Dazwischen liefen tief verschleierte alte Frauen mit Einkaufstaschen und kleine Kinder herum.

Die alten verwinkelten Gassen bestehen immer noch aus Baustellen, aber es sind mehr neue ockerfarbene Häuser in hübschen Ziegelmustern dabei. »Wenigstens haben sie den touristischen Wert erkannt und machen nicht alles einfach mit dem Bulldozer platt«, versuchen wir uns die Stadtentwicklung schön zu reden.

Auf einer Asphaltstraße am Rand der Wohngassen fällt uns ein kleines Tischchen auf, an dem zwei uigurische Frauen ohne Kopftuch sitzen. Ein Schild steht darauf. Wir erkennen die Schriftzeichen für »Freundschaftsdienst«.

Das klingt verdächtig nach Propaganda, und ich frage die Damen neugierig, woraus ihr Dienst denn bestehe. »Wir sind vom Schönheitsprojekt und machen Gedankenarbeit«, sagt eine freundlich auf Chinesisch.

»Gedankenarbeit?«

»Wir versuchen die Frauen hier zu überzeugen, den Schleier abzulegen.«

Sie erzählen, dass sie vom chinesischen Militär ausgebildet wurden und jetzt anderen Frauen einen Regierungsjob schmackhaft machen – wenn sie denn auf den Schleier verzichten. »Das ist hier aber sicher nicht ganz leicht, oder?« deute ich an, während eine finster dreinblickende ältere Frau mit braunem Schal über dem Kopf an uns vorbeigeht. »Nein, deshalb müssen wir immer wieder mit ihnen sprechen. Auch ihre Männer werden manchmal wütend«, geben sie zu.

»Und was sagt ihr ihnen so?«

»Wir zeigen ihnen, wie sie sich schminken können. Und erklären, dass sie ihre Gesichtsfarbe auch mit Sonnencreme schützen können.« Na klar – Uigurinnen tragen Schleier, um ihre noble Blässe zu schützen! Dieses Denken passte gut zu den Chinesen. Dass asiatische Frauen Panik vor allzu gesunder Gesichtsfarbe haben, wurde mir spätestens bei meinen verzweifelten Versuchen klar, im Supermarkt eine Gesichtscreme zu finden, die nicht »Whitening« war.

Am späten Nachmittag suche ich Mahmud auf. Ich finde ihn auf einer Sofabank in der mit schweren, verschnörkelten Möbeln mit gemusterten Polstern eingerichteten Gaststube. Er winkt mich heran und will über die Stärken und Schwächen von Angela Merkel diskutieren. »Was können die Deutschen wirklich gut?«, will er dann wissen. »Also, außer Autos und Bier – welches besondere Essen gibt es?«

Ich könnte jetzt »Wurst« sagen, habe aber keine Lust, das Klischee zu bedienen. Zumal ich selbst ohnehin wenig traditionell deutsch esse und mich entsprechend schlecht auskenne. Für gewöhnlich versuche ich, die schwäbische Küche zu beschreiben, oder erkläre, dass wir viel internationale Küche adaptiert haben. Ich versuche es doch mit »Wurst«, aber Mahmud macht ein enttäuschtes Gesicht – vielleicht weil zumindest Schweinewürste für Uiguren nicht infrage kommen.

»Weißt du, eine Sache, die alle Deutschen im Ausland vermissen, ist deutsches Brot«, versuche ich es stattdessen. »Wann immer jemand im Ausland auf die Idee kommt, eine deutsche Bäckerei zu eröffnen, läuft die.« Da wird Mahmud hellhörig. »Wirklich? Könnten wir nicht in meinem Restaurant eine deutsche Bäckerei aufmachen? Ich könnte meinen Käsekuchen beitragen«, begeistert er sich. Ich überlege. Vielleicht könnte das sogar klappen. Man müsste wohl nur ein paar Öfen und Getreidesorten importieren. »Ich hatte auch schon an Pizza gedacht. Es gibt keine richtige Pizzeria in Kashgar«, sagt Mahmud. »Aber warum nicht beides. Wir könnten zusammen aus dem Al Aktun ein richtig internationales Restaurant machen!«

»Jetzt will ich aber erst mal uigurische Nudeln machen!«, bestehe ich auf mein eigentliches Projekt.

»Wirklich? Hier? Jetzt?«, fragt Mahmud, als hätte er mein Ansinnen von Anfang an nicht recht geglaubt. »Aber die neue Küche ist noch nicht fertig. Es ist eng.« Ich denke an meine ersten Baucheinzieh-Übungen bei Baba Mama in Dali und versichere ihm, dass ich für enge Küchen qualifiziert bin.

Als wir zusammen die schlauchartige Küche mit dem großen Tisch zum Schneiden in der Mitte betreten, bin ich überrascht. Im Landesinneren ist das Nudelmachen Männerdomäne. Doch hier werkeln vier Frauen mit Kopftuch und drei eher magere Männer mit etwas scheuem Blick. Mahmud erklärt allen etwas auf Uigurisch, und sieben dunkle Augenpaare richten sich neugierig und amüsiert auf mich. »Soll ich für dich übersetzen?«, fragt Mahmud mich. Ich nutze die Gelegenheit gern, um mir die Grundlagen für *Laghman* erklären zu lassen. »Was ist im Teig?«, frage ihn. »Auf einen halben Sack Mehl kommen drei Eier, dazu Wasser und Salz. Sie machen ein Loch in der Mitte des Mehlbergs und geben dort das Wasser hinzu. Dann wird der Teig etwa 20 Minuten geknetet und ruht dann eine Viertelstunde unter einer Plastiktüte«, erklärt Mahmud. Eier – das ist mir neu. »Sag Bescheid, wenn du mich brauchst.« Mit diesen Worten verzieht Mahmud sich.

Ich stelle mich zu den Frauen am Nudeltisch dazu und ignoriere den Hocker, den sie mir eilfertig holen. Ich erkenne die gleiche Blechschüssel mit Teigschnecke wie bei Ahmeds Mutter. Auch die Technik ist die gleiche – also ist das Kochen zu Hause nicht immer so anders als im Restaurant. Eine etwas ältere Frau im schwarzen Faltenrock und fliederfarbenen Baumwolljäckchen zeigt mir, wie sie die Teigschnecke aufrollt und durch die Finger gleiten lässt – so wie Rebiya. Die Jüngere macht sie noch feiner. Die Augenbrauen der Jüngeren sind über der Nase zu einer Linie zusammengeschminkt. Die Ältere trägt dicke Knopfohrringe, hat eine geschwungene Nase und ein warmes, breites Lächeln. Bei ihrer gemeinsamen Arbeit sehen sie aus wie zwei mittelalterliche Frauen beim Spinnen. Als sie einen langen Fadenhaufen zusammengesponnen haben, nimmt die Ältere ihn auf und wickelt ihn sich in fließenden Bewegungen um beide Handgelenke, lässt das ganze dicke Knäuel durch die Luft federn und haut es immer wieder auf den Tisch, bevor alles im kochenden Wasser landet. Sie schaut immer wieder lächelnd zu mir herrüber, und als sie sieht, dass ich mir Notizen mache, nimmt sie mir mein Buch ab und schreibt langsam und sorgfältig etwas auf Uigurisch hinein – aber mit lateinischem Alphabet statt der in Xinjiang sonst üblichen abgewandelten arabischen Schrift. Nur ein Wort erschließt sich mir: »Nirim«. Denn dabei zeigt sie auf sich selbst. Bei »Sattarjan« zeigt sie auf einen der dünnen Köche. Der kommt für ein Schwätzchen rüber. Anders als Nirim kann er Chinesisch. »Die Frauen hier sind alle aus Dörfern im Umland«, erklärt Sattarjan. »Ich komme aus Kashgar-Stadt.« Dann geht er zum Wok, wo sein Kollege gerade Lamm gebraten hat und reicht mir ein zartes, würziges Stück auf einem Zahnstocher.

Über Gebärdensprache bedeute ich Nirim, dass ich gern das Fadenziehen probieren würde. Immerhin hab ich dafür bei Rebiya ein wenig Gefühl entwickelt. Sie überlässt mir lächelnd ihren Platz am Nudeltisch. Der ölbestrichene Teig gleitet leicht und glitschig zwischen den Fingern durch. Dann tippt Nirim mir auf die Schulter und deutet auf den Herd hinter mir: »Das wird die Sauce für die *Laghman*«, erklärt Sattarjan. Ich lasse den Teig fallen, während der zweite Koch den Wok bis zur Hälfte mit einem Öl- und Brühegemisch füllt. Er faucht laut auf der großen Flamme, und als er eine Kelle mit Lammfleischstückchen dazugibt, brodelt und zischt das Öl auf. Es folgen Kellen voll Bohnen, Zwiebeln, Zucchini, frischen Peperoni, Tomatenstücke, Spinat, chinesischer Schnittlauch und fast eine ganze Kelle flüssige Chilipaste, während er mit nur zwei Esslöffeln Tomatenpaste auskommt. Jede Menge offene Tiegel mit weiteren Gewürzen stehen bereit. Neben Salz, Zucker, Sichuanpfefferpulver, Chili, Knoblauchscheibchen, Hühnerpulver und Glutamat sind da auch Sesamkörner, Kreuzkümmelpulver und schwarzes Pfefferpulver – die Vorboten der arabischen und europäischen Küche hinter der Grenze.

Ein letztes Mal will ich mich selbst in der Zieh- und Wickelstufe versuchen. Nur kann ich, anders als bei Nudel-Wu, hier nicht einfach beliebig herumziehen und missratene Resultate wieder mit dem Teig verkneten: Der ist hier ja schon liebevoll zur Schnecke zusammengerollt und dann in dünnere Teigschnüre gezogen. Das wäre alles futsch. Also rufe ich Mahmud aus der Gaststube zu Hilfe. »Mahmud, ich würde gern meine und Jorges Nudelportion ziehen. Wenn sie missraten, löffeln wir das selbst aus.« Mahmud erklärt seinen Leuten, was ich vorhabe, und ich rufe Jorge an, dass er zum Essen kommen soll.

Als mich nun die sieben Köche und Gehilfen erwartungsvoll anschauen, wird mir etwas mulmig. Ich nehme das Ende aus der Teigschnecke auf, lasse die fingerdicke Wurst, wie schon geübt, durch die Finger gleiten und fluche auf Deutsch, als die Schnur doch reißt. »Macht nichts, macht nichts«, ermutigt Nirim mich. »Mach langsam.« Ich schummle, indem ich ein paar Enden wieder per Hand zusammenklebe. Sie bedeutet mir, dass ich genug Faden gesponnen habe, und macht in der Luft die Wickelbewegung. Ich nehme ein Fadenende auf und versuche, mir den Teig mit der gleichen wiegenden Bewegung wie Nirim um die Handgelenke zu wickeln. Während der Abstand zwischen ihren Händen fast einen Meter betrug, sind meine Hände mit dem Fadenhaufen nur halb so weit auseinander. Meine Handgelenke sind auch nur halb so voll beladen, und hier und da haben sich die Nudeln verklebt. »Das ist genug«, bremst mich Sattarjan dennoch. Ich wirble alles noch etwas auf und ab, haue die Nudeln auf den Tisch und werfe sie dann stolz in den Topf mit dem kochenden Wasser. Nirim lächelt amüsiert, dann scheucht sie mich aus der Küche und zurück in die Gaststube.

Als wir zu dritt am Tisch sitzen und ein Kellner die Nudeln für Jorge und mich bringt, bin ich skeptisch, ob das wirklich meine sind: Was bei mir im Rohzustand noch unregelmäßig und verklebt aussah, ist wie von Zauberhand zu einem appetitlichen Nudelteller mit der rot-braun schimmernden Lamm- und Gemüsesauce verschmolzen. »Und, wie schmecken sie?«, fragt Mahmud Jorge amüsiert.

»Sehr lecker!«, antwortet der.

»Das sagt er jetzt nur, um deine Gefühle nicht zu verletzen«, kommentiert Mahmud. Mir schmeckt es aber selbst zu gut, um Jorges Aufrichtigkeit anzuzweifeln – zugegebenermaßen vor allem wegen der aromatischen, leicht scharfen Lamm-Gemüse-Sauce.

»Jorge, wir machen aus dem Korgan ein internationales Restaurant, und du machst mit«, eröffne ich ihm dann. Der schaut verdattert, und Mahmud übernimmt. »Die Leute in Kashgar sind sehr offen für Neues, und sie würden auch viel dafür zahlen. Vor allem die jungen Leute. Sie haben alle schon von Pizza und Pasta gehört. Aber es gibt hier nicht einmal McDonald's.« Er erzählt, dass er sich aus Neugierde sogar schon im McDonald-Headquarter in New Jersey erkundigt hat, warum McDonald in Xinjiang nicht vertreten ist. Der Grund: McDonald will in China komplett einheitlich auftreten. Für Xinjiang aber müssten alle Slogans auf Chinesisch sowie Uigurisch geschrieben werden. Das Menü müsste zudem halal sein.

Bei einem Trip nach Tashkurgan an die pakistanische Grenze geht uns Mahmuds Vorschlag immer wieder durch den Kopf. Es klang ganz, als wolle er uns sogar zu Geschäftspartnern machen, wenn wir ihm die entsprechenden Konzepte liefern – und entweder europäische Köche auftreiben oder es selbst machen. »Du könntest doch in Italien das Gleiche machen wie in China: Du machst Praktikum in Pizzerien, und dann arbeitest du Mahmuds Köche ein«, meint Jorge.

»Ja, oder du.«

»Oder wir beide zusammen.«

Wir lächeln uns an. Während die Gletscher und 7000er der Pamir-Bergkette an unserem Busfenster vorbeigleiten, sehe ich uns schon neben italienischen Köchen Pizzateig auf dem Zeigefinger drehen und zusammen an der italienischen Küste Dolce Vita genießen. »Mahmud könnte uns einmal im Jahr für eine Weile nach Kashgar einfliegen, damit wir nach dem Rechten sehen oder etwas Neues einführen. Dann hätten wir einen Grund, immer wieder hierherzukommen«, träume ich.

»Und dazwischen bin ich in Berlin und lerne Türkisch. Das wäre auch für mein Uigurisch gut.«

Zwischen den Spinnereien kommen uns natürlich Zweifel. Könnten wir uns auf Mahmud verlassen? Wirtschaftlich würde es sich wohl nur lohnen, wenn wir am grandiosen Erfolg unserer Spaghetti und Pizza beteiligt würden – aber aus der Ferne, mit beschränkter lokaler Ortskenntnis und ohne Einblicke in die Buchführung hätten wir keinerlei Kontrollmöglichkeiten. Ich lote auch gerade wieder die Möglichkeiten aus, in ein bürgerliches Dasein in Deutschland zurückzukehren – begleitet von Jorge. Ließe sich das damit verbinden? Wir beschließen, das Thema bei Mahmud nach unserer Rückkehr weiter auszuloten – in Form einer westlichen Kochdemonstration. Es gibt zwei Dinge, die ich gut beherrsche: Spaghetti Bolognese und Apfelkuchen. Er reagiert begeistert und schlägt vor, dass wir gleich nach unserer Rückkehr zusammen einkaufen.

Mahmud lässt uns eine Stunde im Korgan warten. Als wir schon nervös werden, ob es zeitlich noch klappt, setzt er sich endlich entspannt zu uns. »Ich habe gute Nachrichten. Heute Abend findet ein uigurischer Tanz- und Gesangswettbewerb statt«, sagt er zufrieden lächelnd. Und schiebt nach: »Nicht von der Regierung organisiert.«

»Aber was ist mit unseren Kochplänen?«

»Kochen können wir doch auch ein andermal. Wartet, ich rufe nur schnell einen Freund an. Der holt uns ab.«

Auf der Straße fährt der weiße Schlitten vor, mit dem Mahmud uns zur Hochzeit kutschiert hatte. Nur sitzt am Steuer ein dicklicher Han-Chinese mit Brille. »Das ist Wang Guang«, stellt Mahmud ihn vor. Auf der Fahrt laufen wieder Schnulzen von Whitney Houston und Mariah Carey, und Wang schwelgt mit. Nach den folkloristischen Gruppentänzen fahren wir ein letztes Mal ins Al Aktun und trinken Mahmuds köstlichen Safrantee.

»Und was machst du hier?«, frage ich Wang.

»Das Leben genießen!«, ruft der lachend. In Peking arbeitete er im öffentlichen Finanzwesen, er fachsimpelt über den Dow Jones und redet von seinen Träumen, um die Welt zu fahren – mit Xinjiang fängt er an. Viele seiner Sprüche erinnern verdächtig an das, was Mahmud uns erzählt hat. Ist Wang vielleicht Mahmuds Vorbild? Das wäre umso erstaunlicher, als es stets heißt, dass es praktisch keine Freundschaften zwischen Uiguren und Chinesen gibt.

»Ich bin zum Islam übergetreten«, verkündet Wang da, wieder lachend. »Mein uigurischer Name ist Erkin. Du kannst mich aber auch Oliver nennen.«

»Mich kannst du Fan Lu nennen«, kontere ich. »Oder Teresa. Das ist mein Name in Südamerika.« Bei meinen früheren Reisen durch Lateinamerika hatte ich tatsächlich meinen zweiten Namen benutzt – er war für die Einheimischen viel leichter auszusprechen. Auch Jorge nennt mich meist »Tere«.

»Mein Name in Xinjiang ist Armando oder Arman«, erklärte der daraufhin. »Aber mein chinesischer Name ist Haohai.«

Wir können uns weder auf Mahmud noch auf Wang alias Erkin alias Oliver wirklich einen Reim machen. So wie mir auch nach meinen Kochreisen vieles an China rätselhaft bleibt oder sogar rätselhafter wird. Xinjiang mit seinem Kulturmix und seinen Spannungen wiederum ist ein eigenes kompliziertes Universum für sich. Zur Profiköchin bin ich sicher nicht geworden. Aber während wir hier mit unseren vielen Namen und Identitäten zusammen sitzen, feiern wir zumindest die alte Tradition der Handelsstadt Kashgar. Als Knotenpunkt, wo Ost und West und vieles dazwischen sich trifft.

Auch meine Zielsetzung könnte sich gerade ins Gegenteil verkehren. Statt in Deutschland ein Chinarestaurant aufzumachen, würde ich also vielleicht westliches Essen in ein zentralasiatisches Restaurant einführen. Auf meinem persönlichen 3000-Kilometer-Abschnitt der Nudelstraße ist irgendwann aus einer Affäre eine Beziehung mit Zukunftsplänen geworden. Wenn ich an all die Liebesprobleme meiner Kochpartner denke und an den hoffnungslosen chinesischen Heiratsmarkt für westliche Frauen, erscheint mir allein das wie ein Wunder.

Jorge und ich machen einen letzten Nachtspaziergang durch die nun stillen Straßen zur Id Kah Moschee. Nur das unvermeidliche Kamel steht auch ohne Fotokundschaft noch auf dem zentralen

Platz herum. Über die Leinwand flimmert chinesisches Staatsfernsehen. Ich muss an den Streit zwischen den Chinesen und den Italienern über die Urheberschaft der Nudel denken. Und an Yulan, die meinte, die Nudel hätte in Kashgar ihren Ursprung. »Ich bin ausgezogen, den Ursprung der Nudel zu finden. Und jetzt bringe ich als Deutsche den Nudelerfindern vielleicht die Pizza. Aus Italien. Wäre das Schicksal oder Unsinn?«

»Keine Ahnung. Hauptsache ein in China aufgegabelter Mexikaner ist dabei«, grinst Jorge.

## Nudelsauce
## für Laghman im Korgan

*Öl im Wok bei großem Feuer erhitzen und dann sukzessive dazugeben (Abstand 1–2 Min.) und zwischendurch immer wieder schwenken:*

*1 große Suppenkelle in Streifen geschnittenes Lammfleisch*
*1 Kelle Bohnen*
*1 Kelle grob gestückelte Zwiebeln (oder halbierte Zwiebelringe)*
*3 TL Salz*
*1 halbe Kelle Chilipaste (Lajiaojiang)*
*2 EL Tomatenpaste*
*1 Kelle Wasser (auch zwischendurch immer wieder etwas nachgießen)*
*1 Kelle feine Zucchini-Stücke*
*½ Kelle Paprikastücke*
*1 Kelle Tomatenstücke*
*1 Kelle frischen Spinat*
*1 Kelle chinesischen Schnittlauch (Jiucai)*

24.

## Epilog – China zuhause

Unter dem Himmel gibt es kein endloses Bankett.

»Ich habe ein paar Lebensmittel für deine Eltern. Kommst du vorbei, oder soll ich sie dir bringen?«, schreibt Ren Hongmin mir per SMS. Ich hatte bei unserem letzten Kochtreffen erwähnt, dass ich für eine Weile nach Deutschland fahre. Aber Geschenke sind das Allerletzte, was ich jetzt brauche. Ich bereite die erste Etappe meiner Rückumsiedlung nach Deutschland vor und will den Koffer mit eigenen Sachen, die nach dem Urlaub dort bleiben sollen, voll machen. Doch Ren ignoriert meine Abwimmelversuche und kündigt sich für Samstag an. Wenn er schon wieder quer durch die Stadt zu mir fährt, kann ich mich auch ausnahmsweise mal mit einer Kochlektion bei mir zuhause revanchieren, denke ich und kaufe für Spaghetti Bolognese und Couscous-Salat ein.

Als Ren ankommt, stehe ich als Erstes vor der Aufgabe, seinen schwarzen SUV in einen nicht vorhandenen Parkplatz einzuweisen. Sonst schimpfe ich immer über diese Pekinger Neureichen, die meine so beschauliche alte Nachbarschaft mit ihren Schlitten verstopfen. Als ich sehe, was Ren alles aus dem Kofferraum zaubert, falle ich fast in Ohnmacht: Eine große Geschenktasche voll teurer Tees, chinesischer Würste, diversen getrockneten Tofus, Sesampasten und Tüten voller Goji-Beeren. »Dein Vater mag sicher Würste. Und Goji-Beeren sind gut für seine Gesundheit«, sagt Ren stolz. Ich sehe die Horden an jungen chinesischen Wanderarbeitern vor meinem geistigen Auge, die sich vor dem Frühlingsfest in überfüllten Zügen drängeln. Sie sind voll beladen mit Kartons voller Leckereien für die Familie. Mit leeren Händen heimzukommen wäre ein grober Gesichtsverlust, ein Zeichen des Scheiterns. Diese Schmach will Ren mir offenbar ersparen.

In meiner Küche interessiert er sich sehr für den Couscous sowie für die Avocado und den Balsamicoessig, die in den Salat kommen – nichts davon hat er bisher gesehen. Nur das Nichtstun bei den Vorbereitungen fällt ihm sichtlich schwer, und er rührt ungebeten in meiner Hackfleischsauce herum und unternimmt wieder eine Schnippeldemonstration mit geschlossenen Augen. Immer wieder guckt er neugierig in den Topf mit den Barillanudeln und ist erstaunt, dass sie nicht schon nach zwei Minuten fertig sind wie frische chinesische Nudeln.

Ich frage ihn spaßeshalber, ob diesmal nicht er sich Notizen machen wolle, und er schüttelt den Kopf. »Ich lerne schnell«, sagt er warnend. »Nächstes Mal mache ich dir dieses Essen, nur besser.« Die Chinesen können das Kopieren einfach nicht lassen.

Auch ich habe allerdings meine Schwierigkeiten, mich an die neue Rollenverteilung zu gewöhnen. Wenn ich mit Chinesen chinesisch esse, stelle ich auch chinesische Sitten nicht mehr infrage. Jetzt zucke ich zusammen, als wir bei Tisch sitzen und Ren den Couscous-Salat einfach auf den Spaghetti-Teller obendrauf häuft und mit der Hackfleischsauce vermischt. Ich zeige ihm, wie man Spaghetti mit der Gabel auf dem Löffel zusammenrollt, aber er ignoriert das, spießt die Gabel einfach in chinesischer Manier mitten in den Nudelhaufen und schlürft, tief über den Teller gebeugt, dicke Batzen geräuschvoll hoch. Was ich bei chinesischer Nudelsuppe völlig normal finde und selbst praktiziere, kommt mir plötzlich barbarisch vor.

Ich nehme ihn noch mit zu meinem kleinen Importgeschäft, wo er sich mit Couscous, Avocados, Kichererbsen, Parmesan und Balsamico-Essig eindeckt. »Heute habe ich nicht wenig gelernt«, brummelt er dann doch zufrieden und gibt mir zum Abschied noch eine Flasche Bordeaux aus seinem Kofferraum mit.

Auch Nudel-Wu treffe ich kurz vor meiner Abreise noch einmal mit Marianne. Er lädt uns in ein neues Restaurant ein, das er zusammen mit jenem Gansuer Freund aufgemacht hat, der ihn einst aus seiner Erdhöhle nach Peking geholt hatte. »Das Verlagsgeschäft läuft für ihn nicht so gut. Er will jetzt eine ganze Restaurantkette aufmachen, vielleicht mit einem Dutzend Filialen«, erklärt Wu auf dem Weg. Ich fühle mich ungut an die Lage in Europa erinnert. Was genau Wus Rolle bei dem Unterfangen ist, wird uns nicht ganz klar. Er kocht dort nicht selbst, ist aber irgendwie involviert. Wahrscheinlich als Großer Nudelberater. Als ich um einen Blick in die Küche bitte, entdecke ich dort statt eifriger Nudelzieher allerdings

einen kopflosen Roboter, immerhin adrett in einen weißen Kochkittel gekleidet, der wie das Exemplar in Xi'an Nudeln direkt in
den Kochtopf schabt.

Der Kollege aus Gansu, ein distinguiert wirkender Herr mit
randloser Brille und Karohemd, isst mit uns zusammen, ebenso
wie ein paar weitere Freunde aus Gansu. Sie tragen eine Tüte mit
dem berüchtigten chinesischen Baijiu herein, und als wir Frauen
im Chor »Oh nein!« ausrufen, lässt der Verleger stattdessen eine
elegant geschwungene Flasche Rotwein kommen – ein Pinot Noir
aus Dunhuang, der Wüstenstadt mit der Riesendüne und den Mogao-Grotten. Plötzlich scheint sich alles zusammenzufügen, und
der Wein ist sogar erstaunlich gut trinkbar – anders als die meisten anderen chinesischen Weine. Wir müssen viele Male anstoßen,
und im Rausch beginnen wir, von Nudel-Wus Zukunft in Berlin zu
fabulieren. »Also, ich würde mich finanziell an eurem Restaurant
beteiligen«, meldet sich eine elegant gekleidete chinesische Freundin von Marianne zu Wort. Sie ist Headhunterin. »*Gan bei, Gan
Bei!* Trockenes Glas, trockenes Glas!«, stoßen wir auf unsere erste Investorin an, während das Personal großzügig mit Knoblauch
und Chili belegte Jakobsmuscheln und Austern anschleppt.

In Deutschland genieße ich zwar einen fantastischen Sommer
mit guter Luft am Bodensee. Es ist aber der erste Heimaturlaub,
in dem ich nach etwa zwei Wochen beginne, chinesisches Essen
zu vermissen. Einfach schnell aus dem Haus zu gehen und einen
Teller Nudeln zu spachteln oder mir etwas Scharfes reinzupfeifen.
Jorge, der drei Wochen später nachkommt, geht es nicht anders.
»Das viele Brot macht mich einfach nicht satt«, gesteht er mir irgendwann, nachdem ich schon seit Tagen mit Schrecken beobachte, wie er sich regelmäßig den Ranzen vollschlägt – natürlich stets
ermutigt von meiner Mutter. Er kommt mir vor wie ein Südchi-
nese, der klagt, trotz gewaltiger Nudelportionen ohne Reis stets
hungrig zu bleiben.

Als ich ihn auch nur einen Tag lang allein lasse, um ein Jobinter-
view in Berlin wahrzunehmen, hat er schon den einzigen Uiguren von Konstanz aufgetrieben. »Ich habe mich heute mit Yusuf
getroffen«, erzählt er mir aufgeregt, als er mich abends wieder
am Flughafen einsammelt. »Er ist der Freund eines Freundes aus
Urumqi und macht an der Universität seinen Doktor in Mathema-
tik. Er interessiert sich für jede Art von Geschichte und wollte mir

schon Bücher über das europäische Mittelalter ausleihen.« Er fügt grinsend hinzu: »Er will morgen für uns kochen.« Ich muss lachen. Komischerweise fühle ich mich durch die Aussicht, mit Jorge und einem Uiguren zu kochen, in meinem eigenen Heimatort gleich wieder mehr zu Hause.

Wir sind mit Yusuf am Konstanzer Münster – »die große Kirche«, wie er es genannt hat – verabredet. Auch ohne ihn je getroffen zu haben, erkenne ich ihn schon von Weitem. Er sieht ganz aus wie Ahmed: kugelrunder Kopf, gedrungener Körper, kurzer Schnauzbart und stoppelige schwarze Haare mit Geheimratsecken. Als er uns sieht, lächelt er, schüttelt auch mir ganz selbstverständlich die Hand und führt uns in seine Wohnung – eine winzige Einzimmerbude im dritten Stock, eingeklemmt zwischen Münster und Stefanskirche. Er stellt seinen Schreibtisch und zwei Stühle auf ein kleines kahles Zwischendach und breitet einen orientalisch gemusterten Teppich darauf aus. »Den habe ich beim türkischen Großmarkt in Petershausen gekauft«, sagt er stolz. Auf den Tisch türmt er sofort Trauben, Bananen und Melonenstücke auf große Teller. Als er auch noch uigurische Musik von seinem Computer aus spielt, fühle ich mich in eine Xinjianger Oase versetzt – während von beiden Seiten Sonntagsglocken gegen sein orientalisch klingendes Gedudel anläuten. Ein Nachbar im darüber gelegenen Stock dreht, vermutlich aus Protest, das Radio voll auf. »Kennst du deine Nachbarn?«, frage ich vorsichtig, und Yusuf verneint.

»Weißt du, die Deutschen mögen es am Sonntag eher ruhig. Vielleicht sollten wir die Musik etwas leiser machen«, schlage ich vor, um ihn vor fremdenfeindlichen Attacken zu bewahren. »Warst du schon einmal in einem christlichen Gottesdienst?«, frage ich ihn.

»Ja. Aber es waren nur alte Leute da. Die Jungen gehen da nicht hin«, antwortet er enttäuscht. Er gibt auch zu, dass ihm Konstanz anfangs zu ruhig und langweilig war. Jetzt hat er sich aber daran gewöhnt.

»Kennst du Goethe? Den ›Faust‹?«, fragt er unvermittelt.

»Natürlich«, antworte ich verdutzt und wundere mich, woher zum Teufel er den »Faust« kennt.

»Er wurde vor über zwanzig Jahren ins Uigurische übersetzt«, erklärt er. »Erst ins Chinesische und von dort aus ins Uigurische. Ich habe ein bisschen darin gelesen.« Das ist schon etwas gemein, dass euer Gott und der Teufel eine Wette auf Kosten von Faust und Gretchen abschließen«, moniert er und verkündet dann das Menü für heute: Polo – das klassische zentralasiatische Reisgericht für Gäste. Er beginnt, an einem großen Stück noch halb gefrorener Lammschulter herumzusäbeln. »Wo kaufst du ein?«, frage ich Yusuf. Etwas beschämt merke ich, wie wenig Ahnung ich vom Alltag vieler Fremder in Deutschland habe – auch wenn ich mich für ihre Herkunftsländer interessiere. »Obst und Gemüse habe ich bei ›Kaufland‹ im Seerheincenter gekauft«, sagt er – wo auch meine Eltern einkaufen. »Und das Lamm bei einem türkischen Laden an der Moschee. Da ist es halal«, erklärt er. Dort habe er auch während des Ramadans jeden Abend gratis essen können, und die meisten seiner Freunde sind Türken. Trotzdem vermisst er das Essen aus Xinjiang – Döner mag er nicht sonderlich. »Weißt du, wir nennen Döner auch Kebab«, erkläre ich. »Aber ich weiß, in Xinjiang sind Kebab gegrillte Spieße.« Durch meine geistige Nase wehen die Düfte meiner Lieblingsvariante der Lammspieße in Xinjiang – in gewürzte Eisoße getaucht und dann in Rundöfen geröstet.

Als wir über das Minarettverbot in der angrenzenden Schweiz reden, versucht Yusuf herauszufinden, warum die Schweizer, obwohl sie doch deutsch sprechen, ein eigenes Volk sein sollen. »Was ist mit den Österreichern? Sind die ethnisch Deutsche?« Ich gerate in Erklärungsnot. Uiguren, die selbst unfreiwillige chinesische Staatsbürger sind, denken eben nicht in Landesgrenzen. Für sie hat Nationalität mehr mit gemeinsamer Kultur zu tun. »Wie findest du die Deutschen?«, lenke ich ab. »Nicht schlecht«, sagt Yusuf. »Sie sind sehr direkt und ehrlich. Und sie fragen nicht zu viele persönliche Sachen. Das finde ich gut.« Als Gegenbeispiel nennt er – natürlich – die Chinesen mit ihrer penetranten Frage nach dem Gehalt. »Wir Uiguren fragen nicht nach Geld«, schiebt er nach. Er erwähnt eine Xinjiang-Ausstellung, die gerade in Berlin stattfände, und will von mir wissen, wie man am günstigsten dahin kommt. »Das wäre wohl der Fernbus. Aber das dauert richtig lang, sicher zwölf Stunden«, warne ich ihn. »Kein Problem«, sagt Yusuf. Ich muss an Jorges und meine 18-stündige Busfahrt von Urumqi nach Qira denken, und plötzlich kommt mir eine Fahrt vom Bodensee nach Berlin auch wie ein Klacks vor. Die Dimensionen haben sich verschoben.

Yusuf schneidet in aufreizender Langsamkeit – mir knurrt der

Magen – Zwiebeln und Möhren. Er erzählt, dass seine Mutter ihm rasch noch sechs uigurische Gerichte beigebracht hat, bevor er sich nach Deutschland verabschiedete. »Männer in Xinjiang kochen sonst nicht. Aber es gibt in Konstanz ja keine uigurischen Restaurants.« Als sein Telefon mehrmals klingelt, geht er irgendwann dran und meldet sich mit »Salam Aleikhum«. Jorge lächelt selig über den vertrauten Gruß. »Meine Verlobte«, erklärt Yusuf dann. Nächstes Jahr will er sie nach Deutschland nachholen. Sie arbeitet bei einem Stadtmagazin in Kashgar, spricht russisch und arabisch. »Was kann sie hier machen?«, frage ich besorgt.

»Vielleicht etwas deutsch lernen und in einem Geschäft arbeiten.« Er hofft ohnehin, später über einen uigurischen Mathematikprofessor in den USA einen Job zu bekommen.

Yusuf erhitzt in einem Kochtopf reichlich Sonnenblumenöl und gibt dann gleichzeitig Lamm, Zwiebeln und Karotten hinein. Nach ein paar Minuten gibt er Thai-Reis dazu, eine Kelle Wasser und lässt dann alles bei geschlossenem Deckel köcheln. »Es ist wirklich ganz einfach«, kommentiert er. Nach ein paar weiteren Minuten schlägt er noch drei Eier in das Gemisch – »eine Besonderheit in unserer Familie« –, gibt wieder Wasser dazu, verrührt alles und sagt: »Jetzt dauert es nur noch 15 bis 20 Minuten.« Eine halbe Stunde später breitet er als Tischdecke eine chinesische Zeitung auf dem Teppich aus. »Wenn du in Deutschland gut uigurisch essen willst, musst du nach München, da gibt es inzwischen sogar drei uigurische Restaurants«, sagt Yusuf. München ist der Sitz des Weltrats der Uiguren, mehrere hundert hat es deshalb dorthin verschlagen. »Hast du denn mal den Weltrat in München aufgesucht?«, frage ich Yusuf.

»Oh nein! Das würde mich gleich verdächtig machen. Bei meiner Rückkehr nach China bekäme ich dann sicherlich Probleme.« Er teilt auch Ahmeds Verachtung für die Kulturlosigkeit der Chinesen. »Sie haben keinen Gott und keinen Glauben. Die Europäer essen zwar auch Dinge, die wir nicht essen, wie Schwein. Aber die Chinesen essen Katzen und sogar Babys!« Der Glaube an die chinesische Menschenfresserei scheint in Xinjiang allgemein verbreitet zu sein. Er schimpft über die Checkpoints, an denen sich manchmal nur die Uiguren registrieren müssen, die Chinesen nicht. »Sie können uns kontrollieren, aber nicht unsere Herzen«, sagt er plötzlich pathetisch und fasst sich an die Brust.

Der Geruch von fertigem Polo bringt ihn auf andere Gedanken. Er füllt den Topfinhalt auf einen großen Teller, stellt ihn auf der Zeitung in die Mitte und erklärt, dass man in Xinjiang den Reis mit den Fingern isst. Er drückt die Häufchen Reis mit Lamm- und Karottenstücken vom Tellerrand her mit spitzen Fingern fest auf dem Teller zusammen, ich tue es ihm mit Vergnügen nach. »Hmm, das ist ja köstlich«, lobe ich, ohne zu lügen. »Du hast außer Salz und Pfeffer wirklich keine anderen Gewürze dazugetan?« Da freut sich Yusuf.

Gut gesättigt können wir ihn nur mit Mühe davon abhalten, uns später noch einen Fisch zu machen, und empfehlen uns. Wir haben schließlich meinen Eltern versprochen, noch mexikanisch für sie zu kochen. »Schon komisch«, sage ich zu Jorge, während wir den Seerhein entlang zurückradeln. »In der beschaulichen Umgebung meiner Kindheit zu sitzen, und plötzlich ist durch Yusuf alles andere auch da. Xinjiang, China, die Kocherei.«

»Vielleicht werden wir immer ein bisschen China mit uns herum tragen und es irgendwo wieder finden, wo wir es nicht erwarten«, meint Jorge. Der Gedanke gefällt mir.

# DANK

Ich danke Angela Köckritz, die mich zu diesem Buch ermuntert und meinem Agenten Florian Glässing, der es so engagiert vorangetrieben hat. Enorm wertvoll waren die Anregungen und der scharfe Blick von Franziska Günther, Georg Fahrion und Ida Fend-Richter – danke für das Lesen und für die intensiven Gespräche. Vor allem bin ich all denen zu tiefem Dank verpflichtet, die mir so selbstverständlich ihre Küchen und Häuser geöffnet und ihr Wissen so bereitwillig mit mir geteilt haben: Yang Xucai und ihre Familie in Dali, Xiao Wei, Mandy (Zheng Yanyan), Fish, Mancy Liang, Rosie Zhou, Ken Yu, Yulan Liu, Isaac Zhang, Luo Min, Alfredo Bendezú Perea, Robert Liu, Ren Hongmin, Yusuf, Ahmed und Mahmoud. Letzere Namen habe ich geändert, um sie nicht in Schwierigkeiten zu bringen. Mein besonderer Dank gilt Wu Fuming für seine Engelsgeduld mit meinen Bemühungen im Nudelziehen und Marianne Friese dafür, dass sie uns zusammengeführt hat. Ich danke Jorge Armando Rios für all die Einblicke in Xinjiang, für die vielen bereichernden Gespräche über unsere jeweiligen Chinaeindrücke und dafür, dass er mir bei meinen kulinarischen Exkursionen so ein liebevoller und geduldiger Begleiter war. Und ich danke allen toleranten Tischnachbarn, die mich von ihren Tellern kosten lassen.

**LANDOLF SCHERZER**
**Madame Zhou und der Fahrradfriseur**
Auf den Spuren des chinesischen Wunders
368 Seiten. Broschur
ISBN 978-3-7466-7106-2
Auch als E-Book erhältlich

# Chinas Größe im kleinen Alltag

Mit deutscher Ungeduld kommst du in China nicht weit, wird Landolf Scherzer gleich zu Beginn seines Aufenthalts gewarnt. Also übt er sich im Straßenverkehr ebenso in Gelassenheit wie bei Geschäftsessen und beim Tempelbesuch. Aber er sieht um so genauer hin, was und wer ihm begegnet. Und er stellt, was kein Chinese wagen würde, jedem vier Fragen, sei es ein taoistischer Priester, ein Koch, Heiler oder eine Gefängniswärterin: Was ist für Sie ein guter Tag? Was ein schlechter? Was wünschen Sie sich für Ihre Zukunft? Was für die Zukunft Ihres Landes? Der Fremde kann alles fragen, wird aber nicht alles erfahren und noch weniger begreifen, sagt man ihm.

»Landolf Scherzer gelingt es, selbst dem fernen China mit einer höchst originellen Reportage erstaunlich nahezukommen.« Neues Deutschland

Mehr Informationen erhalten Sie unter www.aufbau-verlag.de oder in Ihrer Buchhandlung.

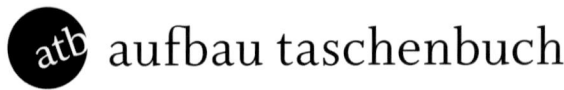

**aufbau taschenbuch**

**SIBYLLE SPINDLER**
**Die Ärztin von Tsingtau**

Roman
448 Seiten. Broschur
ISBN 978-3-7466-3092-2
Auch als E-Book erhältlich

# Eine Liebesgeschichte in den Wirren der Revolution

Im Jahre 1910 reist die junge Marie von Berlin nach Tsingtau, der Hauptstadt der deutschen Kolonie in China. Sie will die neue Heimat ihres Vaters kennenlernen, bevor sie eine Stelle als Ärztin antritt. Tsingtaus Gesellschaft ist glamourös, und Philipp von Heyden, ein Marinearchitekt, macht ihr den Hof. Doch der schöne Schein trügt. In China drohen Unruhen – Du Xündi, ein Revolutionär, öffnet Marie die Augen und erobert ihr Herz. Trotz Philipps Warnung gerät sie in einen gefährlichen Sog von Gewalt – und sie muss sich entscheiden, auf welcher Seite sie steht.

Ein Epos über eine Deutsche und das exotische China zu Beginn des 20. Jahrhunderts.

**Mehr Informationen erhalten Sie unter www.aufbau-verlag.de oder in Ihrer Buchhandlung.**

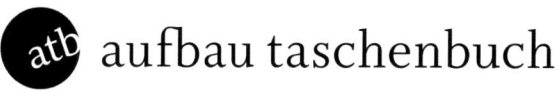

aufbau taschenbuch